Torsten Grothmann

Grundrechtsschranken Portugal – Deutschland

Ein Rechtsvergleich

VVF

RECHTSWISSENSCHAFTLICHE FORSCHUNG UND ENTWICKLUNG

Herausgeber:
Prof. Dr. jur. Michael Lehmann, Dipl.-Kfm.
Universität München

Band 502

Die Deutsche Bibliothek - CIP-Einheitsaufnahme

Grothmann, Torsten:
Grundrechtsschranken Portugal - Deutschland : ein Rechtsvergleich / Torsten Grothmann. -
München : VVF, 1996
(Rechtswissenschaftliche Forschung und Entwicklung ; Bd. 502)
Zugl.: Regensburg, Univ., Diss., 1995
ISBN 3-89481-183-8

NE: GT

Gesamtherstellung: Fotodruck Frank GmbH, 80333 München
Printed in Germany

Inhaltsverzeichnis

Abkürzungsverzeichnis

a. A.	=	anderer Ansicht
a. E.	=	am Ende
a. F.	=	alte Fassung
a. M.	=	andere Meinung
Abs.	=	Absatz
Anm.	=	Anmerkung
AöR	=	Archiv des öffentlichen Rechts
Art.	=	Artikel
BAGE	=	Entscheidungen des Bundesarbeitsgerichts (zitiert nach Band und Seite)
BayVBl.	=	Bayerische Verwaltungsblätter
BFDC	=	Boletim da Faculdade de Direito / Universidade de Coimbra
Bd.	=	Band
BVerfG	=	Bundesverfassungsgericht
BVerfGE	=	Entscheidungen des Bundesverfassungsgerichtes (zitiert nach Band und Seite)
BVerwGE	=	Entscheidungen des Bundesverwaltungsgerichtes (zitiert nach Band und Seite)
CC	=	Comissão Constitucional (Verfassungskommission)
C.P.C.	=	Código Processo Civil (Zivilprozeßordnung)
C.P.P.	=	Código Processo Penal (Strafprozeßordnung)
CRP	=	Constituição da República Portuguesa
ders./dies.	=	derselbe/dieselben
DL	=	Decreto–Lei (Gesetzesverordnung)
DÖV	=	Die Öffentliche Verwaltung
DR	=	Diário da República (zitiert nach Reihe und Datum)
DVBl.	=	Deutsches Verwaltungsblatt
EuGRZ	=	Europäische Grundrechte Zeitschrift
f./ff.	=	folgende/fortfolgende
Fn.	=	Fußnote
Hrsg./hrsg.	=	Herausgeber/herausgegeben
insb.	=	insbesondere
i. S. d.	=	im Sinne des
i. V. m.	=	in Verbindung mit
JA	=	Juristische Arbeitsblätter
JöR	=	Jahrbuch des öffentlichen Rechts
JuS	=	Juristische Schulung

JZ	=	Juristen Zeitung
MFA	=	Movimento das Forças Armadas (Bewegung der Streitkräfte)
m. w. N.	=	mit weiteren Nachweisen
n. F.	=	neue Fassung
Rn.	=	Randnummer
Rspr.	=	Rechtsprechung
Rz.	=	Randziffer
S.	=	Satz/Seite
sc.	=	Jahrhundert
sog.	=	sogenannte
st. Rspr.	=	ständige Rechtsprechung
TC	=	Tribunal Constitucional (Verfassungsgericht)
Verf.	=	Verfasser
vgl.	=	vergleiche
zit.	=	zitiert
ZRP	=	Zeitschrift für Rechtspolitik

Wegen der übrigen Abkürzungen sei verwiesen auf: Kirchner, Hildebert, Abkürzungsverzeichnis der Deutschen Rechtssprache, Berlin, 1983, 3. Auflage.

A

Einführung

I

Die Freiheitsidee der Portugiesischen Verfassung von 1976

1 Historische Wurzeln

Betrachtet man überblicksartig den Grundrechtsteil der Portugiesischen Verfassung von 1976, so fällt die im Vergleich zum deutschen Grundgesetz große Anzahl von Grundrechten als erstes ins Auge. Den 19 Grundrechtsartikeln des Grundgesetzes stehen 67 Artikel der Portugiesischen Verfassung gegenüber. Nun muß ein breit und ausführlich angelegter Grundrechtsteil nicht zwangsläufig ein "plus" an Freiheitsschutz bedeuten. Dies muß umso mehr gelten, als frühere portugiesische Verfassungen[1] zum Teil[2] einen ähnlich breit ausgeprägten Grundrechtsteil[3] besaßen, aber diese entweder nur als Appell[4] an den Staat verstanden wurden oder ei-

[1] Es gab bislang insgesamt 6 Verfassungen in Portugal. Dies sind die Verfassung von 1822, die "Carta Constitucional" von 1826, die Verfassungen von 1838, 1911, 1933 und 1976.

[2] Während die Verfassungen von 1822, 1838 und 1976 jeweils einen großen Abschnitt den Grundrechten widmen, werden sie in der Carta Constitucional von 1826 und in der Verfassung von 1911 und 1933 in nur einem einzigen Artikel genannt, wobei der Art. 3 der Verfassung von 1911 38 Absätze umfaßt; vgl. *Canotilho*, Direito, S. 324; *Miranda*, Constituições, S. XV.

[3] Alle portugiesischen Verfassungen enthalten Grundrechtsbestimmungen. Es finden sich in jeder Verfassung Bestimmungen über den Gleichheitsgrundsatz, strafprozessuale Gewährleistungen, die Garantie der Unverletzlichkeit der Wohnung und des Briefgeheimnisses, die Meinungsfreiheit, das Recht auf Zugang zu den öffentlichen Ämtern, das Eigentums- und das Petitionsrecht; vgl. hierzu ausführlich *Miranda*, Costituições, S. XIVff.; *Caetano*, Constituições portugueses, S. 9ff.; knapp *Thomashausen*, Portugal, S. 597f.

[4] Bei den ersten 19 Artikeln der Verfassung von 1822, die zwar mit der Überschrift "Individuelle Rechte und Pflichten der Portugiesen" versehen waren, handelte es sich um Garantien mit "affirmativen Charakter" und nicht um echte Abwehrrechte, vgl. hierzu *Canotilho*, Direito, S. 283.

nem einfachen Gesetzesvorbehalt[5] und damit starken Einschränkungsmöglichkeiten unterlagen. Eine besonders intensive Schrankenregelung war vor allem in der Verfassung von 1933 enthalten. Die dort in einem zwar langen, aber doch nur einzigen Artikel[6] aufgezählten Grundrechte[7] erfuhren bereits in demselben Artikel eine generalklauselartige Einschränkung. Aus dieser Bestimmung geht nämlich hervor, daß die Bürger von den Grundrechten "nur Gebrauch machen dürfen bei fehlender Schädigung der Rechte Dritter oder fehlender Verletzung von Gesellschaftsinteressen oder moralischer Prinzipien". Der auf diese Bestimmung im gleichen Artikel folgende §2 sieht sogar die Möglichkeit von sog. "Spezialgesetzen"[8] vor, mit deren Hilfe so wichtige Grundrechte wie die Ausübung der Meinungsfreiheit, Versammlungs- und Vereinigungsfreiheit reguliert werden konnten. So wurde als Aufgabe des §2 definiert, "präventiv oder repressiv die Verkehrung der öffentlichen Meinung in seiner Funktion als gesellschaftliche Kraft zu verhindern"[9]. Dies bedeutete in der Praxis, daß die Grundrechte wirksam eingegrenzt wurden und bedeutungslos blieben. *Canotilho* beschreibt dies plastisch, wenn es heißt, daß sich "die Grundrechte im Bereich des Gesetzes bewegten, anstatt umgekehrt"[10].

Es stellt sich somit die Frage, welche Freiheitsidee den Grundrechten der Portugiesischen Verfassung von 1976 zugrundeliegt. Folgende drei Hauptargumente lassen sich als Ursachen für die Grundrechtsausgestaltung anführen.

1.1 Erfahrungen mit dem "Estado Novo "

Ausgangspunkt für die Entwicklung und Ausgestaltung der Grundrechte in der Verfassung von 1976 ist die durch die Revolution von 1974 hervorgerufene Freiheits- und Grundrechtsidee . Diese Revolution löste die über 40 Jahre andauernde Ära[11] des "Estado Novo " ab, der durch eine sog. ständisch- oder korporativ-autoritäre Verfassung von 1933 errichtet wurde. Die Freiheitsidee der Revolution wurde vor allem geprägt von den Erfahrungen aus der Zeit der Herrschaft *Salazars* [12]. Die Verfassung von 1933 war antiparlamentarisch ausgestaltet, nationalistisch gewichtet und programmatisch geprägt. *Salazar* installierte einen Ständestaat, politisch autoritär und interventionistisch in den wirtschaftlichen

[5] In der reaktionären Verfassung von 1826 standen sämtliche Grundrechte unter einem einfachen Gesetzesvorbehalt, vgl. *Caetano*, Constituições portugueses, S. 25ff., 49ff.

[6] Art. 8 der Verfassung von 1933 umfaßt 21 Absätze.

[7] Der Begriff der "Grundrechte" als "direitos fundamentais" oder "direitos individuais" taucht in Portugal bereits im Verfassungs- und Privatrecht des 19. sc. auf; vgl. hierzu *Castro Mendes*, Direitos, Liberdades e Garantias - Alguns Aspectos Gerais, in: Estudos sobre a Constituição, Bd. I, S. 93ff.

[8] Sog. "Leis especiais", vgl. *Miranda*, Constituições, S. 224.

[9] *Miranda*, Manual, Bd. IV, S. 121.

[10] *Canotilho*, Direito, S. 338.

[11] Die Verfassung war von 1993 bis 1974 in Kraft.

[12] António de Oliveira *Salazar* führte als Ministerpräsident in der Zeit von 1932 – 1968 ein diktatorisches Regierungssystem.

und kulturellen Bereichen. Die Verfassung lehnte die Idee des Individuums und der politischen Parteien ab. "An die Stelle des Einzelindividuums und 'willkürlicher Mehrheiten' sollte eine 'natürlich gewachsene Ordnung' treten; Familien und Berufsstände sollten die neue Herrschaft legitimieren"[13].

Trotz einer bisher für Portugal unbekannten politischen[14] und einer relativen verfassungsrechtlichen Stabilität[15] konnte die politische Idee *Salazars* eines "Estado Novo " nicht überleben. Obwohl in wirtschaftlichen und bildungspolitischen Bereichen große Fortschritte erzielt wurden[16], führten Willkür, ein weit ausgeufertes politisches Strafrecht und die "oftmals willkürliche Praxis der staatlichen Geheimpolizei ... zur Verkümmerung der politischen Kultur, zur Innovationsunfähigkeit des politischen Systems und zu einer gefährlichen außenpolitischen und moralischen Isolation des Landes"[17]. Da auch die letzte Revision 1971[18] nicht den erhofften wirtschaftlichen Aufschwung brachte, kam es am 25.04.1974 mit der sog. "Nelkenrevolution" zur Ablösung des "Estado Novo "[19].

Als Reaktion auf die geschilderten Erfahrungen mit der auf der Konzeption des "Estado Novo " einhergehenden ablehnenden Haltung *Salazars* gegenüber individuellen Freiheitsrechten[20] sah das Programm der die Revolution tragenden "Bewegung der Streitkräfte"[21] eine deutliche Stärkung der Freiheits– und politischen Mitwirkungsrechte vor. Es beinhaltete unter anderem die Abschaffung der Zensur, die Meinungs– und Gedankenfreiheit, die Versammlungs– und Vereinigungsfreiheit, die Bildung von politischen Parteien sowie vor allem die Einberufung einer in allgemeinen, geheimen und direkten Wahlen zu bildenden Verfassungsgebenden Versammlung, der ausdrücklich "die großen grundlegenden

---

[13] *Thomashausen*, Freiheitsbegriff, S. 1, m.w.N.

[14] Portugal war am 2. Weltkrieg nicht beteiligt.

[15] Die Verfassung von 1933 erfuhr 9 Revisionen: 1935 - 1938, 1945, 1951, 1959 und 1971; vgl. hierzu näher *Caetano*, Constituições portugueses, S. 101ff.

[16] So konnte der Analphabetenteil der Bevölkerung von 67,8 v. H. 1930 bis 1968 mehr als halbiert werden. Das Bruttosozialprodukt erfuhr durchschnittliche Zuwachsraten von 7,5 v. H., vgl. *Allemann*, Portugal unter Salazar , S. 43ff.

[17] *Thomashausen*, Freiheitsbegriff, S. 1.

[18] Die Verfassung von 1933 wurde insgesamt achtmal revidiert: 1935, 1936, 1937, 1938, 1945, 1951, 1959 und 1971.

[19] Vgl. die ausführliche Darstellung der Ereignisse bei *Thomashausen*, Verfassungswirklichkeit, S. 30ff.

[20] Hierbei darf jedoch nicht übersehen werden, welche besondere Bedeutung den Kolonialkriegen in Afrika bei der Revolution 1974 zukam. Portugal gründete schon früh seine Existenz als ältester Nationalstaat Europas auf einen außerhalb des eigenen Staatsgebietes liegenden wirtschaftlichen und politischen Machtbereich. Die Unabhängigkeitsbestrebungen in Afrika konnten in Portugal nur als Bedrohung der eigenen Existenz, der nationalen Identität verstanden werden. Bezeichnend für die große Bedeutung des Kolonialkrieges für die damals in Portugal herrschende Situation ist, daß in dem Programm der "Bewegung der Streitkräfte" als Motivationsgrund für den Militärputsch noch vor der Berufung auf die instabile Lage der Innenpolitik an erster Stelle der "13–jährige(m) Kampf in den Überseeterritorien" genannt wird; vgl. *Miranda*, Fontes, Bd. I, S. 27ff.

[21] Wörtl.: "Movimento das Forças Armadas; im folgenden "MFA".

Reformen" zugewiesen wurden[22].

1.2 Der Widerspruch zwischen Idee und Realität

Weitere Ursache für die Ausgestaltung der Grundrechte in der Portugiesischen Verfassung von 1976 ist der Widerspruch, der zwischen der in dem Programm der MFA zum Ausdruck kommenden Idee der Verstärkung der Freiheitsrechte und der Wirklichkeit in den beiden Jahren nach der Revolution bestand. In dieser Zeit der durch eine Militärdiktatur ausgelösten "Turbulenzen"[23] formierten sich nach dem Einparteienstaat der Verfassung von 1933 die Parteien, wechselten mehrere Regierungen, zwei Staatspräsidenten und es gab zwei Putschversuche[24]. Es kam zu willkürlichen Verhaftungen, Folterungen, schweren Körperverletzungen sowie seelischen Mißhandlungen[25]. Aber auch die Abgeordneten der Verfassungsgebenden Versammlung[26] wurden mit ständigen Repressalien der Militärdiktatur konfrontiert[27].

Diese schweren Menschenrechtsverletzungen sowie die Erinnerung an die geschilderten Vorkommnisse während der Herrschaft *Salazars* sind im wesentlichen verantwortlich für die Ausgestaltung des großen Grundrechtteils der Verfassung. "Die Festigung und außerordentlich extensive Festschreibung der Grundrechte ... war für die Verfassungsväter in der gegebenen Entstehungssituation ein unverzichtbares Gegenstück zu den unvermeidlichen Kompromissen mit der Militärgewalt"[28].

1.3 Der Einfluß des deutschen Grundgesetzes

Nicht nur die Erfahrungen mit der Herrschaft Salazars und der Militärdiktatur 1974/1975 prägten die Ausgestaltung der Grundrechtsordnung.

Wenn auch hervorgehoben werden muß, "daß keine frühere europäische Verfassung eigentlich ein Musterbeispiel oder Generalmodell darstellte, auf die die Portugiesische Verfassung von 1976 gestützt wurde", so übten einen nicht zu unterschätzenden Einfluß auch die Grundrechtsordnungen verschiedener europä-

[22] Veröffentlicht wurde das Programm als Annex zu dem Verfassungsgesetz Nr. 3/74; abgedruckt in einer deutschen Übersetzung im Anhang bei *Thomashausen*, Verfassungswirklichkeit, S. 350ff.

[23] *Miranda*, Manual, Bd. I, S. 328.

[24] 11.3.75 und 25.11.75, vgl. hierzu *Thomashausen*, Verfassungswirklichkeit, S. 30ff.

[25] Vgl. den Bericht des Untersuchungsausschusses über Gewaltanwendungen vom 8.11.1976 bei *Thomashausen*, Verfassungswirklichkeit, S. 476ff.

[26] Zum 25.4.1975 wurde die Wahl der Verfassungsgebenden Versammlung vom Anfang März 1975 gegründeten Organ der MFA genehmigt.

[27] So wurde z. B. die Verfassungsgebende Versammlung für 31 Stunden von durch militärische Einheiten organisierte Demonstrationen u.a. mit der Folge belagert, daß selbst zuckerkranke Abgeordnete nicht versorgt werden konnten.

[28] *Thomashausen*, Freiheitsbegriff, S. 3.

ischer Staaten[29], insbesondere der Grundrechtsteil des deutschen Grundgesetzes aus[30]. Ist die Ausgestaltung z. B. der portugiesischen Wirtschaftsverfassung von osteuropäischen Verfassungen und der Verfassung der ehemaligen DDR von 1968 inspiriert[31], so ist das "Gebiet, wo man speziell den Einfluß des *Grundgesetz* auf die aktuelle portugiesische Verfassung erkennen kann, ... das der Grundrechte"[32].

Vergleicht man die einzelnen Grundrechtsbestimmungen der Verfassungsordnungen beider Länder, so fällt bei einigen Bestimmungen der Portugiesischen Verfassung eine große Ähnlichkeit bis hin zur fast wörtlichen Übereinstimmung auf. Es gibt beispielsweise deutliche Parallelen zwischen Art. 12 Abs. 2 CRP[33] und Art. 19 Abs. 3 GG bezüglich der Grundrechtsgeltung für juristische Personen, zwischen Art. 13 Abs. 2 CRP und Art. 3 Abs. 3 GG hinsichtlich der Diskriminierungsverbotsklauseln, Art. 18 CRP, der die unmittelbare Bindungswirkung und Grundrechtsgeltung erklärt sowie allgemeine Voraussetzungen für Grundrechtseinschränkungen enthält, weist große Ähnlichkeit mit den Art. 1 Abs. 3, 19 Abs. 2 und 3 GG auf[34].

Cardoso da Costa weist ausdrücklich darauf hin, daß nicht nur der Text des Grundgesetzes Inspirationsquelle war, sondern auch die Vertreter der deutschen Grundrechtsdogmatik sowie das Bundesverfassungsgericht gerade für den für folgende Untersuchung zentralen Art. 18 CRP beeinflußten[35].

Zusammengefaßt ist es sicher nicht als Zufall zu betrachten, daß gerade für den Grundrechtsteil der klassischen Freiheitsrechte nach der Herrschaft *Salazars* und den Erfahrungen mit der Militärdiktatur 1974/1975 das Grundgesetz, das ebenfalls eine Reaktion auf die Erfahrungen mit einer Diktatur darstellt, Vorbildscharakter für die Abgeordneten der Verfassungsgebenden Versammlung besaß.

---

[29]Neben den früheren portugiesischen Verfassungen beeinflußten auch die italienische Verfassung von 1947 sowie die Allgemeine Menschenrechtserklärung der Generalversammlung der Vereinten Nationen von 1948 den Grundrechtsteil der aktuellen portugiesischen Verfassung. Art. 16 Abs. 2 CRP bestimmt ausdrücklich, daß die Allgemeine Menschenrechtserklärung Auslegungsmaßstab für die Grundrechte ist.

[30]*Cardoso da Costa*, A Lei Fundamental De Bonn E O Direito Constitucional Português, S. 4.

[31]Vgl. *Thomashausen*, Portugal, S. 600.

[32]*Cardoso da Costa*, A Lei Fundamental De Bonn E O Direito Constitucional Português, S. 7.

[33]"CRP" steht als Abkürzung für Constituição da República Portuguesa.

[34]Vgl. hierzu ausführlich unten **D**; vgl. auch die Darstellungen weiterer Parallelen bei *Cardoso da Costa*, A Lei Fundamental De Bonn E O Direito Constitucional Português, S. 11ff; *Thomashausen*, Portugal, S. 600; *Miranda*, A Constituição de 1976 no âmbito do constitucionalismo portugûes, S. 636.

[35]*Cardoso da Costa*, A lei Fundamental De Bonn E O Direito Constitucional Português, S. 11.

2 Grundrechtstheorie und dogmatisches Modell

Grundrechte im Hinblick auf den Grad des von ihnen gewährleisteten Freiheitsschutzes an ihrer Effektivität zu messen, heißt gleichzeitig zu fragen, auf welche Weise und unter welchen Voraussetzungen Grundrechte beschränkt oder aufgehoben werden können.

Bevor dieser Frage nachgegangen werden kann, muß berücksichtigt werden, daß den einzelnen Grundrechtsbestimmungen wegen ihres allgemein gehaltenen Wortlautes keine inhaltliche Eindeutigkeit zukommen kann. Deshalb muß versucht werden, zu klären, ob den Grundrechten durch die Verfassung selbst ein bestimmtes Verständnis von Freiheit vorgegeben wurde. Mit Hilfe einer durch die Verfassung geprägten Grundrechtstheorie [36] können die Grundrechte nach dem Inhalt ihres Freiheitsschutzes hin ausgelegt werden.

Die Grundrechtstheorie ist somit Ausgangspunkt der der Schrankenproblematik vorausgehenden Auslegung der Grundrechte. Denn erst die Auslegung eines zunächst zumindest nicht eindeutig formulierten Grundrechtes läßt eine Beantwortung der Frage zu, ob eine staatliche Maßnahme - z. B. ein Gesetz - ein Grundrecht im Sinne einer Ausgestaltung nur konkretisiert oder ob es sich schon um eine Zurücknahme - eine Einschränkung - einer grundrechtlich gewährten Freiheit handelt.

Nach der Frage des den Grundrechten zugrundezulegenden Verständnisses (2.1) muß untersucht werden, ob diese Grundrechtstheorie auch dogmatisch ihre Entsprechung in der Verfassung findet (2.2).

2.1 Das Grundrechtsverständnis der Portugiesischen Verfassung

2.1.1 Keine sozialistische Grundrechtstheorie

Laut Präambel der Portugiesischen Verfassung besteht ein Konsens in der portugiesischen Bevölkerung darüber, daß ein "Weg für ein sozialistisches Gesellschaftssystem unter Beachtung des Willens des portugiesischen Volkes" eröffnet wird. Dies könnte Anhaltspunkt für eine sozialistische Grundrechtstheorie sein. Danach werden die Freiheitsrechte nicht als Abwehrrechte gegenüber dem Staat verstanden. Das individualistische Wollen bleibt vielmehr vollständig unberücksichtigt. Die Grundrechtsausübung ist gerade im Gegenteil gesollt. Die Freiheit wird instrumentalisiert in den Dienst der Gesellschaft gestellt. Dadurch wird die subjektive Dimension jeglicher Freiheitsausübung in ihrem Wesensgehalt stark

[36] Unter dem Begriff der Grundrechtstheorie wird hier im Sinne von *Böckenförde* die "systematisch orientierte Auffassung über den allgemeinen Charakter, die normative Zielrichtung und die inhaltliche Reichweite der Grundrechte" verstanden, vgl. *Böckenförde*, Staat, S. 116.

reduziert, zumal die Grundrechte nur und ausschließlich im Sinne eines sozialistischen Staates ausübbar sind und sich nicht gegen den Staat richten dürfen[37].

Auch die Verfassung in ihrer Ursprungsversion schien auf den ersten Blick wegen der in ihr enthaltenen "Sozialismen", wie beispielsweise das Ziel der "Errichtung einer klassenlosen Gesellschaft"[38], die Interpretation einer "gewollt wertenden Instrumentalisierung der Grundrechte und -freiheiten"[39] zu ermöglichen[40]. Diese angesprochenen "Sozialismen" wurden jedoch im Zuge der bisher vorgenommenen drei Revisionen aus der Verfassung entfernt[41]. Die von den Revisionen unberührt gebliebene Präambel ist somit die einzige Stelle der Verfassung, an der der Sozialismus noch Erwähnung findet[42]. Selbst unter Berücksichtigung der Ansicht[43], die Präambel sei für die Interpretation von Verfassungsbestimmungen von grundsätzlicher Bedeutung, bleibt hier diese im Sinne einer sozialistischen Tendenz sehr gering. Zum einen wird das angestrebte "sozialistische Gesellschaftssystem" sogleich vom "Willen des portugiesischen Volkes" abhängig gemacht. Zum anderen sind dieser Formulierung in den vorausgehenden Sätzen starke bürgerlich-liberale Anschauungen entgegen- und vorausgestellt. Die "Grund-

[37]Vgl. hierzu im einzelnen *Andrade*, Direitos Fundamentais, S. 69ff.

[38]Vgl. Art. 1 CRP a. F.

[39]*Thomashausen*, Freiheitsbegriff, S. 3.

[40]Die Verfassung in ihrer ursprünglichen Fassung war von der Revolution stark beeinflußt. Dies liegt zum einem darin begründet, daß die freie Gestaltungsmacht der in der Konstituante vertretenen Parteien stark eingeschränkt war. Die Verfassungsgeber waren durch 2 sog. "Verfassungsplattformen", die zwischen den Parteien und dem Revolutionsrat geschlossen worden waren, an bestimmte sozialistische Zielvorgaben des Militärs, wie z. B. die verfassungsrechtliche Verankerung des Revolutionsrats als "Hüters der Verfassung", der Festschreibung bereits vorgenommener Verstaatlichungen und der Vorgabe einer Agrarreform, gebunden.

Aber auch unter den in der Konstituante vertretenen Parteien mußten wegen einer fehlenden Mehrheitspartei Kompromisse ausgehandelt werden. Deshalb wird in der portugiesischen Lehre noch vielfach hinsichtlich der Verfassungskonzeption von einem Kompromißcharakter zwischen dem "liberalen und sozialistischen Prinzip, zwischen den klassischen Rechten, Freiheiten und Garantien und den modernen sozialen Grundrechten, zwischen dem parlamentarischen Regierungssystem und der Direktwahl des Staatspräsidenten" gesprochen, *Canotilho/Moreira*, Anotada, S. 30; ebenso *Miranda*, Manual, Bd. IV, S. 166; vgl. a. A. *Andrade*, Direitos e Garantias Fundamentais, S. 689, der darauf hinweist, daß keine Partei eine rein individualistische oder rein marxistisch-leninistische Konzeption vertrat. Vgl. zu den "Plattformen" näher *Thomashausen*, Verfassungswirklichkeit, S. 183ff.; *Canotilho/Moreira*, Anotada, S. 29; *Schmid*, Die portugiesische Verfassung von 1976, S. 208.

[41]Die Revisionen erfolgten in den Jahren 1982, 1989 und 1992. Vor allem die erste Überarbeitung der Verfassung 1982 führte zur Entfernung des "Revolutionsrates". Dessen Aufgabe als "Hüters der Verfassung" wurde von dem nun eingeführten Verfassungsgericht übernommen. Die Struktur des Grundrechtsteiles blieb von den Revisionen unberührt. Die bisher letzte Revision vom 25.11.92 beinhaltete nur Änderungen, die im Zusammenhang mit den Verträgen von Maastricht stehen, vgl. *Canotilho/Moreira*, Anotada, S. 47ff./103ff.

[42]Die Gründe, daß die Präambel im Zuge der Revision nicht auch verändert wurde, werden darin gesehen, daß die "Verfassungsgeber ... mit exakt gefundenen Formulierungen die Ursprünge der auf einem Sturz beruhenden Verfassung erzählen"; vgl. *Magalhães*, Dicionário,S. 83.

[43]Ebenda.

rechte und -freiheiten" werden als Gegenpol zu dem "faschistischen Regime", "Diktatur" und "Unterdrückung" verstanden.

2.1.2 Das "liberal-moderne" Grundrechtsverständnis

Das freiheitliche Grundrechtsverständnis läßt sich weiter aus folgenden Gesichtspunkten ableiten.

(1) Systematische Stellung des Grundrechtsteiles Deutliches Zeichen einer liberalen Konzeption ist die systematische Stellung des Grundrechtteils innerhalb der Verfassung. Vor allem die Frage, ob der Grundrechtsteil erst auf die Wirtschaftsverfassung folgen sollte, war von den in der Verfassungsgebenden Versammlung vertretenen Parteien lange diskutiert worden[44]. Die liberalen Parteien[45] konnten ihre Vorstellung jedoch durchsetzen. Mit der Voranstellung der Grundrechte nicht nur vor den Teil der Wirtschaftsverfassung, sondern als "Teil I" der Verfassung wurde die herausragende Rolle der Grundrechte und gleichzeitig ihre Unabhängigkeit von wirtschaftlichen Voraussetzungen betont.

(2) Die "Zweiteilung" der Grundrechte Ein weiteres Argument für ein liberales Grundrechtskonzept bietet die durch die Verfassung vorgenommene "'Zweiteilung' der Grundrechte"[46].

Die Unterteilung des Grundrechtteils in die Kapitel "Allgemeine Grundsätze"[47], "Rechte, Freiheiten und Garantien"[48] und "Wirtschaftliche, soziale und kulturelle Rechte und Pflichten"[49] scheint zwar auf den ersten Blick darauf hinzudeuten, daß zum einem die "Allgemeinen Grundsätze" im Sinne eines allgemeinen Teils "vor die Klammer" gezogen wurden und für die beiden darauffolgenden Kapitel Geltung beanspruchen. Zum anderen läßt diese Untergliederung ein Gleichgewicht im Sinne einer Gleichberechtigung zwischen den "Rechten, Freihei-

[44] Vor allem die Kommunistische Partei Portugals (PCP) favorisierte eine Stellung der Grundrechte erst im Anschluß an die Wirtschaftsverfassung. Dies wurde mit der marxistischen Theorie begründet, die Grundrechte wären für den Menschen ohne materielle Grundlagen sinnentleert. Erst eine Wirtschaftsverfassung könne den Grundrechten Sinn und Inhalt verleihen, da erst durch die Gewährleistung der wirtschaftlichen Voraussetzungen Grundfreiheiten verwirklicht werden könnten; vgl. zu dem Streit die Nachweise bei *Thomashausen*, Freiheitsbegriff, S. 2 Fn. 10; vgl. auch die abschließende Stellungnahme von *Nogueira*, in *Miranda*, Fontes, Bd. II, S. 519f.

[45] Dies waren insbesondere die Partido do Centro Democrático Social (CDS), Partido Popular Democrático (PPD) und die Partido Socialista (PS); vgl. zu den unterschiedlichen Systematisierungsvorschlägen der einzelnen Parteien, *Miranda*, Fontes, S. 503ff.

[46] Zum Begriff vgl. *Cardoso da Costa*, A Lei Fundamental De Bonn E O Direito Constitucional Portuguệs, S. 8.

[47] Vgl. Art. 12 - 23 CRP.

[48] Vgl. Art. 24 - 57 CRP.

[49] Vgl. Art. 58 - 79 CRP.

ten und Garantien" und den in den "Wirtschaftlichen, sozialen und kulturellen Rechte und Pflichten" enthaltenen sozialen Grundrechten vermuten.

Untersucht man diese "Allgemeinen Grundsätze" jedoch näher, so stellt man fest, daß darin nicht nur für beide Grundrechtskategorien geltende allgemeine Grundsätze, wie z. B. die Grundrechtsgeltung für Ausländer in Art. 15 CRP, sondern auch spezielle Grundrechte, wie beispielsweise das Widerstandsrecht in Art. 21 CRP enthalten sind.

Weiter wird aus den Art. 17 - 19 CRP deutlich, daß die Portugiesische Verfassung zwei unterschiedliche Grundrechtssysteme vorsieht. Einerseits gibt es danach die in Kapitel II genannten Rechte, Freiheiten und Garantien. Dieses Kapitel enthält vor allem die klassischen Freiheitsrechte, wie beispielsweise die Versammlungs- und Meinungsfreiheit[50]. Diesen in Kapitel II genannten Rechte werden die ihnen "analogen" Grundrechte gleichgestellt[51]. Dazu wird z. B. das Eigentumsrecht gezählt. Zum anderen gibt es die übrigen - hauptsächlich sozialen - Grundrechte, wie z. B. das Recht auf Arbeit, Gesundheit und Sport, die vornehmlich in Kapitel III zu finden sind.

Diese von der Verfassung ausdrücklich vorgenommene Unterscheidung kommt in dem Art. 1 Abs. 3 GG nachgebildeten[52] Art. 18 Abs. 1 CRP zum Ausdruck. Dieser ordnet die unmittelbare Geltung der Rechte, Freiheiten und Garantien an, wodurch die sozialen Grundrechte eine unumgängliche Beschränkung erfahren. "Der Weg zum perfektionistischen Zwangs- und Wohlfahrtsstaat ist ... in Portugal durch die unmittelbare Geltung der persönlichen Freiheitsrechte versperrt"[53 54].

(3) Grundrechtsausgestaltung Wichtiger Anhaltspunkt einer modernliberalen Grundrechtskonzeption bietet die Ausgestaltung der Grundrechte.

Der auffallend umfangreiche Teil I der Verfassung mit 67 Grundrechtsartikeln enthält "nahezu alle denkbaren Grundrechte"[55].

Diese sind einerseits als "Rechte, Freiheiten und Garantien" formuliert und

---

[50]Interessanterweise ist in diesem kapitel nicht das Recht auf Privateigentum enthalten. Dieses taucht erst als Art. 62 CRP in Kapitel III auf. Zu den Vorschlägen dieses Grundrecht anläßlich der zweiten Revision 1989 in Kapitel I zu stellen vgl. *Magalhães*, Dicionário, S. 87f.

[51]Art. 17 CRP lautet: "Das System der Rechte, Freiheiten und Garantien wendet sich an die in Kapitel II genannten und die ihrer Natur nach analogen Grundrechte"; dazu näher unten **2.2.2**.

[52]So auch *Miranda*, O Regime dos Direitos, Liberdades e Garantias, Estudos sobre a Constituição, Bd. III, S. 72.

[53]*Thomashausen*, Freiheitsbegriff, S. 9.

[54]Weiterer Gesichtspunkt eines modernen liberalen Grundrechtsverständnisses ist die ebenfalls in Art. 18 Abs. 1 CRP angeordnete Bindung nicht nur der "öffentlichen", sondern auch der "privaten Institutionen". Hierin ist nach *Thomashausen* der "Wille des Verfassungsgebers" enthalten, "die Grundrechte zu Grundnormen des gesamten gesellschaftlichen Lebens zu erheben"; ebenda, S. 4, vgl. dazu näher unten **C. III. 3.1.2**.

[55]*Thomashausen*, Portugal, S. 601.

vorwiegend im Sinne von Abwehrrechten ausgestaltet. In diesem Kapitel sind die traditionellen Freiheits– und Gleichheitsrechte, wie das Recht auf Leben und Sicherheit und die Meinungs–, Vereinigungs– und Versammlungsfreiheit normiert. Darüberhinaus sind darin ausführliche Normierungen strafprozessualer Garantien bis hin zu so modernen Grundrechten, wie z. B. das Recht auf Sendezeiten oder der Datenschutz enthalten. Sie stehen zudem unter dem besonderen Schutz der Abs. 2 und 3 des Art. 18 CRP, der enge Voraussetzungen an ihre Einschränkung setzt[56].

Andererseits werden diesen Abwehrrechten aber auch mit dem Kapitel der "Wirtschaftlichen, sozialen und kulturellen Rechte und Pflichten" positive Rechte, Rechte auf staatliche Handlungen an die Seite gestellt, die "diesen zur Schaffung von materiellen Voraussetzungen zur Ausübung der klassischen Freiheiten verpflichten"[57] und daneben Rechte der sog. "vierten Generation"[58], wie z. B. das Recht auf Umwelt und Lebensqualität mitumfassen.

(4) Die Bedeutung der Grundpflichten Die Überschrift des Teil I der Portugiesischen Verfassung lautet "Grundrechte und Grundpflichten".

Diese gleichzeitige Nennung von Grundpflichten neben den Grundrechten könnte auf eine Gleichrangigkeit zwischen Rechte und Pflichten hindeuten. Eine Durchsicht der einzelnen der Überschrift folgenden Artikel bestätigt diese Vorstellung jedoch nicht. Im Gegenteil, im gesamten Grundrechtsteil ist kein einziger Artikel allein als Pflicht ausgestaltet. Das Wort "Pflicht" taucht im Abschnitt der traditionellen Rechte, Freiheiten und Garantien insgesamt nur zweimal auf[59]. Es werden also gerade in diesem Abschnitt, der die klassischen Grundrechte umfaßt, die Gewährleistung dieser Freiheitsrechte nicht von der Erfüllung allgemeiner politischer oder ideologischer Treuepflichten abhängig gemacht.

Erst im Abschnitt über die "wirtschaftlichen, sozialen und kulturellen Rechte und Pflichten" werden in größerem Umfang Pflichten formuliert. Aber auch hier fällt auf, daß bis auf wenige Ausnahmen[60] die Pflichten erst im zweiten Absatz der entsprechenden Vorschrift auftauchen. So wird z. B. in Art. 58 Abs. 1 CRP das Recht auf Arbeit in Abs. 2 "untrennbar mit der Pflicht, zu arbeiten" verbunden.

Daraus wird deutlich, daß der Verfassungsgeber die Betonung auf die Gewährleistung von Grundrechten als Abwehrrechte gelegt hat und diese nicht durch gleichrangige Grundpflichten relativiert oder sogar instrumentalisiert verstanden wissen wollte. Ob dieser Erkenntnis darf jedoch nicht das Vorhandensein der Überschrift des Grundrechtteils und der im Teil der sozialen Grundrechte ausge-

[56] Vgl. hierzu unten **D**.

[57] *Andrade*, Direitos e Garantias Fundamentais, S. 687.

[58] Vgl. *Canotilho/Moreira*, Anotada, S. 101.

[59] Vgl. Art. 36 Abs. 5 und 49 Abs. 2 CRP, die eine Unterhalts– bzw. eine Wahlpflicht statuieren. Zur Rechtsnatur der Wahlpflicht vgl. die unterschiedlichen Ansichten bei *Miranda*, Manual, Bd. IV, S. 163 und *Andrade*, Direitos Fundamentais, S. 152f.

[60] Vgl. Art. 64, 66 und 78 CRP.

stalteten Grundpflichten unberücksichtigt bleiben. Sie stellen bei der Auslegung der Grundrechte zumindest ein Indiz dafür dar, daß den Grundrechten nicht eine liberal-individualistische Grundrechtstheorie im klassischen Sinne zugrunde zu legen ist. Die statuierten Grundpflichten sind vielmehr Anhaltspunkt für ein demokratisch-funktionales oder sozialliberales Verständnis der Grundrechte.

(5) Zusammenfassung Aus all dem wird ersichtlich, daß die Grundrechte entgegen der individualistischen Sichtweise der klassisch liberalen Theorie von der Trennung von Staat und Gesellschaft zu verstehen sind. Die Grundrechtskonzeption der Portugiesischen Verfassung betont nicht nur die Abwehrfunktion im Sinne eines größtmöglichen Freiheitsschutzes. Gleichzeitig kommt durch die starke Ausprägung der sozialen Grundrechte zum Ausdruck, daß der einzelne als ein in die politische und soziale Organisation eingebundenes Individuum begriffen wird. Die Grundrechte besitzen neben ihrer Funktion, bestimmte Rechtspositionen und Güter zu schützen und zu garantieren, die Intension, die "in der Kultur der Gesellschaft wurzelnde" Menschenwürde zu verdeutlichen[61]. Den Grundrechten liegt somit eine modern-liberale Konzeption zugrunde, die individuelle als auch soziale Bedürfnisse auf der Grundlage der Achtung der Menschenwürde miteinschließt[62].

2.2 Das dogmatische Eingriffsmodell

2.2.1 Inhalt

Fraglich ist, ob diese dargestellte, der Verfassung von 1976 zugrundeliegende Grundrechtstheorie einer liberal-modernen Grundrechtskonzeption auch grundrechtsdogmatisch ihre Entsprechung findet. Will man wissen, ob und wie sich das Verständnis einer den Grundrechten zugrundeliegenden modern-liberalen Konzeption auf den Grundrechtsschutz auswirkt, muß man das von der Verfassung zur Verfügung gestellte grundrechtsdogmatische Modell untersuchen.

(1) Ausgestaltung der Grundrechte

(1.1) Freiheitsrechte Die Untersuchung der in der Portugiesischen Verfassung enthaltenen klassischen Freiheitsrechte ergibt, daß deren Ausgestaltung einer Unterscheidung zwischen grundrechtlichem Schutzbereich und Möglichkeiten der Grundrechtseinschränkung entspricht. So folgt z. B. der Freiheitszusicherung in Art. 27 Abs. 1 deren Einschränkungsmöglichkeiten in den darauffolgenden Abs. 2 und 3 CRP, der Zusicherung der Unverletzlichkeit von Wohnung und Briefgeheimnis in Art. 34 Abs. 1 CRP deren Einschränkung im Abs. 2[63]. Durch diese

[61] *Andrade*, Direitos e Garantias Fundamentais, S. 688.

[62] Vgl. *Miranda*, A Constituição de 1976, S. 322; *Andrade*, Direitos e Garantias Fundamentais, S. 690.

[63] Vgl. auch Art. 36, 46 CRP.

Aufeinanderfolge von Freiheitszusicherung und Schrankenregelung, sei es durch verfassungsunmittelbare oder -mittelbare Schranken[64], ist die Unterscheidung zwischen Freiheitsgewährung im grundrechtlichen Schutzbereich und Möglichkeiten ihrer Einschränkung deutlich angelegt.

Als weiteres Argument für eine dogmatische Unterscheidung von Schutzbereich der Grundrechte und der Möglichkeiten der Grundrechtseinschränkung könnte man auch den Verfassungstext des Art. 37 Abs. 3 CRP heranziehen. Art. 37 Abs. 3 CRP bestimmt bei den Grundrechten auf freie Meinungsäußerung und Information, daß

> *"Die in Ausübung dieser Rechte begangenen Verstöße bleiben den allgemeinen Grundsätzen des Strafrechtes unterworfen, wobei deren Würdigung den Gerichten obliegt."*

Aus dieser der Grundrechtsbestimmung in der ersten Revision 1982 hinzugefügten Vorschrift ergibt sich zunächst das Verbot eines Ausnahmestrafrechtes, sei es bezüglich des Verfahrens oder der zuständigen Gerichte[65]. Betrachtet und analysiert man den Wortlaut der Bestimmung, so gibt die Formulierung "in Ausübung dieser Rechte begangene Verstöße" Anlaß zu der Annahme, daß dem Verfassungsgeber ebenfalls das Modell Schutzbereich, Eingriff und Rechtfertigung des Eingriffs durch Schranken verfolgte. Nur wenn man auch strafwürdige Fälle vom Schutzbereich[66] umfassen läßt, können *in Ausübung* dieser Grundrechte Verstöße begangen werden. Ansonsten müßte etwa formuliert werden, daß Verstöße, die *vermeintlich* in Ausübung der Grundrechte begangen werden, den allgemeinen Grundsätzen des Strafrechtes unterworfen bleiben.

Bereits die Ausgestaltung der Freiheitsrechte läßt eine dogmatische Unterscheidung von Grundrechtsschutzbereich und der Möglichkeiten der Grundrechtseinschränkungen erkennen. Diese Unterscheidung bedeutet aber auch eine Unterscheidung zwischen dem Schutzbereich und dem Bereich der Grundrechte, den das Grundrecht effektiv gewährleistet. Dieser effektive Gewährleistungsbereich kann nicht mehr eingeschränkt werden. Ein Eingriff in diesen Bereich stellt dann ein Verletzung des Grundrechtes dar.

(1.2) Soziale Grundrechte Etwas anderes gilt für die unter dem Kapitel III des Grundrechtteils zusammengefaßten Grundrechte. In dem großen Katalog der "Wirtschaftlichen, sozialen und kulturellen Rechte und Pflichten" sind in über 20 Artikeln Leistungs- oder Teilhaberechte normiert und er enthält unter anderem das Recht auf Arbeit, soziale Sicherheit, Gesundheit, Wohnung, Bildung und Kultur[67]. Diese sog. "sozialen" Grundrechte werden jedoch von vornherein durch

[64] Vgl hierzu im einzelnen unten **C**.
[65] Vgl. in diesem Zusammenhang Art. 211 Abs. 4 CRP, *Canotilho/Moreira*, Anotada, S. 227.
[66] Vgl. zur Schutzbereichsbestimmung unten **B. I**.
[67] Vgl. Art. 58, 63, 64, 65 bzw. 73 CRP.

Art. 18 Abs. 1 CRP relativiert. Die darin angeordnete unmittelbare Geltung und Bindungswirkung beschränkt sich auf die "Rechte, Freiheiten und Garantien" und läßt damit die sozialen Grundrechte außen vor.

Die Normierung der sozialen Grundrechte kann auch nicht die gleiche Qualität, die den Abwehrrechten zukommt, besitzen. Ihnen kann nur die Stellung von Programmsätzen beigemessen werden. Ein Staat, der diese Freiheitsrechte, wie die Berufswahl und Freizügigkeit garantiert, kann nicht die "Kapazitäten" besitzen, allen Bürgern gleichermaßen einen Arbeitsplatz oder eine Wohnung zur Verfügung zu stellen[68].

Damit muß aber auch der Gehalt der sozialen Grundrechte vorgegeben sein. Zwar wird nach der Rechtsprechung des Portugiesischen Verfassungsgerichtes ein bereits erreichtes Niveau an Sozialschutz durch den Grundsatz des sog. "Verbots des sozialen Rückschritts"[69] anerkannt[70]. Dies ändert jedoch nichts an der Tatsache, daß diese sozialen Grundrechten nur eine von vornherein begrenzte und damit präformierte grundrechtliche Gewährleistung umfassen. Ein derartiger vorgeprägter Grundrechtsgehalt ist dann einer weiteren Einschränkung durch Gesetz weder bedürftig noch fähig. Dies bedeutet weiter, daß die sozialen Grundrechte des 3. Kapitels des Grundrechtteils nicht an dem unter (2) näher erläuterten dreistufigen Eingriffsmodell teilnehmen. Bei ihnen fällt vielmehr Schutzbereich und effektiver Garantiebereich zusammen. Die Frage einer Einschränkung stellt sich nicht. Deshalb stellt die Verfassung dogmatisch konsequent auch das Eingriffsmodell nicht für die "Wirtschaftlichen, sozialen und kulturellen Rechte und Pflichten" bereit.

(2) Der allgemeine Eingriffsvorbehalt in Art. 18 CRP Die bei den Freiheitsrechten getroffene Unterscheidung von grundrechtlichem Schutzbereich und Schranke beinhaltet somit aber zugleich die Unterscheidung zwischen Grundrechtseingriff und Grundrechtsverletzung und damit die Unterscheidung zwischen dem grundrechtlichen Schutzbereich und dem Bereich, der einer Einschränkung nicht mehr zugänglich ist, der also durch das Grundrecht effektiv garantiert wird.

Dieses dreistufige "Eingriffsmodell" – Schutzbereich, Einschränkung und Einschränkungsrechtfertigung – kommt klar auch durch die Abs. 2 und 3 des Art. 18 CRP zum Ausdruck. Diese lauten:

"2. Das Gesetz nur kann die Rechte, Freiheiten und Garanti-

---

[68]Vgl. *Canotilho*, Direito, S. 553.

[69]Ebenda.

[70]Vgl. Portugiesisches Verfassungsgericht (im folgenden ("TC") Urteil Nr. 39/84, Bd. 3, S. 95ff./118. Hierin heißt es: "In dem Moment, in dem der Staat (völlig oder teilweise) die verfassungsmäßig auferlegten Aufgaben erfüllt, um ein soziales Recht zu realisieren, endet die verfassungsmäßige Achtung dieses Rechtes als positive Pflicht und geht dazu über, auch eine negative Pflicht zu sein. Der Staat, der zum Handeln verpflichtet war, um dem sozialen Recht zu entsprechen, wird verpflichtet, sich nicht an der gewährleisteten Verwirklichung des sozialen Rechts zu vergreifen".

en in den in der Verfassung ausdrücklich vorgesehenen Fällen einschränken, wobei die Einschränkungen sich auf das zur Wahrung anderer verfassungsrechtlich geschützter Rechte oder Interessen Notwendige beschränken müssen[71].

3. Die die Rechte, Freiheiten und Garantien einschränkenden Gesetze müssen generellen und abstrakten Charakter bekleiden und dürfen weder zurückwirken, noch den Umfang und Anwendungsbereich des Wesensgehaltes der Verfassungsbestimmungen vermindern".

Hier werden allgemein die Voraussetzungen, aber auch die Grenzen einer Grundrechtseinschränkung normiert[72]. Damit wird den Grundrechten eine formelle und materielle Schutzwirkung zugemessen. Formelle Bedingung einer Einschränkung der Freiheitsrechte ist das abstrakte und generelle Gesetz. Die Einhaltung des Wesensgehaltes oder die Beachtung des Übermaßverbotes sind materielle Bedingungen. Beide, die formelle sowie die materielle Schutzfunktion müssen gleichzeitig erfüllt sein, damit eine Einschränkung gerechtfertigt ist. Nur wenn die formellen sowie materiellen Bedingungen erfüllt sind, stellt ein Eingriff in den Schutzbereich der Grundrechte eine gerechtfertigte Einschränkung des Grundrechts dar und nicht eine Grundrechtsverletzung.

2.2.2 Reichweite des Modells

Dieses Modell kann jedoch für die Grundrechte keine Geltung beanspruchen, denen nicht ein Abwehrcharakter, sondern die Stellung von Programmsätzen zukommt[73].

(1) Rechte, Freiheiten und Garantien Diese bereits oben angesprochene[74] "Zweiteilung" der Grundrechte findet auch in Art. 18 CRP ihren Niederschlag. In den Abs. 2 und 3 der Bestimmung werden Voraussetzungen und Grenzen einer Grundrechtseinschränkung ausschließlich für die "Rechte, Freiheiten und Garantien" normiert. Die sozialen Grundrechte werden von dem "Eingriffsmodell" nicht erfaßt.

(2) Die "analogen" Grundrechte Etwas anderes gilt nur für die sog. "analogen" Grundrechte.

Art. 17 CRP bestimmt, daß das "System der Rechte, Freiheiten und Garantien" auch auf die ihnen analogen Grundrechte Anwendung finden soll[75]. Das

---

[71]Hierbei sei auf Übersetzungsfehler in den Übersetzungen der Verfassung von *Thomashausen*, 1982, S. 446ff., und von der dtv–Ausgabe, Die Verfassungen der EG–Mitgliedstaaten, hingewiesen, die das Wort "nur" übersehen.

[72]Vgl. hierzu im einzelnen **D**.

[73]Vgl. hierzu ausführlich *Canotilho*, Direitos, S. 552ff.; *Miranda*, Manual, Bd. IV, S. 336ff.

[74]Vgl. oben **2.1.2 (2)**.

[75]Vgl. hierzu bereits oben **2.1.2 (2)**.

bedeutet aber nichts anderes, als daß neben anderen Bestimmungen[76] auch das "Eingriffsmodell" des Art. 18 CRP sich auf diese analogen Grundrechte erstreckt. Analog sind dabei die Grundrechte dann, wenn sie wie ein Abwehrrecht oder ein Recht auf politische Teilnahme ausgestaltet sind. So werden beispielsweise als analog anerkannt das Eigentumsrecht, das Widerstandsrecht, das Recht auf bezahlten Urlaub und ein Mindestgehalt[77].

[76] Vgl. Art. 19, 21, 22, 168 Abs. 1 Abschnitt. b), 272 Abs. 3 und 288 Abschnitt d) CRP.

[77] Vgl. Art. 62, 21, 59 CRP; im einzelnen ist hierzu vieles strittig, vgl. *Canotilho/Moreira*, Anotada, S. 141ff.

II

Gegenstand der Untersuchung

Entgegen des ersten von der Präambel vermittelten Eindrucks hat sich die heutige Portugiesische Verfassung für einen ausgeprägt liberalen Freiheitsbegriff entschieden. Der Grundrechtsteil hinsichtlich der klassischen Freiheitsrechte betont nach deutschem Vorbild die Abwehrfunktion der Grundrechte gegenüber dem Staat. Gleichzeitig wird durch den breit angelegten Teil der sozialen Grundrechte ein modernes Verständnis von dem Verhältnis Staat - Bürger vermittelt.

Dieser liberal-modernen Grundrechtskonzeption lassen sich dogmatisch zwei unterschiedliche Modelle zuordnen. Diesbezüglich besteht zwischen dem deutschen Grundgesetz und der Portugiesischen Verfassung eine Parallele. Zwar besitzt das Grundgesetz keinen ausgeprägten Teil über soziale Grundrechte, jedoch sind entsprechend einem auch sozialstaatlichen Verständnis der Grundrechte in der deutschen "Rechtsprechung und Literatur Voraussetzungen ... für .. aus den Grundrechten abgeleitete(n) originäre(n) Teilhabeansprüche entwickelt worden, die sich ... dahin zusammenfassen lassen, daß Grundrechte einen Anspruch auf positive Gewährleistung tatsächlicher Voraussetzungen effektiver Grundrechtsausübung .. enthalten können"[1].

Den sozialen Grundrechten der Portugiesischen Verfassung sowie den Leistungsansprüchen des Grundgesetzes liegt ein Verständnis eines bereits von vornherein vorgeprägten Inhalts zugrunde. Die Frage ihrer Einschränkbarkeit wird nicht aufgeworfen. Ihr Schutzbereich deckt sich mit ihrem effektiven Garantiebereich.

Den als Abwehrrechte ausgestalteten Grundrechten beider Verfassungsordnungen liegt gleichermaßen die Vorstellung des von vornherein unbegrenzten Schutzbereiches zugrunde. Bei diesen Grundrechten wird das Problem ihrer Einschränkbarkeit relevant. Diesen Abwehrrechten korrespondiert dogmatisch das Eingriffsmodell von Schutzbereich - Einschränkung - Rechtfertigung, das in beiden Verfassungen angelegt ist[2].

---

[1] *Lübbe-Wolff*, Die Grundrechte als Eingriffsabwehrrechte, S. 15.

[2] Vgl. für das Grundgesetz ebenda, S. 14/25ff.

Die Parallelen zeigen sich deutlich, wenn man berücksichtigt, daß die Mehrzahl der Freiheitsgrundrechte des Grundgesetzes im Wortlaut der Freiheitszusicherung eine Schrankenregelung folgen läßt. Ein allgemeiner Eingriffsvorbehalt im Sinne des Art. 18 Abs. 2 und 3 CRP ist direkt dem Text des Grundgesetzes nicht zu entnehmen. Jedoch besteht nach einhelliger Auffassung ein allgemeiner ungeschriebener Gesetzesvorbehalt in der deutschen Verfassung, der Grundrechtseinschränkungen über die speziellen grundrechtlichen Vorbehalte hinaus nur aufgrund Gesetzes zuläßt[3].

In folgender Untersuchung wird der Frage nachzugehen sein, welche Unterschiede und Gemeinsamkeiten trotz der genannten Parallelen bezüglich der Unterscheidung in Schutzbereich, Einschränkung und Rechtfertigung bestehen. Dabei wird insbesondere zu untersuchen sein, in welcher Form die Verfassungsgerichte diesem dogmatischen Modell entsprechen.

Dabei wird im Teil **B** (Schutzbereich und Einschränkungsbegriff) der Frage nachgegangen, auf welche Weise in beiden Ländern der Schutzbereich eines Grundrechtes zu definieren ist. Hierbei wird insbesondere untersucht, welche Auswirkung die Annahme sog. immanenter Schranken auf den Schutzbereich hat. Diese Schutzbereichsabgrenzung ist vorentscheidend für die Feststellung, *ob* eine Einschränkung eines Grundrechtes durch eine staatliche Maßnahme vorliegt. In einem engen Zusammenhang mit dem Einschränkungsbegriff steht die Frage, welche Gemeinsamkeiten und Unterschiede hinsichtlich der Arten von Grundrechtsschranken in beiden Verfassungsordnungen bestehen (Teil **C**).

Unter welchen Voraussetzungen eine Grundrechtseinschränkung von beiden Verfassungsordnungen zugelassen ist, wird im Teil **D** (Einschränkung aufgrund verfassungsrechtlicher Ermächtigung) untersucht. Im Anschluß daran werden noch kurz Sonderfälle behandelt, denen ebenfalls einschränkende Wirkung zukommen kann (Teil **E**).

---

[3] Vgl. hierzu im einzelnen *Ossenbühl*, Vorrang und Vorbehalt des Gesetzes, in: HdbStR III, S. 332ff.; *Jarass/Pieroth*, GG, Art. 20 Rn. 30, m.w.N.

B

Schutzbereich und Einschränkungsbegriff

I

Schutzbereich der Grundrechte

Der Schutzbereich der Grundrechte ergibt sich aufgrund einer Auslegung der einzelnen Grundrechte. Es muß vom Wortsinn ausgehend definiert werden, was unter "Versammlung" (Art. 45 Abs. 1 CRP, Art. 8 Abs. 1 GG), "Demonstration"(Art. 45 Abs. 2 CRP), "Streik" (Art. 57 Abs. 1 CRP), "Kunst" (Art. 42 Abs. 1 CRP, Art. 5 Abs. 3 GG) etc. zu verstehen ist. Auf die interpretationsleitende Wirkung der den Grundrechten zugrundezulegende Theorie ist bereits hingewiesen worden[1].

Literatur und Rechtsprechung beider Länder diskutieren an dieser Stelle, inwiefern die sogenannten "immanenten Schranken" den Inhalt des Schutzbereiches bestimmen können. Was unter derartigen Schranken zu verstehen ist und welche Auswirkungen die Annahme immanenter Schranken für die Bestimmung des Schutzbereiches haben können, wird im folgenden untersucht.

1 Portugal

In der portugiesischen Lehre und Rechtsprechung findet der Begriff der immanenten Grenzen oder Schranken in verschiedener Bedeutung Verwendung. Lehre und Rechtsprechung des Portugiesischen Verfassungsgerichtes versuchen mit diesem Begriff einerseits die Fälle in den Griff zu bekommen, in denen die entsprechende Verfassungsbestimmung selbst keinen Hinweis auf eine eventuelle Schranke oder Schrankenermächtigung in oben dargestelltem Sinn gibt. Andererseits wird der Versuch unternommen, mit deren Hilfe den Schutzbereich der entsprechenden Grundrechtsnorm zu bestimmen.

Zunächst soll deshalb der in unterschiedlicher Weise verwendete Begriff der immanenten Schranken dargestellt werden.

[1] Vgl. oben **A. I. 2.**

1.1 Auffassungen der Lehre

In der portugiesischen Lehre werden vorwiegend zwei unterschiedliche Ansätze verfolgt.

1.1.1 Immanente Schranken als Abwägungsergebnis zwischen Verfassungswerten

Canotilho/Moreira verstehen unter den "immanenten Grenzen"[2] keine eigenständige, selbständige Schrankenart, die etwa als dritte Erscheinungsform von Einschränkungsmöglichkeiten zur Einschränkung von Grundrechten neben den verfassungsunmittelbaren und verfassungsmittelbaren[3] Schranken vom Gesetzgeber herangezogen werden könnte[4]. Der Begriff der immanenten Schranken findet bei ihnen jedoch Verwendung, wenn es um die Frage der Einschränkbarkeit von vorbehaltlosen Grundrechten geht.

Hierbei sehen die Autoren zwar die Notwendigkeit, daß auch die vom Wortlaut nicht einschränkbaren Grundrechte nicht vollkommen unbegrenzt dem Grundrechtsträger zur Verfügung stehen können. Aber wegen der durch die unterschiedliche Ausformung der Grundrechte in der Portugiesischen Verfassung zum Ausdruck kommenden graduellen Verschiedenartigkeit der einzelnen Grundrechte sei die Annahme von immanenten Grenzen nur dann zulässig, wenn sich die Gesetze, die sich auf diese Schranken als Ermächtigungsgrundlage berufen, darauf beschränken, irgendwelche in der Verfassung selbst vorhandenen Grenzen zu "konkretisieren". Die Grenzziehung anhand immanenter Schranken müsse "das einzige Mittel für eine ansonsten unüberwindbare Konfliktlösung zwischen identischen Verfassungsrechten" darstellen und dabei das Übermaßverbot Berücksichtigung finden[5].

Betont wird dabei ausdrücklich, daß trotz der geschilderten engen Voraussetzungen es sich bei den immanenten Schranken um "Einschränkungen" im Sinne des Art. 18 CRP handele und nicht etwa um Grenzen, die von Anfang an mit den Grundrechten "verknüpft" seien oder den Grundrechten als Ausübungsgrenzen zugrunde liegen[6]. Dieses Modell der "immanenten Grenzen" verhindere "die Ausdehnung (der Grundrechtsschranken, *Anm. des Verf.*) durch die Einführung unechter Einschränkungen insbesondere unter dem Titel 'immanente Grenzen', die wie ein Verdichtungsbrecheisen der Grundrechte außerhalb der verfassungsmäßig ermächtigten Fälle funktionieren würden und die es erlauben würden, als Grundlage der Einschränkung außerverfassungsmäßige Werte oder Werte von großer Vagheit oder Unbestimmtheit ('sozialer Friede', 'öffentliche Ordnung', 'nationa-

---

[2] Wörtl.: "limites imanentes".

[3] Zu den Begriffen vgl. unten **C. I.**

[4] *Canotilho/Moreira*, Anotada, S. 149; *dies.*, Fundamentos, S. 134.

[5] *Canotilho/Moreira*, Anotada, S. 149/150.

[6] Ebenda.

les Interesse', usw.) heranzuziehen"[7].

Canotilho/Moreira verwenden diesen Begriff der immanenten Grenzen also sehr vorsichtig und vor allem nur im Zusammenhang mit der "aus der Harmonisierung eines bestimmten Grundrechtes mit einem anderen Grundrecht folgenden Verdichtung"[8]. Nach dieser Ansicht wird das entsprechende Grundrecht, das an sich Schutz gewährleistet, durch die immanenten Schranken, die durch die Abwägung aufgrund des Konfliktes[9] mit einem anderen Grundrecht dem entsprechenden Grundrecht zu ziehen sind, eingeschränkt. Diese Einschränkung ist jedoch nur als Folge der Abwägung anzusehen, "ist stets a posteriori"[10], und nicht den Grundrechten "angeboren". Somit kommen diese Autoren zu dem Ergebnis, daß die immanenten Schranken nicht den Schutzbereich von vornherein begrenzen und dadurch bestimmen. Vielmehr werden diese erst nach erfolgter Bestimmung des jeweiligen Schutzbereichs in einem zweiten Schritt als *Rechtfertigung* für den vorgenommenen legislativen Eingriff herangezogen.

Canotilho formuliert ähnlich, wenn es heißt, "die immanenten Grenzen sind das Ergebnis einer Abwägung verfassungsrechtlicher Prinzipien, das im konkreten Fall zum definitiven Ausschluß eines Schutzes führt, der prima facie im Bereich eines Rechtes, einer Freiheit oder Garantie enthalten wäre"[11]. Der Autor verstärkt dadurch die Ansicht, daß der durch Auslegung zu ermittelnde Schutzbereich und der effektive Garantiebereich eines Grundrechts zwei unterschiedliche Begriffe sind und getrennt voneinander zu betrachten sind[12].

1.1.2 Immanente Schranken als Grenzen des Schutzbereiches

Einen anderen Ansatz verfolgen diejenigen in der portugiesischen Lehre[13], die durch die Annahme immanenter Schranken den Schutzbereich des betreffenden Grundrechtes von vornherein um solche Ausübungsformen vermindern. Konsequenz dieser Ansicht ist, daß diese Ausübungsformen vom Schutzbereich dieses Grundrechtes gar nicht erfaßt werden, sondern vielmehr der Schutzbereich durch

[7] *Canotilho/Moreira*, Fundamentos, S. 134.

[8] Ebenda.

[9] Zur Problematik der Grundrechtskollision vgl. näher **E. I.**

[10] Ebenda, S. 135.

[11] Direito, S. 621; er nähert sich mit dieser Meinung ausdrücklich - wie auch aus dem Wortlaut erkennbar - der Ansicht *Alexys* an, vgl. S. 622.

[12] Inkonsequenterweise sieht der Autor jedoch den Schutzbereich aber von vornherein als durch die verfassungsunmittelbaren Schranken begrenzt. So seien nicht friedliche und waffenlose Versammlungen nicht vom Schutzbereich des Art. 45 Abs. 1 CRP erfaßt. Obwohl *Canotilho* derartige Klauseln selbst als verfassungsunmittelbare Schranke bezeichnet, trennt er an dieser Stelle demnach nicht scharf zwischen dem Schutzbereich und effektiven Garantiebereich eines Grundrechtes. Die Bezeichnung als verfassungsunmittelbare Schranke ist nur konsequent, wenn diese nicht a priori bestimmte Ausübungsformen aus dem Schutzbereich hinausschneidet, sondern nur als Schranke, die ihre Rechtfertigung in der Verfassung(sbestimmung) selbst hat, in den Schutzbereich eingreift; vgl. Direito, S. 621f.

[13] Vgl. *Casalta Nabais*, Jurisprudência, S. 82f.; *Andrade*, Direitos Fundamentais, S. 25.

die immanenten Grenzen erst bestimmt wird. So wird vertreten, daß "in solchen Fällen", in denen "jene scheinbare Ausübungsformen dieses Grundrechtes, die das Wesentliche anderer Verfassungsrechte oder -werte verletzen würden", "es sicher sein muß, daß solche Ausübungsformen schlicht und einfach nicht am Inhalt des Rechtes teilhaben, auf das man sich beruft"[14].

Im gleichen Sinne ist *Andrade* zu verstehen, der jedoch terminologisch einen wesentlichen weiteren Begriff von immanenten Schranken definiert. Er versteht unter diesen die "durch die Verfassung selbst bestimmten Grenzen, die sie erschafft oder zuläßt"[15]. Diese Grenzen seien insofern Beschränkungen, als verfassungsrechtlicher Schutz nicht allen denkbaren Ausübungssituationen, -formen und -arten der Grundrechte zukomme. Der Autor unterteilt diesen Begriff weiter in "ausdrückliche immanente Schranken" und "implizite immanente Schranken"[16]. Unter ersteren sind die unter dem Gliederungspunkt der verfassungsunmittelbaren Schranken[17] erfaßten Schranken und die direkt einem Grundrecht zuzuordnenden Grundpflichten zu verstehen, die im Verfassungstext ausdrücklich formuliert sind. So sei beispielsweise die sich aus Art. 106 CRP ergebende Steuerzahlungspflicht dem Eigentumsrecht des Art. 62 Abs. 1 CRP zuzuordnen.

Die impliziten immanenten Grenzen seien hingegen durch Auslegung zu bestimmen, da sie eben nur "implizit" in der Verfassungsordnung enthalten sind[18]. *Andrade* weist ausdrücklich darauf hin, daß diese durch Auslegung ermittelten Schranken nicht "unkritisch" mit Grundrechtskonflikten oder -kollisionen verwechselt werden dürfe: "Es ist die Verfassungsbestimmung selbst, die diese Ausübungsformen des Grundrechtes nicht schützt, es ist die Verfassung selbst, die diese Art von Situationen (...) aus der entsprechenden Normsphäre ausschließt. ... Es gibt keinerlei Konflikt oder keine Kollision, denn die Problemlösung muß das angerufene Grundrecht nicht berücksichtigen, da es in dieser Situation nicht existiert"[19]. Konsequenterweise zieht der Autor hieraus die Folgerung, daß solche, die immanenten Grenzen der Grundrechte konkretisierenden Gesetze keine Einschränkungen im engen Sinne darstellen und deshalb nicht an die Erfordernisse des Art. 18 Abs. 2 und 3 CRP gebunden sind[20]. Als Begründung für die Annahme derartiger immanenter Schranken stützt sich *Andrade* ausdrücklich unter rechtsvergleichender Stellungnahme nicht auf die *Dürigsche* Nichtstörungsschranke oder der vom Bundesverwaltungsgericht früher vertretenen Gemeinschaftsklausel oder die Anwendung der auch in der Portugiesischen Verfassung enthaltenen Schranke der "allgemeinen" Gesetze auf alle Grundrechte. Diese Begründungsversuche

[14] *Casalta Nabais*, Jurisprudência, S. 82.
[15] Direitos Fundamentais, S. 215.
[16] Ebenda.
[17] Vgl. unten **C. I**.
[18] *Andrade*, Direitos Fundamentais, S. 216.
[19] Ebenda, S. 217.
[20] Ebenda, Fn. 33.

werden mit dem Hinweis auf die schlechte Unterscheidbarkeit zu Grundrechtskollisionen, auf die zu unbestimmte Weite des Begriffes oder auf die Gefahr der Nivellierung der Grundrechtsgeltung im Rahmen der ordentlichen Gesetze abgelehnt[21]. Der Schutzbereich einer Grundrechtsbestimmung sei vielmehr durch Auslegung der jeweiligen Verfassungsbestimmungen selbst zu ermitteln, der seine Grenze bei "einer unerträglichen Beeinträchtigung der Gesellschaftsmoral oder grundlegender Werte oder Prinzipien der Verfassungsordnung" finden soll.

Casalta Nabais und *Andrade* verwenden die immanenten Schranken demnach als Mittel, den Schutzbereich inhaltlich zu bestimmen.

1.2 Analyse der Rechtsprechung des Portugiesischen Verfassungsgerichtes

Die Untersuchung der Rechtsprechung des Portugiesischen Verfassungsgerichtes ergibt folgendes Bild:

(1) Urteil Nr. 11/83 Das erste Mal in der Rechtsprechung des Verfassungsgerichtes tauchen die immanenten Schranken als Formulierung "impliziter Schranken" in einem Urteil vom 12.10.1982 auf[22].

Dabei ging es um die Verfassungsmäßigkeit zweier Bestimmungen eines Dekretes der Nationalversammlung, die rückwirkend bestimmte Steuerauflagen auferlegten. Dieses Steuergesetz wurde vom Verfassungsgericht unter anderem mit der hier interessierenden Begründung als verfassungsgemäß angesehen, als hier kein Rückwirkungsverbot für Steuergesetze bestünde. Art. 18 Abs. 3 CRP fände auf Steuergesetze keine Anwendung[23]. Das Verfassungsgericht betrachtet die Steuergesetze nämlich nicht als "einschränkend" im Sinne des Art. 18 Abs. 3 CRP. Dies ergibt sich aus dem Satz, daß "man das Rückwirkungsverbot für das Steuergesetz nicht im Artikel 18 Abs. 3 finden kann, denn, selbst für denjenigen, der das Eigentumsrecht als ein den Rechten, Freiheiten und Garantien analoges Recht mit den Auswirkungen jenes Artikels 18 betrachtet, können sich die Steuerauflagen nicht als Einschränkungen ... darstellen, weil sie eine selbständige Grundlage haben. Sie müssen eher als implizite Grenzen des betreffenden Eigentumsrechtes betrachtet werden"[24].

Danach scheint das Portugiesische Verfassungsgericht die immanenten Schranken nicht als Eingriffsrechtfertigung zu verwenden, sondern es wird angedeutet, daß die Steuerpflicht den Schutzbereich des Eigentumsrechtes eingrenzt[25].

---

[21] Ebenda, S. 218, m.w.N.

[22] TC Urteil Nr. 11/83, Bd. 1, S. 11ff.

[23] Das in Art. 62 Abs. 1 CRP gewährleistete Eigentumsrecht wird nach einhelliger Meinung als sogenanntes "analoges" Grundrecht im Sinne von Art. 17 CRP den "Rechten, Freiheiten und Garantien" gleichgestellt, vgl. hierzu oben **A. I. 2.2.2**.

[24] TC Urteil Nr. 11/83, Bd. 1, S. 11ff./21.

[25] Vgl. ebenso TC Urteil Nr. 141/85, Bd. 6, S. 39ff./57; vgl. auch die Urteile Nr. 340/87,

(2) Urteil Nr. 81/84 Ob das Gericht die immanenten Grenzen als schutzbereichsbestimmende Grenze oder als Rechtfertigung für einen Eingriff in den allein durch Auslegung zu bestimmenden Schutzbereich versteht, bleibt nach dem folgenden Urteil unklar.

In dem Urteil Nr. 81/84 des Portugiesischen Verfassungsgerichtes[26] ging es um die Frage, ob zwei Vorschriften der Zivilprozeßordnung[27], die es dem Richter erlauben, beleidigende Ausdrücke der "gerichtlichen Mandatare"[28] aus den Schriftstücken streichen zu lassen, gegen die Meinungsfreiheit des Art. 37 Abs. 1 CRP verstoßen. Das Gericht hatte insbesondere zu prüfen, ob die veranlaßte Streichung das in Art. 37 Abs. 2 CRP verankerte Zensurverbot verletzt.

Unter Berufung auf drei Urteile der Verfassungskommission[29] und auf *Andrade* führt das Verfassungsgericht aus:

> *"Die Meinungsfreiheit ... ist weder ein absolutes noch ein unbegrenztes Recht. Deshalb umfaßt der verfassungsmäßige Schutz eines solchen Rechtes nicht alle denkbaren Ausübungssituationen, -formen oder -arten. Es bestehen vorher immanente Grenzen. Sein Schutzbereich endet dort, wo es den Wesensgehalt eines anderen Rechtes betreffen kann oder in unerträglicher Weise die Sozialmoral oder Grundwerte oder -prinzipien der Verfassungsordnung beeinträchtigen kann"*[30].

Aus dieser Aussage des Portugiesischen Verfassungsgerichtes läßt sich zum einen die Anerkennung der immanenten Grenzen durch das Gericht ableiten. Zur Frage, ob die immanenten Schranken den Schutzbereich eines Grundrechtes in der Weise begrenzen, daß die betreffende Grundrechtsausübung gar nicht mehr vom Schutzbereich erfaßt wird, oder ob diese Ausübungsform zwar vom Schutzbereich erfaßt, aber erst durch den Konflikt mit einem anderen Verfassungswert als immanente Schranke des Grundrechtes *eingeschränkt* wird, äußert sich das Gericht in diesem Urteil jedoch nicht ausdrücklich. Die Berufung auf ein Zitat und die Formulierung " der Schutzbereich *endet* (*Hervorhebung durch Verf.*)" lassen jedoch ein Verständnis von den immanenten Schranken des Verfassungsgerichtes vermuten, daß dem *Andrades* ähnlich ist, der diese als schutzbereichsbestimmende Grenze interpretiert[31].

Eindeutig und zwingend ist eine derartige am bloßen Wortlaut ausgerichtete Argumentation natürlich nicht. Mit dem Wortlaut des Urteils läßt sich nämlich

---

Bd. 10, S. 317ff./324; 236/86, Bd. 8, S. 135ff./155, die ohne nähere Erläuterung nur den Begriff verwenden.

[26] Bd 4, S. 225ff.

[27] Art. 154 Abs. 1 i. V. m. Art. 155 Abs. 1 Código Processo Civil.

[28] Gemeint sind Rechtsanwälte.

[29] Urteile Nr. 166, 173, 176, in Apendice ao Diário da República vom 3. Juli 1980.

[30] TC Urteil Nr. 81/84, Bd. 4, S. 225ff./233.

[31] Vgl. oben **1.1.2**.

auch die gegenteilige Auffassung von den immanenten Grundrechtsschranken begründen, wenn es weiter heißt, daß "im Fall der Kollision oder des Konfliktes mit anderen Grundrechten (hier das Recht auf guten Namen und Ruf aus Art. 26 Abs. 1 CRP und die moralische Integrität aus Art. 25 Abs. 1 CRP) ... man (das Grundrecht, *Anm. des Verf.*) in der Weise begrenzen muß, daß diese anderen Grundrechte auch Formen der Verwirklichung finden können"[32].

Aus diesen Worten läßt sich die Auffassung der immanenten Schranken ableiten, die gerade nur andere Grundrechte als immanente Schranken anerkennt und demnach die entsprechende Ausübungsform des Grundrechtes, hier die beleidigenden Äußerungen, doch vom Schutzbereich (Meinungsfreiheit) umfaßt sein läßt.

Außer der Tatsache, daß das Portugiesische Verfassungsgericht den Begriff der immanenten Schranken kennt und verwendet, kann man weiter folglich nur aufgrund dieses Urteils Vermutungen über die dogmatische Begründung des Portugiesischen Verfassungsgerichtes über die immanenten Schranken anstellen.

(3) Urteil Nr. 236/86 Etwas klarer äußert sich das Portugiesische Verfassungsgericht zur Frage der immanenten Schranken im Urteil Nr. 236/86[33].

In dem diesem Urteil zugrundeliegenden Fall ging es um die Frage, ob bestimmte Normen, die die Beschlagnahme von Gütern der Steuerpflichtigen ermöglichten, die eine bestimmte Steuer nicht bezahlten[34], mit der Verfassung zu vereinbaren sind.

Das Portugiesische Verfassungsgericht bejahte diese Frage unter Bezugnahme auf die unter Punkt **(1)** genannten Urteile und auf *Andrade* mit der Begründung, daß eine solche Möglichkeit nicht das Eigentumsrecht beschränken würde. Eher füge sich diese Möglichkeit in die immanenten Grenzen dieses Rechtes ein. Diese Grenzen entsprechen der aus Art. 106 CRP folgenden Grundpflicht , Steuern zu bezahlen[35].

Durch das Zitat vor allem von *Andrade* wird deutlich, daß das Portugiesische Verfassungsgericht sich der Ansicht anschließt, die aus Art. 106 CRP abzuleitende Steuerpflicht begrenze *von vornherein* den Schutzbereich des Eigentumsrechtes. Folglich vermögen Steuergesetze dieses Grundrecht gar nicht einzuschränken, da dieses das Recht, keine Steuern zu bezahlen, nicht mitumfasse.

(4) Urteil Nr. 7/87 Im Urteil Nr. 7/87[36] wurde das Portugiesische Verfassungsgericht angerufen, in einer Präventivkontrolle die Verfassungsmäßigkeit einiger Vorschriften des neuen Strafprozeßbuches[37] zu beurteilen.

[32] TC Urteil Nr. 81/84, Bd. 4, S. 225ff./233.
[33] Bd. 8, S. 135ff.
[34] Es handelte sich hierbei um die sogenannte "Imposto de Transacções".
[35] Vgl. TC Urteil Nr. 236/86, Bd. 8, S. 135ff./147; *Casalta Nabais*, Jurisprudência, S. 83.
[36] Bd. 9, S. 7ff.
[37] = Código de Processo Penal (C.P.P.).

In dieser Entscheidung schob das Portugiesische Verfassungsgericht die gerügte Verfassungswidrigkeit unter Berufung auf die immanenten Schranken beiseite. Zum einen erkannte es, daß der Art. 177 Nr. 2 i. V. m. Art. 174 Nr.2 des C.P.P., der es in bestimmten typifizierten Fällen[38] den Organen der Kriminalpolizei erlaubt, unabhängig von einer gerichtlichen Ermächtigung Hausdurchsuchungen zu bewirken, nicht den Art. 34 Abs. 2 CRP verletzt. Art. 34 Abs. 2 CRP schreibt vor:

> *"Der Zutritt zur Wohnung der Bürger darf gegen deren Willen nur durch das zuständige Gericht und nur in den gesetzlich vorgesehenen Fällen und unter Einhaltung der im Gesetz vorgeschriebenen Formen angeordnet werden".*

Dieses Grundrecht müsse sich mit den Grundrechten auf persönliche Integrität und dem Recht auf Leben aus Art. 25 und 24 CRP vereinbaren lassen. Diese Rechte versuchen, jene Vorschriften des C.P.P. zu verteidigen, und müssen als immanente Schranken des Rechts auf Unverletzlichkeit der Wohnung im genannten Umfang verstanden werden[39]. Zum anderen wurde die Vorschrift Art. 187 C.P.P., die die Beschlagnahme gewisser Gegenstände vorsieht, mit dem Hinweis auf die immanenten Schranken als verfassungsgemäß beurteilt. Diese verletze nicht das Eigentumsrecht, sondern müsse vielmehr als Verdeutlichung einer immanenten Schranke des Eigentumsrechtes verstanden werden[40].

Über den Charakter dieser hier bloß als Begriff genannten immanenten Schranken schweigt dieses Urteil. Aber zumindest im zweiten Fall des als "Verdeutlichung" dienenden Gesetzes wird klar, daß auch in diesem Urteil das Portugiesische Verfassungsgericht eher von einem Verständnis ausgeht, daß den immanenten Schranken die Aufgabe einer Schutzbereichsbegrenzung des Grundrechtes zukommen läßt.

(5) Urteil Nr. 103/87 Am ausführlichsten äußert sich das Portugiesische Verfassungsgericht zu den immanenten Schranken in einem Urteil vom 27.03.1987[41].

Hier würdigte es die Verfassungsmäßigkeit des Art. 33 Abs. 2 des LDNFA[42], die die Policía de Segurança Pública[43] (P.S.P.) betreffen. Darin wird das in Art. 23 CRP verankerte Recht, den Ombudsmann für das Rechtswesen im Falle von

[38] Fälle des Terrorismus, des Gewaltverbrechens oder hochgradig organisierten Verbrechens, wenn begründete Verdachtsmomente eines bedeutenden Verbrechens bestünden, das ein schweres Risiko für das Leben oder die Unversehrtheit irgendeiner Person bedeutet - Art. 174 Nr. 4 C.P.P.

[39] TC Urteil Nr. 236/86, Bd. 8, S. 7ff./33; *Casalta Nabais*, Jurisprudência, S. 84.

[40] Urteil Nr. 7/87, Bd. 9, S. 7ff./34; *Casalta Nabais*, Jurisprudência, S. 84.

[41] TC Urteil Nr. 103/87, Bd. 9, S. 83ff.

[42] "Lei de Defesa Nacional e das Forças Armadas" = Lei Nr. 29/82.

[43] Wörtl. übersetzt: "Polizei der öffentlichen Sicherheit" = Polizei für die Sicherheit städtischer Zonen.

Beschwerden gegen Handlungen oder Unterlassungen der Staatsgewalt anzurufen, von der vorherigen Erschöpfung des Hierarchieweges innerhalb der Polizei abhängig gemacht[44]. Darin sieht das Portugiesische Verfassungsgericht keine Einschränkung des Art. 23 CRP. Es wird vielmehr darin "eher, nach jeder Sichtweise, eine dem entsprechenden Recht ‚immanente Grenze', d. h. eine Grenze für die Erstreckung dieses Grundrechtes" gesehen, "die implizit in der Verfassungsnorm enthalten bleibt, die es (das Grundrecht,*Anm. des Verf.*) anerkennt, und deshalb erhält man (die Grenze, *Anm. des Verf.*) durch eine einfache Auslegung dieser" Verfassungsnorm[45].

In dem zuletzt analysierten Urteil kommt deutlich die Auffassung des Portugiesischen Verfassungsgerichtes zum Ausdruck, daß es sich bei immanenten Schranken um Ausübungsgrenzen des jeweiligen Grundrechtes handeln soll. Diese haften a priori diesem Grundrecht an. Es handelt sich nicht um Grundrechtseinschränkungen, die a posteriori den Schutzbereich einengen. So heißt es auch im Urteil weiter, daß "es auch keinen Zweifel gibt, daß es dem Gesetzgeber ... erlaubt ist, die impliziten immanenten Grenzen der Rechte, Freiheiten und Garantien 'zu konkretisieren', und deshalb bedarf er auch nicht einer ausdrücklichen Verfassungsermächtigung"[46].

1.3 Zusammenfassung

Zusammenfassend läßt sich folgende Feststellung über die Rechtsprechungspraxis des Portugiesischen Verfassungsgerichtes und der Literaturmeinung treffen:

Das Portugiesische Verfassungsgericht verwendet die "immanenten" oder "impliziten" Schranken oder Grenzen nicht nur bei Konflikten schrankenloser Grundrechte oder eines schrankenlosen Grundrechtes mit einem anderen Verfassungsgut. In den unter den Ziffern **(1)** und **(3)** dargestellten Urteilen treffen das unter "Verfassungsvorbehalt" stehende Eigentumsrecht und die Steuerzahlungspflicht aus Art. 106 CRP aufeinander. Selbst wenn – wie in Urteil **(4)** – schrankenlose Grundrechte mit schrankenbehafteten Grundrechten kollidieren, wird der vom Gericht vertretene Lösungsweg über die immanenten Schranken nicht als Einschränkung verstanden, sondern – wie ausdrücklich aus Urteil **(5)** hervorgeht – als Begrenzung der Reichweite des Schutzbereiches.

Nur vor allem *Canotilho* vertritt in der Lehre die Auffassung, bei dem Konflikt zwischen schrankenlosen Grundrechten und anderen Verfassungswerten seien die als Konfliktlösungsmethode bezeichneten immanenten Schranken als Einschränkung anzusehen. Hierbei versteht *Canotilho* – wie dargestellt – diese Einschränkung nicht als eigene selbständige Schrankenart, sondern als sich aus der Verfassung bzw. aus den Verfassungswerten ergebende Notwendigkeit. Der

[44] Genaugenommen bezieht sich das Gesetz auf das Militär; jedoch stellt das Gericht die P.S.P. dem Militär gleich, vgl. TC Urteil Nr. 103/87, Bd. 9, S. 83ff./104f.

[45] TC Urteil Nr. 103/87, Bd. 9, S. 83ff./132.

[46] Ebenda, S. 133.

Schutzbereich wird im Gegensatz zur Rechtsprechung und zur Ansicht *Andrades* allein durch Auslegung bestimmt. *Canotilho* scheint dabei nicht scharf zwischen den Begriffen Schranke und Grenze zu trennen und sich auch nicht mit Art. 18 Abs. 2 CRP auseinanderzusetzen, der einen in der Verfassung vorgesehenen Fall für eine Einschränkung voraussetzt[47].

2 Rechtsvergleich

Die deutsche Lehre und Rechtsprechung ist ebenso wie das portugiesische Schrifttum unterschiedlicher Auffassung bezüglich der Annahme immanenter Schranken.

2.1 Innere immanente Schranken

Terminologisch werden unter diesen Begriff gleichermaßen diverse Bedeutungen gefaßt.

Versucht man, diese in Hauptgruppen zu trennen, so ergibt sich folgendes Bild: Es wird zwischen inneren immanenten Schranken und äußeren verfassungsimmanenten Schranken unterschieden. Die inneren immanenten Schranken schneiden "sozusagen aus dem Schutzbereich der betreffenden Freiheit mit der Folge einen bestimmten Sektor heraus, daß bei einem Eingriff in diesen Sektor die sich an den Eingriff in den Schutzbereich normalerweise automatisch anknüpfenden rechtsstaatlichen Sicherungen nicht mehr anwendbar sind. Die äußeren Schranken dagegen legitimieren nur den Eingriff in den Schutzbereich, der die Anwendung dieser rechtsstaatlichen Garantien zur Folge hat"[48].

Wie *Alexy* deutlich aufzeigt, ist mit diesem Unterschied, der Unterschied zwischen Innen- und Außentheorie angesprochen. Die Innentheorie, die das Grundrecht als "Recht mit einem bestimmten Inhalt" definiert, setzt der Reichweite des Grundrechtsschutzes (immanente) *Grenzen*, die oft als immanente Schranken bezeichnet werden[49]. So vertritt z. B. *Dürig*[50] die Ansicht, alle Grundrechte stünden von vornherein unter dem Vorbehalt der elementaren, durch Strafgesetze und Polizei- und Ordnungsgesetze geschützten Rechte anderer und der Gemeinschaft. Dies ist jedoch eine Mindermeinung in der Lehre, die als überwunden gelten kann. Die herrschende Meinung in der Lehre ist, daß "alle diese Theorien

[47] Vgl. oben **1.1.1**; zu Art. 18 Abs. 2 CRP vgl. unten **D. I. 1**.

[48] *Bleckmann*, Staatsrecht II, S. 329; zur Darstellung der Lehre und zur Kritik zu den immanenten Schranken vgl. *Kimminich*, Zur Theorie der immanenten Schranken des Asylrechts, S. 739ff.; *van Nieuwland*, Darstellung und Kritik der Theorien der immanenten Grundrechtsschranken, 1981, m.w.N.; knapp *von Pollern*, Immanente Grundrechtsschranken - eine Bestandsaufnahme, S. 644ff., *Wipfelder*, Ungeschriebene und immanente Schranken der Grundrechte, S. 417/457ff.

[49] Theorie, S. 250.

[50] In: M/D/H/S, Kommentar zum Grundgesetz, Anm. 69ff. zu Art. 2 Abs. 1.

der immanenten Schranken abzulehnen (sind), da sie den vom Grundgesetz intendierten rechtsstaatlichen Schutz der Grundrechtsregeln auf Null zu reduzieren drohen"[51] oder dieser Begriff zumindest sich "dogmatisch als entbehrlich (erweist) und ... durch differenziertere verfassungsdogmatische Untersuchungen an der je einschlägigen Stelle ersetzt werden (muß)"[52].

Eine von *v. Pollern* durchgeführte Analyse der Rechtsprechung des Bundesverfassungsgerichtes ergibt, daß die Vorstellung innerer immanenter Schranken nur dem zweiten Senat nicht fremd sei[53]. Auch *Kriele* weist auf einen Beschluß des zweiten Senates hin, der die "Verfassungsbeschwerde des 'Sprayers von Zürich', Nägeli, nicht zur Entscheidung angenommen (hat)"[54]. In diesem Beschluß wird festgestellt, daß die "'Reichweite (der Kunstfreiheit)... sich aber von vornherein ... nicht auf die eigenmächtige Inanspruchnahme oder Beeinträchtigung fremden Eigentums zum Zwecke der künstlerischen Entfaltung ... (erstreckt)"'[55].

Dem ersten Senat ist dieser Weg, den Schutzbereich von vornherein in der Weise einzuschränken, daß bestimmte Ausübungsformen von dem Schutzbereich gar nicht umfaßt werden, fremd. So entschied dieser Senat in einem jüngeren Beschluß, daß "Kunst und Pornographie ... sich ... nicht aus(schließen)". "Die ... Schrift" falle "in den Schutzbereich des Art. 5 Abs. 3 Satz 1 GG. Daß der Roman möglicherweise zugleich als Pornographie anzusehen ist, nimmt ihm nicht die Kunsteigenschaft." Damit verweist das Gericht die Frage, inwiefern Stil, Niveau und Inhalt der Kunstausübung ausnahmsweise nicht in den effektiven Garantiebereich des Art. 5 Abs. 3 GG fallen, in eine zweite Stufe. Es können nämlich "solche Gesichtspunkte ... allenfalls bei der Prüfung der Frage eine Rolle spielen, ob die Kunstfreiheit konkurrierenden Rechtsgütern von Verfassungsrang zu weichen hat"[56].

Dadurch wird ersichtlich, daß zumindest der erste Senat des Bundesverfassungsgerichtes allenfalls äußere verfassungsimmanente Schranken[57] anerkennt, ohne diesen Begriff zu verwenden.

2.2 Äußere verfassungsimmanente Schranken

Unter äußeren verfassungsimmanenten Schranken werden diejenigen Grundrechte anderer und sonstige Verfassungswerte verstanden, die mit dem entsprechenden

[51] *Bleckmann*, Staatsrecht II, S. 329.

[52] *Schnapp*, Grenzen der Grundrechte, S. 733; im gleichen Sinn auch *Lübbe-Wolff*, Die Grundrechte als Eingriffsabwehrrechte, S. 87ff.; offengelassen durch *Bettermann*, Grenzen der Grundrechte, S. 14; das BVerwG schloß sich dieser Lehre an und berücksichtigte hierbei *Kimminich*, vgl. BVerwGE 49, 202ff.

[53] Vgl. *von Pollern*, Immanente Grundrechtsschranken, S. 647.

[54] *Kriele*, Vorbehaltlose Grundrechte und die Rechte anderer, S. 636.

[55] Ebenda.

[56] BVerfG, in: EuGRZ 1991, S. 35; vgl. auch BVerfG, in: JZ 1990, 635ff. mit derselben Vorgehensweise des BVerfG bei der Frage Kunst und Verunglimpfung der Bundesflagge.

[57] Dazu gleich unter **2.2**.

Grundrecht kollidieren[58]. Ausgangspunkt für die Annahme solcher äußeren verfassungsimmanenten Schranken ist ein Urteil des Bundesverfassungsgerichtes vom 26.5.1970[59].

In diesem Urteil bestimmt das Gericht für die Gruppe der vorbehaltlosen Grundrechte, daß "nur kollidierende Grundrechte Dritter und andere mit Verfassungsrang ausgestattete Rechtswerte ... ausnahmsweise imstande (sind), auch uneinschränkbare Grundrechte in einzelnen Beziehungen zu begrenzen." Zwar kann mit dieser Formel zunächst der Eindruck entstehen, daß "Rechtsgüter von Verfassungsrang ... schon den Schutzbereich der betreffenden Grundrechte einschränken"[60]. Jedoch ist das Ergebnis einer von *Lübbe-Wolff* erstellten Analyse der Rechtsprechung des Bundesverfassungsgerichtes[61], daß das Gericht diese "Rechtswerte" nicht zu einer Bestimmung des Schutzbereiches heranzieht. Vielmehr verwendet es diese zur verfassungsrechtlichen Rechtfertigung der durch die einfachgesetzlichen Bestimmungen erfolgten Einschränkung des Schutzbereiches.

So bestimmt auch das Bundesverfassungsgericht in mehreren neueren Entscheidungen zur Kunstfreiheit, daß "die Garantie des Art. 5 Abs. 3 Satz 1 GG ... ihre Grenzen nicht nur in den Grundrechten Dritter (findet). Vielmehr kann sie mit Verfassungsbestimmungen aller Art kollidieren"[62]. Die Veröffentlichung beleidigender Karikaturen weist das Bundesverfassungsgericht ausdrücklich dem Schutzbereich der Kunstfreiheit zu. Erst in einem zweiten Schritt stellt es fest, daß die durch den Ehrenschutz gezogene Grenze zutreffend gezogen wurde[63].

Das Bundesverfassungsgericht verfolgt demnach den dogmatischen Ansatz, Schutzbereich und effektiven Garantiebereich eines Grundrechtes zu trennen und bringt damit zum Ausdruck, daß es "die grundrechtlich geschützte ... Freiheit ... nicht (als) eine ... präformierte Freiheit (betrachtet), sondern ... (als) eine nicht von vornherein begrenzte Freiheit des Beliebens"[64].

3 Zusammenfassung und Stellungnahme

Beide Verfassungsgerichte machen sich folglich die immanenten Schranken in unterschiedlicher Weise zunutze. Das Portugiesische Verfasssungsgericht erkennt die inneren immanenten Schranken an, um Begrenzungen des Schutzbereiches vornehmen zu können, ohne daß durch den Gesetzgeber ein (äußerer) Eingriff in den Schutzbereich vorgenommen werden muß. Das Bundesverfassungsgericht beschränkt sich hingegen weitgehend auf die Anerkennung der äußeren verfassungs-

[58] Vgl. *Jarass/Pieroth*, GG, Rn. 37 der Vorbemerkung zu Art. 1; *Pieroth/Schlink*, Grundrechte - Staatsrecht II, Rn. 359ff; *Seifert/Hömig*, Grundgesetz, Rn. 11 vor Art. 1.

[59] BVerfGE 28, 243ff./260.

[60] *Lübbe-Wolff*, Die Grundrechte als Eingriffsabwehrrechte, S. 95.

[61] Ebenda, S. 96, m.w.N.

[62] BVerfG, in: JZ 1990, S. 636.

[63] BVerfG, in: JZ 1987, S. 1075f.

[64] *Lübbe-Wolff*, Grundrechte, S. 98, m.w.N.

immanenten Schranken als Rechtfertigung erfolgter Eingriffe und nicht als Maßnahme zur Schutzbereichsbegrenzung.

Der Nachteil in der Anerkennung innerer immanenter Schranken liegt darin, daß der Inhalt des Schutzbereiches eines Grundrechtes nicht mehr allgemein, sondern nur noch fallabhängig bestimmt werden kann. Es gilt weiter zu bedenken, daß durch die Annahme innerer immanenter Schranken zur Schutzbereichsbestimmung das oben dargestellte[65], auch in der Portugiesischen Verfassung angelegte dogmatische Denken von Schutzbereich, Eingriff und Rechtfertigung durch Schranken verwischt wird. In einer Schutzbereichsbestimmung via immanenter Schranken kann im Sinne von *Lübbe-Wolff* eine "Präformation "[66] des Schutzbereichs gesehen werden. Denn "jede Präformation des Schutzbereichs tendiert ... zur Identifikation von Schutzbereich und effektivem Garantiebereich des Grundrechts"[67]. Damit wird aber das dreistufige Denken aufgegeben und Schutzbereich und effektiver Garantiebereich fallen zusammen. Jeder "Eingriff" wäre folglich sogleich als Grundrechtsverletzung zu betrachten. Eine derartige Präformation vermindert zumindest die formelle Schutzfunktion der Grundrechte.

Wenn das Bundesverfassungsgericht die immanenten Schranken nicht als schutzbereichsbestimmenden Grenzen, sondern als Rechtfertigung erfolgter Einschränkungen versteht, entspricht dies dogmatisch dem beiden Verfassungsordnungen angelegten dreistufigen Eingriffsmodell . Damit der vom Bundesverfassungsgericht verfolgte Lösungsweg über die Rechtfertigung aus kollidierendem Verfassungsrecht, "die ... für nicht vorgesehene Eingriffe als letzte und behutsam einzusetzende Möglichkeit und Rechtfertigung entwickelt worden ist"[68], nicht seinen Ausnahmecharakter verliert, muß der Schutzbereich eines jeden Grundrechtes sorgsam nach den zur Verfügung stehenden Auslegungsmethoden ermittelt werden. Dabei darf man weder von vornherein von einem extrem weit gedachten Schutzbereich ausgehen, noch von seinem Gegenteil. In beiden Verfassungen finden sich weder Hinweise für eine weite, aber auch keine Hinweise für eine enge Schutzbereichstheorie. Aus der unterschiedlichen Ausgestaltung der Grundrechte hinsichtlich ihrer Vorbehalte[69] allein lassen sich keinerlei Rückschlüsse auf die Reichweite des jeweiligen Schutzbereiches ziehen. Dies gilt auch für die vorbehaltlosen Grundrechte. Durch den Verzicht auf Vorbehalte wird die herausragende Stellung dieser gegenüber den anderen Grundrechten betont. Ein Eingriff in derartig ausgestaltete Grundrechte wird aufgrund der Vorbehaltlosigkeit mindestens erschwert. Eine Aussage, ob der Schutzbereich dieser Grundrechte besonders weit zu verstehen ist, läßt sich jedoch gerade nicht treffen.

---

[65] Vgl. **A. I. 2.2**.

[66] Zum Begriff *Lübbe-Wolff*, Die Grundrechte als Eingriffsabwehrrechte, S. 17ff., im Zusammenhang mit dem Schutzbereich, ebenda, S. 87ff.

[67] Ebenda, S. 97.

[68] *Pieroth/Schlink*, Grundrechte – Staatsrecht II, Rn. 261.

[69] Vgl. hierzu unten **C**.

Nur wenn man den Schutzbereich auf diese Weise "neutral" interpretiert, kann man unter Verzicht auf die Annahme innerer immanenter Schranken und unter Umgehung der Gefahr der Überstrapazierung der äußeren verfassungsimmanenten Schranken selbst die Fälle in den Griff bekommen, die auf den ersten Blick nur allzu gerne als "selbstverständlich" bezeichnet werden, ohne näher dogmatische Erwägungen zu berücksichtigen[70]. Als Beispielsfall wird von *Pieroth/Schlink*[71] auf die von beiden Verfassungsordnungen vorbehaltsfrei gewährleistete Gewissensfreiheit in Art. 4 Abs. 1 GG bzw. Art. 41 CRP abgestellt. Versteht man den Gewissensbegriff weit, würde "jedes Handeln, das von festen Überzeugungen geleitet ist, unter den Schutz von Art. 4 Abs. 1"[72] GG und Art. 41 CRP fallen. Da beide Grundrechtsartikel keine Vorbehalte kennen, "wäre jede Schranke, die dem aus festen Überzeugungen Handelnden gezogen wird, eigentlich eine Verletzung der Gewissensfreiheit"[73].

Dieser Fall zeigt, daß der Schutzbereich der Art. 4 Abs. 1 GG bzw. Art. 41 CRP nicht so weit verstanden werden darf, vielmehr ausgelegt werden muß. Bei der Auslegung des Begriffes Gewissen muß man nach den bekannten Auslegungsmethoden verfahren. Nichts zwingt dazu, den Gewissensbegriff so weit wie möglich zu verstehen, um dann auf die unbestimmten und unbestimmbaren inneren immanenten Schranken abzuheben, um zu vertretbaren Ergebnissen zu gelangen.

Aber auch der Weg über die Rechtfertigungssuche aus kollidierendem Verfassungsrecht wäre ein falscher Weg. Denn bereits die Auslegung des Schutzbereiches ergibt, daß nicht jede feste Überzeugung unter den Gewissensbegriff fallen kann. Folglich muß man nicht für unzählige Ausübungssituationen Eingriffsrechtfertigungen aus kollidierendem Verfassungsrecht ersinnen. Dies hätte nämlich zur Konsequenz, daß die als Ausnahme zu verstehende Rechtfertigungsmöglichkeit[74] verflüssigt und das System der Schranken in den Verfassungsordnungen aushöhlen würde.

[70]Vgl. *Canotilho*, Direito, S. 615; *Andrade*, Direitos Fundamentais, S. 216; *Kriele*, Vorbehaltlose Grundrechte und die Rechte anderer, S. 636.

[71]Grundrechte – Staatsrecht II, Rn. 261.

[72]Ebenda.

[73]Ebenda.

[74]Ebenda, Rn. 366ff.

II

Begriff der Einschränkung

Wenn das Portugiesische Verfassungsgericht die sogenannten immanenten Schranken als Grenze des Schutzbereiches und nicht als Einschränkung versteht und das Bundesverfassungsgericht sie als Rechtfertigungsmodell erfolgter Eingriffe verwendet, läßt dies die Frage noch unbeantwortet, in welchem Sinne von einer "Einschränkung" (1.) gesprochen werden kann.

In einem engen Zusammenhang damit steht das Problem, ob jede gesetzgeberische Maßnahme im Bereich des Schutzbereiches eines Grundrechtes eine Einschränkung bedeutet oder ob es dem Einschränkungsbegriff "vorgeschaltete" Begriffe gibt (2.).

1 Begriffsbestimmung

1.1 Portugal

1.1.1 Verfassungstext

Die Portugiesische Verfassung verwendet den Begriff der Einschränkung[1] weitestgehend einheitlich. Sie bestimmt, daß nur das Gesetz die Rechte, Freiheiten und Garantien *einschränken* kann. Die Einschränkungen müssen sich dabei auf das zur Bewahrung anderer verfassungsmäßig geschützter Rechte oder Interessen begrenzen (Art. 18 Abs. 2 CRP). Die die Rechte, Freiheiten und Garantien *einschränkenden* Gesetze müssen u. a. allgemein und abstrakt sein (Art. 18 Abs. 3 CRP). Bei den ausführlich geregelten Persönlichkeitsrechten wird bestimmt, daß die *Einschränkungen* der Geschäftsfähigkeit nur in den im Gesetz vorgesehenen Fällen verwirklicht werden können (Art. 26 Abs. 3 CRP). Die Verfassung erklärt lebenslange, zeitlich unbegrenzte oder unbestimmte freiheitsentziehende oder *-einschränkende* Strafen und Sicherheitsmaßnahmen für unzulässig und regelt die diesbezügliche Verlängerung (Art. 30 Abs.1 und 2 CRP), den Verurteilten

[1] Wörtl.: "restrição".

gewährt sie den Erhalt der Grundrechte, abgesehen von den *Beschränkungen*[2], die dem Sinn der Verurteilung zuwiderlaufen (Art. 30 Abs. 5 CRP). Den Behörden verbietet sie den *Eingriff*[3] in das Brief- und Fernmeldegeheimnis (Art. 34 Abs. 4 CRP). Die unter der Überschrift "Ausdrucks- und Informationsfreiheit" zusammengefaßten Rechte dürfen durch keinerlei Art der Zensur verhindert oder *begrenzt* werden (Art. 37 Abs. 2 CRP). Sie gewährt das Recht, den Beruf oder die Arbeitsart frei auszuwählen unter der Ausnahme der durch das Interesse des Allgemeinwohls oder durch die persönliche Eignung gesetzten gesetzlichen *Einschränkungen* (Art. 47 Abs. 1 CRP). Endlich bestimmt sie, daß das Recht der Arbeiter, den durch den Streik zu verteidigenden Interessenbereich selbst zu bestimmen, nicht durch Gesetz *beschränkt* werden darf (Art. 57 Abs. 2 CRP).

Zur Frage, was unter diesen Einschränkungen, Beschränkungen, Begrenzungen und Eingriffen zu verstehen ist, in welchem Sinne von Grundrechtsschranken gesprochen werden kann, schweigt die Portugiesische Verfassung als ein nicht in erster Linie und ausschließliches juristisches Dokument[4]. In diesen Formulierungen gibt sie aber der Vorstellung einer Unterscheidung von Schutzbereich und einer a posteriori vorzunehmenden Einschränkung ein erstes textliches Fundament.

1.1.2 Auffassungen der Lehre

Die portugiesische Lehrmeinung ist einhellig der Auffassung, daß unter Einschränkungen eines Grundrechts die Verminderung seines Schutzbereiches zu verstehen ist.

So hat "die Einschränkung etwas mit dem Recht an sich zu tun, mit seiner objektiven Ausdehnung"[5]. Hierdurch wird klargestellt, daß "das Recht an sich", das nicht eingeschränkt ist, von dem Recht, das nach einer Einschränkung übrigbleibt, zu unterscheiden ist. Unter einer Einschränkung wird dabei die Verminderung des "an sich" grundrechtlich Gewährten, eine "Verdichtung" verstanden[6].

Wenn unter einschränkenden Normen diejenigen verstanden werden, die Grundrechtspositionen begrenzen oder "verdichten", die "prima facie im Schutzbereich der Grundrechte mitenthalten sind"[7], dann liegt diesen Definitionsversuchen folgende Vorstellung zugrunde.

Einerseits gibt es das Grundrecht, die Grundrechtsposition an sich, aus dem bzw. aus der der Bürger seine Rechte ableiten kann. Andererseits gibt es die Einschränkung, die diese Rechtsstellung vermindert. Dies bedeutet, daß die zunächst in keinerlei Beziehung mit dem Grundrecht stehende Einschränkung in vom

[2] Wörtl.: "limitações".
[3] Wörtl.: "ingerência".
[4] Vgl. zum Verfassungsbegriff *Canotilho*, Direito, S. 79 ff.
[5] *Miranda*, Manual, Bd. IV, S. 300.
[6] *Canotilho*, Direito, S. 647; *Miranda*, A Constituição de 1976, S. 354.
[7] *Canotilho*, Direito, S. 647.

Schutzbereich umfaßte Rechtspositionen eingreift[8].

1.1.3 Analyse der Rechtsprechung des Portugiesischen Verfassungsgerichtes

(1) Urteil Nr. 74/84 Erstmals beschäftigte sich das Portugiesische Verfassungsgericht mit dem Einschränkungsbegriff in seinem Urteil Nr. 74/84[9].

Ausgangspunkt der Entscheidung war die Frage, ob das Plakatieren von parteipolitischer Werbung von einer vorherigen Erlaubnis durch die Verwaltungsbehörde abhängig gemacht werden darf. Entscheidungserheblich war also, ob eine derartige Voraussetzung einer Erlaubnis die in Art. 37 Abs. 1 CRP schrankenlos gewährleistete Meinungsfreiheit den Begriff einer Einschränkung erfüllt oder nicht[10].

In diesem Zusammenhang schließt sich das Portugiesische Verfassungsgericht zunächst ausdrücklich den Ausführungen der Verfassungsgebenden Versammlung an. Eine "Einschränkung" kann danach sowohl "in einem Verbot als auch in der Auferlegung einer Pflicht zum Ausdruck kommen"[11]. Weiter stellt das Gericht fest, daß es sich bei einer derartigen Voraussetzung einer Erlaubnispflicht um eine "Verdichtung"[12] und somit um eine Einschränkung des Grundrechtes handelt. Mit Ausnahme des Begriffes der "Verdichtung" werden vom Portugiesischen Verfassungsgericht in dieser Entscheidung jedoch keine weiteren Definitionsmerkmale des Einschränkungsbegriffes herausgearbeitet.

(2) Urteil Nr. 103/87 Ein wenig konkreter wird das Portugiesische Verfassungsgericht in seiner Entscheidung Urteil Nr. 103/87[13].

Bei dieser Entscheidung ging es u.a. um die Frage, ob die per Gesetz vorgesehene Regelung, daß Mitglieder der PSP[14] zunächst den hierarchischen Dienstweg erschöpfen müssen, bevor sie sich an den Ombudsmann für das Rechtswesen wenden können, eine Einschränkung des Art. 23 CRP[15] darstellt.

---

[8]In diesem Sinn auch *Andrade*, Direitos Fundamentais, S. 229.

[9]Bd. 1, S. 49ff.

[10]Art. 37 Abs. 2 CRP sieht als Verstärkung des Grundrechtsschutzes ein umfängliches Zensurverbot vor, wenn es heißt, daß "die Ausübung ... durch keinerlei Art von Zensur verhindert oder eingeschränkt werden darf".

[11]Ebenda, m.w.N.

[12]Ebenda, S. 61.

[13]Bd. 9, S. 83ff.

[14]Vgl. hierzu bereits oben **B. I. 1.2 (5)**.

[15]Art. 23 CRP lautet: "1. Die Bürger können Beschwerden gegen Handlungen oder Unterlassungen der Staatsgewalt dem Ombudsmann für das Rechtswesen vorbringen, der sich diesen ohne Entscheidungsgewalt annehmen wird und an die zuständigen Organe die zur Vorbeugung und Wiedergutmachung von Ungerechtigkeiten notwendigen Empfehlungen richtet.

2. Die Tätigkeit des Ombudsmanns für das Rechtswesen ist von den in der Verfassung und in den Gesetzen vorgesehenen streitigen und unstreitigen Rechtsmitteln unabhängig.

3. Der Ombudsmann für das Rechtswesen ist ein unabhängiges Organ, dessen Amtsträger

Das Portugiesische Verfassungsgericht kam zu dem Schluß, daß es sich hierbei nicht um eine Einschränkung des Art. 23 CRP handelt. Es wird herausgearbeitet, daß für den Begriff der Einschränkung entscheidend ist, daß das Grundrecht durch die legislative Maßnahme "in seinem substanziellen Inhalt ... berührt, vermindert oder um irgendeinen seiner Gesichtspunkte amputiert wird"[16].

Mit dem Bezugspunkt des "substanziellen Inhalts" versucht das Gericht demnach den Einschränkungsbegriff über das Merkmal der bloßen "Verdichtung" hinaus zu konkretisieren. Dabei nimmt es aber zugleich seine in der ersten Entscheidung weit gesteckten Grenzen einer Einschränkung zurück[17].

(3) Urteil Nr. 99/88 Das Urteil Nr. 99/88[18] knüpft an diese Ausführungen an.

Das Portugiesische Verfassungsgericht hatte bei diesem Urteil nämlich die Frage zu untersuchen, ob die per Gesetz vorgesehene, mit einer einjährigen Ausschlußfrist versehene Regelung der Vaterschaftsklage für nichteheliche Kinder eine Einschränkung des aus Art. 26 CRP abgeleiteten Grundrechtes auf persönliche Identität darstellt. Es stellt darauf ab, daß es für die Einschränkungsqualität einer Norm darauf ankommt, ob diese Norm "den Inhalt und den Schutzbereich verkürzt oder einengt"[19]. So kam das Gericht in diesem Fall zu dem Ergebnis, daß wegen fehlender "materieller und dauerhafter Wirkung"[20] der Einjahresfrist keine Einschränkung des Grundrechtes auf persönliche Identität vorliege.

Unklar bleibt jedoch, was dabei unter dieser "materiellen Wirkung" zu verstehen ist und welchen Kriterien eine derartige Wirkung beigemessen werden kann[21].

Das Portugiesische Verfassungsgericht scheint dabei darauf abzuheben, daß es dem Grundrechtsträger möglich bleiben muß, sein Recht – hier sein Recht auf Feststellung des biologischen Vaters – auszuüben. Dieses Recht darf demnach durch Gesetze nicht soweit ausgehöhlt werden, daß sich die Ausübungsmöglichkeit des Grundrechtes auf Null reduziert. Dies wäre im vorliegenden Fall wohl nach Ansicht des Gerichts bei unrealistisch kurzen Fristenregelungen der Fall[22].

---

von der Versammlung der Republik ernannt wird.

4. Die Organe und Vertreter der öffentlichen Verwaltung arbeiten mit dem Ombudsmann für das Rechtswesen bei der Verwirklichung seiner Aufgabe zusammen"; zu Art. 23 CRP im einzelnen vgl. *Canotilho/Moreira*, Anotada, S. 170ff.; Silveira, O Provedor de Justiça, S. 701ff.

[16] TC Urteil Nr. 103/87, Bd. 9, S. 83ff./131.

[17] Vgl. hierzu näher unten **2.1.3**.

[18] Bd. 11, S. 785ff.

[19] Ebenda, S. 798.

[20] Ebenda, S. 799.

[21] Vgl. hierzu näher unten **2.1.3**.

[22] Vgl. hierzu das Sondervotum des Richters *Nunes de Almeida*, der bereits dieser kurzen Jahresfrist "materielle" Bedeutung beimißt, s. ebenda S. 803f.

1.1.4 Zusammenfassung

Bei der Analyse der genannten Entscheidungen wird deutlich, daß das Portugiesische Verfassungsgericht ebenso wie das portugiesische Schrifttum unter einer Einschränkung nicht eine schutzbereichsdefinierende Grenze versteht. Unter den Einschränkungsbegriff fallen vielmehr alle gesetzgeberischen Maßnahmen, die dem dogmatischen Eingriffsmodell entsprechend den Schutzbereich des Grundrechtes a posteriori begrenzen und in seiner Schutzwirkung zurücknehmen.

Einerseits unterscheidet das Gericht zwischen der "Ausdehnung des Rechtes" und andererseits dem Recht, das nach erfolgter Einschränkung übrigbleibt, wenn es für den Einschränkungsbegriff auf die Verminderung, Verkürzung, Einengung oder gar "Amputation" des Grundrechtes abstellt.

Dieses Denken entspricht dem liberal-modernen Grundrechtsverständnis und seinem vor allem in Art. 18 CRP zum Ausdruck kommenden Eingriffsmodell von Schutzbereich, Einschränkung und Rechtfertigung[23].

1.2 Rechtsvergleich

Das Denken von grundrechtlicher Freiheitsgewährleistung einerseits und ihrer Beschränkung andererseits findet sich ähnlich wie in der Portugiesischen Verfassung auch im Grundgesetz. Diese Unterscheidung erfährt seine erste textliche Grundlage in Formulierungen, wie beispielsweise "Schranken" in Art. 5 Abs. 2 GG, "Beschränkungen" in Art. 10 Abs. 2 GG und "Einschränkungen" in Art. 11 Abs. 2 oder 19 Abs. 1 GG.

In der deutschen Lehre und Rechtsprechung wird daher der Begriff der Einschränkung weitgehend einheitlich verwendet und ebenso wie in der portugiesischen Literatur als Verkürzung des vom Grundrecht gewährleisteten Schutzbereiches verstanden.

So wird definiert, daß eine Einschränkung "stets dann gegeben" ist, "wenn dem einzelnen ein Verhalten, das vom Schutzbereich eines Grundrechts umfaßt ist, durch den Staat verwehrt wird"[24]. Hierbei wird von *Alexy* ein strukturtheoretischer Ansatz verfolgt, wenn er als der "Umgangssprache nähere" Definition die Grundrechtsschranken als "Normen" bezeichnet, "die die Realisierung grundrechtlicher Prinzipien einschränken"[25].

Der Einschränkungsbegriff wird demnach in beiden Verfassungsordnungen als Verkürzung von Grundrechtsausübungsmöglichkeiten verstanden. Die von den

---

[23] Vgl. hierzu oben **A. I.**

[24] *Alexy*, Theorie der Grundrechte, S. 257.

[25] Ebenda; der bei *Alexy* ausführlich dargestellte Streit zwischen der sogenannten Innen- und Außentheorie trägt zur dogmatischen Klärung des Begriffes der Einschränkung nichts bei. Dieser Theorienstreit mag seine Berechtigung haben bei der Bestimmung des Schutzbereiches eines Grundrechtes, der grundrechtlichen Reichweite. Für den *Begriff* der Einschränkung selbst bietet die Unterscheidung zwischen den Theorien keinen Anhaltspunkt. Denn in beiden Fällen handelt es sich um ein "weniger".

Verfassungen neben der "Einschränkung" angesprochenen Begriffe wie "Eingriffe", "Beschränkungen", "Schranken" sind inhaltsgleich und bedeuten zur Einschränkung kein aliud.

2 Abgrenzung Einschränkung und Ausgestaltung

Damit die die Freiheit in ihren verschiedenen Ausprägungen gewährleistenden Grundrechte in der Verfassungswirklichkeit auch Wirksamkeit erlangen können, bedürfen die meisten Grundrechte der rechtlichen Ausgestaltung der Lebenswirklichkeit, des praktischen Lebens durch den Gesetzgeber[26]. "Viele Rechtsnormen beabsichtigen den fragmentarischen, weiten, offenen, abstrakten oder unvollständigen Inhalt der die Grundrechte garantierenden Verfassungsbestimmungen zu vervollständigen, zu ergänzen, faßbarer zu machen, zu konkretisieren"[27]. Derartige Rechtsnormen stehen zwar in einem gewißen Bezug zu den Grundrechten, um *Einschränkungen* handelt es sich bei diesen jedoch nicht[28].

Wie bereits erwähnt[29] kam das Portugiesische Verfassungsgericht z. B. in dem Urteil Nr. 99/88 zu dem Ergebnis, daß das die Vaterschaftsklage nichtehelicher Kinder betreffende Gesetz[30] keine Einschränkung des Art. 26 CRP darstellt, obwohl eine gewiße Auswirkung dieses Gesetzes für den Schutzbereich dieses Grundrechtes nicht geleugnet werden kann. Daraus muß zunächst gefolgert werden, daß nicht jedes Gesetz, das eine gewiße Affinität zu einem Grundrecht besitzt, dieses Grundrecht auch einschränkt.

Fraglich ist jedoch, wie einschränkende Normen von nicht einschränkenden Normen abgegrenzt werden können. Dabei soll gleichzeitig die für die Praxis wichtige Frage untersucht werden, ob die Abgrenzung weiter bedeutet, daß die nicht einschränkenden Gesetze nicht als Schranke gerechtfertigt werden müssen.

2.1 Portugal

2.1.1 Portugiesische Verfassung als Anknüpfungspunkt?

Erster Anknüpfungspunkt für die Abgrenzung zwischen beiden Begriffen könnte die Portugiesische Verfassung selbst sein. Sie gebraucht verschiedene Formulierungen: So spricht sie davon, daß das bestimmte Grundrecht nur "nach Maßgabe des Gesetzes" oder "in den im Gesetz vorgesehenen Fällen und Bestimmungen" gelten soll (vgl. Art. 38 Abs. 2 Buchst. b bzw. Art. 26 Abs. 3; 34 Abs. 2; 52 Abs.

[26] Vgl. *Andrade*, Direitos Fundamentais, S. 225; *Canotilho*, Direitos, S. 648.
[27] *Canotilho*, Direito, S. 647.
[28] Im gleichen Sinn auch *Alexy*, Theorie der Grundrechte, S. 300ff.
[29] Vgl. oben **1.1.3**.
[30] Art. 1817 Abs. 3 und 4 Código Civil.

3, Abs. 7; 41 Abs. 6; 54 Abs. 5 Buchst. f CRP), daß "das Gesetz bestimmt" (vgl. Art. 33 Abs. 7; 35 Abs. 4 und 6; 40 Abs. 7 CRP), daß das "Gesetz gewährleistet" (vgl. Art. 38 Abs. 3; 55 Abs. 6 CRP), daß "das Gesetz .. errichten wird" (vgl. Art. 26 Abs. 2; 55 Abs. 4; 56 Abs. 4 CRP), daß "das Gesetz regelt" oder etwas gesetzlich "geregelt wird" (vgl. Art. 36 Abs. 2 bzw. Art. 36 Abs. 7 CRP) und daß "das Gesetz festsetzt" (vgl. Art. 52 Abs. 2 CRP).

Folgende Frage schließt sich hieran an: Sind diese unterschiedlichen Formulierungen Synonym für Gesetzesvorbehalte oder wählte der Verfassungsgeber absichtlich diese unterschiedlichen Begriffe, um vom Einschränkungsbegriff auch sprachlich abgrenzen zu können ?

Abgesehen vom Begriff der "Regelung " läßt der Wortlaut der einzelnen Bestimmungen beide Möglichkeiten zu. Er gibt allenfalls Hinweise, wenn man allein auf die Sprachbedeutung abstellen will. So ist vom Sprachsinn ein "gewährleisten", "errichten", "definieren", "festsetzen", "bestimmen" etwas anderes, ein "weniger" im Vergleich zu "einschränken" oder "begrenzen".

Analysiert man die einzelnen Bestimmungen im Verhältnis zum Kontext so zeigt sich folgendes Ergebnis: In den Fällen, in denen der Verfassungstext bestimmt, daß das Gesetz "bestimmt", ist dies Ermächtigung zu bloßer Ausgestaltung, zum Zwecke der "guten Ausübung" des Grundrechtes [31]. So bestimmt das Gesetz, "objektive Kriterien ... für die Verteilung von Sendezeiten" (Art. 40 Abs. 1 CRP), "das für den Datenaustausch anwendbare Verfahren" (Art. 35 Abs. 6 CRP), "den Begriff der persönlichen Daten" (Art. 35 Abs. 4 CRP) und den "Status des politischen Flüchtlings" (Art. 33 Abs. 7 CRP). Keine Einschränkung wird vom Gesetz verfolgt, wenn es den "Schutz für gewählte Arbeitervertreter gegen irgendwelche Einschränkung, Zwang" (Art. 55 Abs. 6 CRP), "die Veröffentlichung der Trägerschaft und die finanziellen Mittel der Massenkommunikationsmittel" (Art. 38 Abs. 3 CRP) und "rasche Entscheidungsverfahren" für die Ausweisung (Art. 33 Abs. 5 CRP) "gewährleistet". Ebenfalls keine Einschränkungsermächtigung ist für die Fälle anzunehmen, in denen das Gesetz "Regelungen zur Legitimität für den Abschluß von kollektiven Arbeitsverträgen" (Art. 56 Abs. 4 CRP), "angemessene Garantien" für die Unabhängigkeit der gewerkschaftlichen Vereinigungen (Art. 55 Abs. 4 CRP) und "wirksamen Garantien gegen die mißbräuchliche Verwendung von Daten über Personen und Familien" (Art. 26 Abs. 2 CRP) "errichtet" .

Eine Ermächtigung zu einer Einschränkung kann jedoch auch darin liegen, wenn "nur das Gesetz die notwendigen Unwählbarkeiten für den Zugang zu den gewählten Ämtern errichtet", wenn es damit auch nur "die Wahlfreiheit der Wähler und die Freiheit und Unabhängigkeit der Ausübung der entsprechenden Ämter ... garantieren" will (Art. 50 Abs. 3 CRP).

Ebenfalls um eine Einschränkungsermächtigung handelt es sich bei Art. 52 Abs. 2 CRP, wenn es heißt daß "das Gesetz die Bedingungen, unter denen die

---

[31] *Canotilho/Moreira*, Anotada, S. 241.

gemeinschaftlich an die Nationalversammlung gerichteten Petitionen vom Plenum gewürdigt werden, festsetzt" . Denn durch eine solche "Festsetzung", z. B. der erforderlichen Unterschriftenanzahl wird das in Art. 52 Abs. 1 CRP gewährleistete politische Grundrecht auf gemeinschaftliche Petitionen eingeschränkt[32].

Begrenzt auf die in Art. 27 Abs. 3 CRP genannten Fälle kann das Gesetz den Freiheitsentzug "bestimmen" . Hierbei handelt es sich um einen qualifizierten Gesetzesvorbehalt, da der Gesetzgeber keine weiteren Freiheitsentzugsmöglichkeiten außer den im Art. 27 CRP genannten erschaffen kann[33].

Offen bleibt das Ergebnis bei dem Vergleich von "regeln" und "einschränken". Hier könnte in "regeln" die Einschränkung mitenthalten sein oder aber auch etwas anderes, z.B. im Sinne einer Verfahrensregelung, bedeuten. Der Begriff "regeln" taucht im Grundrechtsteil über die Rechte, Freiheiten und Garantien an zwei Stellen auf. In Art. 39 Abs. 5 CRP "regelt das Gesetz den Betrieb für den Hohen Rat der Massenkommunikation". "Das Gesetz regelt die Voraussetzungen und Wirkungen der Ehe" in Art. 36 Abs. 2 CRP.

Hieraus können mit *Canotilho* zwei Schlußfolgerungen gezogen werden: Zum einen erkennt die Portugiesische Verfassung selbst durch die unterschiedliche Verwendung der Begriffe "Einschränkungen" einerseits und "Regelungen", "Gewährleistungen", "Bestimmungen", "Festsetzungen" andererseits die Bedürftigkeit der Ausgestaltung der Grundrechte durch den Gesetzgeber an.

Zum anderen könnte die Portugiesische Verfassung mit der Befugnis zur "Regelung" etc. *zugleich* die Ermächtigung zur Einschränkung durch das Gesetz setzen.

Der Wortlaut allein ist demnach nicht allzu aussagekräftig. Es kann sich bei einem Gesetz ja durchaus um eine Regelung, um eine Konkretisierung eines eine Freiheit garantierenden Grundrechtes sein. Dies kann jedoch auch gleichzeitig bedeuten, daß diese Regelung außer einer Konkretisierung der Grundrechtsausübung gleichzeitig eine Einschränkung der durch das Grundrecht garantierten Freiheit ist.

2.1.2 Auffassungen der Lehre

Auch *Andrade* unterscheidet im obigen Sinne zwischen Einschränkungen und bloßen konkretisierenden oder erläuternden Gesetzen, "die ihren Inhalt eindeutiger wiederholen und auslegen"[34].

In solchen Fällen soll es sich um sogenannte "regelnde oder (Regelungs)Gesetze (Organisationsgesetze)" handeln, "die die 'gute Ausübung' der Verfassungsbestimmungen organisieren und regeln. Ihre Intension ist nicht Einschränken, sondern im Gegenteil, das verfassungsmäßig deklarierte Grundrecht

[32] Ebenso *Canotilho/Moreira*, Anotada, S. 281; *Andrade*, Direitos Fundamentais, S. 230, Fn. 33.

[33] Vgl. *Canotilho/Moreira*, Anotada, S. 185.

[34] Direitos Fundamentais, S. 226.

praktisch zu gewährleisten und zu verstärken"[35].

Andrade gibt jedoch keine abgrenzbaren Kriterien an die Hand, um nun die Unterscheidung zwischen Ausgestaltung und Einschränkung treffen zu können. Vielmehr gesteht er zu, daß "die Unterscheidung ... grundlegend praktischer Natur ist, da es nicht mit Genauigkeit möglich ist, abstrakt die Konturen beider Figuren zu bestimmen". Es handele sich nämlich "oft nur (um) eine Frage des Grades oder der Quantität"[36].

Auskunft gibt der Autor aber zu der Frage, ob der Gesetzgeber bei seinen Ausgestaltungen frei ist oder ob er sich bei Erlaß von Ausgestaltungsgesetzen an die Voraussetzungen des Art. 18 Abs. 2 und 3 CRP halten muß. Es entspreche den Erfordernissen der Praxis und einem Verständnis einer nicht-individualistisch ausgeprägten Konzeption der Grundrechte, wenn man "wie im Fall der Konkretisierung der immanenten Grenzen" eines Grundrechtes annimmt, daß für Ausgestaltungsgesetze – im Gegensatz zu dem für Einschränkungen geltenden Art. 18 Abs. 2 – keinerlei "ausdrückliche Verfassungsermächtigung" erforderlich ist, sondern vielmehr eine "Generalermächtigung" für den Gesetzgeber besteht[37] [38]. Folglich bedürfen Gesetze, die diese "immanenten Grenzen" konkretisieren, nicht der verfassungsmäßigen Rechtfertigung des Art. 18 CRP.

Als einen Gegenbegriff zur Einschränkung verwendet *Miranda* den Begriff der "Regelung"[39], den er als "Regelung , Erfüllung, legislative Entwicklung des Inhaltes des Rechtes" bezeichnet[40]. Aber auch dieser Autor kann diesen Begriff nicht weiter abstrakt definieren. Auf das Problem, unter welchen Voraussetzungen eine Ausgestaltung oder Regelung vorgenommen werden kann, findet sich bei *Miranda* keine ausdrückliche Antwort.

Canotilho bringt eine zusätzliche Unterscheidung zwischen *Ausgestaltung* und *Konkretisierung*. Er legt dar, daß der erste Begriff für die gesetzliche Ausgestaltung der Grundrechte steht, die einer Regelung zur Grundrechtsausübung in praxi bedürfen. Der zweite Begriff steht für die Fälle, in denen das Gesetz die Grundrechtsausübung ausgestaltet, obwohl das betreffende Grundrecht an sich keiner Ausgestaltung bedürfte, sondern aus sich heraus ausübbar ist. *Canotilho* nennt als Beispiel das Demonstrationsrecht, das direkt ausgeübt werden kann, aber zur besseren Ausübung konkretisierender Normen bedürfe[41]. Beispiel für eine *Ausgestaltung* im Sinne *Canotilhos* wäre ein Institutionsgrundrecht wie z. B. die Ehe (Art. 36 CRP), das erst nach Erlaß regelnder Gesetze bezüglich der Eheschließung etc. seine schützende Wirkung überhaupt entfalten kann. Er wendet sich

---

[35]Ebenda, S. 228.

[36]Ebenda, S. 228 Fn. 27.

[37]Ebenda.

[38]Hier wird auch die Ansicht *Andrades* deutlich, daß die sogenannten immanenten Schranken keine Einschränkungen i. S. des Art. 18 CRP sind.

[39]Wörtl.: "regulamentação".

[40]*Miranda*, Manual, Bd. IV, S. 301.

[41]Vgl. zum ganzen *Canotilho*, Direito, S. 648.

jedoch gegen die vertretene Ansicht, daß aufgrund des Wortlautes der Verfassung zwischen 'regelnden Gesetzesvorbehalt' (z.B. Artikel 36 Abs. 2 CRP) und 'einschränkenden Gesetzesvorbehalt' (z.B. Art. 47 Abs. 1 CRP) unterschieden werden könne[42]. In einer Regelung könne nämlich beides, nämlich Ausgestaltung und Einschränkung gesehen werden. Eine Unterscheidung nach Regelung und Einschränkung sei demnach nicht möglich. Die Regelung sei vielmehr Oberbegriff zu Einschränkung und Ausgestaltung. *Canotilho* hält sich bei seinem eigenen Unterscheidungsvorschlag eng an *Alexys* "Theorie der Grundrechte". Er sagt, daß "unter *einschränkenden* Rechtsnormen jene verstanden werden, die Positionen begrenzen oder einschränken, die prima facie im Schutzbereich der Grundrechte mitenthalten sind. *Ausgestaltende* Rechtsnormen vervollständigen, präzisieren, konkretisieren oder definieren den Schutzinhalt eines Grundrechtes"[43].

Zu den eventuell erforderlichen Voraussetzungen, unter denen der Gesetzgeber Ausgestaltungen vornehmen kann, schweigt dieser Autor.

Canotilho/Moreira grenzen den Begriff der Einschränkung von dem der Schutzbereichsbestimmung ab. Sie sind der Ansicht, daß zuerst der Inhalt eines Grundrechtes zu bestimmen ist, bevor festgestellt werden kann, ob eine legislatorische Maßnahme eine Einschränkung darstellt[44]. Dies würde in der Konsequenz bedeuten, daß alle Gesetze, die als Konkretisierung oder Ausgestaltung eines Grundrechtes ausgelegt werden können, keine Einschränkungen darstellen. So vertreten diese Autoren, wie *Andrade* die Ansicht, daß dem Gesetzgeber bei der Ausgestaltung der Grundrechte große Freiheit zukommt. Somit fassen sie den Ausgestaltungsbegriff sehr weit. Als Folge dieser weiten Auffassung wird als Grenze der Verfassungsmäßigkeit einer solchen "legislativen Ausgestaltungsfreiheit"[45] die "Garantie eines Minimums an zweckmäßigem und verfassungsmäßig relevanten Inhaltes des Grundrechtes" genannt.

Die Autoren lassen jedoch die Frage unbeantwortet, auf welche Weise dieses "Minimum" zu bestimmen ist.

2.1.3 Analyse der Rechtsprechung des Portugiesischen Verfassungsgerichtes

Untersucht man die Rechtsprechung des Portugiesischen Verfassungsgerichtes hinsichtlich dieser Frage, so kommt man zu dem Schluß, daß die bereits oben[46] genannten Urteile zwar den Einschränkungsbegriff stets in Abgrenzung zur Ausgestaltung oder Reglementierung unter ausführlicher Zitierung der Lehrmeinung vornehmen. Dem Gericht gelingt es aber nicht, eindeutige Abgrenzungskriterien herauszuarbeiten.

[42] Ebenda, S. 649.
[43] *Canotilho*, Direito, S. 647.
[44] *Canotilho/Moreira*, Anotada, S. 149.
[45] Ebenda.
[46] Vgl. **1.1.3**.

In dem Urteil Nr. 74/84[47] scheint das Gericht noch den Einschränkungsbegriff sehr weit in einem Ausgestaltungen und Konkretisierungen umfassenden Sinn zu verstehen. Es wird betont, daß unter die einschränkenden Gesetze nicht nur diejenigen fallen würden, die speziell eine Einschränkung der Rechte, Freiheiten und Garantien beabsichtigen. Vielmehr seien alle Gesetze als Einschränkungen zu betrachten, "die den Inhalt dieser Rechte, Freiheiten und Garantien berühren"[48].

Dieser weite Begriff wird in den folgenden Entscheidungen stark zurückgenommen. Mit den Kriterien des "substanziellen Inhalts" oder der "materiellen Wirkung" der staatlichen Maßnahme versucht das Gericht in den Urteilen Nr. 103/87 und 99/88[49] demnach, den Einschränkungsbegriff über das Merkmal der bloßen "Verdichtung" hinaus zu konkretisieren. Das Portugiesische Verfassungsgericht scheint dabei darauf abzustellen, daß es dem Grundrechtsträger möglich bleiben muß, sein Recht auszuüben. Dieses Recht darf demnach durch Gesetze nicht soweit ausgehöhlt werden, daß sich die Ausübungsmöglichkeit des Grundrechtes auf Null reduziert. Dies wäre im dem Urteil Nr. 99/88 zugrundeliegenden Fall der Vaterschaftsklagen wohl nach Ansicht des Gerichts bei unrealistisch kurzen Fristenregelungen der Fall[50].

(1) Ausgestaltung in Gesetzesform Zum Problem, ob nur ausgestaltende Gesetze ebenso der Rechtfertigung bedürfen wie einschränkende Normen findet sich nur im Urteil Nr. 248/86[51] der Satz, daß auch derartige Regelungen in der Form des Gesetzes ergehen müssen[52]. Dieser Aussage darf hingegen keine darüberhinausgehende Bedeutung zugemessen werden. Denn die Notwendigkeit der Gesetzesform ergibt sich in der Portugiesischen Verfassung eindeutig aus dem Art. 168 Abs. 1 Abschnitt b) CRP. Dieser lautet:

> *"Es ist mit Ausnahme einer Ermächtigung für die Regierung ausschließliche Kompetenz der Versammlung der Republik über folgende Bereiche Gesetze zu erlassen:*
>
> *a) ...*
>
> *b) Rechte, Freiheiten und Garantien".*

Diese Vorschrift errichtet folglich im Bereich der Rechte, Freiheiten und Garantien einen sogenannten relativen Parlamentsvorbehalt . Ohne bereits an dieser Stelle[53] näher auf die Bedeutung dieser Vorschrift eingehen zu wollen, zwingt Art.

---

47 Bd. 4, S. 49ff.

48 Ebenda, S. 62.

49 Vgl. Bd. 9, S. 83ff./131 bzw. Bd. 11, S. 785ff./798f.

50 Vgl. hierzu das Sondervotum des Richters *Nunes de Almeida*, der bereits dieser kurzen Jahresfrist "materielle" Bedeutung beimißt, s. ebenda S. 803f.

51 Bd. 8, S. 159ff.

52 Vgl. ebenda, S. 168.

53 Vgl. dazu im einzelnen unten **D. III. 1**.

168 Abs. 1 Abschnitt b) CRP unabhängig von der Frage, ob es sich um eine Einschränkung oder nur um eine Ausgestaltung handelt, zur Form des Gesetzes.

Da das Portugiesische Verfassungsgericht im übrigen zu den Konsequenzen aus der Abgrenzung zwischen Ausgestaltung und Einschränkung hinsichtlich der Voraussetzungen für gesetzgeberische Maßnahmen im Grundrechtsbereich schweigt, könnte man den Umkehrschluß ziehen, daß alle Gesetze, die nicht Einschränkungen sind, sich auch nicht an den strengen Rechtfertigungsvoraussetzungen des Art. 18 Abs. 2 und 3 CRP orientieren müssen[54].

(2) Ausgestaltung vorbehaltloser Grundrechte Das Portugiesische Verfassungsgericht macht jedoch von dem Grundsatz, daß im Gegensatz zu Einschränkungen grundrechtsausgestaltende Normen mit Ausnahme der Gesetzesform keine weiteren formellen und materiellen Rechtfertigungsvoraussetzungen zu erfüllen haben, zumindest bei Ausgestaltungen vorbehaltloser Grundrechte eine Ausnahme.

In der bereits angesprochenen Entscheidung Nr. 99/88 wird gefordert, "daß es nicht genügt, diese Dinge (Unterscheidung Ausgestaltung/Einschränkung, *Anm. des Verf.*) in einer 'strukturellen' Perspektive zu betrachten", sondern es für die Feststellung der Verfassungsmäßigkeit "immer nötig ist, die Gerechtigkeit dieses Ergebnisses im Lichte eines 'materiellen' oder 'substanziellen' Gesichtspunktes zu messen" [55]. Dies bedeute, daß, - so wie die Einschränkungen - die Ausgestaltungen "auf ein Kriterium der Angemessenheit und Verhältnismäßigkeit ... zurückgeführt werden müssen"[56].

Daraus könnte gefolgert werden, daß der Unterschied zwischen beiden Figuren Einschränkung und Ausgestaltung nicht sehr bedeutsam ist. Denn somit besteht neben der formellen Gesetzesform auch die materielle Voraussetzung der Verhältnismäßigkeit[57] für diese Ausgestaltungen.

Ob dieser Gedanke der Anwendung des Verhältnismäßigkeitsgrundsatzes aber auf alle Fälle ausgedehnt werden kann, bei denen der Gesetzgeber bloß ausgestaltend tätig wird, scheint fraglich. Zu berücksichtigen ist, daß es sich bei der zitierten Entscheidung um die Konkretisierung eines Grundrechtes[58] handelt, das von dem Verfassungsgeber vorbehaltslos ausgestaltet und unter den besonderen Schutz des Art. 19 Abs. 6 CRP[59] gestellt wurde. Folglich könnte hier auch ei-

[54]So bezüglich des Art. 18 Abs. 2 1. Teil CRP ausdrücklich TC Urteile Nr. 103/87, Bd. 9, S. 83ff./131f.; Nr. 99/88, Bd. 11, S. 785ff./799.

[55]Bd. 11, S. 785ff./800.

[56]Ebenda.

[57]Vgl. hierzu unten **D. II. 3**.

[58]Recht auf Identität, Art. 26 Abs. 1 CRP .

[59]Art. 19 Abs. 6 CRP lautet: "Die Ausrufung des Belagerungszustands oder des Ausnahmezustands dürfen in keinem Fall das Recht auf Leben, persönliche Unversehrtheit, persönliche Identität, bürgerliche Geschäftsfähigkeit, Staatsbürgerschaft, das Verbot rückwirkender Strafgesetze, das Verteidigungsrecht der Angeklagten und die Gewissens- und Religionsfreiheit beeinträchtigen"; vgl. dazu näher **E. IV**.

ne bloße Einzelfall- und Ausnahmeentscheidung vorliegen. Diesbezüglich bleiben weitere Entscheidungen des Gerichts abzuwarten.

2.2 Rechtsvergleich

Die Unterscheidung zwischen Einschränkungen bzw. Eingriffsvorbehalten und Ausgestaltungen bzw. Ausgestaltungsvorbehalten ist in der deutschen Grundrechtsdogmatik sehr gebräuchlich. Um Einschränkungen soll es sich etwa immer dann handeln, wenn das Grundgesetz von "einschränken", "begrenzen", "Schranken" oder "Eingriff" spricht[60]. Als Beispiel aus dem Grundgesetz wird für Ausgestaltungs- oder Regelungsvorbehalte auf die Stellen im Verfassungstext verwiesen, in denen ausdrücklich von "regeln" (Art. 4 Abs. 3 S. 2, 12 Abs. 1 S. 2, 12 a Abs. 2 S. 3, 16 a Abs. 4 S. 2, 38 Abs. 3, 104 Abs. 2 S. 4 GG) oder "Inhaltsbestimmung" (Art. 14 Abs. 1 S. 2 GG) die Rede ist.

Eine Besonderheit gegenüber der Portugiesischen Verfassung bietet das Grundgesetz, wenn es in den Art. 4 Abs. 3 S. 2, 12 a Abs. 2 S. 3, 16 a Abs. 4 S. 2, 38 Abs. 3 und 104 Abs. 2 S. 4 GG "das Nähere" in einem Gesetz "regeln" bzw. "bestimmen" läßt. Durch die Betonung und Herausstellung des "Näheren" wird der Unterschied zu einem einfachen gesetzlichen "regeln", das als Gesetzesvorbehalt zu werten ist, klargestellt. Als Beweis kann der Vergleich z. B. mit Art. 12 Abs. 1 S. 2 GG dienen. So sind nach der überwiegenden Meinung im Schrifttum diese Regelungsvorbehalte bezüglich des "Näheren" als reine Regelungsvorbehalte zu verstehen und nicht als zu Einschränkungen ermächtigende Gesetzesvorbehalte[61].

So wird auch in der deutschen Lehre in verbreiteter Terminologie zwischen einschränkenden und grundrechtsausgestaltenden Normen unterschieden[62].

2.2.1 Alexys Ansatz zur Abgrenzung

Alexy betont die Bedeutung der Abgrenzung zwischen Ausgestaltung und Einschränkung. Nichteinschränkende Normen sind keine Einschränkungen und bedürfen deshalb keiner Rechtfertigung. Damit lehnt er richtigerweise auch die Ansicht ab, die einen weiten Ausgestaltungsbegriff vertritt und die Bedeutung der Unterscheidung nicht mehr erkennen läßt. "Wenn etwas unter irgendeinem Gesichtspunkt einschränkend ist, bleibt es einschränkend, auch wenn es unter irgendeinem anderen Gesichtspunkt ausgestaltend ist"[63]. *Alexy* bildet einen weiten Einschränkungsbegriff und einen engen Ausgestaltungsbegriff. Er gelangt bei dem Versuch einer abstrakten strukturtheoretischen Unterscheidungsformel zu dem

[60] Vgl. *Pieroth/Schlink*, Grundrechte - Staatsrecht II, Rn. 239.
[61] Vgl. statt vieler *Jarass/Pieroth*, GG, Rn. 34 zu Vorbemerkung vor Art. 1.
[62] Vgl. *Alexy*, Theorie der Grundrechte, S. 300ff., m.w.N.
[63] Ebenda, S. 302.

Ergebnis, daß "immer dann, wenn die Beseitigung einer Kompetenz die Realisierung eines grundrechtlichen Prinzips hemmt, liegt keine bloße Ausgestaltung, sondern eine Einschränkung vor, die als solche rechtfertigungsbedürftig ist"[64]. Dieses "Kriterium der Nichthemmung der Realisierung des grundrechtlichen Prinzips impliziert, daß immer dann, wenn eine am Verhältnismäßigkeitsgrundsatz orientierte Abwägung erforderlich ... oder auch bloß möglich ... ist, keine Ausgestaltung, sondern eine Einschränkung angenommen werden muß"[65].

2.2.2 Tendenzen der Gleichstellung

Jedoch wird häufig die grundrechtsdogmatische Bedeutung dieser Unterscheidung zwischen Einschränkung und Ausgestaltung auf das Zitiergebot des Art. 19 Abs. 1 S. 2 GG beschränkt[66].

Ursache dieser Beschränkung ist zum einen, daß "Rechtsprechung und Lehre ... , auf der Suche nach einer restriktiven Interpretation des durch die extensive Auslegung der Grundrechte überstrapazierten Zitiergebots, den Geltungsbereich dieses Gebots auf nachkonstitutionelle Neuregelungen beschränkt (haben), die auf der Grundlage echter Eingriffsvorbehalte im Sinne der Unterscheidung zwischen Eingriffs- und Regelungs- oder Ausgestaltungsvorbehalten ergehen. In dieser Besonderheit erschöpfen sich die dogmatischen Konsequenzen der Unterscheidung"[67].

Zum anderen weist *Lübbe-Wolff* darauf hin, daß das Bundesverfassungsgericht Einschränkungen und Ausgestaltungen gleich behandelt wissen will. Denn es wende auf beide Figuren dieselben "Verarbeitungsregeln"[68] an, wie beispielsweise das Erfordernis der Beachtung des Verhältnismäßigkeitsgrundsatzes. *Lübbe-Wolff* belegt ihre Ansicht mit dem Apothekenurteil[69] des Bundesverfassungsgerichts. In diesem Urteil weist das Bundesverfassungsgericht zunächst zwar auf den sprachlichen Unterschied und dessen Bedeutung von "einschränken" und "regeln" in Art. 12 Abs. 1 S. 2 GG hin, um dann doch "richtigerweise" "im folgenden die bekannten, den Grundsatz der Verhältnismäßigkeit konkretisierenden Stufen der Einschränkbarkeit der Berufsfreiheit" zu entwickeln"[70].

Gestützt wird diese Ansicht von *Herzog*, der die Rechtfertigungsvoraussetzungen des Art. 19 Abs. 1 S. 1 GG[71] nicht nur auf die "echten" Eingriffsvorbehalte[72]

---

[64] *Alexy*, Theorie, S. 306; hierbei wird unter "Kompetenz" die Grundrechtsposition des "rechtlichen Könnens", der "Befugnis", der "Gestaltungsmacht" verstanden, vgl. ebenda, S. 211ff.

[65] Ebenda, S. 306.

[66] Vgl. hierzu im einzelnen **D. III. 3.2**.

[67] *Lübbe-Wolff*, Die Grundrechte als Eingriffsabwehrrechte, S. 60.

[68] Ebenda.

[69] BVerfGE 7, 377ff./399ff.

[70] *Lübbe-Wolff*, Die Grundrechte als Eingriffsabwehrrechte, S. 61.

[71] Vgl. hierzu im einzelnen **D. III. 2.2**.

[72] Vgl. Art. 2 Abs. 2 S. 3, 6 Abs. 3, 8 Abs. 2, 10 Abs. 1 S. 2, 11 Abs. 2, 13 Abs. 3, 14 Abs. 3, 16 Abs. 1 S. 2 a. F. GG.

anwenden will, sondern darüberhinaus auch auf nur Schutzbereichsgrenzen konkretisierende Normen. Die diesem Standpunkt entgegenstehende herrschende Lehre müsse sich "vorwerfen lassen, daß ihre Auslegung des Art. 19 I Satz 1 allzu sehr von dem Bestreben diktiert ist, das Zitiergebot des auf den gleichen Anwendungsbereich bezogenen Art. 19 I Satz 2 zu entschärfen"[73].

Zwar mag es in in diesen Fällen, in denen der Gesetzgeber nur verfassungsimmanente Grenzen der Grundrechte konkretisiere und verdeutliche, der Fall sein, daß man auf das Erfordernis des Art. 19 Abs. 1 Satz 2 GG verzichten könne. Dies könne jedoch nicht gleichzeitig bedeuten, "daß man auch auf die Voraussetzungen des Art. 19 Abs. 1 S. 1 verzichten kann"[74]. "Ein solches Ergebnis wäre auch im Hinblick auf den Gleichheitsgehalt des Art. 19 I Satz 1 ... in .. (keiner) Weise annehmbar"[75].

2.2.3 Fazit

Im Ergebnis kommen beide Ansichten zur gleichen Lösung: Diejenigen, die die Ausgestaltung und Einschränkung gleich behandeln wollen, lassen auch auf die bloßen Ausgestaltungen "dieselben Verarbeitungsregeln", also Gesetzesform und Verhältnismäßigkeitsgrundsatz, wie bei den Einschränkungen zum Zuge kommen. *Alexy* läßt durch seinen weiten Einschränkungs- und engen Ausgestaltungsbegriff auch diese materiellen und formellen Rechtfertigungsvoraussetzungen fast stets zur Anwendung kommen, da bloße Ausgestaltungen nach *Alexys* Modell nur sehr selten vorzufinden sein werden.

3 Zusammenfassung und Stellungnahme

Zusammenfassend läßt sich feststellen, daß beide Verfassungsordnungen den Einschränkungsbegriff gleich als Verminderung einer gewährleisteten Grundrechtsposition verwenden und verstehen. Die Lehre und Rechtsprechung beider Länder grenzen den Einschränkungsbegriff von der bloßen grundrechtsausgestaltenden Norm ab. Grundrechtsdogmatische Konsequenz ist, daß im Gegensatz zu Einschränkungen bloße Ausgestaltungen eines Grundrechtes nicht der Rechtfertigung bedürfen.

Diese Konsequenz läßt sich jedoch nicht bei allen Grundrechten durchhalten.

Das Problem der Unterscheidung zwischen Einschränkung und Ausgestaltung wird insbesondere bei den vorbehaltlosen Grundrechten deutlich[76]. Mit dieser

[73] *Herzog*, in: M/D/H/S, Kommentar zum Grundgesetz, Rn. 20 zu Art. 19 I.

[74] Vgl. ebenda.

[75] Ebenda.

[76] Vgl. Art. 24 Abs. 1, 25 Abs. 1, 26 Abs. 1 Fälle 4–8, 27 Abs. 4, 28, 29, 31, 32, 33 Abs. 1 und 5, 41 – 45, 52 Abs. 1 und 57 CRP sowie Art. 5 Abs. 3, 4, 7 Abs. 2, 8 Abs. 1, 12 Abs. 1, 16 Abs. 2, 17, 101 Abs. 1, 102, 103 GG.

Vorbehaltlosigkeit haben die Verfassungsgeber des Grundgesetzes sowie der Portugiesischen Verfassung aufgrund der dargestellten geschichtlichen Erfahrungen im Vergleich zu den Grundrechten, die unter einem Vorbehalt stehen, bewußt zum Ausdruck gebracht, daß der Gesetzgeber, der in beiden Fällen an die Grundrechte ausdrücklich gebunden wurde (Art. 1 Abs. 3 GG bzw. 18 Abs. 1 CRP), den Inhalt und das Wesen dieser Grundrechte respektieren muß. Da beide Verfassungen jedoch die Notwendigkeit von Regelungen bzw. Ausgestaltungen kennen, ist es selbstverständlich, daß auch die vorbehaltlosen Grundrechte nicht völlig unbegrenzt ausgeübt werden können. Wegen der Bindung der Gesetzgeber an Art. 1 Abs. 3 GG bzw. 18 Abs. 1 CRP stehen diese vorbehaltlosen Grundrechte nicht unter einem allgemeinen Gesetzesvorbehalt . Dem Gesetzgeber ist somit die Befugnis zu einschränkenden Gesetzen entzogen.

Die Lösung dieses Problem kann nur darin gesehen werden, daß der jeweilige Schutzbereich der vorbehaltlosen Grundrechte exakt zu bestimmen ist. Dabei muß jedoch nicht zwingend etwa nach dem Satz "in dubio pro libertate" von einer möglichst weiten Grenzziehung ausgegangen werden. Genausowenig muß ein möglichst enger Schutzbereich angenommen werden. Für beide Konstruktionen spricht keine Vermutung. Vielmehr müssen "die Schutzbereiche jedes einzelnen Grundrechts ... mit den normalen juristischen Auslegungsmitteln von dessen Text, Geschichte, Genese und systematischer Stellung her lediglich richtig bestimmt werden. Auch der Begriff des Eingriffs ist nicht von irgendwelchen Vermutungen, sondern von Funktion und Begriff der Grundrechte her zu bestimmen"[77].

Zum anderen muß bei der Auslegung die besondere Ausstrahlungswirkung des Grundrechtes berücksichtigt werden. Dies bedeutet, je weniger Vorbehalte ein Grundrecht besitzt, desto vorsichtiger muß der Gesetzgeber mit der Annahme einer bloßen Ausgestaltung sein. Demzufolge sind an die Verfassungsmäßigkeit solcher die vorbehaltlosen Grundrechte ausgestaltender Gesetze (eine Einschränkung wäre ohnehin verfassungswidrig, da die Verfassung gerade keinen Vorbehalt vorsieht) besonders hohe Anforderungen zu stellen.

Dies bedeutet aber weiter, daß ein derartiges Gesetz geeignet, erforderlich und angemessen sein muß, um die Grundrechtsausübung (als Freiheitsrecht!) gewährleisten zu können. Bei der Annahme der Erforderlichkeit einer solchen legislativen Maßnahme ist grundlegend, welches Verständnis der Konzeption der Grundrechte zugrunde gelegt wird. Folgt man einer eher individualistischen Sichtweise wird man die Erforderlichkeit legislativer Ausgestaltung weit seltener bejahen, als bei einer gemeinschaftsbezogenen Sichtweise.

Der Vorteil dieser Lösung ist, daß damit der von beiden Verfassungsordnungen angeordneten Vorbehaltlosigkeit der Grundrechte entsprochen werden kann, die Einschränkungen danach gerade nicht zulassen. Nachteil dieser "verhältnismäßigen Ausgestaltung" ist, daß hierdurch das Eingriffsmodell von Schutzbereich, Einschränkung und Rechtfertigung ein wenig verschwimmt. Denn der Grundsatz der

[77] *Pieroth/Schlink*, Grundrechte – Staatsrecht II, Rn. 262.

Verhältnismäßigkeit muß stets auf den Einzelfall abstellen, was die Bestimmung und die Reichweite des Schutzbereiches jedoch erschwert und die Schutzwirkung, die von dem Eingriffsmodell ausgeht, vermindert.

Jedoch kann nur auf diese Weise unter Verzicht auf die oben behandelte Figur der "immanenten Schranken" verhindert werden, daß "eine Überforderung und Überdehnung der Grundrechte die verfassungsrechtliche Rechtfertigung so oft (!) und so oft da" fordert, "wo sie sich von selbst versteht, daß ihre Maßstäbe zu kleiner, billiger Münze verkämen"[78].

Diesen Weg scheint auch das Portugiesische Verfassungsgericht in der angesprochenen Entscheidung Urteil Nr. 99/88 zu verfolgen, wenn es auf Ausgestaltungen vorbehaltloser Grundrechte, wie den Art. 26 Abs. 1 CRP, den Verhältnismäßigkeitsgrundsatz anwendet[79].

Auf diesem Wege dürfte der von *Thomashausen* angesprochenen Gefahr, "die darin zu sehen ist, daß eine ... Schrankenfeindlichkeit zur schlichten Grundrechtsumgehung führen kann"[80], von dem Portugiesischen Verfassungsgericht ein Riegel vorgeschoben sein.

[78]Ebenda, Rn. 261.

[79]Kritisch bleibt diesbezüglich anzumerken, daß das Portugiesische Verfassungsgericht bei seiner Interpretation der Einschränkung als Maßnahme mit "substanzieller" bzw. "materieller Wirkung" für das betroffene Grundrecht zumindest in dem Urteil Nr. 99/88 zu sehr ergebnisorientiert argumentiert. Konsequenz dieser dort vorgenommenen Interpretation des Einschränkungsbegriffes wäre, daß nur dann eine Einschränkung angenommen werden kann, wenn das Grundrecht durch das Gesetz soweit sinnentleert würde, daß sich die Ausübungsmöglichkeiten gegen Null reduzieren. Damit besteht jedoch die Gefahr, daß der Einschränkungsbegriff mit der Wesensgehaltsgarantie gleichgesetzt wird. Mit anderen Worten: Eine Einschränkung wäre dann stets auch gleichzeitig eine Grundrechtsverletzung. Dadurch wird das Eingriffsmodell von Schutzbereich, Einschränkung und Rechtfertigung jedoch aufgegeben.

[80]*Thomashausen*, Portugal, S. 628.

C

Arten der Grundrechtsschranken

I

Verfassungsunmittelbare Schranken

Beide Verfassungsordnungen sprechen – wie gesehen – an verschiedenen Stellen von Einschränkungen oder Beschränkungen der Grundrechte. Ob dem hierbei nun ein differenziertes Schrankensystem zugrundeliegt oder es sich eher um ein "Schrankenwirrwarr" handelt, wird Gegenstand der folgenden Untersuchungen sein[1].

Die in der Lehre auftretenden Unterschiede ergeben sich aus dem unterschiedlichen Verständnis der Begriffe. Begrifflich soll es hierbei aber um die Unterscheidung innerhalb der "Klasse der Schranken" gehen[2].

In der folgenden Untersuchung werden Schranken von Verfassungsrang (**I.**) von Schranken unterschieden, die zur Schrankensetzung ermächtigen (**II.**).

Zuletzt wird untersucht, ob unabhängig von dieser Unterteilung Schranken existieren, die, ohne von der Verfassung ausdrücklich als Schranke benannt zu sein, Schrankenfunktion wahrnehmen (**III.**).

1 Schutzbereichsgrenze oder Einschränkung ?

Unter verfassungsunmittelbaren Schranken werden "Normen mit Verfassungsrang" verstanden[3], denen die Funktion als Grundrechtsschranke zukommt. Das Grundrecht wird durch eine derartige verfassungsunmittelbare Schranke eingeschränkt, ohne daß es eines gesetzgeberischen Zwischenaktes bedarf.

Derartige Schranken können ausdrücklich als Einschränkung formuliert sein. Eine Einschränkung kann sich aber auch aus dem Wortlaut oder aus dem Kontext der Grundrechtsbestimmungen ergeben.

[1] Zum Begriff *Bettermann*, Grenzen der Grundrechte, S. 3.
[2] Zum Begriff *Alexy*, Theorie der Grundrechte, S. 258.
[3] Ebenda, S. 258f.

Eine große Schwierigkeit besteht in der Beantwortung der Frage, ob es sich bei Begriffen, wie beispielsweise "Beruf" in Art. 12 Abs. 1 GG bzw. 47 Abs. 1 CRP, "Kunst" in Art. 5 Abs. 3 GG bzw. 42 Abs. 1 CRP, um unmittelbare Schranken des Grundrechtes handelt. Fallen beispielsweise Tätigkeiten wie der Drogen– oder Waffenhandel in den Schutzbereich der Berufsfreiheit oder schränkt bereits die Verfassung selbst durch die Verwendung des Begriffes "Beruf" das Grundrecht um die genannten Tätigkeiten ein ?

1.1 Portugal

In einigen Grundrechtsbestimmungen finden sich weitere derartige Formulierungen, bei denen es fraglich ist, ob es sich hierbei um Schranken oder um Teile des Tatbestandes handelt. Solche Bestimmungen lassen sich im Grundrechtsteil der Portugiesischen Verfassung häufig[4] finden. Als Beispiele sei auf Formulierungen wie "friedlich und ohne Waffen" (Art. 45 Abs. 1 CRP), "portugiesische Staatsbürger", "nach ihrer repräsentativen Stärke" (Art. 40 Abs. 1 CRP), "regelmäßige und angemessene Sendezeiten" (Art. 40 Abs. 3 CRP), "auf demokratische Weise" (Art. 51 Abs. 1 CRP), "zum Zwecke der Verteidigung ihrer Rechte" (Art. 52 Abs. 1; 55 Abs. 1 CRP) hingewiesen.

Wird nämlich allein auf die Formulierung abgestellt, so kann nicht geklärt werden, ob es sich hierbei um Schrankenbestimmungen oder um die Formulierung eines Teils des Tatbestandes handelt. Wird eine derartige Formulierung als Schrankenbestimmung verstanden, so stellt eine solche Formulierung die negativ ausgedrückte Bedingung für den Ausschluß des Grundrechtsschutzes dar. Versteht man sie als Tatbestandsteil, ist das Vorliegen Voraussetzung für den Eintritt des Grundrechtsschutzes. Die betreffende Handlung ist dann vom Schutzbereich umfaßt.

In eine ähnliche Richtung führen Formulierungen innerhalb der Grundrechtsbestimmungen der Portugiesischen Verfassung, die sich durch die Bestimmungen persönlichen Charakters ausdrücklich an "alle", "jeder", "niemand" (vgl. Art. 25 Abs. 2; 26 Abs. 1; 27 Abs. 1, 2, 4; 29 Abs. 1, 4, 5; 32 Abs. 2; 36 Abs. 1; 37 Abs. 1, 4; 41 Abs. 2, 3; 44 Abs. 2; 47 Abs. 1 CRP) wenden. Gleiches gilt, wenn das geschützte Gut oder der Wert, wie z. B. "das menschliche Leben" oder "die geistige und körperliche Unversehrtheit" selbst (vgl. Art. 24 Abs. 1; 25 Abs. 1; 33; 34 Abs. 1; 38 Abs. 1; 41 Abs. 1, 42 Abs. 1; 43 Abs. 1 CRP) genannt werden. Die Rechte der politischen Teilhabe haben als Subjekt die "Staatsbürger", die der "Arbeiter" wenden sich an diejenigen, die durch diesen Status in den Produktions- und Arbeitsverhältnissen qualifiziert sind[5].

[4]Vgl. Art. 33 Abs. 1, 6; 36 Abs. 6; 38 Abs. 2 a); 40 Abs. 2, 3; 41 Abs. 3; 45 Abs. 1; 46 Abs. 1; 49 Abs. 1, 2; 51 Abs. 1; 52 Abs. 1; 54 Abs. 1, 2; 55 Abs. 1 CRP.

[5]Vgl. *Canotilho/Moreira*, Anotada, S. 113.

1.1.1 Rechtsprechung

Soweit ersichtlich nahm das Portugiesische Verfasungsgericht zu diesem Problem der Unterscheidung zwischen unmittelbarer Schranke und Schutzbereichsgrenze noch nicht ausdrücklich Stellung.

1.1.2 Lehre

Canotilho versteht derartige Bestimmungen als Schutzbereichsgrenze. Als Beispiel läßt der Autor erlaubte Tätigkeiten dem Schutzbereich der Berufsfreiheit unterfallen. Demgegenüber sollen unerlaubte Tätigkeiten wie "Prostitution" und "Drogenhandel" bereits nicht vom Schutzbereich umfaßt sein[6].

Andrade vertritt ebenfalls die Ansicht, es handele sich bei derartigen Formulierungen nicht um Schrankenbestimmungen, sondern um "maximale Inhaltsgrenzen"[7], mithin also um als Schutzbereichsgrenze verstandene immanente Schranken[8].

1.2 Rechtsvergleich

Gemeinsamkeiten mit der Portugiesischen Verfassung bestehen hinsichtlich vorhandener ähnlicher Bestimmungen, wie "jeder" in Art. 2 GG, "niemand" in Art. 4 Abs. 3 GG, "alle Deutschen" in den Art. 8 Abs. 1 und 9 Abs. 1 GG, "Beruf" in Art. 12 Abs. 1 GG etc.

Vergleicht man die verfassungsunmittelbaren Schranken im einzelnen, so stellt man neben großen Übereinstimmungen, wie z. B. die erwähnte Klausel "friedlich und ohne Waffen" in Art. 8 Abs. 1 GG bzw. Art. 45 Abs. 1 CRP auch Unterschiede fest.

So ist die Informationsfreiheit nach dem Wortlaut des Art. 5 Abs. 1 GG auf die "allgemein zugänglichen Quellen" beschränkt, während der entsprechende Art. 37 Abs. 1 CRP eine derartige Klausel nicht kennt. Das Asylrecht des Art. 33 Abs. 6 CRP ist im Unterschied zu Art. 16 a GG nur dann gewährleistet, wenn die Ausländer "infolge ihres Eintretens für die Demokratie, soziale und nationale Befreiung, Frieden zwischen den Völkern, Freiheit und für die Menschenrechte in schwerwiegender Weise bedroht oder verfolgt werden." Das Recht eines Ausländers, nicht ausgewiesen zu werden aus Art. 33 Abs. 5 CRP, wird dadurch unmittelbar beschränkt, daß dieser "auf reguläre Weise in das Staatsgebiet eingereist ist oder sich dort aufhält, ... eine Aufenthaltserlaubnis besitzt oder ... einen nicht abgewiesenen Asylantrag gestellt hat".

Wesentlich verbreiteter als in der portugiesischen Lehre ist in der deutschen Grundrechtsliteratur die Auffassung, daß es sich bei derartigen Formulierungen

[6] *Canotilho*, Direito, S. 615; ebenso *Miranda*, Bd. IV, S. 302f.; *ders.*, Direitos, in: Estudos sobre a Constituição Bd. III, S. 83 .

[7] *Andrade*, Direitos Fundamentais, S. 215.

[8] Vgl. zu den immanenten Schranken bereits oben **B. I.**

"nicht um Grundrechtsbeschränkungen, sondern um verfassungsunmittelbare Beschreibungen der sachlichen Gewährleistungsreichweite" handele[9]. Wenn *Schnapp* damit vor dem "voreiligen Sprung in die Schrankenproblematik" warnt, sollen Formulierungen wie "friedlich und ohne Waffen" in Art. 8 Abs. 1 GG als Gewährleistungsgrenze und somit als immanente Schranke oder im Sinne von "grundrechtsimmanenten Grenzen"[10] verstanden werden.

Alexy hingegen versteht derartige Grundrechtsbestimmungen als verfassungsunmittelbare Schranken[11].

Andere hingegen begreifen derartige Begriffe eher als semantisches Problem. Dabei müsse anhand des Wortsinnes ausgelegt werden, was unter den Begriff "Beruf", "Eigentum", "Kunst", "Wissenschaft" zu verstehen ist[12]. Dies bedeutet, daß die Reichweite des Schutzbereichs anhand der am Wortsinn orientierten Auslegung zu bestimmen ist.

Auch nach der Rechtsprechung des Bundesverfassungsgerichtes fallen unter den Berufsbegriff nur "erlaubte" Tätigkeiten[13]. Das Bundesverfassungsgericht scheint sich damit denjenigen anzuschließen, die derartige Begriffe als Schutzbereichsgrenze verstehen.

2 Unmittelbare Schranken innerhalb der Grundrechte

Klar erkennbar sind verfassungsunmittelbare Schranken, wenn sie als eigener Absatz den Grundrechtsbestimmungen selbst zu entnehmen sind.

2.1 Portugal

Ausdrückliche, in der betreffenden Grundrechtsnorm selbst formulierte Grundrechtsschranken sind in der Portugiesischen Verfassung selten zu finden.

Als eigenen Absatz hat sie eine dadurch klar erkennbare Schranke für die in Art. 46 CRP gewährleistete Vereinigungsfreiheit ausgestaltet. So verbietet Abs. 4 des Art. 46 CRP:

> *"Es werden weder bewaffnete, militärische, militarisierte oder paramilitärische Vereinigungen, noch solche Organisationen geduldet,*

[9] *Schnapp*, Grenzen der Grundrechte, S. 730, m.w.N.

[10] *Hesse*, zit. bei *Alexy*, Theorie der Grundrechte, S. 259 Fn. 22.

[11] Vgl. ebenda, S. 260f.

[12] Vgl. *Bleckmann*, Staatsrecht II, S. 328; letztendlich offen gelassen von *Schnapp*, Grenzen der Grundrechte, S. 730.

[13] Vgl. BVerfGE 68, 272ff./281; st. Rspr.

die die Ideologie des Faschismus vertreten"[14] [15].

Eine unmittelbare Einschränkung in dieser Form erfährt das Recht der in Art. 51 Abs. 1 CRP gewährleisteten Mitwirkung in politischen Parteien durch den ersten Teil des Art. 51 Abs. 2 CRP. Dieser lautet:

> *"Niemand darf gleichzeitig in mehr als einer politischen Partei eingeschrieben sein ... "*[16].

Die Parteifreiheit wird unmittelbar durch die Abs. 3 und 4 des Art. 51 CRP eingeschränkt[17]. Da die Parteifreiheit gemäß des Abs. 1 der Bestimmung der "Bildung des Volkswillens" dienen soll, ist in Abs. 3 ein *B*ezeichnungs- sowie ein *A*bzeichenverbot enthalten. Art. 51 Abs. 3 CRP lautet:

> *"Die politischen Parteien dürfen, unbeschadet der die Grundlage ihres Programms bildenden Philosophie oder Ideologie, weder eine Bezeichnung führen, die irgendwelche mit einer Religion oder Kirche in direktem Zusammenhang bestehende Begriffe enthält, noch Abzeichen verwenden, die mit nationalen oder religiösen Symbolen verwechselt werden können."*

Hierdurch werden Parteibezeichnungen – wie "christlich", "katholisch" oder "protestantisch" verboten[18].

Um separatistischen Bestrebungen vorzubeugen[19], bestimmt Art. 51 Abs. 4 CRP ein Gründungsverbot für Parteien,

> *"... die nach ihrer Bezeichnung oder ihren programmatischen Zielen einen regionalen Charakter oder Wirkungsbereich besitzen".*

Eine weitere unmittelbare Einschränkung wird in Art. 39 Abs. 3 CRP vorgenommen, wenn die Entscheidung über die Genehmigung privater Fernsehkanäle

---

[14]Vgl. hierzu im einzelnen und zur Unterscheidung von "Vereinigung" und "Organisation" *Canotilho/Moreira*, Anotada, S. 259; *Beleza/Teixeira Sousa*, Direito de Associação e Associações, in: Estudos sobre a Constituição, Bd. III, S. 121ff.

[15]Dieses Verbot wirkt jedoch nicht ex lege, sondern ist nach Art. 46 Abs. 2 CRP von einer vorherigen Entscheidung des Verfassungsgerichtes abhängig, vgl. Art. 10 des Gesetzes Nr. 28/82 über das Port. Verfassungsgericht, abgedruckt in *Miranda*, Normas Complementares da Constituição, S. 665ff./669f.

[16]Vgl. hierzu näher *de Sousa*, Os Partidos Políticos Na Constituição, in: Estudos sobre a Constituição, Bd. II, S. 57ff./66; Rebelo de Sousa, A Constituição e os partidos políticos, S. 663ff.

[17]Auch diese Verbote wirken entgegen des Wortlautes nicht automatisch, sondern sind von einer Entscheidung des Verfassungsgerichtes abhängig, vgl. Art. 9 des Gesetzes Nr. 28/82 über das Verfassungsgericht, abgedruckt in *Miranda*, Normas Complementares da Constituição, S. 665ff./669.

[18]Vgl. hierzu *Canotilho/Moreira*, Anotada, S. 277.

[19]Vgl. ebenda.

von einem positiven Gutachten des sogenannten "Hohen Rates für Massenkommunikation" abhängig gemacht wird[20].

2.2 Rechtsvergleich

Verfassungsunmittelbare Schranken sind im Grundgesetz sehr selten aufzufinden.

Als derartige Schranken können die in Art. 9 Abs. 2 GG und Art. 21 Abs. 2 GG enthaltenen Vereinigungs- und Parteiverbote angesehen werden. Im Unterschied zur Portugiesischen Verfassung werden Parteien im Grundgesetz strikt getrennt von sonstigen Vereinigungen geregelt, so daß Art. 21 Abs. 2 uneingeschränkt lex specialis zu Art. 9 Abs. 2 GG ist[21] [22]. Dies gilt zumindest für die in diesen Artikeln genannten Normen – wie der Verstoß gegen den "Gedanken der Völkerverständigung" in Art. 9 Abs. 2 oder die Gefährdung des Bestandes der Bundesrepublik in Art. 21 Abs. 2 GG oder aber auch das "Sittengesetz" in Art. 2 Abs. 1 GG – , die nicht von einem Dazwischentreten des Gesetzgebers abhängig sind und somit unmittelbar gelten[23].

Von einem derartigen Dazwischentreten des Gesetzgebers bleiben Normen, wie beispielsweise die in Art. 9 Abs. 2 GG genannten "Strafgesetze" sowie die "verfassungsmäßige Ordnung"[24], abhängig.

3 Unmittelbare Schranken außerhalb der Grundrechte

Verfassungsunmittelbare Schranken können sich aus dem Grundrecht selbst, aber auch aus anderen Verfassungsbestimmungen ergeben, auf die an dieser Stelle näher eingegangen werden soll.

[20] Dieses Gremium wurde mit der Revision 1989 eingeführt, vgl. hierzu *Magalhães*, Dicionário, S. 23 und *Canotilho/Moreira*, Anotada, S. 235ff.

[21] Vgl. die zahlreichen Nachweise aus der Rspr. des BVerfG bei *Seifert/Hömig*, Grundgesetz, Art. 21 Rn. 1.

[22] Die Vereinigungs- sowie die Parteiverbote treten ebenfalls nicht automatisch ein. Das Vereinigungsverbot ist von einer vorherigen Behörden–, das Parteiverbot von einer Bundesverfassungsgerichtsentscheidung abhängig. Vgl. §3 Abs. 1 VereinsG bzw. Art. 21 Abs. 2 S. 2 GG; im einzelnen hierzu statt vieler *Bleckmann*, Staatsrecht II, S. 809ff.

[23] In diesem Sinne auch *Alexy*, Theorie der Grundrechte, S. 261f.

[24] Ebenda.

3.1 Portugal

3.1.1 Die Bedeutung des Art. 15 Abs. 2 CRP als verfassungsunmittelbare Schranke

Wenn im ersten Abschnitt des Kapitel I der Portugiesischen Verfassung teilweise bei den Grundrechtsbestimmungen der Ausdruck "Staatsbürger" Verwendung findet (vgl. Art. 34 Abs. 2; 35 Abs. 1; 44 Abs. 1; 45 Abs. 1, 2; 46 Abs. 1 CRP), kann dem *nicht* eine verfassungsunmittelbare Schranke in dem Sinne entnommen werden, daß dieses Grundrecht nicht auch auf Ausländer oder Staatenlose anwendbar ist.

Dies könnte bereits bereits aus Art. 13 Abs. 1 CRP abgeleitet werden, der nach seinem Wortlaut die Gleichheit des "Staatsbürgers" nach sozialer Würde und vor dem Gesetz bestimmt. Dieser Terminus will jedoch nur die soziale Stellung innerhalb eines Staatswesens verdeutlichen und – wie oben erwähnt[25] – das Menschenbild der Portugiesischen Verfassung unterstreichen. Danach wird das Individuum nicht als isoliertes, abstraktes Wesen begriffen sondern als gemeinschaftsbezogen. Das "ethisch-rechtliche Bewußtsein" gebiete, den Gleichheitsgrundsatz auf Ausländer und Staatenlose Anwendung finden zu lassen[26].

Diesen Gedanken unterstützt eindeutig Art. 15 CRP. Art. 15 CRP bestimmt in seinem Abs. 1 ausdrücklich, daß in Portugal wohnhafte oder sich aufhaltende Ausländer und Staatenlose die gleichen Rechte und Pflichten eines portugiesischen Staatsbürgers genießen[27]. Art. 15 Abs. 1 CRP lautet:

> *"Ausländer und Staatenlose, die in Portugal wohnhaft sind oder sich im Land aufhalten, haben die Rechte und Pflichten eines portugiesischen Staatsbürgers".*

Nach Art. 15 Abs. 2 CRP werden von diesem Grundsatz nur

> *"... die politischen Rechte, die Ausübung öffentlicher Ämter mit nicht überwiegend technischem Charakter, sowie jene Rechte und Pflichten, die durch Verfassung und Gesetz ausschließlich portugiesischen Staatsbürgern vorbehalten sind"*[28],

ausgeschlossen.

Daraus ergibt sich, daß der Begriff "Staatsbürger" eine verfassungsunmittelbare Schranke darstellt. Da die Art. 48ff. CRP zu den politischen Rechten im Sinne des Art. 15 CRP zählen[29], findet auch dort diese Schranke Anwendung.

---

[25]Vgl. **A. I.**

[26]*Andrade*, Direitos, S. 42 Fn. 65.

[27]Betrachtet man allein den Wortlaut, scheint die Portugiesische Verfassung zwischen Staatsbürgern und *portugiesischen* Staatsbürgern zu unterscheiden.

[28]Zum Begriff vgl. *Canotilho/Moreira*, Anotada, S. 135; *Miranda*, Manual, Bd. III, S. 138f.

[29]Vgl. *Canotilho/Moreira*, Anotada, S. 135; allgemein zur verfassungsrechtlichen Stellung der Ausländer und Art. 15, *Miranda*, Bd. III, S. 132ff.; *ders.* in: Estudos sobre a Constituição Bd. III, S. 58f.; zum Begriff der politischen Rechte, *Canotilho/Moreira*, Anotada, S. 135.

Ausschließlich portugiesischen Staatsbürgern behält die Portugiesische Verfassung neben den politischen Grundrechten folgende Grundrechte und -pflichten vor: Art. 33 Abs. 1 CRP bestimmt, daß Auslieferung und Ausweisung für portugiesische Staatsbürger nicht statthaft sind[30]. Art. 275 Abs. 2 und 276 CRP erklären die nationale Verteidigung zu Grundrecht und -pflicht außerhalb des Kataloges der Grundrechte[31].

3.1.2 Einschränkungen des Wahlrechtes

Die Art. 124ff., 217 CRP treffen Aussagen über die Wählbarkeit von Abgeordneten und der Nationalversammlung, des Präsidenten der Republik bzw. den Zugang zum Richteramt. Somit beschränken sie das aus dem Art. 50 CRP folgende politische passive Wahlrecht unmittelbar[32].

3.2 Rechtsvergleich

Eine dem Art. 15 CRP entsprechende Norm als verfassungsunmittelbare Schranke ist im Grundgesetz nicht enthalten. Vielmehr glaubte der Verfassungsgeber durch die bereits erwähnten Formulierungen wie "jeder Deutsche", "alle Deutschen" in Art. 8, 9, 11, 12, 33 GG auszukommen[33]. Dies bedeutet jedoch nicht, daß im Bereich dieser Grundrechte die Ausländer schutzlos gestellt sind, vielmehr ist das Auffangrecht des Art. 2 Abs. 1 auf Ausländer anwendbar, soweit die Deutschengrundrechte als leges speciales nicht greifen[34].

Zwar ist in Art. 38 Abs. 2 GG eine das passive Wahlrecht unmittelbar einschränkende Bestimmung enthalten, jedoch wurde das Wahlrecht vom Grundgesetz nicht als Grundrecht ausgestaltet.

4 Zusammenfassung und Stellungnahme

Beide Verfassungsordnungen kennen die Unterscheidung zwischen verfassungsunmittelbaren und verfassungsmittelbaren Schranken.

Am deutlichsten als Schranke ausgestaltet sind diejenigen Grundrechtsbestimmungen, die als eigener Absatz formuliert den durch das jeweilige Grundrecht gewährleisteten Schutz zurücknehmen.

---

[30] Zur Grundrechtsqualität des Art. 33 Abs. 1 CRP s. *Miranda*, Manual, Bd. III, S. 137.

[31] Vgl. allgemein zu Art. 276 CRP: *Canotilho/Moreira*, Anotada, S. 962ff.

[32] So setzt z. B. Art. 125 CRP für die Präsidentschaftswahl das Mindestalter auf 25 Jahre fest.

[33] Zur Bedeutung des Art. 2 Abs. 1 GG als Auffanggrundrecht für Ausländer vgl. *Pieroth*, Der Wert der Auffangfunktion des Art. 2 Abs. 1 GG, S. 41; zusammenfassend mit Beispielen *Pieroth/Schlink*, Grundrechte - Staatsrecht II, Rn. 137ff.

[34] Vgl. *Bleckmann*, Staatsrecht II, S. 130.

Eine große Ähnlichkeit besteht in beiden Verfassungsordnungen bezüglich der Ausgestaltung der verfassungsunmittelbaren Schranken. Unterschiede sind vorwiegend inhaltlicher Natur und beruhen vor allem auf der Ausformung der Persönlichkeitsrechte in Art. 26, 35 CRP sowie der Ausformung des Rechtes auf Sendezeiten in Art. 40 CRP, die dem Grundgesetz direkt nicht zu entnehmen sind.

Besondere Gemeinsamkeiten mit unterschiedlichen Betonungen bezüglich der politischen Ausrichtung gelten für das Versammlungsrecht bzw. für die Vereinigungsfreiheit. Der Unterschied bei der Vereinigungsfreiheit dürfte vor allem auf den Erfahrungen mit den vielfältigen Organisationen während der Diktatur *Salazars* beruhen. Auffällig ist in diesem Zusammenhang, daß die Portugiesische Verfassung abgesehen von Art. 46 Abs. 4 CRP keine weiteren Vorkehrungen gegen demokratiewidrige Entwicklungen in Staat und Gesellschaft zu kennen scheint. Während das Grundgesetz durch die Art. 9 Abs. 2, 18, 20 Abs. 4, Art. 21 Abs. 2, 79 Abs. 3, 91, 98 Abs. 2 GG "die wehrhafte Demokratie ... in bewußter Abkehr von der Weimarer Verfassung ... verankert"[35], hat der Portugiesische Verfassungsgeber dies unterlassen.

Weniger eindeutig sind Grundrechtsklauseln, wie "alle Deutschen", "allgemein zugängliche Quellen" (Art. 5 Abs. 1 GG), "Bürger" (Art. Art. 45 Abs. 1 CRP), "regelmäßige und angemessene Sendezeiten" (Art. 40 Abs. 1 CRP). Hierbei könnte es sich – wie dargestellt – um Tatbestandsmerkmale *oder* um Einschränkungen handeln.

In der Verfassungslehre beider Länder ist die These verbreitet, daß es sich bei Klauseln, wie z.B. "friedlich und ohne Waffen" des Art. 8 Abs. 1 GG, nicht um Schranken, sondern um Umschreibungen der Gewährleistungsreichweite handelt. Folge wäre, daß diese Gewährleistungsreichweite – Klauseln den sogenannten inneren immanenten Schranken[36] gleichgesetzt werden könnten. Dies würde bedeuten, daß die Reichweite des Schutzbereiches eines mit einer solchen Formulierung ausgestalteten Grundrechtes in Abhängigkeit von dem jeweiligen Grundrechtsinterpreten gestellt und dessen "mehr oder weniger intuitive(n) Zugriffe(n)"[37] ausgesetzt werden würde.

Dies erscheint "jedoch weder aus begrifflichen Gründen geboten"[38] noch aus dogmatischen Erwägungen als wünschenswert. Es verwischt die aus dem klaren Schema Schutzbereich, Eingriff und dessen Rechtfertigung folgende Schutzfunktion. Die Schutzbereichsreichweite darf nicht fallabhängig und -bezogen verstanden werden. Vielmehr sind diese Klauseln als Gründe gegen einen grundrechtlichen Schutz gedacht. Diese Gründe gehören somit in den Themenbereich der Schranken und stellen somit verfassungsunmittelbare Schranken dar.

[35] *Arnold*, Verfassungstreue und Grundgesetz, S. 522.

[36] Vgl. hierzu oben **B. I.**

[37] *Alexy*, Theorie der Grundrechte, S. 260.

[38] Ebenda, S. 258.

II

Verfassungsmittelbare Schranken

Unter verfassungsmittelbaren Schranken sind solche Schranken zu verstehen, die von der Verfassung nicht selbst errichtet werden, sondern für die in der Verfassung nur eine Schrankensetzungsermächtigung enthalten ist.

Am deutlichsten wird dies bei den im Vergleich zu der Ausführlichkeit der geregelten Grundrechte seltenen Verfassungsbestimmungen, die ausdrückliche Vorbehalte enthalten und gleichzeitig zu "Einschränkungen" (z. B. Art. 26 Abs. 3 CRP, 11 Abs. 2 GG), "Beschränkungen" (z. B. Art. 30 Abs. 5 CRP, Art. 8 Abs. 2, 10 Abs. 2 GG) und zu einem "Eingriff" (z. B. Art 34 Abs. 4 CRP, Art. 2 Abs. 2 S. 3 GG) unter Verwendung dieses Begriffes ermächtigen.

Dabei lassen sich in beiden Verfassungsordnungen durchaus und unabhängig von dem Gebrauch des Begriffes "Einschränkung" derartige Ermächtigungen vorwiegend in den Grundrechtsbestimmungen selbst finden (**1.**).

Zum Teil sind solche aber auch in anderen Verfassungsbestimmungen enthalten (**2.**).

1 Schranken innerhalb der Grundrechte

1.1 Portugal

Die in den Grundrechtsbestimmungen selbst enthaltenen Gesetzesvorbehalte lassen sich zwischen einfachen Gesetzesvorbehalten und qualifizierten Gesetzesvorbehalten unterscheiden[1].

[1] Vgl. *Andrade*, Direitos Fundamentais, S. 230.

1.1.1 Einfacher Gesetzesvorbehalt

Ein einfacher Gesetzesvorbehalt zeichnet sich dadurch aus, daß er an den Inhalt oder das Ziel der einschränkenden Gesetze keine besonderen Anforderungen stellt. Derartige Gesetzesvorbehalte lassen dem Gesetzgeber den größten Spielraum. Er wird nur durch die allgemeinen Erfordernisse des Art. 18 Abs. 2 und 3 CRP beschränkt[2]. Da die Portugiesische Verfassung die Gesetzesvorbehalte nicht einheitlich formuliert, wird im folgenden untersucht, welcher Inhalt den einzelnen Vorbehalten zukommt.

(1) "nach Maßgabe des Gesetzes" Zu diesen in der Grundrechtsbestimmung selbst genannten einfachen Gesetzesvorbehalten gehören Art. 20 Abs. 2 CRP (Recht auf juristische Information und Beratung und richterlichen Schutz nur nach Maßgabe der Gesetze), Art. 38 Abs. 2b) CRP (Recht der Journalisten nach Maßgabe des Gesetzes auf Zugang zu Informationsquellen, Schutz und Unabhängigkeit des Berufsgeheimnisses), Art. 38 Abs. 7 CRP (der Betrieb von Rundfunk- und Fernsehsendern), Art. 40 Abs. 2 und 3 CRP (Recht auf Sendezeiten in Wahlzeiten bzw. für die Parteien, die zwar in der Nationalversammlung vertreten sind, aber nicht auch die Regierung stellen), Art. 41 Abs. 6 CRP (Verweigerungsrecht aus Gewissensgründen), Art. 54 Abs. 5 Buchst. f) CRP (Recht der Arbeiterausschüsse bezüglich Arbeitervertreterwahlen), Art. 56 Abs. 2 d), 3 und 4 CRP (Rechte der gewerkschaftlichen Vereinigungen, Koalitions- und Tariffreiheit).

In diesen genannten Fällen werden die entsprechenden Rechte nur nach "Maßgabe des Gesetzes"[3] gewährt, ohne daß dem Gesetzgeber irgendwelche Vorgaben bezüglich des Inhaltes oder des Zweckes der gesetzlichen Regelung von der Verfassung gestellt werden.

(2) "Allgemeines Gesetz" Art. 49 Abs. 1 CRP gewährleistet allen volljährigen Bürgern das Wahlrecht "vorbehaltlich der im allgemeinen Gesetz vorgesehenen Geschäftsunfähigkeit".

Fraglich ist, welche Bedeutung diesem Ausdruck "allgemeines Gesetz" zukommt. Diese Formulierung kommt nämlich sonst in der Portugiesischen Verfassung nicht vor[4]. Einen Hinweis können die von diesem "allgemeinen Gesetz" geregelten "Geschäftsunfähigkeiten"[5] geben. Aufgrund des verwendeten Begriffes kann man darauf schließen, daß der Verfassungsgeber die zivilrechtliche Geschäftsfähigkeit als Maßstab für das aktive Wahlrecht betrachtet. Art. 26

---

[2] Vgl. hierzu **D**.

[3] Wörtl.: "nos termos da lei".

[4] Nach allgemeiner Meinung garantiert Art. 49 Abs. 1 nur das aktive Wahlrecht, das passive ist in Art. 50 CRP geregelt; vgl. *Canotilho/Moreira*, Anotada, S. 269; *Miranda*, O Direito Eleitoral na Constituição, in: Estudos sobre a Constituição Bd. II, S. 461ff./473.

[5] Wörtl.: "incapacidades".

Abs. 1 CRP gewährleistet als persönliches Recht neben anderen auch die zivilrechtliche Geschäftsfähigkeit mit eben demselben Begriff "capacidade". Die Folgerung liegt also nahe, daß mit dem negativen Begriff "incapacidade" die Geschäfts*un*fähigkeit angesprochen ist[6] und das "allgemeine Gesetz" das Zivilrecht ist, das die Geschäftsfähigkeit beschränkt[7]. Demzufolge kann der portugiesische Gesetzgeber neben den Einschränkungen der zivilrechtlichen Geschäftsfähigkeit keine weiteren Beschränkungen des aktiven Wahlrechtes erlassen. Deshalb handelt es sich bei dem "allgemeinen Gesetz" des Art. 49 Abs. 1 CRP um keinen einfachen Gesetzesvorbehalt, sondern vielmehr um einen qualifizierten Gesetzesvorbehalt.

1.1.2 Qualifizierter Gesetzesvorbehalt

Unter einem qualifizierten Gesetzesvorbehalt ist derjenige Vorbehalt zu verstehen, der zwar dem Gesetzgeber zur Schrankensetzung ermächtigt, dieser aber in seiner gesetzgeberischen Gestaltungsfreiheit durch die Ziel- oder Zweckvorgaben oder durch von der Verfassung selbst gesetzten Schranken begrenzt wird.

(1) "im Gesetz vorgesehene Ausnahmefälle" An der Grenze zu einem bloß einfachen Gesetzesvorbehalt steht der Art. 35 Abs. 2 CRP. Dort heißt es, der Zugang Dritter zu den persönlichen Daten sei nur in den "im Gesetz vorgesehenen Ausnahmefällen" gestattet.

Hier scheint auf den ersten Blick der Gesetzgeber frei in seiner Entscheidung zu sein. Jedoch gibt die Verfassung die Begrenzung dieser legislatorischen Freiheit dadurch zu verstehen, daß sie eine Einschränkung eben nur in Ausnahmefällen erlauben will. Daß mit dem Begriff der Ausnahme eine Begrenzung des Gesetzgebers beabsichtigt ist, wird dadurch unterstrichen, daß die Verfassung eine solche Formulierung nur dieses eine Mal verwendet. Nur noch an einer weiteren Stelle gebraucht die Portugiesische Verfassung eine ähnliche Formulierung. Dies geschieht nämlich bei Art. 87 Abs. 2 CRP, der den Staat ausdrücklich zu vorübergehenden Eingriffen – als Schranke zu der in Art. 61 Abs. 1 CRP gewährleisteten Privatinitiative – in die Geschäftsführung nach den im Gesetz ausdrücklich vorgesehenen Fällen ermächtigt[8].

(2) Einschränkungen durch den Wortlaut der Verfassungsbestimmung selbst Art. 26 Abs. 3 CRP bestimmt:

---

[6]Ebenso *Canotilho/Moreira*, Anotada, S. 269.

[7]Beachtlich in diesem Zusammenhang ist, daß die Geschäftsfähigkeit per Gesetz nicht völlig entzogen werden kann. Dies ergibt sich zwingend aus dem Wortlaut des Art. 26 Abs. 3 CRP, der ausdrücklich nur die *Einschränkung* der Geschäftsfähigkeit erlaubt, während er gleichzeitig den Verlust der Staatsbürgerschaft regelt; vgl. auch *Canotilho/Moreira*, Anotada, S. 180.

[8]Der Ausnahmecharakter wird durch die "in der Regel" nötige richterliche Entscheidung verstärkt.

> *"Eine Aberkennung der Staatsbürgerschaft und Einschränkungen der bürgerlichen Geschäftsfähigkeit können nur in den im Gesetz vorgesehenen Fällen und Grenzen erfolgen und dürfen nicht auf politische Beweggründe gestützt werden".*

Insofern wird also die auf den ersten Blick unbeschränkte Schrankensetzungsermächtigung um politische Motive vermindert. Es liegt folglich eine nur begrenzte Schrankensetzungsermächtigung vor, ein sog. qualifizierter Gesetzesvorbehalt .

Der mit der zweiten Revision 1989 eingeführte Art. 30 Abs. 5 CRP bestimmt:

> *"Die Verurteilten, auf die freiheitsentziehende Strafen oder Sicherheitsmaßnahmen Anwendung finden, bleiben Träger von Grundrechten, mit Ausnahme der mit dem Sinn der Verurteilung und den eigenen Erfordernissen der entsprechenden Durchführung verbundenen Beschränkungen."*

Diese Formulierung stellt zum einen klar, daß der Gesetzgeber zu Beschränkungen befugt ist. Zum anderen ist der Gesetzgeber jedoch daran gebunden, daß derartige Einschränkungen ihre Grenzen im Sinn und Zweck der Verurteilung und den eigenen Erfordernissen der Durchführung der freiheitsentziehenden Urteile finden[9].

Auch Art. 52 Abs. 3 CRP begrenzt den Gesetzgeber insofern, als er insbesondere die Popularklage zu den im Art. 52 Abs. 3 CRP genannten Gründen und Zwecken, wie z. B. zur Vorbeugung der Verschlechterung der Umwelt, regeln muß[10].

Art. 34 Abs. 4 CRP erlaubt einen Eingriff der Behörden in das Brief- und Fernmeldegeheimnis in den im Gesetz vorgesehenen Fällen. Diese Gesetze dürfen jedoch auch nur strafprozessualer Natur sein.

Das in Art. 35 Abs.1 CRP gewährleistete Recht auf Kenntnisnahme bezüglich der Existenz und der Verwendung von Daten steht unter dem begrenzten Vorbehalt des Gesetzes über das Staats- und Justizgeheimnis.

(3) Ausdrückliche Kompetenzzuweisung an die Judikative als selbständiger Vorbehalt? Der Gesetzgeber wird in Art. 34 Abs. 2 CRP dadurch begrenzt, daß der gesetzlich gestattete Zutritt zur Wohnung gegen den Willen des Bürgers stets nur aufgrund richterlicher Anordnung erfolgen darf.

---

[9] Vgl. *Canotilho/Moreira*, Anotada, S. 198; nach *Magalhães*, Dicionário, S. 84 führte dieser Einschub in Art. 30 zu einer tiefgreifenden Revision des bis dahin gültigen Strafenkataloges.

[10] Art. 52 Abs. 3 CRP lautet: "Jedermann wird persönlich oder in Vereinigungen zum Schutz der betroffenen Interessen, das Recht auf Popularklage in den vom Gesetz vorgesehenen Fällen und nach den gesetzlichen Bestimmungen verliehen, insbesondere das Recht, die Vorbeugung, Beendigung oder gerichtliche Verfolgung der widerrechtlichen Verstöße gegen die öffentliche Gesundheit, der Verschlechterung der Umwelt und der Lebensqualität oder der Beeinträchtigung des Kulturguts zu fördern, sowie das Recht, die entsprechende Entschädigung für den oder die Verletzten zu verlangen".

In ähnlicher Weise verfährt der Verfassungsgeber bei dem in Art. 46 Abs. 2 CRP gewährleisteten Bestandsrecht der Vereinigungen und bei dem in Art. 27 Abs. 2 CRP gewährleisteten Verbot des völligen oder teilweisen Freiheitsentzuges. Diese werden zwar unter den Vorbehalt des Gesetzes gestellt. Jedoch muß in diesen Fällen der Gesetzgeber einen richterlichen Entscheidungsvorbehalt beachten.

In diesen Fällen handelt es sich folglich um qualifizierte oder begrenzte Gesetzesvorbehalte.

Etwas anderes könnte sich aus den Bestimmungen ergeben, die die richterliche Entscheidung nicht mit einem ausdrücklichen Gesetzesvorbehalt verknüpfen. In den Abs. 4 und 5 des Art. 33 CRP heißt es:

> *"4. Die Auslieferung kann nur durch die richterliche Gewalt angeordnet werden.*
> *5. Die Ausweisung desjenigen, der auf reguläre Weise in das Staatsgebiet eingereist ist oder sich dort aufhält, der eine Aufenthaltserlaubnis besitzt oder einen nicht abgewiesenen Asylantrag vorgewiesen hat, kann nur von der richterlichen Gewalt angeordnet werden; das Gesetz gewährleistet schnelle Entscheidungsverfahren".*

Auf diese Weise werden die Auslieferung bzw. Ausweisung allein von einer vorherigen richterlichen Entscheidung abhängig gemacht[11]. In Art. 36 Abs. 6 CRP wird die Trennung der Kinder von ihren Eltern ebenfalls ohne weiteren Gesetzesvorbehalt von einer richterlichen Entscheidung abhängig gemacht.

Fraglich ist, ob dieser richterliche Entscheidungsvorbehalt eine verfassungsunmittelbare oder nur eine verfassungsmittelbare Schranke ist; mit anderen Worten: steht das den Ausländern und Staatenlosen grundsätzlich gewährte Bleibe- und Aufenthaltsrecht[12] unter einem Gesetzesvorbehalt in der Weise, daß der Gesetzgeber erst die Schranken für dieses Grundrecht schafft und konstituiert oder ergibt sich die Einschränkung durch den Justizvorbehalt bereits aus der Verfassung direkt?

Die Abs. 2 und 3 des Art. 33 CRP begrenzen die Auslieferungsmöglichkeiten unmittelbar. Die Auslieferung ist entweder aus politischen Gründen (Abs. 2) oder dann verboten, wenn im Heimatstaat die Todesstrafe zu erwarten steht (Abs. 3).

Jedoch bleiben Auslieferungsgründe unabhängig von den in der Verfassung genannten im Umkehrschluß dem Gesetzgeber vorbehalten, denn der Richter ist gemäß Art. 206 und Art. 18 Abs. 1 CRP an dieses Grundrecht und an das Gesetz bei seinen Entscheidungen gebunden. Folglich liegt in dieser Bestimmung kein eigener von dem Gesetzesvorbehalt zu unterscheidender Vorbehalt vor, sondern es handelt sich ebenfalls um qualifizierte Gesetzesvorbehalte.

[11] Die Bezugnahme auf das Gesetz in Art. 33 Abs. 5 CRP bezieht sich ausdrücklich nur auf das Verfahren.

[12] Dies ergibt sich aus einem argumento e contrario zu diesen Verfassungsbestimmungen.

1.2 Rechtsvergleich

Die verfassungsmittelbaren Schranken des Grundgesetzes – als Schrankensetzungsermächtigung verstanden – lassen sich ebenfalls in einfache und qualifizierte Gesetzesvorbehalte unterscheiden.

1.2.1 Einfache Gesetzesvorbehalte

Im Vergleich zur Portugiesischen Verfassung enthält das Grundgesetz verhältnismäßig häufig einen allgemeinen einfachen Gesetzesvorbehalt . Während – wie gezeigt[13] – sich in der Portugiesischen Verfassung nur an 8 unterschiedlichen Stellen ein einfacher Gesetzesvorbehalt ausmachen läßt, kennt das Grundgesetz diese Form der Einschränkungsermächtigung bereits an 7 unterschiedlichen Stellen[14]. Die Schrankentrias des Art. 2 Abs. 1 GG wird hier mit der weit überwiegenden Meinung[15] als einfacher Gesetzesvorbehalt der allgemeinen Handlungsfreiheit verstanden.

Im Gegensatz zur Portugiesischen Verfassung ist auffallend, daß das Grundgesetz die Versammlungsfreiheit unter freiem Himmel unter einen einfachen Gesetzesvorbehalt stellt, Art. 8 Abs. 2 GG.

Auch das Grundgesetz kennt den Begriff der "allgemeinen Gesetze" in Art. 5 Abs. 2 GG. Nach überwiegender Meinung handelt es sich hierbei ebenfalls nicht um einen einfachen Gesetzesvorbehalt. Die weiteren in Art. 5 Abs. 2 GG genannten Bestimmungen zum Schutz der Jugend und dem Recht der persönlichen Ehre wären neben den "allgemeinen Gesetzen" überflüssig[16].

1.2.2 Qualifizierte Gesetzesvorbehalte

Das Grundgesetz kennt ebenfalls qualifizierte Gesetzesvorbehalte.

Zu diesen zählen die Art. 6 Abs. 3, 10 Abs. 2 S. 2, 11 Abs. 2, 13 Abs. 2 und 3, 16 Abs. 1 GG. Durch diese Verfassungsbestimmungen wird der Gesetzgeber hinsichtlich seiner Gestaltungsfreiheit durch Ziel- und Zweckvorgaben begrenzt.

Der in Art. 13 Abs. 2 1. Alt. GG gesetzte Richtervorbehalt bezüglich Durchsuchungen ist ebenfalls nicht als eine von einem Gesetzesvorbehalt unabhängige Schrankenart zu verstehen. Er "dient dem Zweck, das Grundrecht aus Abs. 1 im Hinblick darauf verstärkt zu sichern, daß das staatliche Eindringen in eine Wohnung und deren Durchsuchung regelmäßig einen schweren Eingriff in die persönliche Lebenssphäre des Betroffenen bedeutet"[17]. Dadurch, daß der Eingriff in die

---

[13] Vgl. **1.1.1 (1)**.

[14] Vgl. Art. 2 Abs. 2 S. 3; 8 Abs. 2; 10 Abs. 2 S. 1; 12 Abs. 1 S. 2; 14 Abs. 1 S. 2; 104 Abs. 1 S. 1 GG.

[15] Vgl. statt aller *Bleckmann*, Staatsrecht II, S. 497ff.

[16] Vgl. statt vieler *Schnapp*, Grenzen der Grundrechte, S. 732, m.w.N.

[17] *Seifert/Hömig*, Grundgesetz, Rn. 8 zu Art. 13.

von Art. 13 Abs. 1 GG für unverletzlich erklärte Wohnung[18] von einer richterlichen Entscheidung abhängig ist, wird der Ausnahmecharakter des Eingriffs in diesen Bereich unterstrichen und somit der Schutz dieses Grundrechts verstärkt.

Abgesehen von Art. 104 Abs. 2 GG, der Zulässigkeit und Fortdauer von freiheitsentziehenden Maßnahmen von einer richterlichen Entscheidung abhängig macht, erscheint diese Form des Richtervorbehalts an keiner weiteren Stelle.

2 Schranken außerhalb der Grundrechte

2.1 Portugal

2.1.1 Art. 15 Abs. 2 2. Teil CRP als einfacher Gesetzesvorbehalt

Art. 15 Abs. 1 CRP gewährleistet für "Ausländer und Staatenlose, die in Portugal sich aufhalten oder wohnen,... die Rechte und ... Pflichten eines portugiesischen Staatsbürgers." In diese Grundrechte, die also grundsätzlich auch den Ausländern und Staatenlosen zustehen, wird zunächst - wie oben[19] gesehen - durch Abs. 2 eine verfassungsunmittelbare Schranke gesetzt. Art. 15 Abs. 2 CRP lautet:

> *"Von der Bestimmung des vorstehenden Absatzes ausgenommen sind die politischen Rechte, die Ausübung öffentlicher Ämter mit nicht überwiegend technischem Charakter, sowie jene Rechte und Pflichten, die durch Verfassung und Gesetz ausschließlich portugiesischen Staatsbürgern vorbehalten sind".*

Im zweiten Teil des Abs. 2 wird also bestimmt, daß Rechte und Pflichten auch durch *Gesetz* portugiesischen Staatsbürgern vorbehalten werden können. Damit wird dem ordentlichen Gesetzgeber die Befugnis erteilt, die Grundrechte der Ausländer und Staatenlosen bereits dadurch (maximal) einzuschränken, daß er die Berufung auf sie durch einfaches Gesetz (das sich natürlich an die Erfordernisse des Art. 18 Abs. 2 und 3 CRP[20] halten muß) ausschließt. Somit stehen hinsichtlich der Anwendbarkeit für Ausländer sämtliche Grundrechte unter einem einfachen Gesetzesvorbehalt des Art. 15 Abs. 2 CRP[21].

2.1.2 Art. 153 CRP als qualifizierter Gesetzesvorbehalt

Art. 153 CRP lautet:

> *"Wählbar ist jeder wahlberechtigte portugiesische Staatsbürger, vorbehaltlich der vom Gesetz festzulegenden örtlichen oder mit der Ausübung bestimmter Ämter verbundenen Inkompatibilitäten".*

---

[18] Vgl. zum Begriff *Bleckmann*, Staatsrecht II, S. 892.

[19] Vgl. **I. 3.1.1**.

[20] Vgl. unten **D**.

[21] In diesem Sinne auch *Andrade*, Direitos Fundamentais, S. 184.

Art. 153 CRP unterstellt somit für die Wahl zur Republikversammlung das passive Wahlrecht des Art. 50 Abs.1 CRP einem Gesetz, das die örtlichen oder mit der Ausübung bestimmter Ämter verbundenen Inkompatibilitäten errichtet. Damit wird der Gesetzgeber in diesem Rahmen zur Schrankensetzung ermächtigt[22].

2.1.3 Art. 83 CRP als qualifizierter Gesetzesvorbehalt

Art. 83 CRP, der mit "Voraussetzungen der kollektiven Aneignung" überschrieben ist, stellt einen qualifizierten Gesetzesvorbehalt für Eingriffe und kollektiver Aneignung von Produktionsmitteln und Grund und Boden dar. Art. 83 CRP lautet:

> *"Das Gesetz bestimmt die Mittel und Arten des Eingriffs sowie der Überführung in Gemeineigentum der Produktionsmittel und des Grund und Bodens, sowie die Festsetzungskriterien entsprechender Entschädigungen".*

Er ermächtigt also den Gesetzgeber, die in den Art. 61 Abs. 1 sowie 62 Abs. 1 CRP verankerten Grundrechte auf Privatinitiative bzw. auf Privateigentum zu beschränken[23]. Dabei muß der Gesetzgeber gleichzeitig eine Entschädigungsregelung vorsehen.

2.1.4 Art. 270 CRP als qualifizierter Gesetzesvorbehalt

Art. 270 CRP errichtet ausdrücklich einen Gesetzesvorbehalt für bestimmte Grundrechte:

> *"Das Gesetz kann Einschränkungen für die Ausübung der Meinungsfreiheit, des Versammlungs-, Demonstrations-, Vereinigungs- und kollektiven Petitionsrechtes sowie der passiven Wahlrechtsfähigkeit der Soldaten und des in den Stammeinheiten tatsächlich dienstleistenden miltärischen Personals nur in dem Maße errichten, als es die Eigenart ihrer Funktionen erfordern."*

Dem Konzept des Art. 18 CRP entsprechend stellt Art. 270 CRP einen der "ausdrücklich von der Verfassung vorgesehenen Fälle" gemäß Art. 18 Abs. 2 CRP[24] dar. Er sieht die Einschränkungsmöglichkeit für den Gesetzgeber für die dort genannten Grundrechte aus den Art. 37, 45, 46, 52, 50 CRP der Soldaten

---

[22]Art. 153 CRP wird auch für in st. Rspr. des Portugiesischen Verfassungsgerichtes für die Wahl zu den regionalen und örtlichen Versammlungen herangezogen, vgl. TC Urteile Nr. 4/84, 8/84, 12/84; Bd. 2; S. 223ff., 263ff. bzw. 303ff.

[23]Vgl. zu den Begriffen *Canotilho/Moreira*, Anotada, S. 406ff.

[24]Vgl. hierzu im einzelnen **D. II. 1**.

und des in den Stammeinheiten tatsächlich dienstleistenden miltärischen Personals vor[25] [26]. Die systematische Stellung außerhalb des Grundrechtskatalogs sowie die ausdrückliche Formulierung des Übermaßverbotes durch den zusätzlichen Einschub "nur in dem Maße" weist auf den Ausnahmecharakter dieser Schrankennorm hin. Auch die Tatsache, daß dieser Artikel systematisch in das Kapitel IX "Öffentliche Verwaltung" direkt im Anschluß an den Artikel 269 CRP eingestellt wurde, der nach seiner Überschrift das "System der Öffentlichen Aufgabe"[27] regelt, und nicht in das sich anschließende Kapitel X der "Nationalen Verteidigung", deutet darauf hin, daß es sich bei dieser Vorschrift um eine Ausnahmevorschrift handelt, die nicht analogiefähig ist.

Die Vorschrift ermächtigt hingegen nur zu verhältnismäßigen Einschränkungen "als es die Eigenart ihrer Funktionen" erforderlich macht. Die Fälle, in denen dieses Merkmal erfüllt ist, können wegen ihrer Fallabhängigkeit an dieser Stelle nicht aufgezählt werden. Für diesen Zusammenhang ist es ausreichend, festzustellen, daß der Gesetzgeber nicht unbegrenzt Einschränkungen vornehmen kann und damit ein qualifizierter Gesetzesvorbehalt vorliegt.

2.2 Rechtsvergleich

Im Gegensatz zur Portugiesischen Verfassung enthält das Grundgesetz nur an zwei Stellen außerhalb des Grundrechtsteiles verfassungsmittelbare Schrankenermächtigungen.

Dies sind der im Zusammenhang mit der sogenannten Notstandsverfassung 1968 eingeführte Art. 115 c Abs. 2 sowie der Art. 137 Abs. 1 GG.

Ersterer enthält einen limitierten Gesetzesvorbehalt bezüglich der Art. 14 Abs. 3 und Art. 104 GG. Diese Schrankensetzungsbefugnis besteht jedoch nur im Verteidigungsfall[28] und fand mangels Vorliegens eines Verteidigungsfalles bislang keine Anwendung[29].

Der Art. 137 Abs.1 GG stellt vom Wortlaut her die Wählbarkeit einer bestimmten Personengruppe (Beamte, Berufssoldaten etc., vgl. Art. 137 Abs. 1 GG) unter einen einfachen Gesetzesvorbehalt. Diese Schrankensetzungsmöglichkeit besteht für die Wählbarkeit zum Bundestag, zu den Landesparlamenten sowie zu den Volksvertretungen der Gemeinden und Gemeindeverbänden[30]. Entgegen des Wortlautes der Bestimmung, die den Gesetzesvorbehalt nicht weiter eingrenzt, beschränkt das Bundesverfassungsgericht in ständiger Rechtsprechung sowie die überwiegende Auffassung in der Lehre[31] die Schrankensetzungsermächtigung auf

[25] Zum Begriff vgl. *Canotilho/Moreira*, Anotada, S. 950.

[26] Zur Problematik des sogenannten Besonderen Gewaltverhältnis vgl. unten **E. II**.

[27] Wörtl.: "regime da função pública".

[28] Zum Begriff vgl. statt vieler *Seifert/Hömig*, Grundgesetz, Rn. 1ff. vor Art. 115 a.

[29] Vgl. zur Frage der Grundrechte im Notstand im einzelnen unten **E. IV**.

[30] Vgl. *Seifert/Hömig*, Grundgesetz, Rn. 3 zu Art. 137.

[31] Ebenda, Rn. 4 zu Art. 137, m.w.N.

Wählbarkeitsbeschränkungen in der Form von Inkompatibilitäten. Somit ist der Unterschied zu der entsprechenden Regelung des Art. 153 CRP nur gering.

Im Unterschied zur Portugiesischen Verfassung ist festzuhalten, daß das Grundgesetz keine ausdrückliche Bestimmung hinsichtlich der Anwendbarkeit von Grundrechten für Ausländer enthält oder gar einen ausdrücklichen einfachen Gesetzesvorbehalt vorsieht. Jedoch findet der mit einem einfachen Gesetzesvorbehalt[32] versehene Art. 2 Abs. 1 GG als Auffanggrundrecht insofern Anwendung, als nach überwiegender Meinung gerade die Auffangfunktion "Ausländern die Verfassungsbeschwerde in Fällen, in denen Bürger- bzw. Deutschengrundrechte einschlägig sind", ermöglicht[33].

Ebenfalls im Unterschied zur Portugiesischen Verfassung fehlt im Grundgesetz eine dem Art. 270 CRP entsprechende Verfassungsbestimmung. Dieses Fehlen gab der deutschen Verfassungslehre der Weimarer Zeit Anlaß, zwischen der Grundrechtsgeltung im normalen zwischen Bürger und Staat bestehenden "allgemeinen" und einem sogenannten "besonderen" Gewaltverhältnis[34] zu unterscheiden[35]. Hierzu sei auf die Ausführungen im Kapitel "Einschränkungen in Sonderfällen" verwiesen[36].

3 Zusammenfassung und Stellungnahme

Als Ergebnis bleibt festzuhalten, daß große Gemeinsamkeiten an einfachen und qualifizierten Gesetzesvorbehalten in beiden Verfassungsordnungen bestehen. Unterschiede liegen also nicht im Charakter als Schrankensetzungsermächtigung für den Gesetzgeber. Es bestehen jedoch inhaltliche Differenzen hinsichtlich der Qualität des Grundrechtsschutzes.

So sieht die Portugiesische Verfassung beispielsweise einen der Verstärkung des Grundrechtsschutzes dienenden Richtervorbehalt in auffallend häufigerem Maße vor als das Grundgesetz. Als Beispiel sei nur auf die Art. 6 Abs. 3 GG bzw. Art. 36 Abs. 6 CRP hingewiesen. Im Gegensatz zur deutschen Verfassung kann in Portugal die Trennung der Kinder von ihren Eltern nicht durch bloßes Gesetz angeordnet werden.

Obwohl der Grundrechtsschutz für Ausländer in den beiden Verfassungen unterschiedlich ausgestaltet ist, besteht kein wesentlicher Unterschied. Zwar erfährt der Grundrechtsschutz nach der Portugiesischen Verfassung im Gegensatz zum Grundgesetz in Art. 15 CRP eine ausdrückliche Regelung. Die Auffangfunktion des Art. 2 Abs. 1 GG ermöglicht jedoch den gleichen Schutz, insbesondere wenn

---

[32] Vgl. hierzu eben **1.2.1**.

[33] Vgl. hierzu ausführlich *Pieroth*, Der Wert der Auffangfunktion des Art. 2 Abs. 1 GG, S. 41f.

[34] Hierbei geht es im wesentlichen um das Beamtenverhältnis, das der Soldaten und der Untersuchungs- und Strafgefangenen sowie das Verhältnis der Schüler und Studenten zu den Lehranstalten.

[35] Vgl. dazu *Bleckmann*, Staatsrecht II, S. 361, m.w.N.

[36] Vgl. hierzu unten **E. II**.

man berücksichtigt, daß beide Verfassungsbestimmungen unter einfachem Gesetzesvorbehalt stehen.

III

Verfassungsimmanente Schranken

Ein ausschließlich auf verfassungsunmittelbare und -mittelbare Schranken ausgerichtetes Schrankensystem wird in den Fällen auf Schwierigkeiten stoßen, in denen der Verfassungsgeber Grundrechte ohne derartige Schranken ausgestaltet hat.

So sind in der Portugiesischen Verfassung z. B. ohne Gesetzesvorbehalt in Art. 24 Abs. 1 CRP die Unverletzlichkeit des menschlichen Lebens, in Art. 25 Abs. 1 CRP die Unverletzlichkeit der geistigen und körperlichen Unversehrtheit, in Art. 41 Abs. 1 und 5 CRP die Unverletzlichkeit des Gewissens, der Religion und ihrer Ausübung bzw. die Freiheit der Religionslehre, in Art. 42 CRP die geistige, künstlerische und wissenschaftliche Schaffensfreiheit, in Art. 43 CRP die Lehr- und Lernfreiheit formuliert[1].

Im Grundgesetz sind ebenso einige Grundrechte vorbehaltlos ausgestaltet, wie beispielsweise Art. 5 Abs. 3, 4 Abs. 1 GG[2].

Diese vorbehaltlose Ausgestaltung bedeutet jedoch nicht, daß diese Vielzahl der vorbehaltlosen Grundrechte auch schrankenlos sind. Denn einerseits haben viele dieser Grundrechte verfassungsunmittelbare Schranken, so z. B. ist der genannte Art. 45 Abs. 1 CRP zwar vorbehaltlos, aber mit der verfassungsunmittelbaren Schranke "friedlich und ohne Waffen" ausgestaltet[3]. Andererseits werden

[1]Vgl. auch Art. 26 Abs. 1 F. 1 und 4–8; 27 Abs. 4; 28; 29; 31; 32; 33 Abs. 1 und 5; 44; 45; 46; 52 Abs. 1 und 57 CRP.

[2]Abgesehen von der ausführlicheren Formulierung und der häufigen Verwendung des Wortes "frei" in den Grundrechtstatbeständen (vgl. Art. 37 Abs. 1, 44 Abs. 1, 46 Abs. 1 und 2, 47 Abs. 1 CRP) der Portugiesischen Verfassung als im Grundgesetz gibt es Unterschiede in der Vorbehaltlosigkeit des Rechtes auf Leben und Unversehrtheit, der Vielzahl der vorbehaltlos formulierten Persönlichkeitsrechte in Art. 26 CRP, des vorbehaltlosen Meinungs- und Informationsrechtes des Art. 37 CRP und des Asylrechtes in Art. 33 Abs. 5 CRP. Das Grundgesetz gewährt dagegen ohne Vorbehalt die Berufswahlfreiheit in Art. 12 Abs. 1 GG.

[3]Auf den ersten Blick erscheint das in Art. 45 Abs. 2 CRP verankerte Demonstrationsrecht ebenfalls als schrankenlos. Aufgrund der systematischen Stellung im Anschluß an die

auch Beschränkungen derartig vorbehaltlos ausgestalteter Grundrechte für notwendig gehalten[4].

Es stellt sich in diesem Zusammenhang somit die Frage, ob den Verfassungsordnungen neben den eben dargestellten Schrankenarten noch weitere Schranken immanent sind. Mit anderen Worten: Gibt es in den beiden Verfassungen Anhaltspunkte für Grundrechtsschranken, ohne daß diese ausdrücklich als solche formuliert sind ?

An dieser Stelle soll nun zunächst geklärt werden, was unter "immanenten" Schranken in diesem Zusammenhang verstanden wird (**1.**). Im Anschluß daran wird überprüft, welche Bedeutung einer polizeilichen Generalklausel (**2.**) und den Grundrechten Dritter (**3.**) zukommt. Der Frage, inwiefern anderen Verfassungsschutzgütern (**4.** und **5.**) grundrechtseinschränkende Wirkung beigemessen werden kann, wird daran anschließend nachgegangen.

Dabei soll sich diese Darstellung auf Themenkreise beschränken, die aufgrund verschiedener verfassungsrechtlicher Ausgestaltung besondere Beachtung verdienen.

1 Terminologie der sog. "immanenten" Schranken

Bevor im folgenden untersucht wird, ob und welche Schranken beiden Verfassungen innewohnen, die auch vorbehaltlose Grundrechte einschränken können, soll an dieser Stelle geklärt werden, wie "immanente" Schranken terminologisch einzuordnen sind.

Als "verfassungsimmanente Schranken" werden hier mögliche Grundrechtsschranken verstanden, die – ohne als Schranke ausdrücklich ausgestaltet zu sein – sich aus bestimmten Vorschriften der Verfassung ergeben, der Verfassung damit inhärent sind und so die Grundrechte "von außen" einschränken[5].

Nicht hierher gehören die als "immanent" bezeichneten Schranken, die als *Grenze* der Reichweite des Schutzbereiches eines Grundrechtes dienen und damit nicht ein Schrankenproblem darstellen[6].

Vereinigungsfreiheit ist jedoch davon auszugehen, daß die bei diesem Grundrecht geltende verfassungsunmittelbare Schranke "friedlich und ohne Waffen" auch für das Demonstrationsrecht gilt, vgl. auch *Canotilho/Moreira*, Anotada, S. 254.

[4]Vgl. statt aller *Bettermanns* Auffassung, daß es sich bei den vorbehaltlosen Grundrechten "nicht darum handeln" kann, "die ... nicht mit Schranken oder Gesetzesvorbehalten bekleideten Grundrechte in dieser ihrer Nacktheit zu erhalten oder gar zu bewundern, sondern es geht darum, ihre Blöße angemessen zu bedecken"; Grenzen der Grundrechte, S. 9.

[5]Zum Begriff vgl. bereits oben **B. I. 2.2**.

[6]Vgl. dazu bereits oben **B. I**; hier wird also im Gegensatz dazu die Frage der möglichen Funktion als Schranke untersucht und nicht die Bedeutung als Begrenzung des Schutzbereiches.

2 Die polizeiliche Generalklausel

Einigkeit besteht darüber, daß die Ausübung eines auch vorbehaltlos gewährten Grundrechtes nicht schrankenlos sein kann[7]. In diesem Zusammenhang wird häufig angeführt, daß "in der staatlichen Gemeinschaft der Bürger sich so zu verhalten (habe), daß die öffentliche Sicherheit und Ordnung nicht gestört oder gefährdet werden"[8].

Im folgenden soll untersucht werden, ob den beiden Verfassungsordnungen eine derartige, die Grundrechte einschränkende, polizeiliche Generalklausel immanent ist. Dabei soll insbesondere der Frage nachgegangen werden, ob allein diese Generalklausel dann als verfassungsunmittelbare Schranke und Eingriffsermächtigung dienen kann. Unter einer solchen Klausel wird hier das öffentlich-rechtliche oder polizeiliche Störungs- und Gefährdungsverbot der öffentlichen Sicherheit und Ordnung verstanden. Mit anderen Worten: Wird jede Grundrechtsausübung durch dieses Störungs- und Gefährdungsverbot beschränkt ?

2.1 Portugal

Eine allgemein für alle Grundrechte geltende Schrankenklausel im Sinne eines Störungs- und Gefährdungsverbotes ist explizit in der Portugiesischen Verfassung nicht enthalten. Auch jedes Grundrecht für sich ist nicht mit einem Vorbehalt polizeirechtlicher Beschränkung versehen.

Allein in Art. 36 Abs. 6 CRP findet der Gedanke Anklang, daß die Grundrechtsausübung unter einem Vorbehalt der Sicherheit anderer und somit unter dem Vorbehalt der Sicherheit der öffentlichen Ordnung steht.

Art. 36 Abs. 6 CRP lautet:

> *"Kinder können nicht von ihren Eltern getrennt werden, es sei denn, diese erfüllen ihre den Kindern gegenüber bestehenden Grundpflichten nicht; dabei bedarf es stets einer richterlichen Entscheidung".*

Unter der Voraussetzung, daß die Eltern ihre Erziehungs- oder Unterhaltspflichten aus Art. 36 Abs. 5 CRP nicht "erfüllen", können ihnen demnach polizeirechtlich die Kinder "weggenommen" werden[9]. Diese Wegnahme steht dabei unter einem Richtervorbehalt.

Eine im oben dargestellten Sinne für alle Grundrechte allgemein geltende polizeiliche Generalklausel für eine Einschränkung der Grundrechtsausübung kann auch nicht dem Art. 272 CRP entnommen werden.

[7] Vgl. für Portugal statt aller *Andrade*, Direitos Fundamentais, S. 216; für Deutschland *Bettermann*, Grenzen der Grundrechte, S. 9.

[8] Ebenda, S. 15.

[9] Zu den Elternpflichten und zum Begriff der "Trennung" in Art. 36 Abs. 6 CRP vgl. *Canotilho/Moreira*, Anotada, S. 222f.

Art. 272 CRP lautet:

> *"1. Die Polizei hat die Aufgaben, die demokratische Legalität zu verteidigen und die innere Sicherheit und die Rechte der Bürger zu gewährleisten.*
> *2. Die polizeilichen Maßnahmen sind die im Gesetz vorgesehenen, wobei sie nicht über das strikt Notwendige hinaus angewendet werden dürfen.*
> *3. Die Verbrechensvorbeugung einschließlich der Vorbeugung von Verbrechen gegen die Sicherheit des Staates ist nur unter Beachtung der allgemeinen Regeln über die Polizei und unter Wahrung der Rechte, Freiheiten und Garantien der Bürger statthaft.*
> *4. Das Gesetz legt das System der Sicherheitskräfte fest, wobei die Organisation einer jeden im gesamten Staatsgebiet einheitlich zu sein hat."*

Zwar wird in Art. 272 Abs. 1 CRP als Aufgabe der Polizei[10] die Gewährleistung der "inneren Sicherheit" und der "Rechte der Bürger"[11] definiert. Diese Norm nimmt jedoch gerade nicht selbst den Grundrechtsschutz zurück. Sie stellt die Grundrechtsausübung nicht unter einen allgemeinen Vorbehalt polizeirechtlicher Beschränkung.

Jedoch kann aus der Existenz der Bestimmung geschlossen werden, daß der Verfassungsgeber die Grundrechtsausübung unter einem derartigen Vorbehalt polizeirechtlicher Beschränkung sieht. Art. 272 Abs. 2 CRP befaßt sich mit den repressiven Polizeimaßnahmen[12]. Dies ergibt sich aus dem Umkehrschluß mit Art. 272 Abs. 3 CRP. Dieser Absatz hat die Verbrechensvorbeugung zum Inhalt. Diesen Präventivmaßnahmen der Polizei werden als Grenzen die "Wahrung der Rechte, Freiheiten und Garantien der Bürger" – also die Grundrechte – gesetzt. In Art. 272 Abs. 2 CRP wird mit der Maßgabe des "strikt Notwendige(n)" als Grenze der Repressivmaßnahmen lediglich die Bindung an das Verhältnismäßigkeitsprinzip eingefordert. Dies deutet darauf hin, daß aus Gründen der Sicherheit und Ordnung die Grundrechte polizeirechtlich einschränkbar sind.

Festzuhalten ist demnach, daß der Portugiesischen Verfassung hinsichtlich der Repressivmaßnahmen keine polizeiliche Generalklausel vorausgesetzt ist. Vielmehr bedarf es für eine Grundrechtseinschränkung des Gesetzgebers, wie eindeutig aus Art. 272 Abs. 2 CRP hervorgeht.

---

[10] Die Einordnung dieser Bestimmung in das Kapitel IX "Öffentliche Verwaltung" könnte den Schluß zulassen, bei dem Begriff "Polizei" handele es sich nur um die verwaltende Polizei. Die in Art. 272 CRP festgelegten Grundsätze sind jedoch auf alle Arten von Polizei anzuwenden, vgl. ebenda, S. 955. Dies ergibt sich aus dem Wortlaut der Bestimmung, die sich in Abs. 4 ganz allgemein an die "Sicherheitskräfte" wendet. Der verwendete Begriff ist somit in einem zweckgerichteten und funktionellen Sinne zu verstehen.

[11] Zu diesen Begriffen vgl. ebenda.

[12] Zum Begriff vgl. *Canotilho/Moreira*, Anotada, S. 956.

2.2 Rechtsvergleich

Dem Grundgesetz ist eine positive polizeiliche Generalklausel ebenso wie der Portugiesischen Verfassung fremd. Spezielle Ausformungen in einzelnen Grundrechten sind im Grundgesetz in größerem Maße vorhanden. So werden die Art. 5, 6, 11 und 13 GG zum Schutz von Kindern und gefährdeter oder verwahrloster Jugendlicher oder zur Bekämpfung von Seuchengefahr unter einen polizeirechtlichen Vorbehalt gestellt[13].

Darüberhinaus soll nach der Auffassung *Bettermanns* "dieses polizeiliche oder öffentlich-rechtliche Störungs- und Gefährdungsverbot .. auch für jede Grundrechtsausübung" gelten. "Sie wird durch die Pflicht zur Wahrung der öffentlichen Sicherheit und Ordnung und damit durch das Verbot ihrer Störung und Gefährdung beschränkt"[14]. Danach sei eine derartige polizeiliche Generalklausel als "verfassungsunmittelbare Schranke und Eingriffsermächtigung"[15] der Grundrechte dem Grundgesetz immanent.

2.3 Fazit

Die Grundrechtsausübung steht nach der Portugiesischen Verfassung unter keinem generellen impliziten Vorbehalt polizeirechtlicher Beschränkung. Lediglich Repressivmaßnahmen werden durch Art. 272 Abs. 2 CRP Schranken in der Weise gesetzt, daß Einschränkungen unter einen Gesetzesvorbehalt und den Grundsatz des Übermaßverbotes gestellt werden.

Nach Auffassung *Bettermanns* soll für das Grundgesetz hingegen die polizeiliche Generalklausel selbst als "verfassungsunmittelbare Schranke" bereits ausreichende Rechtfertigungsgrundlage einer Grundrechtseinschränkung sein.

Die Bedeutung einer Generalklausel ist aufgrund der Rechtsentwicklung und der starken gesetzlichen Normierung in diesem Bereich stark gesunken. Ein Rückgriff auf sie muß als überflüssig angesehen werden[16]. Unabhängig von dieser Tatsache muß der Theorie einer Generalklausel als "verfassungsunmittelbare Schranke und Eingriffsermächtigung" entgegengehalten werden, die Frage des zuständigen Organs für eine derartige Grundrechtseinschränkung nicht zu beantworten.

Der Exekutive diese Aufgabe zu überlassen, sprengt das System, das das Grundgesetz für sämtliche Grundrechtseinschränkungen zur Verfügung stellt. Das Grundgesetz schränkt danach entweder selbst die Grundrechte ein oder überantwortet diese Aufgabe dem Gesetzgeber. Dies bedeutet aber, daß selbst wenn man aus einzelnen Verfassungsbestimmungen ein allgemein für die Grundrechte geltendes Gefährdungs- und Störungsverbot ableiten will, dieses nicht selbst bereits zu Grundrechtseinschränkungen ermächtigen kann. Eine polizeiliche Generalklau-

[13] Vgl. Art. 5 Abs. 2, 6 Abs. 2 und 3, 11 Abs. 2 und 13 Abs. 3 GG.

[14] *Bettermann*, Grenzen der Grundrechte, S. 15/16.

[15] Ebenda, S. 19.

[16] In diesem Sinne auch *Berner/Köhler*, Polizeiaufgabengesetz, Rn. 4 zu Art. 2.

sel kann vielmehr nur als Ermächtigungsgrundlage *gesetzlicher* Einschränkungen dienen, für die dann dieselben Voraussetzungen gelten müssen, die das verfassungsdogmatische Eingriffsmodell für Grundrechtseinschränkungen bereit hält.

Diesem Gedanken hat der portugiesische Verfassungsgeber mit der Normierung des Art. 272 Abs. 2 und 3 CRP entsprochen, wodurch der Gefahr der Aushöhlung des Grundrechtsschutzes entgegenwirkt wird.

3 Grundrechte Dritter

Nach Art. 12 CRP und Art. 19 Abs. 3 GG gelten die Grundrechte nicht nur für natürliche, sondern auch für inländische juristische Personen, soweit sie ihrem Wesen nach auf diese anwendbar sind. Die Frage, ob Grundrechte eines dieser Grundrechtsträger durch kollidierende Grundrechte eines anderen Grundrechtsträgers eingeschränkt werden kann, soll im folgenden untersucht werden. Das Problem, auf welche Weise dann derartige Kollisionen gelöst werden, soll an anderer Stelle beantwortet werden[17].

Es können Grundrechtskollisionen nun vor allem in zwei grundsätzlichen Konstellationen auftreten. So kann es zu einer Kollision von Grundrechten kommen, wenn zwei der oben genannten Grundrechtsträger sich mit dem jeweils anderen in einer Konkurrenzsituation befinden, die aus begehrtem staatlichen Handeln resultiert. Ein derartiges Dreiecksverhältnis besteht z. B. im (öffentlich-rechtlichen) Nachbarrecht.

Zum anderen kann es in Privatrechtsbeziehungen zu Kollisionen kommen. Dies wird in der deutschen Lehre üblicherweise unter dem Thema "Drittwirkung der Grundrechte" zusammengefaßt. Für beide Konstellationen ist kennzeichnend, daß die Grundrechtsausübung eines Grundrechtträgers mit der Grundrechtsausübung eines anderen nicht vereinbar ist. Von besonderer Relevanz sind hierbei die vorbehaltlos formulierten Grundrechte, da bei diesen eine Einschränkung somit ausgeschlossen scheint.

3.1 Portugal

3.1.1 Grundrechte Dritter im "Dreiecksverhältnis" nach der Rechtsprechung

Das Portugiesische Verfassungsgericht hat sich mit der Frage, inwiefern Grundrechte Dritter die Grundrechte einschränken können, explizit noch nicht beschäftigt.

In seinem Schwangerschaftsurteil[18] ging es um eine Strafrechtsbestimmung[19], die in bestimmten Fällen und innerhalb bestimmter Fristen ausnahmsweise einen

[17] Vgl. unten **E. I**.

[18] Nr. 25/84, Bd. 2, S. 7ff.

[19] Art. 140 des Strafgesetzbuches.

Schwangerschaftsabbruch straffrei stellte. Hier wurde durch das Verfassungsgericht zunächst eine Kollision von Grundrechten dargestellt[20]. Sowohl der nasciturus als auch die Mutter haben gleichermaßen ein aus dem Art. 24 CRP abgeleitetes "Recht auf Leben" gegenüber dem Staat. Dieses "Recht auf Leben" ist vorbehaltlos ausgestaltet.

An dieser Stelle hätte sich angeboten, zu klären, ob nun das Grundrecht der Mutter eine Schranke - im Sinne einer Einschränkung - des Grundrechts des nasciturus darstellt oder etwa als Grenze des Schutzbereiches wirkt. Jedoch im Ergebnis wurde vom Gericht nur festgestellt, daß in den Fällen der Lebensgefahr für die Mutter[21] ein Schwangerschaftsabbruch nicht gegen die Verfassung verstößt. Das Grundrecht des nasciturus tritt aufgrund des Grundrechtes der Mutter insoweit zurück.

Damit steht jedoch zumindest fest, *daß* Grundrechte Dritter in öffentlich-rechtlichen Rechtsbeziehungen verschiedener Grundrechtsträger selbst vorbehaltlose Grundrechte begrenzen können.

3.1.2 Grundrechte Dritter in Privatrechtsbeziehungen

Ob dies auch in Privatrechtsbeziehungen gelten kann, ist zumindest in dieser generellen Aussage fraglich. In Art. 18 Abs. 1 CRP wird neben der Regelung der unmittelbaren Anwendbarkeit der Rechte, Freiheiten und Garantien eine Aussage über die Bindungsreichweite der Grundrechte getroffen. Art. 18 Abs. 1 CRP lautet:

> *"Die Verfassungsbestimmungen bezüglich der Rechte, Freiheiten und Garantien sind unmittelbar anwendbar und binden die öffentlichen und privaten Einrichtungen"*[22].

Der Wortlaut der Bestimmung - "private Einrichtungen" - scheint darauf hinzudeuten, daß die Anwendbarkeit der Grundrechte in Privatrechtsbeziehungen auf Verhältnisse beschränkt ist, die dem Verhältnis Staat - Bürger vergleichbar sind. Bislang nicht abschließend geklärt ist die Frage, ob über den Wortlaut der Bestimmung hinaus unter den Begriff der "privaten Einrichtungen" auch Personengemeinschaften sowie vor allem Einzelpersonen fallen.

(1) Rechtsprechung Während vereinzelt in der verfassungsdogmatische n Literatur eine Einbeziehung der gleichrangigen Privatpersonenverhältnisse unter den Begriff der "privatrechtlichen Einrichtungen" vertreten wird[23], hat das Portugiesische Verfassungsgericht bis zu diesem Zeitpunkt noch nicht eindeutig zur

[20] Vgl. TC Urteil Nr. 25/84, Bd. 2, S. 7ff./40.

[21] Anm: Diesen Fällen wurden die Fälle schwerer psychischer Krankheiten aufgrund von Geburten behinderter Kinder gleichgestellt, vgl. ebenda.

[22] Vgl. den Wortlaut der Bestimmung, die von "entidades públicas e privadas" spricht.

[23] Vgl. *Canotilho/Moreira*, Anotada, S. 148.

Bedeutung der Grundrechte für die Privatrechtsordnung Stellung genommen. In dem Urteil Nr. 198/85[24] spricht das Portugiesische Verfassungsgericht dieses Problem zwar an, läßt aber die Bedeutung der Drittwirkungsfrage offen[25].

(2) Reichweite der unmittelbaren Bindung In der portugiesischen Lehre wird die Frage der Drittwirkung der Grundrechte in Privatrechtsbeziehungen diskutiert[26].

Vor allem *Nunes Abrantes* zeigt auf, daß es bei der Frage der unmittelbaren Anwendbarkeit der Grundrechte zwischen Privaten um die Frage geht, ob diese trotz ihres "historischen Ursprunges"als Abwehrrechte des einzelnen gegenüber dem Staat "schlicht und einfach Gegenstand einer automatischen Übertragung in den Bereich des Privatrechtes" sein können[27]. Denn "in einer Verfassungsordnung, die die Solidarität und die individuelle Freiheit zu verbinden versucht, muß die Wirkung der Grundrechte mit der Privatautonomie harmonisiert werden, die, obwohl sie kein Grundrecht ist, durch die Verfassung als Wertprinzip aufgenommen wurde, wobei diese den gewährten Rechten untergeordnet ist, z.B. in den Art. 62, 47 Abs. 1 und 56 Abs. 3 und 4" [28]. Dies bedeutet, daß es trotz der unmittelbaren Anwendbarkeit der Grundrechte und Bindungswirkung zumindest gegenüber privatrechtlichen Einrichtungen keine auf alle Fälle einheitliche Lösung geben kann. Es muß vielmehr "für jedes Recht und für jede Situation ermittelt werden ... bis zu welchem Punkt, privates Verhalten Gegenstand der Zensur durch Verfassungsbestimmungen sein muß"[29].

Unproblematisch ist dann eine unmittelbare Geltungskraft der Grundrechte, wenn es um Rechtsbeziehungen zwischen Privaten geht, deren Ausgangslage der Staat - Bürger - Beziehung vergleichbar ist. Denn in diesen Fällen gilt es, das Selbstbestimmungsrecht des schwächeren Teils zu schützen[30]. Für das von der klassischen Beziehung Staat - Bürger verschiedene Verhältnis zwischen "gleichrangigen" Privaten kann eine derartige Vergleichbarkeit nicht festgestellt werden. Sie wäre auch nicht mit dem Wortlaut des Art. 18 Abs. 1 CRP gedeckt. Folglich können Grundrechte unmittelbar in Privatrechtsverhältnissen nur dann zur Anwendung kommen, wenn das Verhältnis dem Staat – Bürger – Verhältnis vergleichbar ist. In allen anderen Fällen, in denen die Privatpersonen sich gleichrangig gegenüberstehen, muß demnach eine unmittelbare Geltung der Grundrechte verneint werden. So wird auch die von einigen Autoren vertretene Auffassung

---

[24] Bd. 6, S. 473ff.

[25] Vgl. ebenda, S. 478: "Unabhängig von der genauen Bedeutung, die generell ... der Reichweite der Bindung solcher Grundrechte auch ... in Privatrechtsbeziehungen zuzuweisen ist".

[26] Vgl. statt aller *Canotilho*, Direito, S. 602ff./605, m.w.N.; *Andrade*, Direitos Fundamentais, S. 270ff.

[27] *Nunes Abrantes*, A vinculação das entidades privadas aos Direitos Fundamentais, S. 94.

[28] Ebenda, S. 95.

[29] Ebenda, S. 111.

[30] Vgl. ebenda, S. 112.

einer nur mittelbaren, über Gesetze zu definierenden Einwirkung auf die privaten Rechtsverhältnisse angesichts des eindeutigen Wortlautes des Art. 18 Abs. 1 CRP verständlich[31].

Die Grundrechte wirken demnach in den Privatrechtsbeziehungen, in denen ein dem Bürger - Staat - Verhältnis vergleichbares Verhältnis besteht, unmittelbar und können demnach auch Grundrechte der "privatrechtlichen Einrichtung" begrenzen. Diese Wirkung kann in den anderen Privatrechtsbeziehungen nur mittelbarer Natur sein.

3.1.3 Grundrechte Dritter als "Schranke" oder als Schutzbereichsbegrenzung?

Fraglich ist, ob dieses "Begrenzen" als echte Einschränkung des grundrechtlich Gewährleisteten oder als (immanente) Grenze der Reichweite des Schutzbereiches zu verstehen ist.

Ausgangspunkt muß auch bei dieser Frage Art. 18 Abs. 2 CRP sein. Er läßt Einschränkungen nur in den ausdrücklich von der Verfassung vorgesehenen Fällen zu. Ohne bereits an dieser Stelle auf diese Bestimmung näher eingehen zu wollen[32], könnte sich bereits hier die Antwort auf die Frage andeuten. Denn es gibt in der Portugiesischen Verfassung weder eine spezielle noch eine generelle Bestimmung, die ausdrücklich eine Einschränkung von Grundrechten aufgrund Grundrechte Dritter vorsieht. Verfolgt man nun eine strikte verfassungsdogmatische Linie, so müßte Folge hieraus sein, daß Grundrechte Dritter nur schutzbereichsbegrenzend wirken können und keine Schranken darstellen. Ansonsten würde ein klarer Verstoß gegen Art. 18 Abs. 2 CRP vorliegen. In Rechtsprechung und Literatur ist diese Frage ungeklärt.

(1) Rechtsprechung Untersucht man die Rechtsprechung des Portugiesischen Verfassungsgerichtes hinsichtlich dieser Frage, so findet man keine eindeutige Antwort.

In dem bereits oben erwähnten[33] Schwangerschaftsurteil geht das Gericht auf diese Frage gar nicht näher ein.

Andere Urteile, die dieses Problem berühren, gibt es nicht.

(2) Literatur Diese Frage findet auch in der Literatur keine große Beachtung. Allein *Canotilho/Moreira* vertreten die Auffassung, daß im Fall von Grundrechts-

---

[31]So auch *Mota Pinto*, Teoria Geral do Direito Civil, S. 72ff., *Hörster*, A Parte Geral do Código Civil Português, S. 96ff. *Hörster* wählt hierbei einen der deutschen Lehre entsprechenden Lösungsweg der Grundrechtswirkung über die Generalklauseln des Zivilrechtes; a. M. *Canotilho/Moreira*, Anotada, S. 147; *Nunes Abrantes*, A vinculação das entidades privadas aos Direitos Fundamentais, S. 87ff., 94ff., 110, m.w.N.; *Canotilho*, Direito, S. 607.

[32]Vgl. hierzu unten **D. II. 1**.

[33]Vgl. oben **3.1.1**.

kollisionen Grundrechte Dritter nicht schutzbereichsbegrenzend wirken, sondern vielmehr die Grundrechte als immanente Schranken *einschränken*. Sie betonen dabei, daß diese nicht "von Anfang an den Grundrechten anhaften", sondern "stets aus der Notwendigkeit resultieren müssen, mit anderen Grundrechten oder Verfassungsgrundsätzen in Einklang" gebracht zu werden[34].

3.2 Rechtsvergleich

3.2.1 Drittwirkung der Grundrechte

Grundrechte Dritter beeinflussen in öffentlich-rechtlichen Dreiecksverhältnissen zwischen zwei Grundrechtsträgern und dem Hoheitsträger die jeweiligen Grundrechte des einzelnen zum Staat. Dies gilt nicht nur vor allem für sogenannte Konkurrenzverhältnisse im Beamten-, Subventions- und Nachbarrecht. Die Grundrechte wirken nach ständiger Rechtsprechung des Bundesverfassungsgerichtes und der überwiegenden Meinung in der Literatur auch im Privatrecht[35].

Die Geltung der Grundrechte in Rechtsbeziehungen zwischen Privaten, die sogenannte "Drittwirkung der Grundrechte", ist im Gegensatz zu Art. 18 Abs. 1 CRP nicht allgemein, sondern nur in einem einzigen Artikel des Grundgesetzes, Art. 9 Abs. 3 S. 2 GG, angeordnet. In Art. 1 Abs. 3 GG ist diese Geltung für alle Grundrechte hingegen nicht festgeschrieben.

Aufgrund extremer Machtungleichgewichte zwischen Arbeitgeber und Arbeitnehmer hat das Bundesarbeitsgericht bereits in einer frühen Entscheidung sich für eine unmittelbare Drittwirkung der Grundrechte zwischen Privaten ausgesprochen[36]. In seiner Begründung setzte sich das Bundesarbeitsgericht jedoch ebensowenig mit Art. 1 Abs. 3 GG auseinander wie später das Bundesverfassungsgericht, das in dem grundlegenden "Lüth" - Urteil seine Lehre von der "mittelbaren Drittwirkung"begründete[37].

Im einzelnen bleibt jedoch auch nach diesem Verständnis vieles umstritten. Insbesondere ist das Verhältnis zur unmittelbaren Bindungswirkung des Art. 1 Abs. 3 GG ungeklärt[38]. Das Bundesverfassungsgericht gelangt über die Wertordnung des Grundgesetzes[39] dazu, die Generalklauseln des Zivilrechtes als Einfallstor der Grundrechte zu benutzen[40]. Grundrechte Dritter können somit auch im Privatrecht einschränkende Wirkung entfalten.

---

[34] *Canotilho/Moreira*, Anotada, S. 150.

[35] Vgl. die Nachweise bei *Fehn*, Grundrechtskollisionen in der Praxis, S. 14.

[36] Vgl. BAGE 1, 185, 192f.

[37] Vgl. BVerfGE 7, 198ff.; in der Lehre statt aller *Bleckmann*, Staatsrecht II, S. 175ff., m.w.N.; *Pietzcker*, Drittwirkung - Schutzpflicht - Eingriff, in: FS Dürig, S. 345.

[38] Vgl. statt aller *Bleckmann*, Staatsrecht II, S. 175ff., m.w.N.

[39] Grundlegend *Dürig*, Grundrechte und Zivilrechtsprechung, in: FS Nawiasky, S. 157ff.

[40] Vgl. *Battis/Gusy*, Einführung in das Staatsrecht, Rn. 393.

3.2.2 Grundrechte Dritter als Schranke oder Schutzbereichsbegrenzung?

In Deutschland ist allgemein anerkannt, daß Grundrechte durch kollidierende Grundrechte Dritter beschränkt werden können[41]. Hierbei ist die überwiegende Ansicht in der Literatur, daß Grundrechte Dritter Schranken sind und nicht als Mittel zur Schutzbereichsbegrenzung benutzt werden können[42].

Auch das Bundesverfassungsgericht hat sich nach einigen Schwankungen der überwiegenden Meinung in der Literatur angeschlossen[43].

Dies wird vor allem mit dem Argument begründet, daß anderenfalls der Schutzbereich eines Grundrechtes zu unbestimmt wird, da dieser nur noch im konkreten Einzelfall zu bestimmen wäre. Der Vorteil dieser Argumentation sei darin zu sehen, daß sie durch die kollidierenden Grundrechte Dritter "nicht die Reichweite der Schutzbereiche bemißt, sondern die Eingriffe in die Schutzbereiche verfassungsrechtlich rechtfertigt"[44].

3.3 Fazit

Grundrechte Dritter führen in beiden Verfassungsordnungen zu einer Begrenzung der Grundrechtsausübung des Grundrechtsträgers. In Portugal bleibt dabei der dogmatische Ansatz unklar, ob diese schutzbereichbegrenzend oder als Eingriffsrechtfertigung wirken. Während das Portugiesische Verfassungsgericht diese Frage offen läßt, sieht das Bundesverfassungsgericht diese als Schranke an.

Die Auswirkungen dieses Unterschieds auf den Grundrechtsschutz sind wohl eher gering, da das Ergebnis häufig gleich sein dürfte. Nachteil des Ansatzes einer schutzbereichsbegrenzenden Wirkung wäre, daß – wie bereits ausführlich dargestellt[45] – diese die Bestimmtheit der Schutzbereichsreichweite auflöst. Da dann nur im konkreten Einzelfall bestimmt werden kann, ob die Grundrechtsausübung nun vom jeweiligen Grundrechtsschutzbereich gedeckt ist oder nicht.

Versteht man dagegen Grundrechte Dritter als über die Grundrechtsvorbehalte hinausgehende Eingriffsrechtfertigung bleibt jedoch nach der Portugiesischen Verfassung dogmatisch das Verhältnis zu Art. 18 Abs. 2 CRP unklar. Denn dieser läßt Grundrechtseinschränkungen nur in den ausdrücklich durch die Verfassung vorgesehenen Fällen zu[46]. Eine derartig "ausdrückliche" Verfassungsbestimmung, die besagt, daß Grundrechte Dritter zu Grundrechtseinschränkungen ermächtigen können, gibt es nicht.

---

[41] Vgl. statt aller *Jarass/Pieroth*, GG, Vorb. vor Art. 1 Rn. 37 mit zahlreichen Nachw. aus der Rspr. des BVerfG.

[42] Vgl. *Pieroth/Schlink*, Grundrechte Staatsrecht II, Rn. 363ff., m.w.N. auch zur Gegenansicht

[43] Ebenda, Rn. 375.

[44] Ebenda Rn. 373.

[45] Vgl. oben **B. I.**

[46] Vgl. hierzu unten **D. II. 1.**

Weiter hat die Untersuchung ergeben, daß die Portugiesische Verfassung ausdrücklich zumindest in einem Teilbereich eine unmittelbare Grundrechtsbindung in Privatrechtsverhältnissen vorsieht, während nach der ständigen Rechtsprechung des Bundesverfassungsgerichtes die Grundrechte nur mittelbar Drittwirkung entfalten. Hierbei beruhen die Schwierigkeiten darauf, daß der Verfassungsgeber dem Grundgesetz ein eher klassisch - liberales Verständnis der Grundrechte als Abwehrrechte gegenüber dem Staat zugrunde legte. Demgegenüber fußt in der Portugiesischen Verfassung ein Verständnis von Freiheit, das über "die bloße Privatautonomie hinausgeht"[47]. "Wahre Freiheit ist die durch die Grundrechte garantierte. Nur diese gewährleisten eine wirkliche Selbstbestimmungsmacht der verschiedenen Rechtssubjekte"[48]. Im Vergleich zum Grundgesetz gelangt so die Portugiesische Verfassung zu einer in Teilbereichen direkten, unmittelbaren Anwendung der Grundrechte zwischen Privaten.

4 Das Demokratieprinzip

In der Grundrechtslehre wird diskutiert, inwiefern Staatsstrukturprinzipien grundrechtseinschränkende Wirkung beigemessen werden kann[49]. Als Beispiel wird hier dies für das Demokratieprinzip untersucht.

4.1 Portugal

Im portugiesischen Schrifttum wird von *Miranda* die Frage diskutiert, inwiefern Art. 2 CRP als allgemeine Schrankenklausel für die politischen Grundrechte der Art. 48ff CRP angesehen werden könnte[50].

Art. 2 CRP lautet:

> *"Die Republik Portugal ist ein demokratischer Rechtsstaat auf der Grundlage der Volkssouveränität, des demokratischen Pluralismus der freien Meinung und der politischen Organisation sowie der Achtung und Gewährleistung der Grundrechte und Grundfreiheiten, deren Ziel es ist, die wirtschaftliche, soziale und kulturelle Demokratie zu verwirklichen und die partizipative Demokratie zu vertiefen".*

Vom Wortlaut ausgehend kann man die Ansicht vertreten, daß die Attribute "demokratischer Rechtsstaat" und "demokratischer Pluralismus der freien Meinung" den politischen Pluralismus in der Weise gleich einschränken, daß nur ein demokratisch angelegter Pluralismus der Verfassung entspricht und somit als generelle Schranke für die politischen Grundrechte zu werten ist.

[47] *Nunes Abrantes*, A vinculação das entidades privadas aos Direitos Fundamentais, S. 110.

[48] Ebenda.

[49] Vgl. für Portugal statt vieler *Miranda*, Manual, Bd. IV, S. 277ff.; für Deutschland *Bettermann*, Grenzen der Grundrechte, S. 18.

[50] *Miranda*, Manual, Bd. IV, S. 277ff

Dies hätte zur Folge, daß antidemokratische Meinungsäußerungen oder Parteien nicht von den Grundrechten geschützt werden, da Art. 2 CRP den Grundrechtsschutz als Schranke zurücknehme. Dies würde dazu führen, daß das Grundrecht der Meinungsfreiheit weitgehend ausgehöhlt würde.

4.2 Rechtsvergleich

In Bedeutung und Aufgabe ist Art. 20 Abs. 1 GG dem Art. 2 CRP ähnlich[51]. Die Frage, ob Art. 20 GG oder andere Staatsstrukturprinzipien, wie das Sozialstaats– oder Rechtsstaatsprinzip, als Schrankenorm zu werten sind, wird in der deutschen Grundrechtslehre verneint[52]. Begründet wird dies vor allem damit, daß derartige Staatsstrukturbestimmungen "staatsgerichtet" seien. Sie könnten individuelle Grundrechtsträger nicht verpflichten[53]. Es bedürfe deshalb "des gesetzgeberischen Transformationsakts, ... daß sie auch das Individuum in die Pflicht nehmen"[54].

Dies bedeutet jedoch nicht, daß das Grundgesetz nicht gegen demokratiewidrige Entwicklungen in Staat und Gesellschaft Vorsorge getroffen hätte. Diese sind in besonderen Rechtssätzen konkretisiert worden. Hierbei wird hinsichtlich der Grundrechte auf die Art. 9 Abs. 2, 18, 20 Abs. 4 und 21 Abs. 1 S. 3 und Abs. 2 GG verwiesen[55].

4.3 Fazit

Den erwähnten Staatsstrukturprinzipien wird zu Recht in beiden Verfassungsordnungen keine grundrechtseinschränkende Funktion beigemessen. Sie wenden sich in ihrem Inhalt nicht an den Bürger, sondern an den Staat, so daß ihnen auch keine unmittelbar einschränkende Bedeutung zukommen kann[56].

Die These der Schrankenfunktion von Staatsstrukturprinzipien, wie das Demokratieprinzip , ist deshalb abzulehnen. Dies sind nicht als Gebots– oder Ver-

[51]Vgl. hierzu nur M/D/H/S, Kommentar zum Grundgesetz, Art. 20 Rn. 1ff.

[52]Vgl. nur *Schnapp*, Grenzen der Grundrechte, S. 734; für das Sozialstaatsprinzip vgl. *Bettermann*, Grenzen der Grundrechte, S. 18.

[53]*Schnapp*, Grenzen der Grundrechte, S. 734.

[54]Ebenda.

[55]Art. 21 Abs. 2 beschränkt die in Art. 9 Abs. 1 GG von der Vereinigungsfreiheit mitumfaßte Parteienfreiheit, wobei Art. 21 bezüglich der politischen Parteien nach h. M. lex specialis zu Art. 9 GG ist, vgl. *Scholz*, in: M//D/H/S, Kommentar zum Grundgesetz, Rn. 121, 129; *Seifert/Hömig*, Grundgesetz, Rn. 1 zu Art. 21.

[56]Aus diesem Grund sind auch die vereinzelt in der deutschen Lehre vertretenen Ansichten abzulehnen, die in den Kompetenzbestimmungen nicht nur Zuständigkeitsregelung, sondern auch Grundrechtsschranke enthalten sehen. Dies hätte die Zerstörung des vom Grundgesetz verfolgten dogmatischen Ansatzes des Eingriffsmodells zur Folge, wenn die Frage der Reichweite Grundrechtsgewährleistung von einer Zuständigkeitsbestimmung abhängig gemacht werden würde; vgl dazu *Selk*, Einschränkung von Grundrechten durch Kompetenzregelungen?, S. 895ff., m.w.N.

botsnorm ausgestaltet, sondern legen beschreibend die Grundelemente der staatlichen Ordnung fest.

5 Die Grundpflichten

5.1 Portugal

Aufgrund der Tatsache, daß der erste der vier Teile der Portugiesischen Verfassung mit "Grundrechte und Grundpflichten" überschrieben ist, stellt sich bei der Diskussion der Grundrechtsschranken die Frage, welchen Zweck der Verfassungsgeber mit der Einführung von Grundpflichten verfolgt hat.

Folgende Möglichkeiten bieten sich an: Zum einen könnte es sein, daß der Verfassungsgeber neben den Grundrechten eine selbständige verfassungsdogmatische Kategorie errichten wollte. Dies ist auch dann denkbar, wenn die Grundpflichten nicht dem Zweck der Funktionalisierung der Grundrechte im sozialistischen Sinne dienen[57]. Zum anderen könnte in der Einrichtung von Grundpflichten eine weitere Erscheinungsform verfassungsunmittelbarer oder verfassungsmittelbarer Schranken gesehen werden.

5.1.1 Analyse des Verfassungstextes

Trotz der für den Teil I der Portugiesischen Verfassung gewählten Überschrift taucht der Begriff der Grundpflichten in den folgenden drei Kapiteln nur bei dem letzten auf: "Wirtschaftliche, soziale und kulturelle Rechte und *Pflichten*". Untersucht man den Grundrechtsteil im einzelnen, so fällt im Unterschied zu früheren Verfassungen[58] zunächst das Fehlen einer allgemeinen Grundpflichtenklausel und eine eigene, den Grundrechten parallele Aufzählung der Grundpflichten auf.

Ausdrücklich ist von "Grundpflichten" bzw. von einer "Grundpflicht"[59] nur zweimal die Rede, nämlich in Art. 36 Abs. 6 CRP[60] und in Art. 276 Abs. 1 CRP[61]. Ansonsten werden die Ausdrücke "Pflichten" bzw. "verpflichtend" in diesem Zusammenhang - abgesehen von den beiden Erwähnungen in den Überschriften - nur noch insgesamt 11 Mal verwendet: Teil I: Art. 36 Abs. 5; 49 Abs. 2; 58 Abs. 2; 64 Abs. 1; 66 Abs. 1; 74 Abs. 3a, 78 Abs. 1; Teil II: 106 Abs. 3; Teil III: 116 Abs. 2, 4; 276 Abs. 2 CRP.

Nur eine gewisse Andeutung im Verfassungstext erfahren folgende beiden Grundpflichten: Die von *Canotilho/Moreira* bezeichnete " erste der Grundpflich-

[57] Vgl. hierzu oben **A. I. 2**.

[58] Siehe zu den früheren Verfassungen *Miranda*, 1976, S. 327; *Thomashausen*, Portugal, S. 593.

[59] Wörtl.: "deveres fundamentais" bzw. "dever fundamental".

[60] Vgl. zum Text bereits oben **2.1**.

[61] Art. 276 Abs. 1 CRP lautet: "Die Verteidigung des Vaterlandes ist Grundrecht und *Grundpflicht* aller Portugiesen"; Hervorhebung durch den Verf.

ten der Verfassung"[62], die allgemeine Gehorsamspflicht kann durch einen Umkehrschluß aus Art. 21 CRP[63], der das Widerstandsrecht beinhaltet, der Verfassung entnommen werden. Die von *Andrade* bezeichnete Pflicht, auf die Ausübung privater Gewalt zu verzichten, wird aus Art. 21 in Verbindung mit Art. 45 Abs. 1 CRP, "friedlich und ohne Waffen", gefolgert und kann als "innere" Friedenspflicht bezeichnet werden[64].

Somit kann als Ergebnis der Textanalyse festgehalten werden, daß die Grundpflichten entgegen des ersten Anscheins aus der Überschrift "Grundrechte und Grundpflichten" eine auffällige geringe textliche Berücksichtigung finden.

Trotzdem kann aus diesem Umstand allein noch keine abschließende Beurteilung über die Bedeutung von Grundpflichten im Zusammenhang mit den Grundrechtseinschränkungen getroffen werden. Eine geringe textliche Ausgestaltung sagt noch nichts über die rechtliche Bedeutung aus.

5.1.2 Das Verhältnis von Grundrechtsschranken und Grundpflichten

Ein enger Zusammenhang zwischen Grundrechtseinschränkungen und Grundpflichten ist unleugbar. Denn wenn z. B. der Wehrdienst abzuleisten ist (Art. 276 Abs. 2 CRP), kann während der Dauer dieses Wehrdienstes nicht das Recht der Berufswahlfreiheit (Art. 47 Abs. 1 CRP) ausgeübt werden. In diesem Beispiel wird der enge Zusammenhang zwischen der Wehrpflicht als Grundpflicht und der Bedeutung als Grundrechtseinschränkung deutlich. Ob jedoch Grundpflichten mit Grundrechtseinschränkungen von der portugiesischen Lehrmeinung und der Rechtsprechung des Portugiesischen Verfassungsgerichtes gleichgesetzt werden, Pflichten und Schranken damit deckungsgleich sind oder nicht, wird im folgenden untersucht.

(1) Auffassungen der Lehre In der portugiesischen Lehre wird mit unterschiedlichen Begründungen betont, daß Grundpflichten und Grundrechtseinschränkungen voneinander zu trennen sind. Begrifflich seien sie nicht dasselbe.

Andrade vertritt dabei die extreme Ansicht, daß zumindest den mit Grundrechten direkt verknüpften Grundpflichten die Funktion von Bedeutungsänderungen und Strukturveränderungen der Grundrechte zukommen können. Als Beispiel führt Andrade die Wahlpflicht in Art. 49 Abs. 2 CRP und die Arbeitspflicht in Art. 58 Abs. 2 CRP an, die mit dem Wahlrecht bzw. mit dem Recht auf Arbeit in dem jeweiligen Abs. 1 der entsprechenden Bestimmung verbunden sind.

[62] *Canotilho/Moreira*, Anotada, S. 147.

[63] Art. 21 CRP lautet: "Alle haben das Recht, gegen jeglichen Befehl, der ihre Rechte, Freiheiten und Garantien verletzt, Widerstand zu leisten und jeglichen Angriff mit Gewalt abzuwehren, sofern es nicht möglich ist, sich an die Behörden zu wenden".

[64] *Andrade*, Direitos Fundamentais, S. 151.

"Sie lassen einen tieferen Eingriff der öffentlichen Gewalt zu und sie könnten schließlich annulliert oder funktionalisiert werden, in den Dienst der kollektiven Kräfte und Zielabsichten gestellt werden"[65]. *Andrade* mißt diesen Grundpflichten damit eine Bedeutung zu, die die Grundpflichten als schutzbereichsbegrenzende, "ausdrückliche immanente Grenzen" ansieht[66].

Canotilho/Moreira betonen, daß die Grundpflichten "sich nicht mit den Einschränkungen oder Begrenzungen der Grundrechte vermischen"[67]. Die Grundpflichten würden eine "selbständige Verfassungskategorie" bilden, so "daß man (einerseits) sie nicht auf ethisch-staatliche Kategorien zurückführen kann ... (und) andererseits, daß sie sich nicht mit den Einschränkungen vermischen, obwohl sie in ihrer Qualität als 'verfassungsmäßig geschützte Güter' (Verteidigung, Gesundheit, Arbeit) dazu rechtfertigen könnten, zu Einschränkungen von Grundrechten zu ermächtigen (Art. 18 II a. E.)"[68].

Demnach sind die genannten Autoren gleichermaßen der Auffassung, die Grundpflichten von den Grundrechtseinschränkungen getrennt zu betrachten und zu behandeln. Dies beinhaltet als Konsequenz, daß sich der Gesetzgeber, sich bei gesetzgeberischen Maßnahmen nicht an den Erfordenissen des Art. 18 Abs. 2 und 3 CRP orientieren muß. Nimmt er unter Berufung auf eine Grundpflicht durch Gesetz den durch die Grundrechte gewährleisteten Schutz zurück, muß er z. B. den Verhältnismäßigkeitsgrundsatz oder die Wesensgehaltsgarantie nicht beachten[69].

(2) Analyse der Rechtsprechung des Portugiesischen Verfassungsgerichtes Das Portugiesische Verfassungsgericht nahm zur Frage der Rechtsnatur der Grundpflichten im Zusammenhang mit Grundrechtseinschränkungen vor allem wiederholt hinsichtlich der Steuerpflicht Stellung[70].

Hierbei vertritt das Portugiesische Verfassungsgericht in ständiger Rechtsprechung[71], daß es sich bei der Steuerzahlungspflicht nicht um eine "Einschränkung" im Sinne von Art. 18 Abs. 2 und 3 CRP handelt. Ausdrücklich vertritt diese Auffassung das Gericht in dem bereits in einem anderen Zusammenhang erwähnten Urteil Nr. 11/83[72]. Dort heißt es, daß "Steuerauflagen nicht

---

[65]Ebenda, S. 152.

[66]Ebenda, S. 215f.

[67]Anotada, S. 119; allenfalls wird im Zusammenhang mit der Steuerpflicht die Frage angesprochen, ob die Art. 18 Abs. 2, 3 CRP "analog" heranzuziehen sind, vgl. ebenda, S. 459f.; ebenso *Miranda*, Manual, Bd. IV, S. 164.

[68]*Canotilho/Moreira*, Anotada, S. 119.

[69]Vgl. hierzu im einzelnen unten **D. II**.

[70]Vgl. allgemein zur Finanzverfassung *Pires*, A Constituição de 1976 e a fiscalidade, in: Estudos sobre a Constituição, Bd. II, S. 417ff.; *Pereira Lopes*, As garantias dos contribuintes, S. 1ff.; *de Sousa Franco*, Sistema financeiro e constituição financeira no texto constitucional de 1976, in: Estudos sobre a Constituição, Bd. III, S. 487ff.

[71]TC Urteile Nr. 11/83, Bd. 1, S. 11ff./21; 141/85, Bd. 6, S. 39ff./57/71f.; 236/86, Bd. 8, S. 135ff./147.

[72]Bd. 1, S. 11ff.; vgl. oben **B. I. 1.2**.

als Einschränkungen ... angesehen werden können, weil sie eine selbständige Grundlage haben"[73].

Durch diese "selbständige Grundlage" in der Verfassung sei es im Zusammenhang mit der Steuerzahlungspflicht nicht gerechtfertigt von "Einschränkungen" zu sprechen. "Die Steuerzahlungspflicht ist für das Eigentumsrecht *keine Einschränkung*, sondern *eine Grenze* seiner Reichweite"[74].

Die Rechtsprechung des Portugiesischen Verfassungsgerichtes stimmt mit den Auffassungen der Literatur demnach überein. Grundpflichten werden nicht als Einschränkungen der Grundrechte verstanden.

5.2 Rechtsvergleich

5.2.1 Analyse des Verfassungstextes

Vergleicht man die Portugiesische Verfassung mit dem Verfassungstext des Grundgesetzes, so fällt zunächst auf, daß das Grundgesetz den Begriff der "Grundpflicht" nicht kennt. Zwar werden in den Art. 6 Abs. 2 GG von "Pflichten" der Eltern gesprochen, die Bürger werden in den Art. 12 a Abs. 1 und 14 Abs. 2 Satz 1 GG "verpflichtet", die Art. 33 Abs. 1 und 140 GG i. V. m. 136 WRV sprechen von "staatsbürgerlichen Pflichten". Der Begriff der "Grundpflicht" taucht jedoch nicht auf. Vielmehr haben sich die Urheber des Grundgesetzes dafür entschieden, im Gegensatz zur Weimarer Reichsverfassung[75] und im Gegensatz zu einigen Länderverfassungen[76] auf die Einführung dieses Begriffes zu verzichten. Der erste Teil des Grundgesetzes ist nur mit "Die Grundrechte" überschrieben.

Von den ursprünglichen verfassungsgesetzlichen Grundpflichten, wie Gesetzesgehorsam, allgemeine Wehr-, Schul-, Steuer- und Eigentumsabtretungspflicht, werden im Grundgesetz nur die Eigentumsabtretungspflicht in Art. 14 Abs. 3 GG und seit 26.06.1968 die Wehrpflicht in Art. 12 a Abs. 1 GG erwähnt. Eine spezielle Ausformung erfuhr die sogenannte "Friedenspflicht nach außen" in Art. 26 Abs. 1 GG, die in der Portugiesischen Verfassung nicht geregelt ist. Im Gegensatz zur Portugiesischen Verfassung sind Regelungen über Steuer-, Schul-, Arbeits-, Landesverteidigungs-, Gesundheitserhaltungs- und Wahlpflicht im Grundgesetz nicht enthalten.

Diese Tatsache hat folgende zwei Gründe: Zum einen war zum Zeitpunkt der Entstehung des Grundgesetzes die Einführung einer Wehrpflicht ausgeschlossen, die Einführung einer Schulpflicht war Ländersache und die Steuerpflicht wurde als selbstverständlich angesehen[77]. Zum anderen liegt das weitere Fehlen von

[73] Ebenda, S. 21.

[74] TC Urteil Nr. 141/85, Bd. 6, S. 39ff./71.

[75] Vgl dort Art. 132ff.

[76] Vgl. z. B. die Landesverfassung Bayerns Art. 117, 122, 126 BV.

[77] Vgl. hierzu *Luchterhandt*, Grundpflichten als Verfassungsproblem in Deutschland, S. 422; *Bethge*, Die verfassungsrechtliche Problematik der Grundpflichten, S. 250.

ausdrücklichen Grundpflichten darin begründet, daß "man fürchtete, die Grundrechte würden durch global formulierte Grundpflichten und einen ebenso globalen Gesetzesvorbehalt dem einfachen Gesetzgeber preisgegeben und im Ergebnis entwertet" werden[78]. Vielmehr war der Verfassungsgeber der Ansicht, "mit einer sorgfältigen und differenzierten Formulierung der Grundrechtsschranken auch die Frage nach den Grundpflichten ausreichend beantwortet zu haben"[79]. Aus diesen verfassungstextlichen und -geschichtlichen Gründen ist es zu erklären, daß die Frage der Existenz von Grundpflichten im Grundgesetz erst in letzter Zeit wieder in der deutschen Grundrechtsdogmatik diskutiert wird. Sie erlangt Aktualität dadurch, wenn man sich den in der Lehre vetretenen Ansätzen nicht verschließt, die in diesen im Grundgesetz genannten "Pflichten" und "staatsbürgerlichen Pflichten" eine eigenständige Bedeutung als Grundpflichten zukommen lassen wollen oder nicht[80].

5.2.2 Das Verhältnis von Grundrechtsschranken und Grundpflichten

Dieser Ansatz der Beziehung zu den Grundrechtsschranken gibt in der deutschen Lehre im Gegensatz zu der portugiesischen Lehre und Rechtsprechung Anlaß zu vielfältigen Diskussionen.

Während einerseits die Ansicht von *Badura* vertreten wird, Grundpflichten seien im Verhältnis zu den Grundrechtsschranken als Oberbegriff anzusehen[81], findet sich häufig die Meinung, Grundpflichten seien mit den Grundrechtsschranken gleichzusetzen und stehen nicht als eigene Verfassungskategorie neben den Grundrechten[82]. Insbesondere *Luchterhandt* und *Bleckmann* zeigen auf, daß durch die Grundrechtsschranken es dem Gesetzgeber gestattet wird, Unterlassungspflichten gegenüber dem Bürger zu statuieren, wenn und "soweit dies für die Durchsetzung der betreffenden öffentlichen Interessen und der Interessen privater Dritter erforderlich ist"[83].

Betrachtet man demgegenüber die in den von den Autoren als Grundpflichten anerkannten Bestimmungen des Grundgesetzes angelegte abstrakte Verhaltensrichtung, so beinhalten diese Grundpflichten einerseits ebenfalls Unterlassungs-

[78] *Luchterhandt*, Grundpflichten als Verfassungsproblem in Deutschland, S. 403; zu den einzelnen Entwicklungsphasen während der Entstehungszeit des Grundgesetzes, vgl. ebenda, S. 397ff.

[79] Ebenda, S. 463.

[80] Vgl. *Stober*, Grundpflichten und Grundgesetz, S. 1ff.; *Badura*, Grundpflichten als verfassungsrechtliche Dimension, S. 861ff.; *Luchterhandt*, Grundpflichten als Verfassungsproblem in Deutschland, S. 463, m.w.N.; *Gusy*, Grundpflichten und Grundgesetz, S. 657ff., *Bleckmann*, Staatsrecht II, S. 317ff; *Bethge*, Aktuelle Probleme der Grundrechtsdogmatik, S. 369; zur Problematik der Einführung einer Wahlpflicht: *Frenz*, Wahlrecht – Wahlpflicht?, S. 91ff.

[81] *Badura*, Grundpflichten als verfassungsrechtliche Dimension, S. 868.

[82] Vgl. *Pieroth/Schlink*, Grundrechte, Rn. 224 b, m.w.N.

[83] *Bleckmann*, Staatsrecht II, S. 318.

pflichten des Bürgers. Insofern würden sich also Grundpflicht und Grundrechtsschranke decken. Dies soll vor allem für die aus Art. 8 Abs. 1 GG abgeleitete "Friedenspflicht nach innen"[84] und die in Art. 26 Abs. 1 GG statuierte "Friedenspflicht nach außen"[85] gelten.

Andererseits bedeuten Art. 6 Abs. 2 S. 1 GG, die elterliche Erziehungspflicht, Art. 12 Abs. 2 GG, die Dienstleistungspflichten, Art. 12 a Abs. 1 GG, die Wehrpflicht, und die dem Grundgesetz vorausgesetzte Steuer- und Schulpflicht *Handlungs*pflichten des Bürgers[86]. Dies bedeutet aber, daß die Bedeutung der Grundpflichten über die der Grundrechtsschranken hinausgeht, ähnlich wie bei den Grundpflichten der portugiesischen Verfassungsordnung, die als solche auch ausdrücklich in der Portugiesischen Verfassung bezeichnet werden.

5.3 Fazit

Zusammenfassend ist festzuhalten, daß beide Verfassungsordnungen Grundpflichten als eigenständige verfassungsdogmatische Kategorie kennen[87]. Ein Unterschied besteht nur insoweit, als die Portugiesische Verfassung diese Grundpflichten ausdrücklich nennt, während im deutschen Recht erst die verfassungsdogmatische Lehre auf die Grundpflichten aufmerksam macht. Die Portugiesische Verfassung enthält in der Verfassung selbst audrücklich statuierte Grundpflichten, das deutsche Grundgesetz enthält "allgemeine staatsbürgerliche Pflichten"[88], die die gleiche verfassungsrechtliche Dimension als über formale Grundrechtsschranken hinausgehende Grundrechtsbeschränkungen besitzen.

Über diesen formalen Unterschied hinaus sind neben dem Umfang von Grundpflichten keine weiteren Unterschiede zwischen den beiden Verfassungen erkennbar. Trotz der Überschrift in der Portugiesischen Verfassung des ersten Teils "Grundrechte und Grundpflichten" gibt es nicht zwei unterschiedliche Systeme, eines der Grundrechte und eines der Grundpflichten. Dies beruht zum einem auf den vergleichbaren historischen Erfahrungen beider Länder, die dazu Anlaß gaben, den Grundrechten deutliches freiheitliches Gewicht und Betonung zu verleihen. Hinzukommt, daß beiden Grundrechtssystemen eine etwa durch Grundpflichten funktionalisierte Sichtweise der Grundrechte fremd ist[89].

[84] *Luchterhandt*, Grundpflichten als Verfassungsproblem in Deutschland, S. 478.

[85] Vgl. ebenda, S. 480.

[86] Vgl. ebenda, S. 485ff.

[87] Die ablehnende Haltung *Gusys* scheint darauf zu beruhen, daß er der Ansicht ist, daß den Grundpflichten – verstanden als das Gegenstück zu den unmittelbar geltenden Grundrechten – keine verfassungsunmittelbare Geltung zukommt, vgl. *Gusy*, Grundpflichten und Grundgesetz, S. 657 und *ders.*, Arbeitszwang–Zwangsarbeit–Strafvollzug, 710ff.

[88] So die Diktion des Bundesverfassungsgerichtes, vgl. *Luchterhandt*, Grundpflichten als Verfassungsproblem in Deutschland, S. 27.

[89] Dies wird durch den gescheiterten Vorschlag der einem funktionalisierten Grundrechtsverständnis am nächsten stehenden Kommunistischen Partei Portugals PCP unterstrichen, anläßlich der zweiten Verfassungsrevision 1989 eine allgemeine Grundpflichtennorm einzufügen,

5.3.1 Zielrichtungen von Schranke und Pflicht

Die vor allem von der portugiesischen Lehre vorgenommene strikte Trennung zwischen Grundrechtsschranke und Grundpflicht läßt sich mit den in diesen Begriffen angelegten abstrakten Verhaltensrichtungen verdeutlichen. Während eine so abstrakte Verhaltensrichtung bei einer Grundrechtsschranke das Gebot ist, die freiheitliche Ausübung dieses Grundrechtes zu *unterlassen*, kommen den Grundpflichten weitere, über die bloße Unterlassung hinausgehende Gebote zu. Dies gilt insbesondere für das Gebot, eine bestimmte *Handlung* vorzunehmen. Diese Verhaltensrichtung kommt bei den klassischen Grundpflichten der Wehr-, Schul- und Steuerpflicht in der Portugiesischen Verfassung in Art. 276 Abs. 2; 74 Abs. 3a bzw. Art. 106 CRP zum Ausdruck. Aber auch die übrigen explizit genannten Grundpflichten beinhalten eine Handlungspflicht . So verpflichtet Art. 36 Abs. 5 CRP die Eltern, ihre Kinder zu erziehen und zu unterhalten, Art. 49 Abs. 2 CRP den Bürger, zu wählen[90], Art. 58 Abs. 2, 64 Abs. 1, 66 Abs. 1, 78 Abs. 1 CRP statuieren die Pflichten zu arbeiten, die eigene Gesundheit zu fördern, die Umwelt bzw. das kulturelle Vermögen zu erhalten; Art. 116 Abs. 2 und 4 CRP verpflichten den Bürger, an der Erstellung von den Wählerlisten teilzunehmen und Art. 276 Abs. 1 CRP erhebt die Landesverteidigung zur Grundpflicht.

Im Grundgesetz sind - nicht ausdrücklich als Grundpflichten bezeichnete - Handlungspflichten nur in Art. 6 Abs. 2 S. 1 GG die Erziehungspflicht der Eltern, in Art. 12 a Abs. 1 GG die Wehrpflicht und in Art. 14 Abs. 3 GG die Eigentumsabtretungspflicht geregelt.

Vergleicht man die Zielrichtung von Grundpflichten und Grundrechtsschranken der Portugiesischen Verfassung und des Grundgesetzes, so stellt man fest, daß sich in beiden Rechtsordnungen diese nur hinsichtlich der Unterlassungspflichten decken. Nur bei den Grundpflichten, die ein Unterlassen des Bürgers bezwecken, decken sich also Grundpflicht und Grundrechtsschranke materiell.

Ein solches Unterlassen beinhaltet die ebenfalls in Art. 64 Abs. 1 CRP genannte Pflicht, die Gesundheit zu verteidigen. Eine derartige Verteidigung kann z. B. durch das Unterlassungsgebot von gesundheitsgefährdenden Handlungen - wie z. B. das Rauchen - erreicht werden[91]. Entsprechende Unterlassung ist in Art. 66 Abs. 1 CRP in der dort genannten Umweltverteidigungspflicht, z. B. durch Unterlassen umweltgefährdender Maßnahmen, und in der in Art. 78 Abs. 1 CRP enthaltenen Verteidigungspflicht des kulturellen Vermögens, z. B. Unterlassen des Abrisses eines unter Denkmalschutz stehenden Gebäudes, enthalten [92]. Ebenfalls hierher gehören die Grundpflichten, die nur eine Andeutung im Verfassungstext erfahren, nämlich die allgemeine Gehorsamspflicht und die innere Friedenspflicht.

---

der sich aber nicht durchsetzen konnte, vgl. *Magalhães*, Dicinonário, S. 46.

[90] Zum Streit, ob dies eine echte Rechtspflicht oder eine Bürgerpflicht ist, vgl. *Andrade*, Direitos Fundamentais, S. 153f., m.w.N.

[91] Vgl. *Canotilho/Moreira*, Anotada, S. 342.

[92] Vgl. ebenda, S. 349, 378.

Entsprechende Unterlassungspflichten gibt es im Grundgesetz nur bezüglich der aus Art. 8 Abs. 1 GG abgeleiteten "Friedenspflicht nach innen". Darüber hinaus enthält das Grundgesetz eine "Friedenspflicht nach außen" in Art. 26 Abs. 1 GG, der ebenfalls eine Unterlassungspflicht beinhaltet[93].

Aus dieser Untersuchung der verschiedenen geforderten abstrakten Verhaltensrichtungen ist zu folgern, daß den Grundpflichten in der Portugiesischen Verfassung und den "staatsbürgerlichen Pflichten" des Grundgesetzes eine eigenständige Bedeutung zukommt. Grundpflichten können nicht mit den Grundrechtsschranken gleichgesetzt werden. Eine Deckung in den abstrakten Verhaltensrichtungen besteht nur hinsichtlich der Unterlassungspflichten.

Bezüglich der Handlungspflichten gehen die Grundpflichten über die Grundrechtsschranken hinaus. Zwar ist in einer durch eine Grundpflicht begründeten Handlungspflicht eine Grundrechtsbeschränkung mitenthalten. Jedoch bedarf die Handlung, zu der Bürger verpflichtet wird, ein "mehr" an verfassungsrechtlicher Rechtfertigung, wie die Handlung gegenüber dem Unterlassen ein "mehr" darstellt. Denn in jeder Handlung steckt ein Unterlassen anderslautender Verhaltensweisen als Handlung[94]. Da eine Handlungspflicht aber auch ein "mehr" an Engagement vom Bürger verlangt als ein Unterlassen, bedarf sie auch ein "mehr" an verfassungsrechtlicher Legitimation. Aus diesen Gründen muß die Grundpflicht , auf die sich der Gesetzgeber berufen will, wegen des in beiden Ordnungen geltenden Rechtsstaatsprinzips aus der Verfassung hervorgehen.

5.3.2 Pflicht als Gefahr des Eingriffsmodells ?

Noch unbeantwortet ist die Frage, welche Auswirkung ein derartiges Verständnis von den Grundpflichten auf das Eingriffsmodell der beiden Verfassungsordnungen besitzt.

Grundpflichten haben über eine Grundrechtseinschränkung hinausgehende Bedeutung. Folglich ist dem Portugiesischen Verfassungsgericht zuzustimmen, das der Steuerzahlungspflicht keine Qualität als "Einschränkung" beimißt, sondern vielmehr auf die verfassungsrechtliche eigenständige Legitimation in Art. 106 CRP hinweist. Diese verfassungsrechtliche Verankerung ist ausreichend, aber auch notwendig, um das hinsichtlich der durch die Grundpflicht erzeugten Handlungspflicht "mehr" an Einschränkung zu rechtfertigen.

---

[93] *Luchterhandt* unterstreicht die Bedeutung, die Art. 26 Abs. 1 GG zukommt, wenn es heißt, "die spezielle Friedenspflicht aus Art. 26 Abs. 1 GG ist ein selbständiges Verbot, das beschränkend zu allen Grundrechten tritt, deren Ausübung geeignet ist, friedensstörenden Charakter anzunehmen. Diese ihre prinzipielle, umfassende Bedeutung wird insbesondere dadurch unterstrichen, daß die Vorschrift die verbotenen Handlungen für 'verfassungswidrig' erklärt", vgl. *Luchterhandt*, Grundpflichten als Verfassungsproblem in Deutschland, S. 480; *Bettermann* bezeichnet Art. 26 Abs. 1 GG als "verfassungsunmittelbare Schranke", vgl. *Bettermann*, Grenzen der Grundrechte, S. 21.

[94] Vgl. *Bleckmann*, Staatsrecht II, S. 318.

Weiter ist es dann auch konsequent, in der Verfassung verankerte Grundpflichten nicht als Schranke, sondern als Schutzbereichsgrenze zu verstehen. Dies gilt zumindest für die Grundpflichten, die bereits so konkret der Verfassung zu entnehmen sind, daß es einer gesetzlichen Ausgestaltung oder Konkretisierung nicht mehr bedarf[95]. Eine derartig eindeutige Grundpflicht kann für das Grundgesetz in der "Friedenspflicht nach außen" gesehen werden. Dieses in Art. 26 Abs. 1 GG statuierte Angriffskriegsverbot ist so konkret bezeichnet, daß es nicht zur Konkretisierung des Gesetzgebers bedarf. Gleiches kann hinsichtlich der Portugiesischen Verfassung nur allenfalls für die Pflicht der Landesverteidigung in Art. 276 CRP gelten. Durch die Verankerung ist und bleibt die Bestimmbarkeit der Schutzbereichsreichweite gewährleistet. Eine Gefährdung des dogmatischen Eingriffsmodells besteht mithin nicht.

Alle anderen Grundpflichten stellen hingegen nur die verfassungsrechtliche Ermächtigung dar, die Grundpflichten gesetzlich zu statuieren[96].

Diese Grundpflichten dann als Schutzbereichsgrenzen eines Grundrechtes zu verstehen und nicht als echte Einschränkung, beinhaltet nun die Gefahr der nicht mehr bestimmbaren Reichweite des Schutzbereiches. Dies bedeutet somit aber auch eine Verringerung des formalen Grundrechtsschutzes. Als Schutzbereichsgrenze kann ein derartiges, eine nicht konkrete Grundpflicht ausgestaltendes Gesetz allenfalls nur verstanden werden, wenn die "entsprechende Pflicht, wenn sie natürlich letztlich auch erst durch das Gesetz begründet werden kann, zumindest in Ansätzen schon in der Verfassung enthalten ist, oder daß zumindest die öffentlichen Interessen, welche diese Verpflichtung verlangen, ausdrücklich durch die Verfassung selbst geschützt werden" [97]. Ansonsten könnte unter Annahme von Grundpflichten das dogmatisch von den Verfassungsordnungen zur Verfügung gestellte Eingriffsmodell zu einfach unterlaufen werden.

6 Zusammenfassung und Stellungnahme

Beide Verfassungsordnungen haben das Schrankensystem von Grundrechten unterschiedlich ausgestaltet. Dabei sind verfassungsunmittelbare von verfassungsmittelbaren Schranken zu unterscheiden. In beiden Verfassungen sind auch vorbehaltlos ausgestaltete Grundrechte enthalten. Durch diese unterschiedliche Ausgestaltung des Schrankensystems wird unterstrichen, daß die Grundrechte auch entsprechend unterschiedlichen verfassungsrechtlichen Schutz genießen. Das Problem der Beschränkbarkeit vorbehaltlos gewährleisteter Grundrechte zählt zu den

---

[95]Hierbei kann spiegelbildlich von verfassungsunmittelbaren Grundpflichten gesprochen werden.

[96]Im gleichen Sinn vgl. *Andrade*, Direitos Fundamentais, S. 159: "Grundpflichten sind nicht direkt anwendbar (es sei denn, die Verfassung bestimmt ausdrücklich ihren konkreten Inhalt) und bedürfen ausdrücklicher gesetzlicher Ausformung, um konkrete Quelle von Rechtspflichten sein zu können".

[97]*Bleckmann*, Staatsrecht II, S. 318.

noch nicht ausdiskutierten und hinreichend geklärten Themenkreisen der Grundrechtsdogmatik.

6.1 Das Prinzip der Einheit der Verfassung

Daß auch vorbehaltlos gestaltete Grundrechte außerhalb der verfassungsrechtlichen Schranken und Schrankenvorbehalte durch Grundrechte anderer und andere Verfassungsschutzgüter eine Begrenzung erfahren können, muß aufgrund des Prinzips der Einheit der Verfassung für möglich und auch für geboten erachtet werden[98]. Diesem Grundsatz kommt die Funktion zu, als Interpretationsprinzip in einem Spannungsverhältnis stehende Prinzipien und Normen der Verfassung zu erkennen und miteinander in Einklang zu bringen. Ohne vorschnell auf Praktikabilitätserwägungen auszuweichen, muß deshalb versucht werden, ausgehend von der Verfassung selbst eine Problemlösung zu finden.

Dieser Grundsatz wird auch von beiden Verfassungsgerichten anerkannt. Das Portugiesische Verfassungsgericht bezieht sich bereits in einer frühen Entscheidung zur Kollisionslösung vorbehaltlos ausgestalteter Grundrechte ausdrücklich auf das aus dem Grundsatz der Einheit der Verfassung hervorgehende Prinzip der praktischen Konkordanz[99]. Auch das Bundesverfassungsgericht bestätigt diesen Grundsatz, wenn es heißt, daß "nur kollidierende Grundrechte Dritter und andere mit Verfassungsrang ausgestattete Rechtswerte ... mit Rücksicht auf die Einheit der Verfassung und die von ihr geschützte Wertordnung ausnahmsweise imstande (sind), auch uneingeschränkte Grundrechte in einzelnen Beziehungen zu begrenzen"[100].

Deutlich hervorzuheben ist hierbei die Frage, was dieser Grundsatz imstande ist, zu leisten. Diesem Grundsatz der Einheit der Verfassung kann nur die Aufgabe zukommen, erkannte Kollisionsprobleme auszugleichen. Dieses Prinzip kann jedoch nicht zur Beantwortung der Frage herangezogen werden, *ob* ein Kollisionsproblem überhaupt vorliegt, d. h. ob ein Rechtsgut mit Verfassungsrang mit einem (vorbehaltlosen) Grundrecht in einem Spannungsverhältnis steht.

Derartige Rechtsgüter mit Verfassungsrang, die dazu in der Lage sein sollen, im Einzelfall auch vorbehaltlos ausgestaltete Grundrechte eingrenzen zu können, müssen demnach ein diesen Grundrechten vergleichbares "Gewicht" besitzen. Sie müssen dahingehend sorgfältig und unabhängig von Vernunfts- oder Praktikabilitätserwägungen untersucht werden, ob sie in einem Spannungsverhältnis zu dem Grundrecht stehen. Dies bedeutet, es muß, bevor überprüft werden kann, wie eine Kollision etwa zu lösen ist, zunächst das Spannungsverhältnis zwischen Grundrecht und dem anderen Rechtsgut mit Verfassungsrang festgestellt werden. Dies

[98] Zu diesem Grundsatz vgl. *Ossenbühl*, Probleme und Wege der Verfassungsauslegung, S. 649ff./655; *Canotilho*, Direito, S. 195, 232f.

[99] In st. Rspr. seit TC Urteil Nr. 25/84, Bd. 2, S. 7ff./41f.

[100] BVerfGE 28, 243ff./261.

hat weiter zur Folge, daß sich aus dem Verfassungsgut ein grundrechtsbegrenzender Charakter ableiten lassen muß. Das alleinige Abstellen auf das Vorhandensein eines Prinzips oder einer Norm in der Verfassung, wie beispielsweise die Staatssrukturbestimmungen oder Kompetenzregelungen[101], ist nicht ausreichend.

6.2 Grenze oder Schranke?

Fraglich ist, ob nun verfassungsimmanente Schranken als echte Schranken oder als Schutzbereichsgrenzen im Sinne des Eingriffsmodells verstanden werden müssen.

Eine für alle verfassungsimmanenten Schranken gültige Antwort läßt sich auf diese Frage nicht finden.

Aufgrund der formalen Schutzwirkung, die bereits von dem Eingriffsmodell , der Unterscheidung von Schutzbereich, Schranke und deren Rechtfertigung, ausgeht, muß stets versucht werden, den Schutzbereich so bestimmbar wie möglich zu halten. Der Schutzbereich darf nicht als von Einzelfallentscheidungen abhängig begriffen werden. Dies bedeutet aber, daß die Reichweite eines Schutzbereiches nur dann unmittelbar von einer verfassungsimmanenten Schranke beeinflußt werden darf, wenn dieses Rechtsgut mit Verfassungsrang sich bereits ausreichend konkret aus der jeweiligen Verfassung ableiten läßt.

So können aus diesen Gründen nur die dargestellten Grundpflichten der beiden Verfassungen als schutzbereichsbegrenzend und nicht als Schranke verstanden werden, die sich unmittelbar und ausreichend bestimmt aus der Verfassung ergeben. Alle anderen Grundpflichten können allenfalls als Rechtfertigung einer Grundrechtseinschränkung dienen. Geht dabei die von der Grundpflicht verfolgte Zielrichtung über ein Unterlassen hinaus, so muß die Einschränkung durch eine explizit formulierte Grundpflicht legitimiert sein. Als Einschränkung muß dann auch geprüft werden, ob die formellen und materiellen Voraussetzungen, wie beispielsweise die Gesetzesform oder der Verhältnismäßigkeitsgrundsatz, eingehalten wurden[102].

Grundrechte Dritter können als Schranke wirken. Sie besitzen hierfür ausreichende verfassungsrechtliche Legitimation. Als Einschränkung müssen auch sie diese eben genannten Voraussetzungen erfüllen.

Nur wenn das dogmatische Modell von Schutzbereich, Einschränkung und Rechtfertigung eingehalten wird, kann dem vor allem von den vorbehaltlos gewährleisteten Grundrechten ausgehenden Freiheitsschutz entsprochen werden.

---

[101]Vgl. in diesem Zusammenhang auch die Entscheidungen des BVerfG, die den in der Bundesflagge und in der Nationalhymne (!) versinnbildlichten Grundwerten einen materiellen Gehalt von Verfassungsrang zuweisen in NJW 1990, S. 1982.

[102]Hierzu im einzelnen gleich **D**.

D

Einschränkung aufgrund verfassungsrechtlicher Ermächtigung

I

Allgemeine Voraussetzungen einer Einschränkung

Charakteristisch für das bereits in der Einführung bezeichnete Eingriffsmodell ist die Trennung von Schutzbereich und Garantiebereich eines Grundrechts. Dies bedeutet gleichzeitig die Unterscheidung von gerechtfertigter *Einschränkung* des Schutzbereiches und ungerechtfertigter *Grundrechtsverletzung* . Ein Eingriff in den Schutzbereich, der nicht gerechtfertigt ist, stellt nämlich nicht mehr eine Einschränkung dar, sondern ist bereits ein Eingriff in den Garantiebereich. Dies bedeutet aber eine Verletzung des Grundrechts.

In beiden Verfassungsordnungen sind gleichermaßen verfassungsmittelbare Schranken[1] enthalten, die zu Einschränkungen von Grundrechten ermächtigen. Beabsichtigen staatliche Maßnahmen eine Grundrechtseinschränkung, müssen zu deren Rechtfertigung zunächst die von den Verfassungen in den einzelnen Grundrechten selbst genannten Voraussetzungen[2] erfüllt sein.

Welche Voraussetzungen für staatliche Einschränkungsmaßnahmen darüberhinaus in beiden Verfassungen vorgesehen sind, ist Gegenstand folgender Untersuchung.

1 Portugal

Der Portugiesischen Verfassung ist ein allgemeiner Vorbehalt für die Einschränkungen von den Freiheitsrechten und Garantien[3] zu entnehmen. Art. 18 Abs. 2 und 3 CRP lauten:

> *"2. Das Gesetz nur kann die Rechte, Freiheiten und Garantien in den in der Verfassung ausdrücklich vorgesehenen Fällen ein-*

[1]Vgl. hierzu oben **C. II**.

[2]Vgl. hierzu insbesondere **C. II. 1**.

[3]Zur "Zweiteilung" der Grundrechte in Portugal vgl. oben **A. I. 2.1.2 (2), 2.2.2**.

schränken, wobei die Einschränkungen sich auf das zur Wahrung anderer verfassungsrechtlich geschützter Rechte oder Interessen Notwendige beschränken müssen[4].

3. Die die Rechte, Freiheiten und Garantien einschränkenden Gesetze müssen genereller und abstrakter Natur sein und dürfen weder zurückwirken, noch den Umfang und Anwendungsbereich des Wesensgehaltes der Verfassungsbestimmungen vermindern."

Damit bestimmt die Portugiesische Verfassung selbst die allgemeinen (Rechtfertigungs)Voraussetzungen einer Grundrechtseinschränkung.

Als materielle Voraussetzungen werden ein Ausdrücklichkeitsgebot, der Einschränkungszweck, der Verhältnismäßigkeitsgrundsatz, die Wesensgehaltsgarantie sowie das Rückwirkungsverbot genannt (**II.**). Formell muß es sich bei der staatlichen Maßnahme um ein abstraktes und generelles Gesetz handeln (**III.**).

2 Rechtsvergleich

Ein allgemeiner Eingriffsvorbehalt ist explizit im deutschen Grundgesetz nicht enthalten. Auch Art. 19 Abs. 1 und 2 GG ist ein solcher nicht zu entnehmen. Art. 19 Abs. 1 GG lautet nicht etwa "jede Grundrechtseinschränkung darf durch oder aufgrund eines Gesetzes ... erfolgen". Diese Bestimmung beansprucht vielmehr nur Geltung "*soweit* nach diesem Grundgesetz ein Grundrecht ... eingeschränkt werden kann". Ist dies aber der Fall, dann treten neben die speziellen, in den einzelnen Grundrechtsbestimmungen selbst vorgesehenen Gesetzesvorbehalte die Voraussetzungen des Art. 19 Abs. 1 und 2 GG.

Es ist jedoch allgemeine Meinung in der Lehre und Rechtsprechung des Bundesverfassungsgerichtes, daß daneben[5] ein allgemeiner *ungeschriebener* Gesetzesvorbehalt besteht. Seinen "Kern ... (bildet) der an der überkommenen 'Freiheit und Eigentum' - Formel orientierte Eingriffsvorbehalt" [6]. Seine beiden "tragenden verfassungsrechtlichen Säulen ... (sind) das Rechtsstaatsprinzip und das Demokratiegebot"[7]. Inhalt dieses tradierten Eingriffsvorbehaltes ist in formeller Hinsicht, daß Grundrechtseingriffe über die speziellen grundrechtlichen Vorbehalte hinaus stets nur aufgrund Gesetzes zulässig sind[8]. Als weitere formelle Vor-

[4]Hierbei sind auf Übersetzungsfehler in den Übersetzungen von *Thomashausen*, 1982, S. 446ff., und von der dtv-Ausgabe: "Die Verfassungen der EG - Mitgliedstaaten", S. 288, hinzuweisen, die das Wort "nur" übersehen.

[5]Dies ist dem BVerfGE 49, 89/127 zu entnehmen, wenn es heißt, daß "die besonderen Gesetzesvorbehalte Ausprägungen des allgemeinen Gesetzesvorbehalts" sind.

[6]*Ossenbühl*, Vorrang und Vorbehalt des Gesetzes, in: HdbStR III, S. 332 und *Kloepfer*, Der Vorbehalt des Gesetzes im Wandel, S. 685ff.; vgl. zur tradierten Eingriffsformel *Battis/Gusy*, Einführung in das Staatsrecht, Rn. 248ff.

[7]Hierzu im einzelnen *Ossenbühl*, Vorrang und Vorbehalt des Gesetzes, in: HdbStR III, S. 332ff.

[8]So auch BVerfGE 47, 46ff./79.

aussetzungen bestimmt Art. 19 Abs. 1 GG einerseits, daß "das Gesetz allgemein und nicht nur für den Einzelfall gelten" darf. Zum Zweiten wird in Art. 19 Abs. 1 S. 2 GG ein Zitiergebot errichtet.

Neben die aus Art. 19 Abs. 2 GG abzuleitende materielle Voraussetzung der Wesensgehaltsgarantie tritt der von der Rechtsprechung des Bundesverfassungsgerichtes geprägte Grundsatz der Verhältnismäßigkeit[9]. "Grundrechtseinschränkende Gesetze unterliegen danach ... auch der inhaltlichen Kontrolle daraufhin, daß sie der 'wertsetzenden Bedeutung' des eingeschränkten Grundrechts angemessen Rechnung tragen, es also nicht in unverhältnismäßiger Weise einschränken"[10].

3 Fazit

In beiden Verfassungsordnungen sind demnach bestimmte allgemeine Voraussetzungen für die Rechtmäßigkeit einer Grundrechtseinschränkung teils ausdrücklich, teils ungeschrieben enthalten. Neben den bestehenden Gemeinsamkeiten, wie beispielsweise das Prinzip der Verhältnismäßigkeit und der Wesensgehaltsgarantie, fallen aber auch Unterschiede auf[11]. Es fehlt in Art. 18 CRP z. B. ein Zitiergebot und dem Grundgesetz ist das Ausdrücklichkeitsgebot einer Schrankensetzungsermächtigung des Art. 18 Abs. 2 1. Teil CRP fremd.

Ausgehend von der ausführlichen Regelung des Art. 18 Abs. 2 und 3 CRP werden im folgenden die einzelnen materiellen (**II.**) und formellen (**III.**) Voraussetzungen einer Grundrechtseinschränkung der jeweiligen Verfassung untersucht. Dabei wird vor allem auf die bestehenden Unterschiede in beiden Ordnungen einzugehen sein. Insbesondere wird der Frage nachgegangen, welche Auswirkungen die gemeinsamen und unterschiedlichen formellen und materiellen Einschränkungsvoraussetzungen auf die Schutzfunktion des Eingriffsmodells haben.

[9] Vgl. *Lübbe-Wolff*, Die Grundrechte als Eingriffsabwehrrechte, S. 29 mit zahlreichen Nachw. aus der Rspr.

[10] Ebenda.

[11] Vgl. zum Vorbildcharakter des Grundgesetzes sowie der Rechtsprechung des BVerfG *Cardoso da Costa*, A Lei Fundamental De Bonn E O Direito Constitucional Português, S. 1ff.

II

Materielle Voraussetzungen einer Einschränkung

1 Ausdrücklich durch Verfassung zugelassene Einschränkung

1.1 Portugal

Art. 18 Abs. 2 1. Teil CRP bestimmt, daß eine gesetzliche Einschränkung nur

"in den in der Verfassung ausdrücklich vorgesehenen Fällen"

erfolgen darf. Eine Grundrechtseinschränkung, die nicht von der Verfassung selbst vorgesehen und damit zugelassen ist, wäre verfassungswidrig.

Würde die Portugiesische Verfassung eine für alle Grundrechte geltende allgemeine Schrankenklausel oder mit zahlreichen Schranken oder Schrankenklauseln ausgestaltete Grundrechte enthalten, wäre es ein leichtes, diesem Ausdrücklichkeitsgebot des Art. 18 Abs. 2 1. Teil CRP zu entsprechen.

Die in der Portugiesischen Verfassung vorgesehenen Einschränkungsmöglichkeiten sind jedoch nicht sehr zahlreich und es gibt viele Grundrechte, die mit keinem Gesetzesvorbehalt versehen sind[1].

Deshalb stellt sich die Frage, auf welche Weise das Portugiesische Verfassungsgericht und die portugiesische Lehre versuchen, diese Voraussetzung der Rechtmäßigkeit einer gesetzlichen Grundrechtseinschränkung zu behandeln. Es wäre "absurd", wenn vor allem vorbehaltlos ausgestaltete Grundrechte nicht einschränkbar wären[2]. Die Ausübung aller Grundrechte, auch der vorbehaltlos gewährleisteten, verlangt die Respektierung zumindest eines Minimums der Grundrechte Dritter und der Gemeinschaft.

---

[1] Vgl. oben **C. III**.
[2] *Casalta Nabais*, Jurisprudência, S. 78.

Die Versuche des Portugiesischen Verfassungsgerichtes und der Lehre, dieses Problem in den Griff zu bekommen, sollen nun an dieser Stelle untersucht werden. Bereits an anderer Stelle wurde die Problematik des Ansatzes über die Annahme "immanenter Schranken"[3] untersucht. Deshalb wird an dieser Stelle die Tauglichkeit anderer Lösungsvorschläge des Portugiesischen Verfassungsgerichtes und der Lehre dargestellt.

1.1.1 Analyse der Rechtsprechung des Portugiesischen Verfassungsgerichtes

Das Portugiesische Verfassungsgericht hatte bereits in mehreren Urteilen Gelegenheit, zur Frage des Ausdrücklichkeitsgebotes des Art. 18 Abs. 2 1. Teil CRP Stellung zu nehmen.

In ständiger Rechtsprechung betont das Gericht, daß Einschränkungen von Grundrechten nur möglich seien, "*wenn die Verfassung selbst die Möglichkeit von Einschränkungen ausdrücklich zuläßt*"[4]. Wenn eine Schrankenermächtigung durch die Verfassung nicht vorgesehen ist, "*kann das Grundrecht keinesfalls eingeschränkt werden*"[5].

Als Konsequenz daraus wird weiter der Schluß gezogen, daß Grundrechte ohne Einschränkungsvorbehalt nicht einschränkbar sind[6].

Von diesem Grundsatz ist unter Zuhilfenahme folgender Lösungsansätze das Portugiesische Verfassungsgericht abgewichen.

(1) Die sog. "indirekte" Schrankenermächtigung Auf die Figur sog. "indirekter" Schrankenermächtigung griff das Portugiesische Verfassungsgericht in folgender Fallkonstellation zurück. Es ging um die Frage der Einschränkbarkeit des bis zur zweiten Revision 1989 vorbehaltlos gewährleisteten passiven Wahlrechtes des Art. 50 CRP. Art. 50 a. F. CRP lautete:

> *"1. Alle Bürger haben auf der Grundlage von Gleichheit und Freiheit das Recht auf Zugang zu öffentlichen Ämtern.*
>
> *2. Niemand darf in seiner beruflichen Stellung, an seinem Arbeitsplatz, in seiner Laufbahn oder hinsichtlich seiner sozialen Vergünstigungen, auf die er Anspruch hat, wegen der Wahrnehmung seiner politischen Rechte oder der Erfüllung politischer Ämter benachteiligt werden."*

---

[3] Vgl. oben **B. I.**

[4] Vgl. TC Urteile Nr. 23/83, Bd. 1, S. 187ff./191, Hervorhebung im Original; 74/84, Bd. 4, S. 49ff./61.

[5] TC Urteil Nr. 23/83, Bd. 1, S. 187ff./191; Hervorhebung im Original.

[6] Ebenda.

Bis zur Revision 1989[7] unterlag dieses Grundrecht allein den Einschränkungen aus den Art. 125 und 153 CRP. Art. 125 CRP setzt das passive Wahlrechtsalter für das Präsidentenamt auf 35 Jahre fest. Art. 153 CRP sieht Einschränkungsmöglichkeiten des passiven Wahlrechtes zum Abgeordnetenamt für die Versammlung der Republik aufgrund von Inkompabilitäten oder der Ausübung bestimmter Ämter vor[8].

Über diese beiden Artikel hinaus sah die Portugiesische Verfassung keinerlei Einschränkungsmöglichkeit für Art. 50 a. F. CRP vor. Die Konsequenz hieraus wäre, daß bei den Wahlen zu den übrigen von der Verfassung vorgesehenen Gremien, wie z. B. zu den Organen der Selbstverwaltungskörperschaften[9], das passive Wahlrecht nicht einschränkbar wäre. Eine trotzdem vorgenommene Einschränkung würde in Konflikt mit dem Ausdrücklichkeitsgebot des Art. 18 Abs. 2 1. Teil CRP geraten.

Dennoch hielt das Portugiesische Verfassungsgericht in mehreren Entscheidungen Bestimmungen, die das passive Wahlrecht einschränkten, nicht für verfassungswidrig[10]. In diesen Entscheidungen ging es um die Frage der Verfassungsmäßigkeit von Bestimmungen, die bestimmte Ämter bekleidende Beamte[11] für die Wahl zu den Organen der örtlichen Selbstverwaltungskörperschaften ausschlossen.

Das Portugiesische Verfassungsgericht entschied in allen Fällen, daß diese Ausschlüsse nicht gegen das Ausdrücklichkeitsgebot des Art. 18 Abs. 2 1. Teil CRP und damit nicht gegen die Verfassung verstoßen würden.

Die mit diesen Ausschlüssen vorgenommenen Einschränkungen des passiven Wahlrechtes aus Art. 50 CRP seien zwar nicht – wie es Art. 18 Abs. 2 CRP erfordert – "ausdrücklich" von der Verfassung vorgesehen. Art. 18 Abs. 2 CRP sei aber trotz seines Wortlautes "extensiv"[12] auszulegen, um den "Willen des Gesetzgebers zu erforschen". Ergebnis einer derartigen Auslegung sei, daß der Ausdruck "ausdrücklich in der Verfassung vorgesehene Fälle" sich in ein "klar in der Verfassung bestimmt" verwandele. Es "genügt eine eindeutige Aussage" der Verfassung,

---

[7]Art. 50 CRP hat seitdem einen Absatz 3. Dieser lautet: "Für den Zugang zu Wahlämtern kann nur das Gesetz die Nichtwählbarkeitsgründe bestimmen, die notwendig sind, um die Wahlfreiheit der Wähler und die Freiheit und Unabhängigkeit der Ausübung der entsprechenden Ämter zu garantieren".

[8]Art. 153 CRP lautet: "Wählbar sind wahlberechtigte portugiesische Staatsbürger, mit Ausnahme der Einschränkungen, die das Wahlgesetz wegen örtlicher Inkompabilitäten oder der Ausübung bestimmter Ämter errichtet".

[9]Vgl. Art. 237ff. CRP.

[10]Vgl. TC Urteile Nr. 12/84, Bd. 2, S. 303ff./313; 225/ 85, Bd. 6, S. 793ff./798f.; 244/85, Bd. 6, S. 211ff./216f.

[11]Zum einen handelte es sich um den Ausschluß von Justizbeamten (TC Urteil Nr. 225/85, Bd. 6, S. 793ff./794f.), zum anderen ging es um "Beamte der Repräsentativorgane der Städte und Gemeinden" (TC Urteile Nr. 12/84, Bd. 2, S. 303ff./304f. und Nr. 244/85, Bd. 6, S. 211ff./213f.).

[12]TC Urteil Nr. 12/84, Bd. 2, S. 303ff./313.

um die Voraussetzung des Art. 18 Abs. 2 CRP nicht zu verletzen[13]. "Ausdrücklich" bedeute nicht "direkt", vielmehr sei auch ein "indirekter" Ausdruck für eine Schrankenzulassung durch die Verfassung ausreichend[14]. Dadurch, daß der Verfassungsgeber Art. 153 CRP zur Einschränkbarkeit des passiven Wahlrechtes, wenn auch nur direkt bezüglich der Wahl zur Versammlung der Republik, vorsieht, käme klar und eindeutig, wenn auch nur "indirekt" zum Ausdruck, daß das passive Wahlrecht generell Einschränkungen unterworfen sei[15]. Es wird vom Portugiesischen Verfassungsgericht für "absurd" gehalten, wenn dieser Grundsatz, der in dem Art. 153 CRP zum Ausdruck kommt, nur für die Wahl zur Versammlung der Republik Geltung beanspruchen könnte[16]. Eine Gleichbehandlung sei aus Gründen des Grundsatzes der "Einheit des Verfassung" geboten[17].

Ist also eine Schrankensetzungsermächtigung in der Verfassung enthalten, die direkt für die Wahl zum Abgeordnetenamt der Versammlung der Republik gelte, könne diese gleichzeitig indirekt zur Rechtfertigung von Schranken für Wahlen zu anderen Gremien herangezogen werden. Dem Ausdrücklichkeitsgebot des Art. 18 Abs. 2 CRP werde dadurch entsprochen[18].

Daß derartige "indirekte" Schrankensetzungsermächtigungen im Hinblick auf Art. 18 Abs. 2 1. Teil CRP ausreichend sind, wurde jedoch nur in den genannten Urteilen entschieden. Auf andere Fallkonstellationen wurde dieser Grundsatz bislang vom Portugiesischen Verfassungsgericht nicht angewandt.

(2) Die sog. "instrumentelle" Schrankenermächtigung In bisher einer einzigen Entscheidung[19] stützte sich das Portugiesische Verfassungsgericht auf den Ansatz einer "instrumentell" zu verstehenden Schrankenermächtigung zur Rechtfertigung einer Einschränkung.

Dabei hatte das Portugiesische Verfassungsgericht die Frage zu beantworten, ob eine Vorschrift der Strafprozeßordnung[20], die die Festnahme zur Festellung der Identität eines Verdächtigen ermöglichen sollte, gegen die Verfassung verstößt. Problematisch war hierbei, ob diese strafprozessuale Vorschrift Art. 27 CRP verletzt. Dieser lautet in den für dieses Problem relevanten Absätzen:

"1. Alle haben das Recht auf Freiheit und Sicherheit.

[13]Ebenda.

[14]Vgl. TC Urteil Nr. 244/85, Bd. 6, S. 211ff./218.

[15]Vgl. TC Urteil Nr. 225/85, Bd. 6, S. 793ff./798f.

[16]Vgl. TC Urteil Nr. 12/84, Bd. 2, S. 303ff./310 und *Miranda*, O Direito Eleitoral na Constituição, in: Estudos sobre a Constituição, Bd. II, S. 473.

[17]Vgl. TC Urteil Nr. 244/85, Bd. 6, S. 211ff./217, zum Grundsatz der Einheit der Verfassung allgemein vgl. *Canotilho*, Direito, S. 232.

[18]TC Urteile Nr. 12/84, Bd. 2, S. 303ff./313; 225/ 85, Bd. 6, S. 793ff./798f.; 244/85, Bd. 6, S. 211ff./216f.

[19]TC Urteil Nr. 7/87, Bd. 9, S. 7ff.

[20]Art. 250 Abs. 3 Código Processo Penal.

2. Niemandem darf völlig oder teilweise die Freiheit entzogen werden, es sei denn, als Folge einer gerichtlichen Verurteilung wegen einer Tat, für die das Gesetz Freiheitsstrafe oder gerichtlich zu verhängende Sicherungsmaßnahme androht.

3. Von diesem Grundsatz ist der Freiheitsentzug in den folgenden Fällen für die Dauer und unter den Voraussetzungen, die das Gesetz bestimmt, ausgenommen:

a) Untersuchungshaft, wenn der Täter auf frischer Tat angetroffen wurde oder wenn starke Anzeichen für ein vorsätzliches Verbrechen vorliegen, das mit Gefängnisstrafe, deren Höchstgrenze mehr als drei Jahre beträgt, geahndet wird;

b) Verhaftung oder Festnahme von Personen, die illegal in das portugiesische Hoheitsgebiet eingedrungen sind oder sich dort illegal aufhalten oder gegen die ein Auslieferungs- oder Ausweisungsverfahren läuft;

c) den Soldaten auferlegte Disziplinarhaft, mit der Garantie des Rechtsmittels zum zuständigen Gericht;

d) Unterbringung eines Minderjährigen zum Zwecke des Schutzes, der Hilfestellung oder Erziehung, in einer geeigneten Einrichtung durch Anordnung des zuständigen ordentlichen Gerichts;

e) Festnahme aufgrund richterlicher Entscheidung wegen der Nichtbefolgung einer gerichtlichen Entscheidung oder zur Gewährleistung der Vorführung vor die zuständige richterliche Gewalt."

Festnahmen zur Identitätsfeststellung werden in Art. 27 CRP nicht erwähnt. Ein einfacher Gesetzesvorbehalt, der eine solche Festnahme ermöglichen könnte, besteht nicht. Deshalb könnte die strafprozessuale Vorschrift gegen das Ausdrücklichkeitsgebot des Art. 18 Abs. 2 1. Teil CRP verstoßen.

Nach Auffassung des Portugiesischen Verfassungsgerichtes verstößt diese Vorschrift jedoch nicht gegen Art. 18 Abs. 2 1. Teil CRP. Wenn die Verfassung die Untersuchungshaft in Art. 27 Abs. 2 a) CRP gestatte, müsse die Verfassung auch die "notwendigen instrumentellen Akte" - nämlich die Festnahme zur Identitätsfeststellung - zur Verwirklichung der Untersuchungshaft erlauben[21]. Einer speziellen und ausdrücklichen Verfassungsermächtigung bedürfe es gerade nicht.

(3) Art. 29 Allgemeine Menschenrechtserklärung In der portugiesischen Literatur wird häufig die Ansicht vertreten, daß sich das Portugiesische Verfassungsgericht Art. 29 Allgemeine Menschenrechtserklärung vom 10. Dezember 1948 (AllgErklMenschenR) als Schrankenklausel zu eigen mache[22].

Art. 29 Abs. 2 AllgErklMenschenR lautet:

---

[21] Vgl. TC Urteil Nr. 7/87, Bd. 9, S. 7ff./41.

[22] vgl. statt aller *Canotilho*, Direito, S. 620; *Casalta Nabais*, Jurisprudência, S. 79f.; vgl. zum Ganzen Otero, Declaração Universal Dos Direitos Do Homem e Constituição, S. 603ff.

> *"Jeder Mensch ist in Ausübung seiner Rechte und Freiheiten nur den Beschränkungen unterworfen, die das Gesetz ausschließlich zu dem Zweck vorsieht, um die Anerkennung und Achtung der Rechte und Freiheiten der anderen zu gewährleisten und den gerechten Anforderungen der Moral, der öffentlichen Ordnung und der allgemeinen Wohlfahrt in einer demokratischen Gesellschaft zu genügen."*

Als Beleg wird das Urteil Nr. 6/84[23] angegeben[24].
Folgender Sachverhalt liegt dieser Entscheidung zugrunde. Zwei Bestimmungen innerhalb des Regelungswerkes für den Autotransport[25] trug dem Personal die Pflicht auf, während des Dienstes in Transportbussen vorschriftsmäßig uniformiert und rasiert zu sein. Die dagegen gerichteten Klagen rügten die Verletzung des Allgemeinen Persönlichkeitsrechtes. Zwar sei dieses Grundrecht nicht ausdrücklich in der Portugiesischen Verfassung enthalten. Art. 79 Código Civil beinhalte jedoch das Allgemeine Persönlichkeitsrecht[26]. Über die Öffnungsklausel des Art. 16 Abs. 1 CRP sei es damit indirekt in der Verfassung enthalten[27]. Eine Einschränkungsmöglichkeit sehe die Verfassung nicht vor. Deshalb verletzten die Bestimmungen das Ausdrücklichkeitsgebot des Art. 18 Abs. 2 1. Teil CRP und sind folglich verfassungswidrig.

Das Portugiesische Verfassungsgericht verneinte jedoch die Verfassungswidrigkeit dieser Bestimmungen. Die Beschränkung im "Allgemeinen Persönlichkeitsrecht", von dem "das Recht einer Person, sein äußeres Erscheinungsbild zu bestimmen" eine spezielle Ausformung sei, wären erlaubt[28]. Sie stellen keinen Verstoß gegen das Ausdrücklichkeitsgebot des Art. 18 Abs. 2 1. Teil CRP dar[29].

Zu unterstreichen ist an dieser Stelle jedoch, daß das Portugiesische Verfassungsgericht sich eindeutig *nicht* bei dem gefundenen Lösungsweg auf Art. 29 AllgErklMenschenR stützt. Dieser Artikel wird nur als Beispiel und Beleg dafür herangezogen, daß es keine schrankenlose Grundrechtsausübung geben kann[30]. Das Gericht begründet sein Ergebnis vielmehr mit der Annahme von diesem Grundrecht immanenten Grenzen, ohne diesen Begriff selbst zu verwenden. Die

---

[23]Bd. 2, S. 257ff.

[24]Ebenda; die von *Canotilho* angegebene Fundstelle ist falsch.

[25]Art. 187 Abschnitt g) und Art. 213 Abschnitt d) des "Regulamento dos Transportes em Automóveis".

[26]Vgl. hierzu näher *Capelo de Sousa*, A Constituição E Os Direitos De Personalidade, in: Estudos sobre a Constituição, Bd. II, S. 93ff.

[27]Art. 16 Abs. 1 CRP lautet: "Die in der Verfassung verankerten Rechte schließen in Gesetzen und in anwendbaren Vorschriften des Internationalen Rechts enthaltene Grundrechte nicht aus".

[28]TC Urteil Nr. 6/84, Bd. 2, S. 257ff.

[29]Hierbei vertritt das Gericht die Ansicht, daß das Allgemeine Persönlichkeitsrecht bereits in der Verfassung selbst, nämlich in dem aus Art. 1 CRP abzuleitenden Gebot der Achtung der Menschenwürde enthalten ist, vgl. ebenda, S. 259.

[30]Ebenda, S. 259f.; hier irrt *Canotilho*, wenn er sagt, das Gericht stütze sich bei seiner Entscheidung auf Art. 29 AllgErklMenschenR, und deshalb sei dieses Ergebnis als "karikaturhafte Lösung" zu bezeichnen, Direito, S. 620.

betreffende Vorschrift " verletzt keine Verfassungsbestimmung ", da niemand gezwungen werde, Bart zu tragen oder einen Bart abzurasieren. "Sondern sie verpflichtet nur dazu, während des Dienstes mit Publikumsverkehr ordentlich uniformiert und rasiert zu sein"[31]. Derartige Einschränkungen seien "wohl bekannt und immer gerechtfertigt". Diese haften bestimmten Berufen, die in Kontakt mit der Öffentlichkeit treten, an. "Die Übertreibung veranschaulicht das Absurde: Es wäre undenkbar, es als Ausübung eines Persönlichkeitsrechtes anzuerkennen, wenn der Revisor einer Eisenbahn oder der Platzanweiser eines Theaters seinen Dienst nur mit einem Tanga bekleidet ausüben würde"[32]. Das Gebot des ordentlichen, vorschriftsmäßigen Erscheinens stelle demnach keine Einschränkung des Allgemeinen Persönlichkeitsrechtes dar, sondern wird vom Gericht nur als Grenze des Schutzbereiches verstanden. Deshalb kommt es gar nicht zur Anwendung des Art. 18 CRP.

Auch in einer späteren Entscheidung läßt das Portugiesische Verfassungsgericht diese Frage der Anwendbarkeit des Art. 29 AllgErklMenschenR als Schrankenermächtigungsnorm für die Grundrechte ausdrücklich offen[33]. Hierbei ging es um die Frage, ob eine Norm der Zivilprozeßordnung[34] das in Art. 34 Abs. 1 und 4 CRP geschützte Recht auf Briefgeheimnis verletzt[35]. Dieser zivilprozessuale Artikel erlaubt dem Konkursverwalter, an den Schuldner adressierte Briefe zu öffnen und daraufhin zu überprüfen, ob sie für das Schuldnervermögen von Bedeutung sind oder nicht[36].

(4) Zusammenfassung Das Portugiesische Verfassungsgericht nimmt die Vorschrift, Schranken für die Grundrechte gemäß Art. 18 Abs. 2 1. Teil CRP nur in den durch die Verfassung selbst ausdrücklich genannten Fällen zuzulassen, sehr ernst. Die genannten Entscheidungen, in denen das Portugiesische Verfassungsgericht einen anderen Ansatz verfolgt, betreffen nur Ausnahmen und es steht deshalb nicht zu erwarten, daß das Portugiesische Verfassungsgericht diese zu verallgemeinern beabsichtigt.

Davon unberührt bleiben die Entscheidungen, in denen das Portugiesische

[31] TC Urteil Nr. 6/84, Bd. 2, S. 257ff./ 260f., *Casalta Nabais*, Jurisprudência, S. 80.

[32] TC Urteil Nr. 6/84, Bd. 2, S. 257ff./261.

[33] Vgl. TC Urteil Nr. 198/85, Bd. 6, S. 473ff./480.

[34] Art. 1216 Código de Processo Civil.

[35] Art. 34 Abs. 1 und 4 CRP lauten: "1. Die Wohnung und das Briefgeheimnis sowie das Geheimnis der weiteren privaten Kommunikationsmittel sind unverletzlich.

4. Jeder Eingriff der Behörden in das Brief- und Fernmeldegeheimnis mit Ausnahme der im Gesetz des Strafprozeßrechtes vorgesehenen Fälle ist verboten".

[36] Nach Auffassung des Gerichtes ist diese Vorschrift nicht verfassungswidrig. Zwar ist der zivilprozessuale Artikel kein "Gesetz des Strafprozeßrechtes i. S. d. Art. 34 Abs. 4 CRP". Aber mit Konkurseröffnung sei der Schuldner gerade nicht mehr gesetzlicher Vertreter des Schuldnervermögens. Diese Stellung nimmt der Konkursverwalter ein. Deshalb könne durch die Öffnungsbefugnis kein Recht des Schuldners mehr verletzt werden. Art. 18 Abs. 2 CRP kommt nach der Lösung des Gerichts nicht zur Anwendung.

Verfassungsgericht sich der Annahme "immanenter" Grenzen der Grundrechte zu deren Schutzbereichsbegrenzung bedient[37]. Jedoch läßt sich auch hieraus ablesen, daß Art. 18 Abs. 2 CRP streng verstanden wird. Denn das Portugiesische Verfassungsgericht begrenzt mit den immanenten Schranken nur den Schutzbereich des Grundrechtes. Das Grundrecht wird nicht im Sinne des Art. 18 CRP eingeschränkt[38].

Art. 29 AllgErklMenschenR wird vom Portugiesischen Verfassungsgericht nicht als allgemeine Schrankenklausel der Grundrechte angesehen.

1.1.2 Auffassungen der Lehre

(1) "immanente" Schranken Die portugiesische Lehre bedient sich vor allem der schutzbereichsbegrenzenden immanenten Schanken, um nicht mit Art. 18 Abs. 2 1. Teil CRP in Konflikt zu geraten[39]. Wird ein Gesetz als Konkretisierung der Schutzbereichsgrenzen eines Grundrechtes verstanden, so stellt es keine Einschränkung i. S. d. Art. 18 CRP dar. Folglich kommt es auch nicht zur Anwendung des Ausdrücklichkeitsgebotes des Art. 18 Abs. 2 Teil 1 CRP.

(2) Anwendbarkeit des Art. 29 Abs. 2 Allgemeine Menschenrechtserklärung In der portugiesischen Lehre wird gegenüber der Rechtsprechung des Portugiesischen Verfassungsgerichtes vor allem von *Miranda*[40] die These vertreten, daß Art. 29 Abs. 2 AllgErklMenschenR zur Anwendung kommt. Diese Generalklausel[41] sei in der Portugiesischen Verfassung enthalten. Als Argument wird hierfür Art. 16 Abs. 2 CRP angegeben[42]. Deshalb könne Art. 29 Abs. 2 AllgErklMenschenR als Rechtfertigungsnorm für Grundrechtsbeschränkungen herangezogen werden.

Miranda sieht zwar das Problem, daß in der Portugiesischen Verfassung gerade keine derartige Generalklausel verankert wurde und daß Art. 18 Abs. 2 CRP ausdrücklich nicht verfassungsmäßig ermächtigte Beschränkungen verbietet. *Mirandas* Argumentation beruht zum einen darauf, daß es sich bei der fehlenden Grundrechtsausübungsregelung um eine Lücke in der Portugiesischen Verfassung handele. Zum anderen richtet sich ein zweites Argument *Mirandas* direkt auf die Vergleichbarkeit der Art. 18 Abs. 2 CRP und Art. 29 Abs. 2 AllgErklMenschenR. So vertritt *Miranda* die Ansicht, Art. 18 Abs. 2 CRP beziehe sich auf ganz bestimmte Rechte, nämlich die Rechte, Garantien und Freiheiten, und betreffe nur

---

[37]Vgl. hierzu bereits oben **B. I**.

[38]Ebenda.

[39]Vgl. hierzu oben **B. I. 1.1**.

[40]Vgl. Manual, Bd. IV, S. 271ff.; ebenso, aber ohne nähere Begründung *Andrade*, Direitos Fundamentais, S. 232.

[41]Vgl. zum Wortlaut und Inhalt von Art. 29 Abs. 2 AllgErklMenschenR oben **1.1.1 (3)**.

[42]Art. 16 Abs. 2 CRP lautet: "Die die Grundrechte betreffenden verfassungsrechtlichen und gesetzlichen Bestimmungen müssen im Einklang mit der Allgemeinen Menschenrechtserklärung ausgelegt und ergänzt werden".

den Inhalt dieser Rechte. Art. 29 Abs. 2 AllgErklMenschenR hingegen beziehe sich auf ganz allgemeine Bedingungen und betreffe alle Rechte insgesamt[43]. Aus diesen Gründen sei Art. 29 Abs. 2 AllgErklMenschenR eine für die Grundrechte der Portugiesischen Verfassung geltende Schrankenermächtigungsnorm.

1.2 Rechtsvergleich

Eine dem Ausdrücklichkeitsgebot des Art. 18 Abs. 2 1. Teil CRP entsprechende Vorschrift ist im Grundgesetz nicht enthalten.

Abgesehen von den im Grundgesetz vorgesehenen mittelbaren und unmittelbaren Vorbehalten stellt sich deshalb auch in der deutschen Verfassungslehre und Rechtsprechung vor allem bei den vorbehaltlosen Grundrechten die Frage nach ihrer Einschränkbarkeit. Hierbei werden in der Lehre und der verfassungsgerichtlichen Rechtsprechung unterschiedliche Ansätze verfolgt.

1.2.1 Lehre

Auch in der deutschen Grundrechtslehre sind Versuche unternommen worden, die Grundrechte einer allgemeinen Schrankenklausel zu unterziehen. So wird vor allem von *Dürig* die These vertreten, daß die Schrankentrias des "Muttergrundrechtes" Art. 2 Abs. 1 GG (Rechte anderer, verfassungsmäßige Ordnung, Sittengesetz) auf alle Grundrechte anzuwenden sei[44]. Von der überwiegenden Meinung in der Lehre wird dieser Ansatz *Dürigs* zu Recht abgelehnt, da ansonsten die vom Verfassungsgeber vorgenommene Differenzierung von vorbehaltbehafteten und vorbehaltlosen Grundrechten umgangen werden würde und das Verhältnis lex generalis - lex specialis unberücksichtigt bliebe[45].

Mit derselben Argumentation läßt sich die Ansicht zurückweisen, die die allgemeine Vorbehaltsklausel der "allgemeinen Gesetze" des Art. 5 Abs. 2 GG auf alle Grundrechte angewendet wissen will[46]. Die Anwendung des Art. 5 Abs. 2 GG bleibt demnach nach der herrschenden Ansicht auf Art. 5 Abs. 1 GG beschränkt und kann nicht auf andere Grundrechte erstreckt werden[47].

Bezüglich der Annahme immanenter Schranken, einer polizeilichen Generalklausel sowie der Grundrechtseinschränkbarkeit aufgrund von Grundrechten Dritter und anderen Verfassungsschutzgütern wird auf das bereits Ausgeführte verwiesen[48].

---

[43] *Miranda*, Manual, Bd. IV, S. 273.

[44] M/D/H/S, Kommentar zum Grundgesetz, Art. 2 Abs. 1, Rn. 70ff.

[45] Vgl. statt aller *Bleckmann*, Staatsrecht II, S. 355.

[46] So z. B. *Schwerdtfeger*, Öffentliches Recht in der Fallbearbeitung, Rn. 552 Fn. 16.

[47] Vgl. hierzu *Bleckmann*, Grundrechte, S. 716ff.; *Schnapp*, S. 732; *Schwerdtfeger*, Öffentliches Recht in der Fallbearbeitung, Rn. 552; BVerfGE 7, 209; BVerfG in NJW 1986, 1239; a. M. *Bettermann*, Grenzen der Grundrechte, S. 22ff.

[48] Vgl. oben **B. I** und **C. III**.

Herrschende Meinung der Lehre ist, daß Grundrechtsschranken sich – unmittelbar oder mittelbar – nur aus der Verfassung selbst ergeben können. Bei vorbehaltlosen Grundrechten sollen nur andere Werte und Güter von *Verfassungsrang* grundrechtseinschränkend wirken können. Anderen Werten, die keinen Ausdruck durch das Grundgesetz finden, kann demnach keine derartige Wirkung zukommen[49].

1.2.2 Rechtsprechung

Das Bundesverfassungsgericht vertritt in ständiger Rechtsprechung die Auffassung, daß "nur kollidierende Grundrechte Dritter oder andere mit Verfassungsrang ausgestattete Rechtswerte ... ausnahmsweise imstande" seien, "auch uneinschränkbare Grundrechte ... zu begrenzen"[50]. Damit hat es sich der Lehrmeinung angeschlossen. Danach seien Grundrechtsschranken außerhalb der Grundrechte nur aus anderen verfassungsrechtlich geschützten Gütern, d. h. aus grundgesetzlich positivierten Gütern abzuleiten. Wertsetzende und grundrechtseinschränkende Kraft komme nur dem Grundgesetz selbst zu. "Ein Rechsgut sei nur dann 'verfassungsrechtlich geschützt', wenn es 'verfassungsrechtlich positiviert' sei"[51].

Von diesem Grundsatz der Erforderlichkeit grundgesetzlicher Positivierung scheint das Gericht jedoch in dem Beschluß vom 7.3.1990 abzurücken[52]. Das Bundesverfassungsgericht hatte dort sich mit der Frage zu beschäftigen, ob die deutsche Nationalhymne die in Art. 5 Abs. 3 GG vorbehaltlos gewährleistete Kunstfreiheit einschränken kann. Ausgangspunkt war dabei zunächst das Problem, ob eine Satire auf das Deutschlandlied in den Schutzbereich der Kunstfreiheit fällt. Im Anschluß an die Bejahung dieses Problems wurde geprüft, inwieweit der Hymne auch grundrechtseinschränkende Wirkung zukommt.

In dem Beschluß wird vom Bundesverfassungsgericht zwar behauptet, das Schutzgut "Hymne" sei in der Verfassung verankert. Der "Schutz der Hymne ist wie derjenige der Flagge ... in der Verfassung begründet"[53] und könne deshalb auch Grundrechte beschränken. Im Grundgesetz wird die Nationalhymne jedoch an keiner Stelle erwähnt. Die Nationalhymne ist damit aber auch kein verfassungsrechtlich positiviertes Schutzgut. Ob damit das Gericht seine bisherige Rechtsprechung aufgeben will oder ob es sich nur um eine ergebnisorientierte Einzelfallentscheidung handelt, bleibt weiteren Entscheidungen vorbehalten.

Festzuhalten bleibt, daß es jedenfalls bis zu diesem Beschluß nach ständiger Rechtsprechung des Bundesverfassungsgerichtes für eine Grundrechtseinschränkung einer grundgesetzlichen Positivierung eines Schutzgutes bedurfte.

---

[49]Vgl. *Schnapp*, S. 733ff.

[50]BVerfGE 28, 248ff./260f.; 30, 19; 30, 173ff.

[51]*Gusy*, JZ 1990, S. 641.

[52]Vgl. BVerfG JZ 1990, S. 638ff.

[53]BVerfG JZ 1990, S. 638ff./639.

1.3 Zusammenfassung und Stellungnahme

Das von der Portugiesischen Verfassung in Art. 18 Abs. 2 CRP aufgestellte Gebot, daß nur in den ausdrücklich von der Verfassung vorgesehenen Fällen Grundrechte eingeschränkt werden können, wird von dem Portugiesischen Verfassungsgericht respektiert. In nur wenigen Fällen wurde hiervon eine Ausnahme gemacht.

Das Grundgesetz kennt ein derartiges Ausdrücklichkeitsgebot nicht. Nach der herrschenden Meinung der Lehre und der ständigen Rechtsprechung des Bundesverfassungsgerichtes sollen Grundrechte über die verfassungsunmittelbaren und -mittelbaren Schranken hinaus nur einschränkbar sein, wenn es sich um ein Schutzgut von Verfassungsrang handelt. Dieser Grundsatz ist mit dem Ausdrücklichkeitsgebot der Portugiesischen Verfassung vergleichbar. Art. 18 Abs. 2 CRP bringt mit diesem Gebot ebenso wie die deutsche Verfassungslehre und -rechtsprechung zum Ausdruck, daß verfassungsrechtlich gewährleistete Grundrechte auch nur ihre Schranken in der Verfassung selbst finden können. Das Ausdrücklichkeitsgebot geht nur noch einen Schritt weiter. Es fordert darüberhinaus, daß die (Portugiesische) Verfassung das Verfassungsschutzgut auch als Schranke kennzeichnet.

Welche Vor- und Nachteile sich aus diesem zusätzlichen Gebot der Ausdrücklichkeit im Vergleich zum Grundgesetz ergeben, ist zunächst von einer Ausgangsfrage abhängig. Es muß die vor allem von *Miranda* vertretene These der Anwendbarkeit des Art. 29 Abs. 2 AllgErklMenschenR als allgemeine Schrankenklausel auf ihre Tauglichkeit hin geprüft werden. Denn kann für die Portugiesische Verfassung diese Generalklausel als Rechtfertigungsgrundlage für Grundrechtseinschränkungen herangezogen werden, würde dadurch das Ausdrücklichkeitsgebot des Art. 18 Abs. 2 CRP stark relativiert.

1.3.1 Tauglichkeit des Art. 29 Allgemeine Menschenrechtserklärung

Diese These[54] der Anwendbarkeit des Art. 29 Abs. 2 AllgErklMenschenR als allgemeine Schrankenermächtigungsnorm für Grundrechtseinschränkungen ist abzulehnen.

Bereits das von *Miranda* erstgenannte Argument der durch diese Bestimmung zu schließenden "Lücke"[55] ist nicht stichhaltig. Einerseits läßt *Miranda* die Entstehungsmotive gerade für den Grundrechtsteil außer acht. Angesichts der schwerwiegenden Erfahrungen mit einer allgemeinen Ausübungsklausel in der Verfassung von 1933[56] wurde bewußt auf eine vergleichbare Regelung in der Verfassung von 1976 verzichtet[57]. Andererseits wurde diese Materie auch in Art. 18 Abs. 2

[54]Vgl. eben **1.1.2 (2)**.

[55]Vgl. ebenda.

[56]Vgl. hierzu näher oben **A. I. 1.1**.

[57]Um nicht einer erneuten Errichtung einer Diktatur den Weg zu ebnen, wurde auch auf die Einführung eines Grundrechts der allgemeinen Handlungsfreiheit verzichtet. "Denn" – wie *Thomashausen* (Portugal, S. 628) betont – "jede Normierung der allgemeinen Hand-

CRP geregelt, der Einschränkungen nur dem Gesetz in den in der Verfassung ausdrücklich vorgesehenen Fällen zuläßt. Die Voraussetzung der "Ausdrücklichkeit" wäre unbrauchbar und überflüssig, wenn man andere nicht in der Verfassung vorgesehene Einschränkungen zuließe[58]. Von einer Lücke kann demnach gerade nicht die Rede sein.

Gegen das zweite Argument der Vergleichbarkeit des Art. 18 Abs. 2 CRP mit Art. 29 Abs. 2 AllgErklMenschenR läßt sich bereits – einen Schritt davor – der Wortlaut des von *Miranda* als "Brückennorm" verwendeten Art. 16 Abs. 2 CRP anführen.

Art 16 Abs. 2 lautet:

> *"Die die Grundrechte betreffenden Verfassungs- und Gesetzesbestimmungen müssen in Übereinstimmung mit der Allgemeinen Menschenrechtserklärung ausgelegt und ergänzt werden".*

Art. 16 Abs. 2 CRP spricht ausdrücklich nur von der Anwendbarkeit der AllgErklMenschenR als Auslegungsmaßstab. Der Artikel spricht jedoch nicht von einer *vollständigen* Übernahme im Sinne einer gänzlichen *Adaption* sämtlicher Bestimmungen der Allgemeinen Menschenrechtserklärung[59]. Der Sinn der Bestimmung, insbesondere des Wortes "ergänzt", geht von der Vorstellung aus, daß in der Portugiesischen Verfassung eventuell unbewußte Regelungslücken bestehen. Diese Regelungslücken sollen dann nach dem Sinngehalt des Art. 16 Abs. 2 CRP in der Weise geschlossen werden, daß der Schutz der Grundrechte durch eine in Übereinstimmung mit der Menschenrechtserklärung stattfindenden Auslegung und Ergänzung *erweitert* wird[60].

Dem wird wiederum von den Vertretern der Anwendbarkeit des Art. 29 Abs. 2 AllgErklMenschenR als allgemeine Schrankenklausel entgegengehalten, daß aus dem Wortlaut des Art. 16 Abs. 2 CRP diese bloße Erweiterungsfunktion nicht hervorgehen würde[61]. Es sei "nicht ausgeschlossen, daß sich Art. 16 Abs. 2 CRP auch auf einschränkende Bestimmungen bezieht"[62]. Dem ist insoweit zuzustimmen, daß aus dem Wortlaut allein dieser Sinngehalt als Beschränkung auf nur *erweiternden* Grundrechtsschutz nicht ersichtlich ist. Jedoch auch durch die systematische Stellung der Vorschrift wird die Beschränkung nur auf die Erweiterungsfunktion unterstrichen. Denn diese Vorschrift steht direkt im Anschluß an Art. 16 Abs. 1 CRP, der bestimmt, daß "*die in der Verfassung verankerten Grundrechte keinerlei andere in Gesetzen oder in Regeln des internationalen*

lungsfreiheit hätte auch eine verfassungsrechtliche Statuierung ihrer Schranken erfordert und damit die Gefahr in sich geborgen, daß über die allzu generellen Schranken eines allgemeinen 'Auffanggrundrechts' auch die übrigen Grundrechte in einer dem verfassungsgesetzgeberischen Willen zuwider laufenden Weise hätte eingeschränkt werden können".

[58]Vgl. auch *Canotilho/Moreira*, Anotada, S. 139.

[59]Ebenso *Thomashausen*, Portugal, S. 633.

[60]Vgl. *Canotilho/Moreira*, Anotada, S. 139.

[61]Vgl. *Miranda*, Manual, Bd. IV, S. 272.

[62]Ebenda.

Rechts enthaltenen Grundrechte aus(schließen)". Demnach möchte Art. 16 Abs. 1 CRP - wie oben gezeigt - die Portugiesische Verfassung offen für Grundrechte außerhalb der Verfassung halten. Auch bei diesem Absatz des Art. 16 CRP zeigt sich klar, daß Erweiterungen und nicht etwa Einschränkungen des Grundrechtsschutzes beabsichtigt sind. Aus diesen Gründen ist die Ansicht *Mirandas*, Art. 29 Abs. 2 AllgErklMenschenR auf die in der Portugiesischen Verfassung enthaltenen Grundrechte anzuwenden, abzulehnen[63].

1.3.2 Vor– und Nachteile der "Ausdrücklichkeit"

Klaren und eindeutigen Bestimmungen haftet stets als Nachteil die mangelnde flexible Handhabung an. Das Portugiesische Verfassungsgericht kann bei fehlender ausdrücklicher Schrankenermächtigung nur auf die Annahme schutzbereichsbegrenzender immanenter Schranken zurückgreifen, will es nicht gegen das Ausdrücklichkeitsgebot des Art. 18 Abs. 2 CRP verstoßen[64]. Die Korrekturversuche über diese Figur der immanenten Schranken lassen jedoch die Reichweite des Schutzbereiches des jeweiligen Grundrechtes undeutlich werden. Die Bestimmung der Schutzbereichsgrenzen bleibt so allein dem Dezisionismus des Portugiesischen Verfassungsgerichtes vorbehalten. Dies führt aber zu einer Abschwächung der von dem Eingriffsmodell ausgehenden Schutzwirkung.

Die Vorteile des Ausdrücklichkeitsgebots gegenüber dem Grundgesetz liegen auf der Hand. Als Vorteile sind vor allem Klarheit und Eindeutigkeit zu nennen. Der durch das Eingriffsmodell gewährleistete Grundrechtsschutz durch die Unterscheidung von Schutzbereich, Schranke und Rechtfertigung wird durch ein Ausdrücklichkeitsgebot erhöht.

Dieser Vorteil wird vor allem deutlich, wenn man sich noch einmal die Entscheidung des Bundesverfassungsgerichtes hinsichtlich des Schrankencharakters der *nicht* vom Grundgesetz positivierten Nationalhymne vor Augen führt[65]. Die Aussage des Bundesverfassungsgerichtes, die Hymne sei "in der Verfassung begründet", muß mangels verfassungsrechtlicher Positivierung als schlichte Behauptung zurückgewiesen werden. Das Bundesverfassungsgericht verläßt mit dieser

[63]Eine andere Frage ist, ob Art. 29 Abs. 2 AllgErklMenschenR auf über die Öffnungsklausel des Art. 16 Abs. 1 CRP anzuwendende Grundrechte als Schrankenermächtigungsgrundlage Anwendung finden kann. Dies müßte jedoch ebenfalls verneint werden. Zwar sieht die Portugiesische Verfassung - natürlich - keine Schranken für erst über Art. 16 Abs. 1 CRP eingeführte Grundrechte vor. Aber man kann mit *Andrade* dahingehend argumentieren, daß sich Art. 18 Abs. 2 CRP auf die in der Verfassung verankerten und gewährleisteten *Werte* bezieht (Direitos Fundamentais, S. 80). Mit dieser Argumentation kann man sich von dem ausdrücklichen Wortlaut des Art. 18 CRP lösen und man unterstellt einen der Verfassung zugrundeliegenden Wertekonsens, der auf über Art. 16 Abs. 1 CRP eingeführte Rechte nach dem Grundsatz der Einheit der Verfassung übertragen werden könnte. Auf diese Weise wäre Art. 18 Abs. 2 CRP auch auf über Art. 16 Abs. 1 CRP eingeführte Rechte anwendbar.

[64]Vgl. hierzu ausführlich oben **B. I. 1.2.**

[65]BVerfG JZ 1990, S. 638ff.; vgl. hierzu bereits oben **1.2.2.**

Entscheidung den Grundsatz, der in dem Erfordernis der Positivierung enthalten ist: Nur das Grundgesetz kann bestimmen, welchen Werten rechtliche Relevanz zukommen soll. Dies muß um so mehr gelten, wenn Werte als Einschränkungsrechtfertigung eines vorbehaltlos ausgestalteten Grundrechtes angeführt werden. "Wenn das *BVerfG* jeden gesetzlich oder von der 'Staatspraxis' anerkannten Belang konstitutionalisieren darf", so ist der dogmatische Schutz des Eingriffsmodells nichts mehr wert[66]. Die Frage, welcher Wert Verfassungsrang und damit grundrechtseinschränkende Wirkung besitzt, bleibt vollständig dem Dezisionismus des Bundesverfassungsgerichtes überlassen. Die Grenzen zwischen dem Werte setzenden Verfassungsgeber Legislative und der Werte erkennenden Verfassungsgerichtsbarkeit verschwimmen.

Das Ausdrücklichkeitsgebot des Art. 18 Abs. 2 1. Teil CRP würde dieser Entwicklung vorbeugen. Durch die verfassungsrechtliche Verankerung eines Ausdrücklichkeitsgebots würde der Gesetzgeber sowie auch die Verfassungsgerichtsbarkeit an diese "Kompetenzdifferenzierung zwischen Verfassungsgebung und Verfassungsgerichtsbarkeit"[67] und den davon ausgehenden dogmatischen Schutz erinnert werden.

---

[66] *Gusy*, JZ 1990, S. 641; Hervorhebung im Original.

[67] Ebenda.

2 Zweck der Einschränkung

2.1 Portugal

2.1.1 Verfassungstext

Die zweite materielle Voraussetzung für eine Einschränkung der Grundrechte besteht darin, daß gemäß Art. 18 Abs. 2 letzter Teil CRP eine Einschränkung nur gerechtfertigt ist, wenn diese der

> *"Wahrung anderer verfassungsmäßig geschützter Rechte oder Interessen dient"*[68].

An manchen Stellen in der Portugiesischen Verfassung weist die Verfassungsbestimmung selbst auf ein derartiges verfassungsrechtliches Interesse hin. So bestimmen z. B. Art. 47 Abs. 1[69] und Art. 62 Abs. 2 CRP[70], daß die Berufsfreiheit und die Berufswahlfreiheit Einschränkungen im *Interesse des Allgemeinwohls* unterworfen sind bzw. Requirierungen und Enteignungen nur zum *Wohle der Allgemeinheit* erfolgen dürfen[71].

Dem Verfassungstext ist jedoch nicht zu entnehmen, in welchen Fällen ein Rechtsgut in ausreichendem Maße "verfassungsmäßig geschützt" ist, um als Einschränkungsrechtfertigung zu dienen.

2.1.2 Bedeutung und Abgrenzbarkeit

(1) Notwendiger Verfassungsrang des Einschränkungszwecks Art. 18 Abs. 2 letzter Teil CRP gibt eine nur allgemeine Antwort auf die Frage, in welchen Fällen der Gesetzgeber Grundrechtseinschränkungen vornehmen darf. Folge dieser Bestimmung ist nämlich, daß der Zweck der Grundrechtseinschränkungen des Gesetzgebers durch die Verfassung selbst vorgegeben und damit gerechtfertigt sein muß. Der Grund hierfür wird im Ausnahmecharakter einer Grundrechtseinschränkung gesehen. Will der Gesetzgeber ein verfassungsrechtlich geschütztes Grundrecht einschränken, so muß er sich auf einen anderen Verfassungswert stützen können. Bei Fehlen einer derartigen "Ranghöhe" des Zweckes muß zwingend von der Rechtswidrigkeit einer Einschränkung ausgegangen werden[72].

---

[68] Dieser Passus wurde bei der ersten Revision 1982 in den Verfassungstext eingeführt.

[69] Art. 47 Abs. 1 CRP lautet: "Alle haben das Recht, den Beruf oder die Art der Arbeit frei zu wählen, vorbehaltlich der gesetzlichen Einschränkungen, die im Interesse des Allgemeinwohls auferlegt werden oder mit der persönlichen Eignung verbunden sind".

[70] Art. 62 Abs. 2 CRP lautet: "Die Requirierung und Enteignung zum Wohle der Allgemeinheit können nur auf gesetzlicher Grundlage und gegen Zahlung einer gerechten Entschädigung erfolgen".

[71] Vgl. zum Schutz des Privateigentums in Portugal *Prata*, A Tutela Constitucional Da Autonomia Privada, S. 143ff.

[72] Vgl. im gleichen Sinn *Andrade*, Direitos Fundamentais, S. 239.

Wenn dieser Einschränkungszweck der Wahrung *verfassungsmäßig* geschützter Rechte oder Interessen gelten muß, läßt sich daraus nur ableiten, daß der Gesetzgeber gehindert wird, Grundrechtseinschränkungen zur Wahrung vom Range her nur unterverfassungsrechtlicher Güter oder Interessen vorzunehmen[73].

Das Problem, wann ein Rechtsgut ausreichenden Verfassungsrang besitzt, ist dem Verfassungstext selbst nicht zu entnehmen. Die Antwort darauf fällt nicht schwer, wenn diese Interessen – wie gesehen – in wenigen Verfassungsbestimmungen selbst angesprochen und formuliert werden. Dem Erfordernis des Art. 18 Abs. 2 CRP kommt insoweit dann keine eigenständige Bedeutung zu.

Schweigt – wie im Regelfall – die Grundrechtsnorm zu dieser Frage, so entfaltet das Erfordernis des Art. 18 Abs. 2 letzter Teil CRP seine Bedeutung. Fehlt also in der Grundrechtsnorm selbst ein Hinweis auf den Zweck eines Einschränkungsgesetzes, dann bedeutet dies nicht, daß der Gesetzgeber hinsichtlich des "warum" einer Einschränkung frei ist und das Ziel seines Gesetzes auch die Wahrung unterverfassungsrechtlicher Interessen beinhalten könnte. Vielmehr wird der Gesetzgeber der Wahrung verfassungsmäßiger Rechtsgüter verpflichtet. Die hier gestellte Frage, wann ein derartiges Rechtsgut "verfassungsmäßig geschützt" ist, läßt der Text offen.

(2) Auffassungen der Lehre Im portugiesischen Schrifttum lassen sich nur vereinzelt Stellungnahmen zu dieser Problematik finden. Falls die einzelne Verfassungsbestimmung zur Frage des Einschränkungszweckes schweigt, so soll dem Erfordernis des Art. 18 Abs. 2 CRP genüge getan sein, wenn der Gesetzgeber sich auf ein "der Verfassung pertinentes Interesse berufen" kann[74]. So können z. B. die aus den Art. 272 Abs. 1[75] und 273 Abs. 1 CRP[76] hervorgehenden Interessen der inneren Sicherheit bzw. der nationalen Verteidigung als ausreichendes verfassungsrechtliches Interesse im Sinne von Art. 18 Abs. 2 CRP angesehen werden.

Das verfassungsrechtliche Interesse oder Recht muß also nicht *ausdrücklich* der Verfassung zu entnehmen sein. Vielmehr ist ausreichend, daß dieser Verfassungswert "ausreichenden und angemessenen Ausdruck" in der Verfassungsbestimmung gefunden hat[77].

(3) Analyse der Rechtsprechung des Portugiesischen Verfassungsgerichtes Aus der Rechtsprechung des Portugiesischen Verfassungsgerichtes lassen sich zur Frage der Abgrenzbarkeit von verfassungsrechtlichen und nichtverfassungsrechtlichen Interessen folgende Beispiele nennen:

---

[73] Vgl. *Canotilho/Moreira*, Anotada, S. 151.

[74] *Canotilho/Moreira*, Anotada, S. 151.

[75] Art. 272 Abs. 1 CRP lautet: "Die Polizei hat die Aufgaben, die demokratische Legalität zu verteidigen und die innere Sicherheit und die Rechte der Bürger zu gewährleisten".

[76] Art. 273 Abs. 1 CRP lautet: "Es ist Verpflichtung des Staates, die nationale Verteidigung sicherzustellen".

[77] *Canotilho/Moreira*, Anotada, S. 151.

In dem Urteil Nr. 244/85 beschäftigte sich das Verfassungsgericht[78] mit dem Problem, inwieweit Art. 153 CRP, der Gesetzeseinschränkungen des passiven Wahlrechtes bezüglich der Wahlen zur Versammlung der Republik ermöglicht, auch auf Wahlen zu den Selbstverwaltungskörperschaften Anwendung finden könne. Dies hätte zur Folge, daß der Gesetzgeber befugt wäre, Inkompatibilitäten auch für Beamte der Gemeinden und Städte hinsichtlich ihrer Wahl zu den Organen der Ortsgewalt[79] gesetzlich zu regeln.

Diese Frage wird von dem Portugiesischen Verfassungsgericht bejaht, wobei das *verfassungsrechtliche* Interesse für eine derartige vom Wortlaut der Verfassung nicht ausdrücklich vorgesehene Einschränkung des passiven Wahlrechtes aus dem Gedanken der Trennung zwischen der "politisch–beschlußfassenden Ebene und der Exekutivebene" herrührt. Auf diese Weise soll die "Unabhängigkeit und Unparteilichkeit der Verwaltungsexekutive" bewahrt werden können[80]. Dies stelle "unbestreitbar ein 'verfassungsrechtliches Interesse' " dar, das "unbestreitbar Aufnahme in einer sich auf das demokratische Rechtsstaatsprinzip gründenden Verfassung finde(t)"[81].

Problem des Urteils Nr. 103/87[82] war, ob Art. 270 CRP und das darauf fußende "Gesetz der Nationalen Verteidigung und der Streitkräfte"[83] auch für Einschränkungen der Grundrechte der Angehörigen der Öffentlichen Sicherheitspolizei[84] Anwendung finden könne. Auch dies wurde grundsätzlich vom Verfassungsgericht bejaht. Als verfassungsrechtlicher Zweck für Grundrechtseinschränkungen seien "die Effektivität ... , Ordnung, Unparteilichkeit und Freiheit dieser Kräfte (= Öffentl. Sicherheitspolizei, *Anm. des Verf.*), d. h. deren ausschließliche Abhängigkeit vom Allgemeinwohl" zu nennen[85].

Zusammenfassend läßt sich feststellen, daß das Portugiesische Verfassungsgericht das von Art. 18 Abs. 2 letzter Teil CRP aufgestellte Erfordernis des verfassungsmäßig geschützten Rechtes oder Interesses für eine Grundrechtseinschränkung an den Beginn einer jeden Verhältnismäßigkeitsprüfung[86] stellt. Das verfassungsrechtliche Interesse wird dabei weit verstanden. Einen ausdrücklichen Niederschlag in der Verfassung muß dieses nicht gefunden haben, vielmehr ist ausreichend, daß sich ein derartiges Interesse aus Struktur und Sinnzusammenhang der Portugiesischen Verfassung ergibt[87].

[78] Bd. 6, S. 211ff.
[79] Wörtl.: "poder local".
[80] Ebenda, S. 227/228.
[81] Ebenda.
[82] Bd. 9, S. 83ff.
[83] Gesetz Nr. 29/82, wörtl.: "Lei de Defesa Nacional e das Forças Armadas.
[84] Wörtl.: "Policía da Segurança Pública.
[85] TC Urteil Nr. 103/87, Bd. 9, S. 83ff./112, 113.
[86] Vgl. hierzu gleich **D. II. 3**.
[87] Vgl. ebenso *Canotilho/Moreira*, Anotada, S. 151.

2.1.3 Konsequenzen für die Gestaltungsfreiheit des Gesetzgebers

Stellt nun die Portugiesische Verfassung durch den Art. 18 Abs. 2 letzter Teil CRP an die Ranghöhe des gesetzgeberischen Einschränkungszweckes die besondere Anforderung, daß dieser Zweck Verfassungsrang genießen muß, so stellt sich die Frage, ob hierdurch die Gestaltungsfreiheit des Gesetzgebers auf die bloße Nachvollziehung von Verfassungsaufträgen reduziert wird. Wenn nämlich der Gesetzgeber ohnehin bei der Grundrechtseinschränkung an Ziele und Zwecke der Verfassung gebunden ist, *gestaltet* der Gesetzgeber nicht diese Einschränkungen, sondern er *konkretisiert* nur bereits durch die Verfassung Vorgegebenes. Von der Gestaltungsfreiheit bliebe somit nicht viel übrig. Diese würde sich vielmehr in eine bloße Konkretisierungskompetenz gewandelt haben.

(1) Auffassungen der Lehre So spricht auch *Canotilho* von einem "graduellen System der Gestaltungsfreiheit"[88]. Danach gebe es "einige Fälle", in denen der Gesetzgeber streng an die Verfassung gebunden ist und seine Gestaltungsfreiheit nurmehr eine "gesetzgeberische Konkretisierungskompetenz besitzt". "In anderen Fällen ist die Qualifizierungskompetenz des Allgemeininteresses freier. Sie ist aber immer noch in der Weise *positiv gebunden*, daß der Gesetzgeber daran gehindert wird, Rechte im Namen nicht verfassungsmäßig geschützter Allgemeininteressen zu beschränken"[89]. Offen läßt *Canotilho* jedoch, wann welcher Grad des genannten Systems einschlägig ist.

Jedenfalls ergibt sich aus dem von *Canotilho* vorgestellten System eine Zweistufigkeit in der Weise, daß der Gesetzgeber im ersteren Falle nurmehr konkretisiert, während bei der zweiten Stufe er gehalten ist, sich an die Verfassungsinteressen zu halten. *Canotilho* sieht in Art. 18 Abs. 2 CRP eine "klare Bindung des Gesetzgebers" dergestalt, daß "zwischen dem Zweck der Verfassungsermächtigung zum Erlaß einschränkender Gesetze und der unbeschränkten Ausgestaltungsgewalt des Gesetzgebers zur Verwirklichung dieses Zwecks eine eindeutige materielle Verbindung von Mittel und Zweck bestehen muß"[90].

(2) Analyse der Rechtsprechung des Portugiesischen Verfassungsgerichtes Zu diesem Problem nahm das Portugiesische Verfassungsgericht nur in dem Urteil Nr. 25/84[91] Stellung. In dieser Entscheidung hat das Portugiesische Verfassungsgericht eine von *Canotilhos* Auffassung abweichende Ansicht vertreten.

Der erste Leitsatz dieses sogenannten Schwangerschaftsurteiles lautet:

> *"Das Verfassungsgericht kann nur dann die unbeschränkte Gestaltungsmacht des Gesetzgebers zensieren, wenn diese eindeutig im*

[88]Direito, S. 629.
[89]Ebenda.
[90]*Canotilho*, Direito, S. 629.
[91]Bd. 2, S. 7ff.

Widerspruch zur Verfassungswertordnung steht. Im Zweifel muß das Verfassungsgericht das Gesetz verfassungsgemäß auslegen, wobei eine Vermutung dafür besteht, daß der Gesetzgeber diese beachtet hat."

Diese Auffassung des Portugiesischen Verfassungsgerichtes orientiert sich in seinen Gründen vorwiegend und ausdrücklich an der deutschen Rechtsprechung und Lehre, insbesondere an *Bachof*[92]. Das Portugiesische Verfassungsgericht geht unter Berufung auf das auch in der Portugiesischen Verfassung in Art. 114 Abs. 1 CRP enthaltene Gewaltenteilungsprinzip[93] von der grundsätzlichen "unbeschränkten Gestaltungsfreiheit des Gesetzgebers" aus. Dem Portugiesischen Verfassungsgericht dürfe keine Bedeutung als "Areopag", als "Rat der Weisen"zukommen[94].

Analysiert man dieses Urteil näher, so fällt auf, daß das Gericht jedoch in seiner Begründung nicht auf das Verhältnis zwischen dieser "unbeschränkten Gestaltungsfreiheit" und des Art. 18 Abs. 2 letzter Teil CRP eingeht. Die Frage der Existenz eines verfassungsmäßig geschützten Rechtsgutes wird also nicht positiv geprüft. Es bestünde vielmehr eine Vermutung dafür, *daß* einer gesetzgeberischen Einschränkung ein verfassungsmäßiges Interesse zugrunde liegt.

Andererseits versucht das PortugiesischeVerfassungsgericht – wie oben beispielhaft veranschaulicht[95] – die politischen Entscheidungen des Gesetzgebers für eine Einschränkung der Grundrechte durch ein verfassungsmäßiges Interesse abzustützen, um so dem Erfordernis des Art. 18 Abs. 2 CRP zu entsprechen.

2.2 Rechtsvergleich

Im Gegensatz zu der Portugiesischen Verfassung ist eine dem Art. 18 Abs. 2 letzter Teil CRP entsprechende Bestimmung im Grundgesetz nicht enthalten.

Daraus ist zunächst zu folgern, daß die Legislative "keineswegs ... durch die Notwendigkeit der Verwirklichung eines legitimen öffentlichen Zwecks auf die Verfolgung solcher Ziele festgelegt (ist), die verfassungsrechtlich angeordnet oder geboten sind. Vielmehr kann der Gesetzgeber die Zweckauswahl unter allen öffentlichen und privaten Belangen vornehmen, die ihm schützenswert erscheinen"[96]. Nur *Grenze* seiner legislatorischen Gestaltungsfreiheit ist das Grundgesetz, nicht *Wurzel* aller Zwecke und Ziele für eine Grundrechtseinschränkung.

Dies bedeutet jedoch nicht, daß in der deutschen Lehre nicht diskutiert wird, ob nicht dem gesetzgeberischen Zweck einer Grundrechtseinschränkung Verfassungsrang zukommen müsse[97]. Denn "ein Eingriff in ein Grundrecht, das notwen-

[92]TC Urteil Nr. 25/84, Bd. 2, S. 7ff./23ff.

[93]Art. 114 Abs. 1 CRP lautet: "Die Hoheitsorgane müssen die in der Verfassung eingerichtete Trennung und Verschränkung (der Gewalten, *Anm. des Verf.*) beachten".

[94]Ebenda, S. 24.

[95]Vgl. eben **2.1.2 (3)**.

[96]*Battis/Gusy*, Einführung in das Staatsrecht, Rn. 495.

[97]Vgl. ebenda, Rn. 499.

dig Verfassungsrang hat, tangiert ein hohes Rechtsgut. Demnach wäre zu fordern, daß auch der verfolgte Zweck Verfassungsrang hat, damit seine Verwirklichung Vorteile gebietet, die die Nachteile des Mittels bei der Abwägung auf verfassungsrechtlicher Ebene kompensieren"[98].

Grabitz hat sich in einer Analyse der Rechtsprechung des Bundesverfassungsgerichtes mit dieser Frage beschäftigt[99]. Danach muß bei der legislatorischen Zwecksetzungskompetenz im Grundrechtsbereich zwischen vier verschiedenen Stufen unterschieden werden.

Erste Stufe ist hierbei die bloße Konkretisierungskompetenz des Gesetzgebers im Sinne der ersten Stufe *Canotilhos* "graduellen" Systems. Die zweite Stufe ist die "positiv gebundene legislatorische Qualifikationskompetenz"[100], bei der nicht nur bereits im Grundgesetz vorhandene oder vorausgesetzte öffentliche Interessen umgesetzt werden, sondern bereits öffentliche Interessen im Sinne der zweiten Stufe *Canotilhos* gestaltet werden. Hierbei trägt jedoch der Gesetzgeber die Beweislast dafür, daß diese höher als die geschützten Freiheiten zu bewerten sind.

Dritte Stufe stellt die sogenannte "negativ gebundene Qualifikationskompetenz"[101] dar. Hier sind Wertungen des Gesetzgebers nur dann von Seiten des Bundesverfassungsgerichtes zu versagen, wenn diese eindeutig widerlegbar und fehlsam sind oder der Wertordnung des Grundgesetzes widersprechen. Diese Stufe würde der Stufe entsprechen, die vom Portugiesischen Verfassungsgericht in dem zitierten Schwangerschaftsurteil dem Gesetzgeber zugestanden wurde.

Letzte Stufe des Bundesverfassungsgerichtes ist laut der Analyse von *Grabitz* das Stadium, in dem der Gesetzgeber in seiner Entscheidung in den Grenzen des Willkürverbotes frei ist[102]. Diese Stufe darf nach keiner Ansicht in der Portugiesischen Rechtsprechung und Literatur von der Legislative eingenommen werden. Dies widerspräche eindeutig dem Wortlaut des Art. 18 Abs. 2 letzter Teil CRP.

2.3 Zusammenfassung und Stellungnahme

Zusammenfassend läßt sich feststellen, daß trotz des Unterschiedes bezüglich der von Verfassungs wegen angeordneten Ranghöhe des gesetzgeberischen Zweckes beide Verfassungsgerichte zu annähernd gleichen Ergebnissen in der Rechtsanwendung kommen. In der Tendenz läßt das Grundgesetz dem Gesetzgeber einen weiteren Spielraum, da eine dem Art. 18 Abs. 2 CRP vergleichbare Vorschrift im Grundgesetz nicht enthalten ist.

Dies führt dazu, daß nach der Rechtsprechung des Bundesverfassungsgerichtes erst das Willkürverbot die *Grenze* der gesetzgeberischen Gestaltungsfreiheit

---

[98]Ebenda.

[99]*Grabitz*, Der Grundsatz der Verhältnismäßigkeit in der Rechtsprechung des Bundesverfassungsgerichtes, S. 568ff./600ff.

[100]Ebenda, S. 604, m.w N.

[101]Ebenda, S. 603, m.w.N.

[102]Ebenda.

darstellt. In einigen Fällen[103] fordert es jedoch trotz Fehlens einer entsprechenden ausdrücklichen Verfassungsbestimmung verfassungsrechtlich vorgegebene öffentliche Interessen für die Zulässigkeit einer Grundrechtseinschränkung.

Demgegenüber hält das Portugiesische Verfassungsgericht entgegen dem Wortlaut der Portugiesischen Verfassung an einer weitgehend "unbeschränkten" Gestaltungsfreiheit des Gesetzgebers fest. Dieses Verhalten des Portugiesischen Verfassungsgerichtes steht mit dem Wortlaut der Verfassung, die *Wurzel* aller Einschränkungszwecke und -ziele darstellen soll, in einem gewissen Widerspruch. Während einerseits dem Gesetzgeber eine weitgehend unbeschränkte Gestaltungsfreiheit attestiert wird, steht dem andererseits der eindeutige Wortlaut des Art. 18 Abs. 2 CRP gegenüber, der ein verfassungsmäßiges Interesse für eine Beschränkung der Grundrechte einfordert.

Solches Bemühen des Portugiesischen Verfassungsgerichtes muß als Versuch gewertet werden, den Gesetzgeber einerseits trotz des Art. 18 Abs. 2 CRP nicht zu einem bloßen "Konkretisierungsorgan" verkümmern zu lassen.

Andererseits ist der hohe Grundrechtsschutz, den Art. 18 Abs. 2 CRP bewirkt, nicht zu leugnen. Denn auf diese Weise ist der Gesetzgeber gehalten, nicht jedes beliebige öffentliche Interesse als Grundlage einer Grundrechtseinschränkung zu behandeln. Dies ist auch der Vorteil, der dieser Positivierung gegenüber dem Grundgesetz zukommen mag.

Festzuhalten bleibt, daß beide Verfassungsgerichte so versuchen, soweit als möglich die Gestaltungsfreiheit des Gesetzgebers nicht zu beeinträchtigen. Grund hierfür sind das Gewaltenteilungsprinzip bzw. der Demokratiegedanke. Das Portugiesische Verfassungsgericht sieht sich jedoch der Gefahr ausgesetzt, jeden Zweck aufgrund des Art. 18 Abs. 2 CRP in ein verfassungsrechtlich geschütztes öffentliches Interesse auslegen zu müssen, um so Politik und Judikative getrennt zu (er)halten und die politische Gestaltungsfreiheit nicht zu hemmen.

[103] So bei Einschränkungen im Normbereich des Art. 2 Abs. 2 S. 2 GG, vgl. *Grabitz*, Der Grundsatz der Verhältnismäßigkeit, S. 602, m.w.N.

3 Der Grundsatz der Verhältnismäßigkeit

3.1 Portugal

3.1.1 Verfassungstext

Als dritte materielle Voraussetzung bestimmt die Portugiesische Verfassung in Art. 18 Abs. 2 letzter Teil CRP, daß die

> *"Einschränkungen sich auf das Notwendige... beschränken müssen".*

Diese Bestimmung wurde ebenfalls im Zuge der ersten Revision 1982 in den Verfassungstext aufgenommen und enthält das sogenannte Verhältnismäßigkeitsprinzip[104].

Ausdrücklich wird dieser Grundsatz als solches in den Art. 19 Abs. 4[105] und 266 Abs. 2 CRP[106] bezüglich der Entscheidung für den Belagerungs- oder Ausnahmezustand bzw. der grundlegenden Prinzipien der Verwaltung angesprochen[107]. Erwähnung findet er zudem in den Art. 270[108] und 272 Abs. 2 CRP[109].

3.1.2 Bedeutung

Dem Grundsatz der Verhältnismäßigkeit kommt materielle Bedeutung bei der Einschränkung von Grundrechten zu[110]. Dieser normative Grundsatz der Verhältnismäßigkeit wird allgemein als Oberbegriff verstanden. Er läßt sich in drei Unterprinzipien untergliedern, nämlich in das Erfordernis der Geeignetheit, Erforderlichkeit und der Verhältnismäßigkeit im engeren Sinne[111]. Dabei wird einheitlich

---

[104] Vgl. *Canotilho/Moreira*, Anotada, S. 152; dieser Grundsatz wurde ausdrücklich als Bestimmungsprinzip für die Einschränkungsmaßnahmen verstanden, vgl. hierzu einzelne Abgeordnetenaussagen zit. in *Morais Cunha/Viterbo do Rosário Rego*, Costituição da República Portuguesa, S. 45 und *Nadais/Vitorino/Canas*, Constituição da República Portuguesa, S. 26f.; *Morais/Almeida/Leite Pinto*, Constituição República Portuguesa anotada e comentada, S. 45ff.

[105] Vgl. hierzu unten **E. IV**.

[106] Art. 266 Abs. 2 CRP lautet: "Die Organe und Vertreter der Verwaltung sind der Verfassung und dem Gesetz unterworfen und müssen bei der Wahrnehmung ihrer Aufgaben unter Beachtung der Grundsätze der Gleichheit, Verhältnismäßigkeit, Gerechtigkeit und Unparteilichkeit handeln".

[107] In die Verfassung durch die zweite Revision 1989 eingeführt, vgl. *Canotilho*, Direito, S. 388.

[108] Vgl. zum Wortlaut unten **E. II. 1.1**.

[109] Vgl. zum Wortlaut oben **C. III. 2.1**.

[110] Dieser Grundsatz wurde bereits vor der Einführung in die Verfassung 1982 als der Verfassung vorgegeben betrachtet, vgl. *Canotilho/Moreira*, Anotada, S. 152. Die Frage, ob dieser Grundsatz Ausfluß des Willkürverbotes (vgl. *Andrade*, Direitos Fundamentais, S. 240) oder des Rechtsstaatsprinzips (vgl. TC Urteil Nr. 282/86, Bd. 8, S. 207ff./217; *Canotilho*, Direito, S. 386, m.w.N.) sei, hat wegen der verfassungsrechtlichen Regelung an Bedeutung verloren.

[111] Vgl. *Canotilho*, Direito, S. 386/387; *Canotilho/Moreira*, Anotada, S. 152.

ein einschränkendes Mittel dann als geeignet angesehen, wenn mit Hilfe dieses Mittels der gewünschte Zweck (der Wahrung anderer verfassungsmäßig geschützter Rechte oder Interessen) verfolgt werden kann. Das Mittel ist dann zur Zweckverfolgung erforderlich, wenn dieser Zweck nicht durch weniger die Grundrechte belastende Mittel erreicht werden kann. Stehen das einschränkende Gesetz und die mit dieser Einschränkung verfolgten Ziele in einem ausgewogenen Verhältnis zueinander, dann ist die einschränkende Maßnahme nicht übermäßig sondern verhältnismäßig im engeren Sinne[112].

3.1.3 Analyse der Rechtsprechung des Portugiesischen Verfassungsgerichtes

In der Rechtsprechung des Portugiesischen Verfassungsgerichtes wird der Grundsatz der Verhältnismäßigkeit nicht positiv geprüft. Es wird vielmehr häufig nur negativ festgestellt, *daß* eine gesetzgeberische Maßnahme nicht ungeeignet bzw. nicht unverhältnismäßig im Sinne von übermäßig einschränkend ist[113].

In den Urteilen Nr. 244/85 und 225/85[114]beschränkt sich das Gericht so bei der Frage der Einschränkbarkeit des passiven Wahlrechtes der Verwaltungs- und Justizbeamten für die Organe der Selbstverwaltungskörperschaften sowie der Städte und Gemeinden auf die Feststellung, daß ein derartiges einschränkendes Gesetz nicht gegen den Verhältnismäßigkeitsgrundsatz verstoße. Ein Gesetz, das diese Beamten von der Wählbarkeit zu den Organen der örtlichen Selbstverwaltungskörperschaften und den Organen der Städte und Gemeinden ausschließt, sei verhältnismäßig[115].

Lediglich auf einer Feststellung der Wahrung der Verhältnismäßigkeit beruht auch das Urteil Nr. 7/87[116]. Das Portugiesische Verfassungsgericht überprüft darin bestimmte Normen der Strafprozeßordnung[117] auf ihre Verhältnismäßigkeit. Diese strafprozessualen Vorschriften sehen unter bestimmten Voraussetzungen die Einschränkbarkeit des Berufsgeheimnisses der Journalisten (Art. 38 Abs. 2 b) CRP)[118] sowie die Zulässigkeit von Abhörmaßnahmen (Art. 26 Abs. 1 CRP:

---

[112]Vgl. zu diesen Prinzipien *Canotilho/Moreira*, Anotada, S. 152; *Canotilho*, Direito, S. 387/388.

[113]Vgl. dazu jüngst TC Urteile Nr. 532/89; 221/90; 364/91; 370/91 und 25/92.

[114]Bd. 6, S. 211ff. bzw. S. 793ff.

[115]Vgl. ebenda, S. 228 bzw. S. 800; beide Urteile werden von *Moreira* diesbezüglich angegriffen. Er hält derartige Einschränkungen für unverhältnismäßig und argumentiert, daß für die Voraussetzung der Erforderlichkeit nicht der Maßstab des Vernünftigen ausreichend ist, sondern das einschränkende Mittel notwendig zur Zweckerreichung sein muß, vgl. die Sondervoten *Moreiras*, S. 229ff. bzw. S. 807ff.

[116]Bd. 9, S. 7ff.

[117]Art. 135 Abs. 2, 3; 187 Abs. 1; 190 des "Código do Processo Penal".

[118]Die Vorschriften verweigern den Journalisten, sich auf das in Art. 38 Abs. 2b) CRP gewährleistete Berufsgeheimnis zu berufen, wenn "begründete Zweifel an der Rechtmäßigkeit der Aussageverweigerung" bestehen. Des weiteren darf das Berufsgeheimnis gebrochen werden "in Erfüllung einer höherrangigen Rechtspflicht oder zur Erreichung eines rechtmäßigen öffentlichen

"Recht am eigenen Wort")[119] vor. Ohne weitere Begründung stellt das Gericht in dem Urteil nur fest, daß diese Vorschriften den Grundsatz der Verhältnismäßigkeit nicht verletzen[120].

Auf gleiche Weise verfährt das Portugiesische Verfassungsgericht in dem Urteil Nr. 35/87[121] bezüglich der Unzulässigkeit der Freilassung auf Kaution bei strafbaren Handlungen, die mit Freiheitsstrafen von mehr als 8 Jahren bedroht sind.

Etwas differenzierter setzte sich das Portugiesische Verfassungsgericht mit dem Verhältnismäßigkeitsgrundsatz in dem Urteil 25/84[122] auseinander. Hier stellte das Portugiesische Verfassungsgericht die Verfassungsmäßigkeit eines Gesetzes fest, das aus medizinischen, kriminologischen und erbbedingten Gründen einen Schwangerschaftsabbruch für zulässig erklärt. Dies wird vor allem damit begründet, daß die Verfassung gedacht als *Werteordnung* eine Strafbarkeit in den genannten Fällen nicht zwingend zum Schutz des ungeborenen Lebens erforderlich macht. Die Zulässigkeit eines Abbruches greife in diesen Fällen nicht unverhältnismäßig in den Grundrechtsschutz pränataler Kinder ein. Zum Schutz der Rechte der Mutter entspreche eine Einschränkung des Grundrechtsschutzes des ungeborenen Kindes dem Verhältnismäßigkeitsgrundsatz[123]. In ausdrücklicher Anlehnung an die internationale, insbesondere an die deutsche Verfassungsrechtsprechung wird hierbei betont, daß eine "nicht hierarchische *Verfassungswerteordnung* (Hervorhebung durch den *Verf.*)" zwar Strafbarkeitsgebote zu setzen in der Lage ist. Die im Rahmen der Verhältnismäßigkeitsprüfung vorzunehmende Abwägung zwischen dem gesetzgeberischen Einschränkungszweck und der Wirkung des zu seiner Verwirklichung einzusetzenden Mittels könne aber nur schwer vom Portugiesischen Verfassungsgericht überprüft werden. Insofern stünde dem Gesetzgeber ein gewisser Beurteilungsspielraum zu[124].

In dieser – bereits oben erwähnten – Entscheidung kommt zum Ausdruck, daß sich das Portugiesische Verfassungsgericht der Gefahr bewußt ist, daß bei einer Verhältnismäßigkeitsprüfung von Gesetzen die Möglichkeit eines "Ersatzgesetzgebers Verfassunsgericht" besteht. Deshalb wendet das Portugiesische Verfassungsgericht bei der Beurteilung der Verhältnismäßigkeit von Gesetzen große Zurückhaltung an, die insbesondere bei dem zuletzt zitierten Urteil zum Ausdruck kommt.

---

oder privaten Interesses".

[119] Art. 187 und 190 C.P.P. erlauben bei bestimmten schweren Verbrechen Abhörmaßnahmen zur Wahrheitsfindung.

[120] TC Urteil Nr. 7/87, Bd. 9, S. 7ff./27/35.

[121] Bd. 9, S. 471ff./481.

[122] Bd. 2, S. 7ff.

[123] Ebenda, S. 42.

[124] Ebenda, S. 26ff., 42. *Andrade*, Direitos Fundamentais, S. 145ff.

3.2 Rechtsvergleich

Das deutsche Verfassungsrecht zeigt gerade bei dem Grundsatz der Verhältnismäßigkeit seinen großen Einfluß auf die portugiesische Verfassung[125].

In seinem – oben bereits zitierten[126] – Aufsatz weist *Grabitz* auf die "überragende Rolle" hin, die seit dem Apothekenurteil[127] der Verhältnismäßigkeitsgrundsatz in der Rechtsprechung des Bundesverfassungsgerichtes besitzt. Zwar ist dieser Grundsatz nicht wie in der Portugiesischen Verfassung ausdrücklich dem Grundgesetz zu entnehmen. Jedoch wird dessen verfassungsrechtliche Grundlage vorwiegend aus dem Rechtsstaatsprinzip abgeleitet[128].

Der Grundsatz der Verhältnismäßigkeit setzt sich nach Auffassung beider Verfassungsgerichte und der Lehre aus den eben skizzierten drei Bestandteilen der Geeignetheit, Erforderlichkeit und Verhältnismäßigkeit im engeren Sinne zusammen. In vergleichbarer Weise lassen beide Verfassungsgerichte dem Gesetzgeber aus Gründen der Gewaltenteilung und des Demokratiegrundsatzes einen gewissen Beurteilungsspielraum. Das Bundesverfassungsgericht überprüft nicht positiv das Vorliegen der einzelnen Bestandteilen des Grundsatzes. Insbesondere bei der Abwägung der sogenannten Ziel–Ergebnis–Relation[129] im Rahmen der Prüfung der Verhältnismäßigkeit im engeren Sinne[130] wird ein Beurteilungsspielraum dem Gesetzgeber zugestanden. Dies bedeutet, daß das Bundesverfassungsgericht von einer Vermutung für die Verhältnismäßigkeit der gesetzgeberischen Maßnahme ausgeht.

Als Beurteilungsmaßstab geht das Bundesverfassungsgericht von der sogenannten Wertordnungslehre aus[131]. Es nimmt dabei kein Vorrangverhältnis zwischen einzelnen Grundrechten an, sondern geht von einer Gleichrangigkeit aus[132 133].

---

125 Diese Bedeutung spricht auch das Portugiesische Verfassungsgericht in dem Schwangerschaftsabbruch–Urteil Nr. 25/84 an, wenn es heißt, daß "in diesem Punkt die west–deutsche Verfassung die portugiesische Verfassung stark inspirierte"; vgl. Bd. 2, 7ff./42.

126 Vgl. **2.2**.

127 BVerfGE 7, 377/402ff./431ff., st. Rspr.

128 Vgl. *Grabitz*, Der Grundsatz der Verhältnismäßigkeit, S. 581, m.w.N.; vor allem *Wittig* vertritt die Meinung, dieser lasse sich aus dem Willkürverbot ableiten, vgl. *Wittig*, Zum Standort des Verhältnismäßigkeitsgrundsatzes im System des Grundgesetzes, S. 817ff.

129 Vgl. zum Begriff *Schwerdtfeger*, Öffentliches Recht in der Fallbearbeitung, Rn. 566, m.w.N; TC Urteil Nr. 25/84, Bd. 2, S. 7ff./23/26.

130 Ebenda.

131 Vgl. zum Begriff BVerfGE 7, 198/203ff.; *Bleckmann*, Staatsrecht II, S. 253ff., m.w.N.; *Böckenförde*, Grundrechte als Grundsatznormen, S. 1ff; *Alexy*, Grundrechte als subjektive Rechte und als objektive Normen, S. 49ff.; *Battis/Gusy*, Einführung in das Staatsrecht, Rn. 364; m.w.N.

132 Vgl. *Geddert–Steinacher*, Menschenwürde als Verfassungsbegriff, S. 98, mit zahlreichen Nachw.

133 Der "Vorwurf, das BVerfG konstituiere mit Hilfe des Menschenwürdearguments eine statische 'Werte*rang*ordnung' oder ein 'Beziehungsgeflecht' von Wertbeziehungen" ist widerlegt,

3.3 Zusammenfassung und Stellungnahme

Da das deutsche Verfassungsrecht gerade im Bereich des Verhältnismäßigkeitsprinzips starker Orientierungspunkt für das portugiesische Verfassungsrecht ist, überraschen die bezüglich des Verhältnismäßigkeitsgrundsatzes bestehenden Ähnlichkeiten in beiden Ländern nicht. Beide Gerichte sehen als Basis der Beurteilung der Verhältnismäßigkeit die sogenannte Wertordnungslehre . Beide Gerichte haben dabei bisher nicht ausdrücklich geklärt, was sie unter diesen "Werten" verstehen und wie diese dogmatisch zu begründen sind.

3.3.1 Die Auswirkungen der Wertordnungslehre

(1) Die Begründungsproblematik bei Wertkonflikten Grundrechte als "objektive Werte" verstanden, haben für die Auslegung der Rechtsordnung durch ihre Ausstrahlung in alle Bereiche des Rechts große Bedeutung[134]. Neben ihre Funktion als Abwehrrechte tritt danach eine Funktion als "objektive Ordnungselemente"[135]. Mit der Argumentation einer Wertordnungslehre scheint die Absicht verfolgt zu werden, "eine systematische Zuordnung der einzelnen Freiheitsrechte zueinander ... und somit eine zweckmäßige Ordnung in der pluralistischen Gesellschaft" zu ermöglichen und herzustellen[136]. So wird bei der Abwägung, ob eine gesetzgeberische Maßnahme noch verhältnismäßig ist, diese Wertordnungslehre von beiden Rechtsordnungen überwiegend anerkannt[137]. Dabei gehen die Verfassungsgerichte beider Länder nicht von einer *hierarchischen* Wertordnung aus[138].

Diese Wertordnungslehre birgt also Probleme in sich.

Nach den Kritikern der Wertordnungslehre [139] kann eine hierarchische Wertordnung der Grundrechte keinen rationalen und verbindlichen Maßstab für ein Abwägen im Sinne der Verhältnismäßigkeit im engeren Sinne schaffen, da sie "lediglich einen Maßstab behauptet, ihn aber nicht aufweisen kann"[140]. Beide Verfassungen enthalten nämlich keine ausdrücklichen Normen, die eine Wertordnung *inhaltlich* ausgestalten. Zwar sind beide Verfassungsordnungen dem Schutzgebot der Menschenwürde durch ihren jeweils ersten Artikel verpflichtet[141]. Über den

---

vgl. ebenda, m.w.N.

[134]vgl. BVerfGE 7, 198ff./204f.

[135]*Battis/Gusy*, Einführung in das Staatsrecht, Rn. 365.

[136]Ebenda, Rn. 369.

[137]*Geddert-Steinacher*, Menschenwürde als Verfassungsbegriff, S. 98; zur Kritik vgl. die Nachweise bei *Bleckmann*, Staatsrecht II, S. 253; *Pieroth/Schlink*, Grundrechte – Staatsrecht II, Rn. 328ff.

[138]Vgl. BVerfGE 39, 1/41ff.; *Bleckmann*, Staatsrecht II, S. 258; TC Urteil Nr. 25/84, Bd. 2, S. 7ff./26/40; st. Rspr.; *Andrade*, Direitos Fundamentais, S. 217/221; die Frage des Werteinhalts bleibt jedoch auch unbeantwortet.

[139]Ebenda; *Andrade*, Direitos Fundamentais, S. 221.

[140]*Pieroth/Schlink*, Grundrechte – Staatsrecht II, Rn. 332.

[141]Art. 1 CRP lautet: "Portugal ist eine souveräne Republik, die sich auf die Menschenwürde

Wert*inhalt* und die Ranghöhe selbst geben die Verfassungsordnungen jedoch keine Auskunft. Die Frage lautet also: Was macht den Wert zum Wert ? Gibt es objektive Kriterien, die eine Werte*rang*ordnung erkennen lassen ?

Diese Problematik der Wertordnungslehre wird im Falle einer Kollision von Werten besonders deutlich[142]. Mit der Berufung auf die objektivrechtliche Bedeutung von Grundrechten neben der Abwehrdimension wird eine zweite, nämlich die Schutzfunktion des Staates hergestellt. Mit der Herstellung dieser zweiten Funktion allein kann jedoch noch nicht eine Lösung des Konflikts begründet werden, wenn ein Abwehrrecht *gegen* den Staat auf ein Schutzrecht *durch* den Staat trifft[143]. Dies würde nämlich den Vorrang der Schutz- vor der Abwehrfunktion der Grundrechte bedeuten. Eine derart hierachische Rangordnung der Freiheitsrechte kann weder dem Grundgesetz noch der Portugiesischen Verfassung entnommen werden. Die Grundrechte stehen weder in ihrer Abwehr- noch in ihrer Schutzfunktion in einer hierarchischen Ordnung zueinander. Aufgrund des Fehlens expliziter Bestimmungen über die Geltung und den Rang einzelner Werte in der Verfassung kann eine Wertekollision demnach nur durch Rückgriff auf eine Wertordnung *jenseits* der Verfassung gelöst werden. Eine außerrechtliche Werteordnung ist jedoch ihrerseits begründungsbedürftig. Sie unterliegt gesellschaftlichen und politischen Anschauungen, die einem ständigen Wandel unterworfen sind[144]. Denn "die Wertphilosophie hat ... gezeigt, daß es weder eine rationale Begründung für einzelne Werte noch für eine allgemein gültige Wertordnung gibt. So kann weder die 'Reihenfolge der Werte noch die darauf aufbauende 'Abwägung' argumentativ gestützt oder überprüft werden"[145].

Die Vorstellung, daß ein *rang*höherwertiges Grundrecht zur Einschränkung eines anderen *rang*niedrigeren Grundrechtes führen kann, ist also richtigerweise abzulehnen. Dies bedeutet, daß der Berufung auf eine Werteordnung die Aufgabe einer Begründung der getroffenen Entscheidung zufällt, die sie jedoch objektiv und rational nachvollziehbar nicht leisten kann.

(2) Das Problem der Kompetenzverschiebung Andererseits wird mit der Annahme einer Wertordnung der Grundrechte die damit verbundene Gefahr des Entstehens eines "Verfassungs–Areopag"[146] in beiden Rechtskreisen gesehen. Diese Gefahr fußt auf dem Gedanken, daß "Grundrechte in ihrer objektiven Dimension allseitig wirkende Prinzipien–Normen mit Optimierungstendenz darstellen und als solche den Gesetzgeber binden"[147]. Dadurch wird zum einen die Gestal-

---

und den Volkswillen gründet und deren Ziel die Errichtung einer freien, gerechten und solidarischen Gesellschaft ist".

[142]Zu den Lösungsansätzen bei Grundrechtskollisionen im einzelnen vgl. unten **E. I.**

[143]so z.B. in den von beiden Verfassungsgerichten entschiedenen "Schwangerschaftsfällen".

[144]Nur als Beispiel sei hier auf die häufigen Änderungen der Strafordnungen verwiesen.

[145]*Battis/Gusy*, Einführung in das Staatsrecht, Rn. 369, m.w.N.

[146]*Böckenförde*, Grundrechte als Grundsatznormen, S. 25; TC Urteil Nr. 25/84, Bd. 2, S. 7/24.

[147]*Böckenförde*, Grundrechte als Grundsatznormen, S. 24.

tungsfreiheit des Gesetzgebers beeinträchtigt[148], zum anderen betreiben dadurch Gesetzgeber *und* Verfassungsgericht Rechtsfortbildung und konkurrieren darin. Hierbei werden die Verfassungsgerichte wegen der Unbestimmtheit der Grundsatznormen konkretisierend tätig und dadurch entsteht wiederum eine Bindung des Gesetzgebers aufgrund der Art. 1 Abs. 3 GG bzw. 18 Abs. 1 CRP. "Das Ergebnis ist eine Veränderung in der Zuordnung der Gewalten ... und es vollzieht sich ein gleitender Übergang vom parlamentarischen Gesetzgebungsstaat zum verfassungsgerichtlichen Jurisdiktionsstaat"[149].

Aufgrunddessen wird zu Recht von beiden Verfassungsgerichten bei der Anwendung des Verhältnismäßigkeitskriteriums gegenüber Gesetzen größte Vorsicht geboten.

3.3.2 Auswirkung der Positivierung

Hierin kann auch der Vorteil einer Positivierung des Verhältnismäßigkeitsgrundsatzes in der Portugiesischen Verfassung gesehen werden.

Denn diese mahnt den Gesetzgeber als auch die Verfassungsgerichtsbarkeit, bei einer Abwägung nur solche Güter und Werte einzustellen, die sich ebenfalls aus positivierten Verfassungsgütern ergeben.

Letztlich kann jedoch auch die Positivierung des Verhältnismäßigkeitsgrundsatzes nicht die aufgrund der gebotenen Einzelfallgerechtigkeit unumgehbare Entscheidung vermeiden. Der Gefahr, reinem Dezisionismus zu unterliegen, kann nur begegnet werden, wenn die Verfassungsgerichtsbarkeit der Verantwortung ihrer Kompetenzen und Aufgaben bewußt bleibt.

---

[148]Vgl. hierzu bereits oben 2; *Gusy*, Das Bundesverfassungsgericht als politischer Faktor, S. 93ff.

[149]Ebenda, S. 25.

4 Die Wesensgehaltsgarantie

4.1 Portugal

4.1.1 Verfassungstext

Im letzten Teil des Abs. 3 bestimmt Art. 18 CRP als vierte materielle Voraussetzung die sogenannte Wesensgehaltsgarantie :

> *"Die die Rechte, Freiheiten und Garantien einschränkenden Gesetze dürfen ... den Umfang und die Reichweite des Wesensgehalts der Verfassungsbestimmungen nicht vermindern".*

Bei der Formulierung dieser Bestimmung wurde mit der Wortwahl "Umfang und Reichweite" nicht eine unterschiedliche Bedeutung von Wesensgehaltsumfang und Wesensgehaltsreichweite intendiert. Beide Begriffe werden in der Rechtssprache synoym verwendet [150].

4.1.2 Adressaten des Garantiegebotes

Der Wortlaut und die textsystematische Stellung dieser Bestimmung sind Argument dafür, daß die Wesensgehaltsgarantie für Gesetze Geltung beansprucht, die die Rechte, Freiheiten und Garantien *"einschränken"*. Demzufolge werden von Art. 18 Abs. 3 CRP alle Legislativakte[151] erfaßt, die zu einer "Verminderung" der Grundrechte führen und denen deshalb Schrankenfunktion[152] zukommt.

Der verfassungsändernde Gesetzgeber ist gemäß Art. 288 Abschnitte d) und e) CRP[153] gebunden, die Grundrechte nicht zu verändern. Deshalb und wegen der in Art. 18 Abs. 1 CRP zum Ausdruck kommenden Grundrechtsbindung kann somit auch der verfassungsändernde Gesetzgeber den Wesensgehalt der Grundrechte nicht reduzieren[154]. Aus diesem Grunde ist der Wesensgehalt auch materiell verfassungsänderungsfest.

4.1.3 Schutzgut der Garantie

Divers diskutiert wird in der portugiesischen Rechtsprechung und Literatur die Frage, ob Gegenstand der Wesensgehaltsgarantie die individuelle, subjektive Rechtsposition des einzelnen Grundrechtsträgers oder das abstrakte Grundrecht als objektivrechtliches Rechtsinstitut ist.

---

[150] Vgl. *Andrade*, Direitos Fundamentais, S. 233 Fn. 38; zur Entstehungsgeschichte vgl. *Morais/Almeida/Leite Pinto*, Constituição República Portuguesa anotada e comentada, S. 45.

[151] Zum Begriff vgl. unten **II. 1**.

[152] Vgl. hierzu oben **B. II**.

[153] Art. 288 Abschnitte d) und e) CRP lauten: "Die Verfassungsrevisionsgesetze müssen ...
d) die Rechte, Freiheiten und Garantien der Bürger;
e) die Rechte der Arbeiter, der Arbeiterausschüsse und der gewerkschaftlichen Vereinigungen;
... unberührt lassen".

[154] Ebenso *Canotilho/Moreira*, Anotada, S. 1065f.

(1) Analyse der Rechtsprechung des Portugiesischen Verfassungsgerichtes Die Wesensgehaltsgarantie des Art. 18 Abs. 3 CRP als solches war bisher noch nicht Analysegegenstand des Portugiesischen Verfassungsgerichtes. Vielmehr wurde dieses Garantiegebot nur in einigen Urteilen am Rande angesprochen[155]. Diese Entscheidungen lassen jedoch zumindest eine einheitliche Tendenz erkennen. Das Portugiesische Verfassungsgericht scheint sich z. B. in der Entscheidung über die Anwendbarkeit des Art. 153 CRP auf die Wahlen zu den Organen der örtlichen Selbstverwaltungskörperschaften eher einer auf subjektive Rechtspositionen bezogenen Sichtweise zu bedienen. Es heißt dort, daß "die Unwählbarkeit das in Art. 50 Abs. 1 (CRP, *Anm. des Verf.*) genannte Recht nicht verkürzt ... , weil die Finanzinspektoren in absoluten Maßstab nicht gehindert werden, sich für andere öffentliche Wahlämter zu bewerben"[156].

In dem Urteil Nr. 31/87 befaßte sich das Portugiesische Verfassungsgericht mit der Frage, ob der Ausschluß von Rechtsmitteln[157] gegen den gerichtlichen Beschluß eines Verkündungstermines den Wesensgehalt des in Art. 32 CRP garantierte Verteidigungsrecht berühre. Dies wurde vom Gericht verneint, da "das Recht des Angeklagten auf Verteidigung" hiervon nicht betroffen sei. "Dieses Recht erfordere sicherlich, daß dem Angeklagten die Möglichkeit garantiert ist, gegen eine Verurteilung den Rechtsweg zu beschreiten. Es verpflichtet jedoch nicht dazu, dem Angeklagten gegen jeden richterlichen Akt den Rechtsweg zu ermöglichen"[158].

Aus diesen Sätzen läßt sich ableiten, daß das Gericht sich der Auffassung anschließt, nach erfolgter Einschränkung danach zu fragen, ob der einzelne dann noch in der Lage ist, das betreffende Grundrecht in ausreichendem Maß und Umfang zu aktualisieren. Damit bezieht es die Wesensgehaltsgarantie des Art. 18 Abs. 3 letzter Teil CRP auf subjektive Positionen und nicht auf einen objektiven Zustand grundrechtlicher Normierung.

(2) Auffassungen der Literatur Im Gegensatz zu diesem eher individualistischen Einschlag des Portugiesischen Verfassungsgerichtes ist nach Ansicht der wohl überwiegenden Lehrmeinung[159] Gegenstand der Wesensgehaltsgarantie das abstrakte Grundrecht als objektivrechtliches Rechtsinstitut.

So vertritt vor allem *Andrade*, der die Menschenwürde als Basis der Grundrechte und als Grundsatz ihrer materiellen Einheit versteht[160], diese Ansicht. Er begründet sie damit, daß im täglichen Leben häufig die Notwendigkeit bestehe,

---

[155]Vgl. TC Urteile Nr. 8/84, Bd. 2, S. 263ff.; 76/85, Bd. 3, S. 207ff.; 31/87, Bd. 9, S. 463ff.; 433/87, Bd. 10, S. 479ff.

[156]TC Urteil Nr. 8/84, Bd. 2, S. 263ff./276.

[157]Art. 390 Abs. 2 der Strafprozeßordnung.

[158]TC Urteil Nr. 31/87, Bd. 9, S. 463ff./467f.

[159]Vgl. *Canotilho/Moreira*, Anotada, S. 153/154.

[160]In diesem Punkt folgt er ausdrücklich dem Dürigschen Ansatz, vgl. *Andrade*, Direitos Fundamentais, S. 236 Fn. 47.

die Grundrechte soweit einzuschränken, daß von der dem betreffenden Grundrecht zuzuordnenden subjektiven Rechtsposition des einzelnen entweder nur wenig oder sogar nichts mehr übrig bleibt[161]. So zieht er aus dieser Überlegung folgenden Schluß: "Wenn das Strafrecht Gefängnisstrafen erhebt, so wird vollständig das Recht auf körperliche Freiheit der Kriminellen aufgegeben ... So kann Art. 18 (CRP, *Anm. des Verf.*) nicht bedeuten, daß jegliche Einschränkung, die den Wesensgehalt eines jeden subjektiv individuellen Grundrechtes berührt, rechtswidrig ist. Der Wesensgehalt darf nicht bezogen auf das Recht verstanden werden, sondern auf die Verfassungsbestimmung ... als Wertnorm und Garantie"[162]. Die Grenze der Wesensgehaltsgarantie sei demnach erst überschritten, wenn der Gesetzgeber – unabhängig vom Einzelfall betrachtet – "generell schwer die körperliche Freiheit die Intimssphäre des Gemeinbürgers zerstört oder einschränkt"[163].

Als weiteres Argument für ein objektivrechtliches Verständnis des Schutzgutes der Wesensgehaltsgarantie wird auch der Wortlaut des Art. 18 Abs. 3 CRP angeführt. Art. 18 Abs. 3 CRP will die Reduzierung des Wesensgehaltes der "Verfassungs*bestimmungen*" verhindern. Er spricht nicht von individuell–subjektiv zu verstehenden "Rechten" oder gar "Grundrechten"[164].

Canotilho vertritt gegenüber diesen reinen objektiven Theorien einen etwas differenzierteren Standpunkt. Einerseits weist er darauf hin, daß eine "subjektive Theorie irrealistisch" sei, die die "Funktion der Grundrechte im Gesellschaftsleben" mißachte, "insbesondere wegen der daraus resultierenden Konsequenzen für den Bestand der Gesellschaft selbst, die täglich mit der Notwendigkeit der Begrenzung der Rechte, Freiheiten und Garantien selbst in ihrem Wesensgehalt konfrontiert ist"[165]. Andererseits betont *Canotilho*, daß "der Schutz des Wesensgehaltes nicht auf die subjektive Dimension der Grundrechte verzichten kann und deshalb die Notwendigkeit" bestehen müsse, "Einschränkungen, die zu einer Annullierung eines individuell–subjektiven Rechtes führen, zu vermeiden"[166].

Aus dieser Position kommt ein Grundrechtsverständnis zum Tragen, das den Grundrechten eine Doppelnatur zuschreibt[167]. Diese Doppelnatur strahlt auch auf den Wesensgehalt der Grundrechte in der Weise aus, daß die objektive Natur zwar die Funktion der Grundrechte als subjektiv–individuelle Abwehrrechte ergänzen, nicht aber ersetzen kann.

161 Vgl. ebenda, S. 237.
162 Ebenda.
163 Ebenda.
164 Vgl. ebenda; *Canotilho/Moreira*, Anotada, S. 156.
165 *Canotilho*, Direito, S. 630.
166 Ebenda.
167 Vgl. statt aller *Andrade*, Direitos Fundamentais, S. 143ff.

4.1.4 Bedeutung der Wesensgehaltsgarantie neben dem Übermaßverbot

Ebenfalls unterschiedliche Auffassungen bestehen zu der Frage, ob die Wesensgehaltsgarantie neben dem im Abs. 2 des Art. 18 CRP formulierten Verhältnismäßigkeitsgrundsatz[168] eigenständige Bedeutung besitzt oder nur diesen wiederholt und insofern leerläuft.

(1) Analyse der Rechtsprechung des Portugiesischen Verfassungsgerichtes Das Portugiesische Verfassungsgericht verfolgt bei dieser Frage einen sogenannten "absoluten" Ansatz[169].

Es stellt im Anschluß an eine genaue Verhältnismäßigkeitsprüfung z. B. im Zusammenhang mit dem – bereits eben erwähnten[170] – Problem der Anwendbarkeit des Art. 153 CRP auf Wahlen zu den Selbstverwaltungskörperschaften fest, daß "die Unwählbarkeit das in Art. 50 Abs. 1 (CRP, *Anm. des Verf.*) genannte Recht nicht verkürzt ... , weil die Finanzinspektoren in absoluten Maßstab nicht gehindert werden, sich für andere öffentliche Wahlämter zu bewerben. ... Dies zeigt, daß das Recht auf Zugang zu öffentlichen Ämtern nur peripher berührt wurde. In seinem Kern bleibt es vollständig bestehen."[171].

In dem sogenannten "Apothekeneigentum – Urteil" [172] betont das Portugiesische Verfassungsgericht bezüglich der in Art. 61 CRP garantierten Wirtschaftsinitiativfreiheit, daß "dieses Recht nur in dem durch Verfassung und Gesetz definierten Rahmen ausgeübt werden kann. Es konstituiert kein absolutes Recht und besitzt keine durch die Verfassung garantierten Grenzen, außer eines verfassungsmäßig relevanten *nutzbaren Minimalgehaltes, den das Gesetz nicht eliminieren kann*"[173].

Diese Zitate und der Umstand, daß das Portugiesische Verfassungsgericht den Art. 18 Abs. 3 CRP erst *im Anschluß* an eine Prüfung des Verhältnismäßigkeitsprinzips anwendet, lassen folgenden Schluß zu: Das Portugiesische Verfassungsgericht schreibt der Wesensgehaltsgarantie neben der aus dem Verhältnismäßigkeitsgrundsatz folgenden Güterabwägung[174] eine eigene von der Interessenkollision im Einzelfall unabhängige Substanz zu.

(2) Auffassungen der Literatur Dieser "absolute" Ansatz wird auch von der überwiegenden Meinung in der Lehre vertreten.

---

[168] Vgl. zu diesem Grundsatz oben **D. II. 3**.
[169] Vgl. zum Begriff *Canotilho/Moreira*, Anotada, S. 153.
[170] Vgl. oben **4.1.3 (1)**.
[171] TC Urteil Nr. 8/84, Bd. 2, S. 263ff./276.
[172] Vgl.. hierzu *Miranda*, Propriedade e Constituição, S. 75ff.
[173] TC Urteil Nr. 76/85, Bd. 3, S. 207ff./220; Hervorhebungen durch den Verf.
[174] Vgl. hierzu oben **D. II. 3**.

Miranda betrachtet die Wesensgehaltsgarantie als "letzte Barriere" und "absolute Grenze". "Die relativen Theorien" seien "zurückzuweisen, weil sie Verhältnismäßigkeit (Art. 18 Abs. 2) und Wesensgehalt (Art. 18 Abs. 3) vermischen"[175].

Canotilho/Moreira räumen ein, daß "die Frage des Wesensgehaltes eines Rechtes nicht ohne einen Vergleich mit einem anderen Gut gelöst werden kann, aber nach Maßgabe der Verfassung" dürfe "diese Abwägung niemals zu einer Annullierung eines Grundrechtes führen. Die Wesensgehaltsgarantie ist im Verhältnis zum Verhältnismäßigkeitsgrundsatz ein *mehr*"[176]. Sie halten den Verhältnismäßigkeitsgrundsatz im Falle einer willkürlichen Einschränkung für ein "relativ sicheres Indiz einer Wesensgehaltsverletzung". Es sei jedoch stets "unabhängig von der Frage eines 'Schrankenübermaßes' der Umfang des Wesensgehaltes zu bewahren"[177].

Eine gleichermaßen "gemischte Theorie"[178] scheint *Canotilho* zu vertreten. Zwar bezeichnet auch er ähnlich wie *Miranda* die Wesensgehaltsgarantie als "letztes unüberwindbares Bollwerk"[179]. Auch dieser Autor neigt mit dem textsystematischen Argument zu der Ansicht, daß die Verfassung einen Unterschied zwischen Verhältnismäßigkeit und Wesensgehalt getroffen habe. Jedoch betont er auch die Unerläßlichkeit einer Güterabwägung für eine sachgerechte, "vernünftige" Fallösung: "Die absoluten Theorien vergessen, daß die Bestimmung des Schutzbereiches eines Rechtes notwendig den Vergleich mit anderen Gütern voraussetzt, wobei es die Möglichkeit gibt, den Gehalt bestimmter Rechte, Freiheiten und Garantien angesichts bestimmter Verteidigungsnotwendigkeiten gewisser Güter in außergewöhnlichen Situationen relativieren zu können"[180].

Einen "absoluten" Gehalt im Sinne einer "starren Grenze" weist auch *Andrade* dem Wesensgehalt zu[181]. *Neben* diesem "unantastbaren Wertminimum" sei jedoch auch das "Verbot der nicht erforderlichen oder unverhältnismäßigen Einschränkung ... in Abs. 3 des Art. 18 enthalten, weil auch eine solche (nicht nur die, die das Grundrecht annulliert) den Wesensgehalt der Verfassungsbestimmungen berührt"[182].

Zusammenfassend kann festgestellt werden, daß in der portugiesischen Lehre mit Ausnahme von *Miranda* niemand eine rein absolute oder rein relative Theorie vertritt. Es ist vielmehr erkennbar, daß die Autoren von einem "Doppelcharakter"[183] der Wesensgehaltsgarantie ausgehen.

---

175 *Miranda*, Manual, Bd. IV, S. 309.
176 *Canotilho/Moreira*, Anotada, S. 153.
177 Ebenda, S. 154.
178 Ebenda.
179 *Canotilho*, Direito, S. 633.
180 Ebenda, S. 632.
181 Vgl. Direitos Fundamentais, S. 235.
182 Ebenda.
183 Ebenda.

4.2 Rechtsvergleich

4.2.1 Verfassungstext

Art. 19 Abs. 2 GG bestimmt ebenfalls, daß "in keinem Falle ein Grundrecht in seinem Wesensgehalt angetastet werden" darf. Vergleicht man den Wortlaut, so muß mit Ausnahme kleiner Textabweichungen die große Ähnlichkeit mit Art. 18 Abs. 3 letzter Teil CRP und die Vorbildfunktion deutschen Verfassungsrechtes auch diesbezüglich festgestellt werden[184].

4.2.2 Adressaten des Garantiegebotes

Während Art. 18 Abs. 3 CRP sich laut Wortlaut der Bestimmung nur auf "einschränkende Gesetze" bezieht, ist im Unterschied dazu Art. 19 Abs. 2 GG weiter gefaßt. Eine derartige Begrenzung auf Schrankengesetze ist dem Wortlaut nicht zu entnehmen. Zwar könnte "die textsystematische Nachbarschaft der Garantie des Abs. 2 zur Schrankenregelung des Abs. 1" diesen Schluß einer Begrenzung auf Schrankengesetze zulassen[185]. Wegen des Schutzzweckes der Norm werden jedoch alle Legislativakte sowie Akte der Exekutive und Judikative unter den Art. 19 Abs. 2 GG gezogen[186].

Im Unterschied zur portugiesischen Verfassungsordnung besteht aufgrund der fehlenden Erwähnung in Art. 79 Abs. 3 GG keine *formelle* Bindung des verfassungsändernden Gesetzgebers an die Wesensgehaltsgarantie des Art. 19 Abs. 2 GG. Demzufolge verneint die überwiegende Lehrmeinung eine Bindung im Falle der Verfassungsänderung hieran[187]. *Denninger* zufolge muß jedoch aufgrund des Prinzips der Wahrung der Menschenwürde und der Grundrechtsbindung nach Art. 1 Abs. 1 und 3 GG die Wesensgehaltsgarantie als *materiell* "verfassungsänderungsfest" betrachtet werden[188].

4.2.3 Schutzgut der Garantie

In Deutschland ist die Frage, ob das subjektive Grundrecht des einzelnen oder aber das objektivrechtlich verstandene Grundrecht als Rechtsinstitut den Gegenstand der Wesensgehaltsgarantie bilden, ebenfalls umstritten.

(1) Verfassungstext Vergleicht man den Wortlaut der entsprechenden Bestimmungen in beiden Verfassungsordnungen, so könnte man aus der Tatsache, daß Art. 19 Abs. 2 GG im Gegensatz zu der Portugiesischen Verfassung nicht vom Wesensgehalt der Verfassungs*bestimmungen* spricht, sondern vom Wesensgehalt

[184] So auch *Miranda*, Manual, Bd. IV, S. 300ff.

[185] *Denninger*, in AK-GG-Art. 19 Abs. 2, Rz. 2.

[186] Vgl. ebenda.

[187] Vgl. ebenda, Rz. 3, m.w.N.

[188] Ebenda.

der *Grundrechte* die Folgerung ziehen, Art. 19 Abs. 2 GG verfolge den Schutz der subjektiv–individuellen Position des einzelnen Grundrechtsträgers und nicht der abstrakten Bedeutung eines Grundrechtes für das soziale Leben[189].

(2) Rechtsprechung Abgesehen von einer frühen Entscheidung des Bundesverfassungsgerichtes, die die Deutung einer objektivierenden Sichtweise zuließ[190], hat das Bundesverfassungsgericht "durchgängig die Wesensgehaltsgarantie auf individuelle Positionen bezogen"[191].

(3) Literatur Ebenfalls wie in Portugal so ist auch in der deutschen Lehre die Frage, welches Schutzgut die Wesensgehaltsgarantie zum Gegenstand hat, umstritten[192]. In diesem Zusammenhang werden wie in Portugal neben der rein subjektiven und objektiven Theorie auch gemischte Theorien vertreten, die aus der Verbindung der subjektiven und objektiven Theorie bestehen. Im Sinne dieser von *Canotilho* vertretenen "gemischten" Theorie ist auch die Aussage *Alexys* zu verstehen, wenn es heißt, daß "wenn das Grundgesetz etwas dem Anspruch nach so Bedeutsames wie ein Verbot der Antastung des Wesensgehalts der Grundrechte statuiert", dann sei dies "*zumindest auch* auf die grundrechtlichen Positionen der einzelnen zu beziehen"[193]. Hierbei wird ebenfalls mit der objektivrechtlichen Dimension der Grundrechte argumentiert, die neben die Funktion der Grundrechte als subjektive Abwehrrechte treten, diese aber nicht ersetzen soll[194].

4.2.4 Bedeutung der Wesensgehaltstheorie neben dem Übermaßverbot

Ob die Bedeutung der Wesensgehaltsgarantie sich in der Wiederholung des Verhältnismäßigkeitsgrundsatzes erschöpft (relative Theorie) und somit Art. 19 Abs. 2 GG nur deklaratorischen Charakter besitzt oder aber ob ihr die Aufgabe des Schutzes eines "Substanz – Minimums im Sinne eines absoluten Grundrechts – Restes" zufällt (absolute Theorie), wird ebenfalls stark diskutiert[195].

Nur einen Anhaltspunkt für die absolute Theorie kann hierbei das Grundgesetz selbst bieten, da es im Unterschied zur Portugiesischen Verfassung in Art. 19 Abs. 2 GG heißt, daß der Wesensgehalt "*in keinem Falle* angetastet werden darf".

[189] Vgl. gegenteilige Auffassung *Denningers* in AK–GG–Art. 19 Abs. 2, Rz. 4.

[190] Vgl. BVerfGE 2, 266/285.

[191] *Alexy*, Theorie der Grundrechte, S. 268, mit zahlreichen Nachweisen aus der Rechtsprechung.

[192] Vgl. zu den einzelnen Positionen die hervorragende Zusammenstellung bei *Stelzer*, Das Wesensgehaltsargument und der Grundsatz der Verhältnismäßigkeit, S. 47ff., s. a. *Alexy*, Theorie der Grundrechte, S. 268, Fn. 43, mit zahlreichen Nachweisen aus der Literatur.

[193] *Alexy*, Theorie der Grundrechte, S. 268.

[194] Vgl. hierzu ebenda, S. 477ff., *ders.*, Grundrechte als subjektive Rechte und als objektive Normen, S. 49ff.

[195] *Stelzer*, Das Wesensgehaltsargument und der Grundsatz der Verhältnismäßigkeit, S. 48.

Jedoch kann dies "die verschiedenen Fälle sowohl der verschiedenen Grundrechte als auch der verschiedenen Individuen und Situationen meinen"[196].

(1) Rechtsprechung Die Rechtsprechung des Bundesverfassungsgerichtes weist nur ein wenig einheitliches Bild auf. Zwar scheint es sich zur absoluten Theorie zu bekennen, wenn es heißt, "der Wesensgehalt eines Grundrechts darf nach dem klaren Wortlaut des Art. 19 Abs. 2 GG 'in keinem Falle' angetastet werden; die Frage, unter welchen Voraussetzungen ein solcher Eingriff ausnahmsweise trotzdem zulässig sei, ist gegenstandslos"[197].

Alexy jedoch kommt nach einer eingehenden Analyse der Rechtsprechung des Bundesverfassungsgerichtes zu einem hiervon unterschiedlichen Ergebnis. Er zeigt auf, daß obwohl viele Äußerungen des Gerichtes auf eine zugrundeliegende absolute Theorie hinweisen würden, es im Ergebnis jedoch die relative Theorie vertritt[198]. Das Gericht gehe nicht von "irgendwelchen feststehenden Positionen" aus, sondern lasse es "vielmehr die durch die Wesensgehaltsgarantie erfaßte Position von den jeweiligen Gründen gegen einen Schutz abhängen. Dies aber ist genau die Auffassung der relativen Theorie"[199].

(2) Literatur Während die überwiegende portugiesische Lehrmeinung von einer aus Bestandteilen der relativen und absoluten Theorie "gemischten" Theorie ausgeht, ist die deutsche Lehre in dieser Frage uneinheitlich[200]. Den Vertretern der absoluten Theorie dient der Wortlaut des Art. 19 Abs. 2 GG als schlagkräftiges Argument. Einen der portugiesischen Lehre vergleichbaren gemischten Ansatz verfolgen in Deutschland *Häberle* und *Denninger*[201]. Beide weisen darauf hin, daß die "*Prüfung der Verhältnismäßigkeit* eines Grundrechtseingriffs eine selbständige Funktion neben der 'Wesensgehaltprüfung' " behalte, die absolute Schranken staatlicher Eingriffsbefugnis setze[202].

Durch eine derartige Verknüpfung der beiden Theorien sei – wie Autoren beider Länder betonen – der Grundrechtsschutz nicht an einer starren Grenze des jeweiligen im einzelnen schwer zu bestimmenden Wesensgehaltes auszurichten, sondern es werde der Grundrechtsschutz "dynamisch"[203] bzw. "elastisch"[204] gehalten. Durch eine im Rahmen der Wesensgehaltsprüfung stattfindenden, vorge-

[196] *Pieroth/Schlink*, Grundrechte – Staatsrecht II, Rn. 347.

[197] *Stelzer*, Das Wesensgehaltsargument und der Grundsatz der Verhältnismäßigkeit, S. 50; BVerfGE 7, 377/411.

[198] Vgl. *Alexy*, Theorie der Grundrechte, S. 269ff., mit zahlreichen Nachweisen aus der Rechtsprechung.

[199] Ebenda, S. 270/271.

[200] Vgl. ebenda, S. 268/269, mit zahlreichen Nachweisen zu den Vertretern der jeweiligen Theorie.

[201] Vgl. hierzu *Denninger*, AK–GG–Art. 19 Abs. 2, Rz. 9.

[202] Ebenda.

[203] Ebenda, Rz. 11.

[204] *Andrade*, Direitos Fundamentais, S. 239.

schalteten Güterabwägung kann der jeweilige Stand der Wissenschaft, Lehre und Technik[205] in die Prüfung der Rechtfertigung einer Grundrechtseinschränkung miteinbezogen werden.

4.3 Zusammenfassung und Stellungnahme

Zusammenfassend läßt sich festhalten, daß die Adressaten der Wesensgehaltsgarantie in beiden Verfassungsordnungen übereinstimmen. Zwar spricht Art. 18 Abs. 3 CRP ausdrücklich nur von einschränkenden Gesetzen, jedoch ist die Beachtung des Wesensgehaltes der Grundrechte wegen der in Art. 18 Abs. 1 CRP normierten Grundrechtsbindung auch für die Exekutive und Judikative von Bedeutung. Der verfassungsändernde Gesetzgeber ist in beiden Verfassungsordnungen zumindest materiell an die Wesensgehaltsgarantie gebunden.

Die Verfassungsgerichte beider Länder begreifen als Schutzgut der Garantie einheitlich die individuelle, subjektive Rechsposition des einzelnen. Demgegenüber sind in der Lehre die Auffassungen im Vordringen, die eine Verbindung zwischen den subjektiven und objektiven Theorien anstreben.

Diesem Ansatz ist unabhängig vom Wortlaut des jeweiligen Verfassungstextes zuzustimmen. Denn fragt man nach dem Zweck der Wesensgehaltsgarantie, gelangt man zu dem Ergebnis, daß diese gerade auch angesichts der historischen Erfahrungen beider Länder mit totalitären Systemen den Grundrechtsschutz verstärken will. Einem derartigen Zweck dient aber auch eine gemischte Theorie, die auch die objektivrechtliche Dimension der Grundrechte berücksichtigt. Diese Dimension kann die subjektive Abwehrfunktion der Grundrechte jedoch nur verstärken, wenn sie *neben* diese treten und sie nicht ersetzen will.

Ob der Wesensgehaltsgarantie neben dem Verhältnismäßigkeitsgrundsatz noch eine eigenständige Bedeutung zukommen kann oder in diesem aufgeht, bleibt in beiden Ländern strittig. Während das Bundesverfassungsgericht im Ergebnis zu letzterem neigt, lassen die wenigen Äußerungen des Portugiesischen Verfassungsgerichtes zu diesem Thema hingegen nur den Schluß zu, daß das Gericht von einer absoluten Theorie ausgeht. Den in der Lehre vertretenen Ansichten einer absoluten Theorie, also einer über den Verhältnismäßigkeitsgrundsatz hinausgehenden Auffassung der Wesensgehaltsgarantie, ist zumindest der eindeutig formulierte Art. 19 Abs. 2 GG eine Stütze. Abgesehen von diesem Argument spricht vieles für die in beiden Ländern vertretenen "gemischten Theorien", der der Wortlaut des Art. 19 Abs. 2 GG nicht entgegensteht.

Durch eine derartige Verknüpfung der beiden Theorien ist der Grundrechtsschutz nicht an einer starren Grenze des jeweiligen im einzelnen schwer zu bestimmenden Wesensgehaltes auszurichten, sondern es wird der Grundrechtsschutz "dynamisch"[206] bzw. "elastisch"[207] gehalten. Durch eine im Rahmen der Wesens-

[205] So *Denninger*, AK-GG-Art. 19 Abs. 2, Rz. 11.
[206] Ebenda.
[207] *Andrade*, Direitos Fundamentais, S. 239.

gehaltsprüfung stattfindenden, vorgeschalteten Güterabwägung kann der jeweilige Stand der Wissenschaft, Lehre und Technik in die Prüfung der Rechtfertigung einer Grundrechtseinschränkung miteinbezogen werden[208]. Zuzugeben ist, daß zur Bestimmung des Wesensgehaltes einer Norm eine Güterabwägung im Sinne des Verhältnismäßigkeitsgrundsatzes vorzunehmen ist. Verstößt so eine Schranke bereits gegen diesen Grundsatz, so ist dies jedoch bereits ein Anzeichen dafür, daß der Wesensgehalt des betreffenden Grundrechtes verletzt ist. Aber unabhängig von dem Ergebnis einer solchen Güterabwägung muß stets ein absoluter Gehalt der Verfassungsbestimmungen, ein "Wertminimum" bewahrt bleiben. Demzufolge geht die Wesensgehaltsgarantie über den Verhältnismäßigkeitsgrundsatz hinaus.

[208]Ebenso *Denninger*, AK–GG–Art. 19 Abs. 2, Rz. 11.

5 Das Rückwirkungsverbot

5.1 Portugal

Art. 18 Abs. 3 CRP bestimmt in seinem zweiten Teil, daß

> *"die die Rechte, Freiheiten und Garantien einschränkenden Gesetze ... (nicht) zurückwirken dürfen".*

Welche Bedeutung dieses Rückwirkungsverbot besitzt, insbesondere in welchem Verhältnis es im Hinblick auf Grundrechtseinschränkungen zum Rechtsstaatsprinzip steht, soll im folgenden untersucht werden. Zum Verständnis des in Art. 18 Abs. 3 CRP enthaltenen Rückwirkungsverbots wird dabei zunächst die Entwicklung dieses Grundsatzes im Portugiesischen Verfassungsrecht betrachtet, da dieser Grundsatz erst mit der ersten Revision 1982[209] in die Portugiesische Verfassung aufgenommen wurde[210].

5.1.1 Inhalt des Rückwirkungsbegriffs nach der Rechtsprechung des Portugiesischen Verfassungsgerichtes

Das Ergebnis der Untersuchung darauf, wann das Portugiesische Verfassungsgericht eine Maßnahme des Gesetzgebers als rückwirkend betrachtet, wird im folgenden dargestellt:

(1) Nachträglich änderndes Eingreifen Das Portugiesische Verfassungsgericht spricht dann von einer Rückwirkung, wenn ein Gesetz ändernd nachträglich in Sachverhalte eingreift, die bereits vor seinem Inkrafttreten abgeschlossen waren. Diese Position wurde vor allem an dem Themenkreis der Steuergesetzgebung

[209] Vgl. hierzu die Debatte in der Revisionskommission, zit. in *Nadaís/Vitorino/Canas*, Constituição da República Portuguesa, S. 26.

[210] Bereits die Carta Constitucional von 1826 enthielt diesen Grundsatz in ihrem Art. 141 §2. Jedoch verschwand er aus allen nachfolgenden Verfassungstexten. "Mehr noch: alle Versuche der Einfügung eines solchen Prinzips wurden systematisch zurückgewiesen", vgl. TC Urteil Nr. 11/83, Bd. 1, S. 11ff./16f. Begründet wurde diese ablehnende Haltung vor allem damit, daß der Grundsatz der Rückwirkung "nicht die Kraft, die Unantastbarkeit, die er früher hatte", besitzt oder besitzen kann, "als im Recht die individualistische Ausrichtung und die Lehre von den absoluten, unveränderlichen und unantastbaren Grundsätzen und Rechten vorherrschten". Die der Carta nachfolgenden Verfassungen nahmen eine sozialere, "um nicht zu sagen eine sozialistische" Position ein, die ablehnend solchen absoluten Rechten und Grundsätzen gegenüberstanden, da hier "die Verteidigung höherer Interessen des Allgemeinwohls im Vordergrund standen". Die Verfolgung dieser Ziele des Allgemeinwohls wurden in diesen Verfassungen somit über den Vertrauensschutz und den Grundsatz der Rechtssicherheit gestellt, mit der Folge, daß "hier die(se) Freiheitsgarantie der Bürger fehlt", vgl. *Cabral de Moncado*, zit. im Urteil 11/83, S. 18.

Diese Tradition verfolgten auch die Verfassungsgeber der Verfassung von 1976, die in der Ursprungversion nur ein Rückwirkungsverbot nur hinsichtlich strafrechtlicher Sanktionen in Art. 29 CRP vorsahen, vgl. hierzu *Canotilho/Moreira*, Anotada, S. 193ff.

und der Pensionszahlungen herausgebildet. Das Portugiesische Verfassungsgericht spricht im Urteil Nr. 11/83 von einer "*offenkundigen* Rückwirkung"[211], da ein Gesetz bereits vor seinem Inkrafttreten erzielte Erträge besteuern wollte. "Denn es steht außer Diskussion, daß die fragliche Steuer die Erwartung berührt, die die Steuerzahler sich bilden konnten, daß die von ihr betroffenen Einkünfte nicht steuerpflichtig sind oder einer neuen Besteuerung unterliegen werden"[212].

Dieser Begriff der "*offenkundigen* Rückwirkung" wurde im Urteil Nr. 141/85 bestätigt. In diesem Fall ging es um die Einführung einer "außerordentlichen Steuer" im Jahre 1983 für im Jahr 1982 erzielte Gewinne, die erst 1983 eingezogen werden sollte. Auch hier handele es sich um eine rückwirkende Besteuerung, da diese Steuer sich bereits auf zeitlich vollendete und "vollständig verstrichene" Ereignisse bezieht[213]. Die Frage des Beitreibungszeitpunktes, der ja erst im Jahre 1983 stattfindet, sei für die Frage einer Rückwirkung unerheblich. Denn "das steuerlich relevante Ganze wird am Ende des entsprechenden Jahres bestimmt, selbst wenn die Steuer nur im folgenden Jahr geschuldet ist"[214]. Zu betonen hierbei ist, daß es sich bei der erwähnten Steuer nicht um eine bloße Ergänzung einer bereits bestehenden oder eine Erhöhung des Steuersatzes handelte, sondern um eine völlig neue Steuerart mit eigenen Zahlungs- und Erhebungsregelungen.

Zu dem gleichen Ergebnis einer "*offenkundigen* Rückwirkung" gelangte das Portugiesische Verfassungsgericht in den Urteilen 23/83[215], 10/84[216] und 32/84[217]. Gegenstand dieser Entscheidungen war ebenfalls ein Gesetz[218], das nachträglich vor seinem Inkrafttreten erzielte Pensionsansprüche auf einen Maximalbetrag kürzen wollte. Diesem Gesetz komme rückwirkende Bedeutung zu. Es greife nachträglich in einen bereits abgeschlossenen Sachverhalt ein. Die Position des bereits erworbenen Pensionsanspruches sei von dem Gesetz im nachhinein betroffen.

(2) Unterscheidung zwischen ex nunc- und ex tunc-Wirkung Erst in neuerer Zeit unterscheidet das Portugiesische Verfassungsgericht ausdrücklich die Fälle, in denen eine "echte Rückwirkung" und eine "unechte Rückwirkung" vorliegt. Im Urteil Nr. 313/89[219] wird im Sinne der oben genannten älteren Rechtsprechung unter einer "echten" Rückwirkung der Fall verstanden, in dem ein Gesetz auf "Vergangenes" mit einer "ex tunc - Wirkung" Einfluß nehmen will[220].

[211] Ebenda.

[212] Ebenda; diese Maßnahme wurde i. ü. als verfassungmäßig behandelt, da die Finanzkrise des Landes ein "vernünftiger und somit kein willkürlicher Grund" für eine Rückwirkung sei.

[213] So klarstellend Moreira in seinem Sondervotum zu TC Urteil Nr. 141/85, Bd. 6, S. 39ff./70.

[214] Ebenda.

[215] Bd. 1, S. 187ff.

[216] Bd. 2, S. 289ff.

[217] Bd. 3, S. 215ff.

[218] Gesetzesverordnung DL Nr. 413/78 v. 20.12.

[219] Abgedruckt in DR, II, vom 16.6.89.

[220] Vgl. die Darstellung bei *Canotilho*, Direito, S. 382.

Während eine grundsätzlich zulässige "unechte" Rückwirkung sich zwar auf in der Vergangenheit entwickelte Ereignisse, Rechte oder Rechtsbeziehungen bezieht, die aber noch nicht abgeschlossen sind und das Gesetz nur Geltung für die Zukunft beansprucht.

(3) Reichweite des Rückwirkungsverbots Bislang ungeklärt ist in Portugal die Frage, ob das Rückwirkungsverbot absolut zu verstehen ist oder ob Fälle denkbar sind, in denen das Verbot überwunden werden kann[221].

Der Rechtsprechung können diesbezüglich wegen fehlender Urteile zu dieser Frage keine Hinweise entnommen werden.

5.1.2 Behandlung der Rückwirkung in der Portugiesischen Rechtsprechung

Das Rückwirkungsverbot war ausdrücklich bislang nur im Zusammenhang mit der Steuergesetzgebung Gegenstand von Entscheidungen[222].

Zum besseren Verständnis der Ergebnisse des Portugiesischen Verfassungsgerichtes wird zunächst dargestellt, welche Schlußfolgerungen der Vorgänger des Gerichtes – die Verfassungskommission[223] – aus der bis 1982 fehlenden verfassungsrechtlichen Verankerung des Rückwirkungsverbotes zog.

Welche Auswirkungen das Einfügen des Rückwirkungsverbotes auf die Rechtsprechung des der Verfassungskommission nachfolgenden Verfassungsgerichtes hat, soll im Anschluß daran untersucht werden.

(1) Entwicklungen in der Haltung der Verfassungskommission Die Verfassungskommission war in Portugal mit dem Thema des Rückwirkungsverbots vor allem im Zusammenhang mit Steuergesetzen befaßt. In den Gutachten Nr. 25/79; 5/81; 16/81; 28/81 und 14/82[224] entschied die Verfassungskommission

---

[221] Diese Frage nur aufgeworfen hat *Andrade*, vgl. Direitos Fundamentais, S. 242.

[222] Vgl. zuletzt TC Urteil Nr. 67/91.

[223] Die Verfassungskommission ("Comissão Constitucional") gab es bis zur ersten Revision der Portugiesischen Verfassung 1982. Ab 1983 wurde es vom Portugiesischen Verfassungsgericht abgelöst (Gesetz Nr. 28/82 vom 15.11.82). Bis dahin unterlag jede Rechtsnorm einer vorherigen abstrakten Kontrolle des Revolutionsrates, der in der Übergangszeit bis 1982 neben den traditionellen demokratischen Organen als militärisches Schutzorgan fungierte. Er bediente sich hierbei regelmäßig der Verfassungskommission, die mit einem vorherigen Gutachten zur Überprüfung der Verfassungsmäßigkeit der betreffenden Rechtsnorm beauftragt wurde. In den meisten Fällen schloß sich der Revolutionsrat auch dem Ergebnis des Gutachtens der Verfassungskommission an; vgl. dazu näher *Miranda*, Manual, Bd. II, S. 399ff.; *Cardoso da Costa*, Jurisdição Constitucional, S. 9ff., m.w.N.; *ders.*, O Tribunal Constitucional português: a sua origem histórica, S. 913ff.

[224] Vgl. Bd. 9, S. 107; Bd. 14, S. 309; Bd. 15, S. 147; Bd. 17, S. 25 bzw. Bd. 19, S. 183; st. Rspr.

zwar, daß – ganz im Sinne einer (noch)[225] fehlenden ausdrücklichen Verankerung in der Verfassung – kein generelles Rückwirkungsverbot für Steuergesetze in der Verfassung enthalten sei. Aus diesem Grunde seien rückwirkende Gesetze zulässig.

Jedoch wurde der Gesetzgeber gleichzeitig nicht wie nach den früheren Verfassungen Portugals hinsichtlich der Zulässigkeit rückwirkender Gesetze vollkommen freigestellt. Vielmehr sei aus dem damals nur in der Präambel verankerten Prinzip des demokratischen Rechtsstaates ein gewisser Vertrauensschutz abzuleiten. So bestätigte in dem Gutachten Nr. 14/82 die Verfassungskommission, daß dieser Grundsatz "sicherlich ein Minimum an Gewißheit für die Rechte der Personen und seiner rechtlich gebildeten Erwartungen und folglich das Vertrauen der Bürger und der Gemeinschaft in den Rechtsschutz garantiert"[226]. Trotz fehlender entsprechender Regelung deutet sich bereits aus diesem Satz der Verfassungskommission die Abkehr von der aus den früheren Verfassungen abgeleiteten Rechtsauffassung an. Nach der damaligen Auffassung mußte der Vertrauensschutz des Bürgers stets hinter den Interessen der Gemeinschaft zurücktreten. Das Allgemeinwohl war in jedem Fall dem Vertrauensschutz des einzelnen vorrangig. Die Verfassungskommission hingegen erkannte, daß "das Vertrauen des Bürgers in den Rechtsschutz" – abgeleitet aus dem Rechtsstaatsprinzip – nicht unberücksichtigt bleiben dürfe.

(2) Rückwirkungsverbot für Grundrechtseinschränkungen Mit der Einführung des Rückwirkungsverbotes anläßlich der Revision 1982 in Art. 18 Abs. 3 CRP ist klargestellt, daß rückwirkende Rechte, Freiheiten und Garantien *einschränkende* Gesetze im Gegensatz zur bisherigen Rechtslage[227] verfassungswidrig sind. In der Rechtsprechung des Portugiesischen Verfassungsgerichtes spielt dieses Verbot jedoch nur eine untergeordnete Rolle. Ausdrücklich stützt sich das Gericht in keiner Entscheidung auf das Rückwirkungsverbot.

Dies scheint auf dem ersten Blick überraschend zu sein, da auch in Portugal die Steuergesetzgebung in Konflikt mit dem in Art. 62 Abs. 1 CRP[228] gewährleisteten Privateigentum steht. Jedoch muß in diesem Zusammenhang auf die bereits an anderer Stelle erwähnte ständige Rechtsprechung des Gerichts und einhellige Literaturmeinung[229] hingewiesen werden, daß rückwirkende Steuergesetze nicht als *Einschränkungen* des Eigentumsrechtes im Sinne des Art. 18 Abs. 2 und 3 CRP angesehen werden, so daß eine Anwendung des positivierten Rückwirkungsverbots ausscheidet. Vielmehr werden Steuergesetze als implizite *Grenzen*

---

[225]Vgl. zu den Bestrebungen, ein Rückwirkungsverbot in Art. 106 CRP einzuführen, die Nachweise in TC Urteil Nr. 11/83, Bd. 1, S. 11ff./19f.

[226]CC Gutachten Nr. 14/82, Bd. 19, S. 183.

[227]Vgl. eben **(1)**.

[228]Art. 62 Abs. 1 CRP lautet: "Allen ist im Rahmen der Verfassung das Recht auf Privateigentum und auf dessen Übertragung zu Lebzeiten oder von Todes wegen gewährleistet".

[229]Vgl. oben **B. I. 1.2**.

des Schutzbereiches des Eigentumsrechtes behandelt. Die Steuerpflicht sei eine aus Art. 106 CRP abzuleitende selbständige Grundpflicht [230] für die Bürger, "die natürlich ihre Eigentumsrechte abgrenzt"[231].

(3) Rückwirkungsverbot jenseits von Grundrechtseinschränkungen

(3.1) Die "Dimension sozialer Gerechtigkeit" als Ausgangspunkt In den Fällen, in denen das Portugiesische Verfassungsgericht Gesetze nicht als *Einschränkungen* i. S. v. Art. 18 Abs. 2 und 3 CRP versteht, knüpft es an die Rechtsansicht der Verfassungskommission an. Hierbei ist es vor allem die Steuergesetzgebung, die nicht als Einschränkung des Eigentumsrechtes verstanden wird. Die Steuergesetze werden vielmehr als schutzbereichsbegrenzend begriffen[232]. Rückwirkende Steuergesetze fallen demnach nicht unter den Schutz des Art. 18 Abs. 3 CRP. Ob dem einzelnen vom Verfassungsgericht trotz der Nichtgeltung des Rückwirkungsverbots des Art. 18 Abs. 3 CRP ein Vertrauensschutz zugestanden wird, wird nun untersucht.

Das Portugiesische Verfassungsgericht betont unter ausdrücklicher Aufrechterhaltung der Rechtsprechung der Verfassungskommission, daß "diskussionslos ... sich unter den Elementen (des Rechtsstaatsgrundsatzes, *Anm. des Verf.*) das des Vertrauensschutzes der Bürger gegenüber dem Staatshandeln befindet"[233]. Dem in den Art. 2 und 9 b) CRP enthaltenen Rechtsstaatsprinzip sei der Grundsatz des Vertrauensschutzes zu entnehmen.

Dies bedeutet jedoch in der Folge nicht, daß das Portugiesische Verfassungsgericht rückwirkende Steuergesetze schlechthin als verfassungswidrig betrachtet. Vielmehr scheint es auf dem Standpunkt zu stehen, daß das Rechtsstaatsprinzip die Rückwirkung von Steuergesetzen nicht verbiete, es sei denn, daß dies ausnahmsweise unerträgliche Folgen für den Steuerzahler beinhalte. Denn aufgrund der "Dimension sozialer Gerechtigkeit des Rechtsstaats"[234] müsse grundsätzlich eine Rückwirkung zulässig bleiben. Unter diesem Gesichtspunkt der "sozialen Gerechtigkeit" ist folglich eine Betonung der Gemeinschaftsinteressen gegenüber den Interessen des einzelnen zu verstehen. Nur in Fällen einer "unerträglichen Rückwirkung, die in unzulässiger und willkürlicher Weise die rechtmäßig begründeten Rechte und Erwartungen der steuerpflichtigen Bürger berührt", ist eine Rückwirkung unzulässig[235].

---

[230] Vgl. hierzu oben **C. III. 5**.

[231] *Moreira*, im Sondervotum zum Urteil TC Nr. 141/85, Bd. 6, S. 39ff./71f.; st. Rspr., vgl. ebenda S. 56; Urteil Nr. 11/83, Bd. 1, S. 11ff./21; zuletzt Urteil Nr. 67/91.

[232] Vgl. eben **(2)**, m.w.N.

[233] TC Urteil Nr. 11/83, Bd. 1, S. 11ff./24.

[234] Ebenda.

[235] Ebenda, S. 25; st. Rspr.

(3.2) Rückwirkung als Regelfall Aufgrund dieses Verständnisses ist der auf dem Rechtsstaatsprinzip gründende Vertrauensschutz als Ausnahme zum Regelfall der Rückwirkung zu begreifen. Nur wenn die Rückwirkung als "willkürlich" und "unerträglich" erscheint, sei eine Rückwirkung ausgeschlossen. Ausgenommen hiervon sind die Fälle, in denen z. B. wegen fehlender klarer oder eindeutiger Rechtslage gar kein Vertrauen entstehen kann und der einzelne mit einer Änderung in der einen oder anderen Richtung rechnen mußte [236]. Das Rechtsstaatsprinzip wird demnach in diesen Fällen als Schutz vor "legislativer Willkür"[237] betrachtet. Dieses Verständnis eines nur ausnahmsweise bestehenden Rückwirkungsverbots beruht wohl eher auf dem traditionellen Verständnis eines Staates, dessen Zwecke, Ziele und Interessen generell über das Rechtssicherheits- und Vertrauensschutzinteresse des einzelnen gestellt wird.

Hierauf weist auch *Moreira* in seinem Sondervotum zu dem Urteil Nr. 141/85 hin. Für ein Rückwirkungsverbot gebe es zwei Argumentationsweisen: "Die eine bejaht, daß das Rechtsstaatsprinzip die Rückwirkung des Steuergesetzes *nicht verbietet, es sei denn*, sie wäre *unerträglich*; die andere bejaht, daß das Rechtsstaatsprinzip die Rückwirkung *verbietet, es sei denn* sie wäre durch ein wichtigeres öffentliches Interesse als die durch die Rückwirkung den Bürgern auferlegte Steuer *gerechtfertigt*"[238].

Zusammenfassend ist demnach folgendes festzuhalten: Sobald ein den einzelnen belastendes Gesetz nicht als *Einschränkung* eines Grundrechtes begriffen wird, sondern es sich vielmehr "nur" um eine immanente Schranke handelt, ist der Vertrauensschutzgedanke auf ein bloßes Abwägungskriterium reduziert. Die Rückwirkung wird nach der Rechtsprechung des Verfassungsgerichtes in der Regel gestattet, ein Verbot bildet nur die Ausnahme. Nur wenn eine Rückwirkung für den einzelnen unerträglich ist und als willkürlich erscheint, verstößt der Gesetzgeber gegen den Vertrauensschutzgedanken. Nur in diesen Ausnahmefällen ist das rückwirkende Gesetz verfassungswidrig.

5.1.3 Fazit

Die Portugiesische Verfassung sieht seit 1982 als Voraussetzung der Rechtmäßigkeit grundrechtseinschränkender Gesetze das Rückwirkungsverbot vor.

Daneben wendet das Portugiesische Verfassungsgericht in ständiger Rechtsprechung den aus dem Rechtsstaatsprinzip folgenden Vertrauensschutzgedanken auf Fälle jenseits einer Grundrechtseinschränkung, insbesondere im Bereich der Steuergesetzgebung an. Dabei bilden diese Steuergesetze eine implizite Grenze des Schutzbereiches des Eigentumsrechtes und werden nicht als Einschränkungen

---

[236] Vgl. ebenda, S. 25f.; vgl. zum Vertrauensschutz TC Urteile Nr. 23/83, Bd. 1, S. 187ff./191; 10/84, Bd. 2, S. 289ff./293; 32/84, Bd. 3, S. 215ff.; 89/84, Bd. 4, S. 253ff./259; 141/85, Bd. 6, S. 39ff./55ff.

[237] TC Urteil Nr. 23/83, Bd. 1, S. 187ff./195.

[238] *Moreira*, in Sondervotum zu TC Urteil Nr. 141/85, Bd. 6, S. 39ff./72.

verstanden. Hierbei ist jedoch hervorzuheben, daß nach der Rechtsprechung das sich auf Art. 2 und 9 b) CRP gründende Rechtsstaatsprinzip eine Rückwirkung grundsätzlich nicht ausschließt. Das Portugiesische Verfassungsgericht nimmt ein Verbot ausnahmsweise nur dann an, wenn die Grenze der gesetzgeberischen Willkür erreicht ist. Bei der Rechtsprechung des Portugiesischen Verfassungsgerichtes bleibt jedoch unklar, in welchem Verhältnis dieses nur als Ausnahmeverbot vor willkürlichen und unerträglichen verstandene Vertrauensschutzprinzip zum Verhältnismäßigkeitsgrundsatz und dem allgemeinen Willkürverbot steht. Denn das Gericht rückt gerade auch durch seine Wortwahl – "unerträglich", weil "willkürlich"[239] – den Vertrauensschutzgedanken in die Nähe des Willkürverbots. Das Gericht stellt bei der Prüfung des Vetrauensschutzminimums nicht allein darauf ab, ob das neue rückwirkende Steuergesetz das aufgrund einer gesicherten Rechtslage entstandene Vertrauen des Bürgers enttäuscht. Es stellt vielmehr überwiegend das Interesse des Staates an Steuereinnahmen zur Haushaltssanierung in den Vordergrund[240]. Danach scheint das Portugiesische Verfassungsgericht den aus dem Rechtsstaatsprinzip abgeleiteten Vertrauensschutzgedanken als Teil und Ausprägung des Verhältnismäßigkeitsprinzips zu verstehen. Der Zeitfaktor, den der Vertrauensschutz im Vergleich zum sachlich ausgerichteten Verhältnismäßigkeitsgrundsatz zusätzlich beinhaltet, wird nur als Abwägungskriterium verwendet. Der Vertrauensschutz geht insoweit im Verhältnismäßigkeitsgrundsatz auf.

5.2 Rechtsvergleich

Im Gegensatz zur Portugiesischen Verfassung kennt das Grundgesetz keine dem im Art. 18 Abs. 3 CRP enthaltenen Rückwirkungsverbot vergleichbare Bestimmung. Rückwirkende Gesetze wurden deshalb auch zunächst für zulässig und verfassungsgemäß erachtet[241]. Auf verfassungsrechtliche Bedenken stieß lediglich die Rückwirkung belastender Gesetze[242].

Das Bundesverfassungsgericht leitete jedoch einen vorsichtigen Wandel dieser Auffassung ein. "In einer seiner ersten Entscheidungen erklärte es, die Rückwirkung sei 'an sich zulässig', bemerkte aber doch, daß sie dort auf Grenzen stoße, 'wo ein Gesetz rückwirkende Eingriffe in Rechte oder Rechtslagen des Staatsbürgers vornimmt, mit denen dieser in dem Zeitpunkt, von dem ab sie nun gelten sollen, nicht rechnen konnte und die er also bei einer verständigen Vorausschau im priva-

---

[239] Vgl. TC Urteile Nr. 11/83, Bd. 1, S. 11ff./25f.; 23/83, Bd. 1, S. 187ff./195; 10/84, Bd. 2, S. 289ff./294; *Moreira* rückt in seinem Sondervotum diese Willkür ausdrücklich in diese Nähe, wenn "willkürlich" und "nicht erforderlich und unverhältnismäßig" in einem Atemzug genannt werden, 141/85, Bd. 6, S. 72.

[240] Vgl. TC Urteil Nr. 11/83, Bd. 1, S. 11ff./28.

[241] Vgl. die Nachweise bei *Maurer*, Kontinuitätsgewähr und Vertrauensschutz, in: HbdStR III, § 60, Rn. 16.

[242] vgl. hierzu grundlegend *Kimminich*, Die Rückwirkung von Gesetzen, S. 518 ff., unter eingehender Untersuchung der Verfassungsrechtsprechung und Lehrmeinungen.

ten und beruflichen Bereich nicht zu berücksichtigen brauchte' "[243]. Im Jahre 1961 nahm das Bundesverfassungsgericht ausdrücklich unter Berufung auf den Vertrauensschutzgedanken zur Zulässigkeit von rückwirkenden Gesetzen Stellung[244]. Seitdem ist ständige Rechtsprechung und allgemeine Meinung in der Literatur, daß die aus dem Rechtsstaatsprinzip abgeleiteten Gebote der Rechtssicherheit und des Vertrauensschutzes gesetzgebenden Maßnahmen, "die belastend in verfassungsmäßig verbürgte Rechtspositionen eingreifen, enge Grenzen" ziehen[245].

5.2.1 Inhalt des Rückwirkungsbegriffes und Behandlung in der Rechtsprechung

(1) Der Rückwirkungsbegriff Herkömmlich unterscheidet das Bundesverfassungsgericht zwischen echter und unechter Rückwirkung. Die grundsätzlich durch das Rechtsstaatsprinzip verbotene echte Rückwirkung wird dabei – wie in Portugal – dann angenommen, "wenn ein Gesetz nachträglich ändernd in abgewickelte, der Vergangenheit angehörenden Tatbestände eingreift"[246], "wenn die Rechtsfolgen 'für einen vor der Verkündung liegenden Zeitpunkt auftreten sollen' und nicht 'für einen nach (oder mit) der Verkündung beginnenden Zeitraum"'[247].

So wird – ebenfalls wie in Portugal – bei Steuergesetzen dann eine derartige Rückwirkung angenommen, wenn im Verkündungszeitpunkt die Steuerschuld bereits entstanden war. Dies gilt unabhängig davon, wann eine derartige Steuer zur Zahlung fällig ist[248]. Im Gegensatz dazu liegt eine sogenannte unechte Rückwirkung vor, die grundsätzlich als zulässig betracht wird, "wenn ein Gesetz 'nur auf gegenwärtige, noch nicht abgeschlossene Sachverhalte und Rechtsbeziehungen für die Zukunft einwirkt"'[249].

Seit der Entscheidung BVerfGE 63, 343ff./353 differenziert nun der Zweite Senat zwischen der "Rückbewirkung von Rechtsfolgen", die nunmehr allein als Rückwirkung bezeichnet wird und der "tatbestandlichen Rückanknüpfung ". Hierbei stellt der Zweite Senat bei der Beurteilung der Frage, ob eine Rückwirkung vorliegt, nurmehr auf den zeitlichen Anwendungsbereich der betreffenden Rechtsnorm ab. Eine Rückwirkung liegt allein dann vor, "wenn der Beginn ihres zeitlichen Anwendungsbereichs normativ auf einen Zeitpunkt festgelegt ist, der vor dem Zeitpunkt liegt, zu dem die Norm rechtlich existent ... geworden ist"[250]. "Alle anderen in einer Norm enthaltenen Merkmale weist das Gericht dem sachlichen Anwendungsbereich der Norm zu und bezeichnet sie als

---

[243]Ebenda, Rn. 17, m.w.N.

[244]Vgl. ebenda.

[245]BVerfGE 63, 343ff./356f.; *Jarass/Pieroth*, GG, Art. 20 Rn. 47, m.w.N.

[246]Vgl. die Nachweise aus der Rechtsprechung des BVerfG bei *Jarass/Pieroth*, GG, Art. 20 Rn. 48.

[247]Ebenda.

[248]BVerfGE 72, 200ff./253.

[249]*Pieroth*, Die neuere Rechtsprechung des BVerfG zum Vertrauensschutz, S. 973.

[250]Ebenda.

Tatbestandsmerkmale"[251]. Die Auswirkungen dieser neuen Unterscheidung sind gering. Zu Recht weist *Fiedler* darauf hin, daß die neuen Begriffe des Zweiten Senats "zur Bezeichnung etwa desselben Problemfeldes"[252] verwendet werden. So ist es auch nicht überraschend, daß der Zweite Senat selbst in neueren Entscheidungen noch die alte Terminologie verwendet[253].

(2) Behandlung der Rückwirkung In Deutschland ist einhellige Meinung der Literatur und Rechtsprechung des Bundesverfassungsgerichtes, daß die (echte) Rückwirkung grundsätzlich verboten ist[254]. "Das Verbot kann" nur "durchbrochen werden, wenn 'zwingende Gründe des gemeinen Wohls oder ein nicht – oder nicht mehr – vorhandenes schutzbedürftiges Vertrauen des einzelnen eine Durchbrechung' gestatten"[255].

Dieses Rückwirkungsverbot gilt – im Gegensatz zur Portugiesischen Rechtsprechung – unabhängig von der Frage, ob es sich um eine Einschränkung eines Grundrechtes handelt oder nicht.

5.3 Zusammenfassung und Stellungnahme

Während in Portugal 1982 das Rückwirkungsverbot explizit in Art. 18 Abs. 3 CRP der Verfassung aufgenommen wurde, ist dies in Deutschland unterblieben. Vergleicht man die Positivierung des Rückwirkungsverbotes in der Portugiesischen Verfassung mit der Rechtsprechung des Bundesverfassungsgerichtes, so ist folgendes Ergebnis festzuhalten:

In beiden Ländern sind (echte) rückwirkende Grundrechtseingriffe gleichermaßen grundsätzlich verboten. Dies folgt in Portugal direkt aus Art. 18 Abs. 3 CRP, in Deutschland wird das Rückwirkungsverbot aus dem Rechtsstaatsprinzip und der Aufgabe der Grundrechte als Grenze staatlicher Belastungen abgeleitet.

Ein gravierender Qualitätsunterschied besteht jedoch in der Tatsache, daß nach der Rechtsprechung des Portugiesischen Verfassungsgerichtes für rückwirkende belastende Gesetze, die nicht unter den Einschränkungsbegriff des Art. 18 Abs. 2 und 3 CRP fallen, ein Rückwirkungsverbot nur ausnahmsweise anzunehmen ist. Diese jenseits einer Einschränkung liegenden belastenden Gesetze werden nur dann als verfassungswidrig betrachtet, wenn sie aufgrund des Vertrauensschutzgedankens als "willkürlich" bezeichnet werden müssen. In diesem Bereich rückt der Vertrauensschutzgedanke in die Nähe des Verhältnismäßigkeitsgrundsatzes.

---

[251] *Fiedler*, Neuorientierung der Verfassungsrechtsprechung zum Rückwirkungsverbot und zum Vertrauensschutz ?, S. 1625.

[252] Ebenda.

[253] Vgl. z. B. BVerfGE 70, 69ff./84.

[254] Vgl. *Jarass/Pieroth*, GG, Art. 20 Rn. 51, mit zahlreichen Nachw. aus der Rspr.

[255] Ebenda.

Nach der Rechtsprechung des Bundesverfassungsgerichtes hingegen wird eine derartige Unterscheidung nicht getroffen. Vielmehr werden alle belastenden Gesetze einheitlich, soweit eine Rückwirkung vorliegt, auf ein zu achtendes Vertrauen hin überprüft.

Für die Effektivität des Grundrechtsschutzes bietet die in Portugal vorgenommene Positivierung des Rückwirkungsverbotes demnach keine Vorteile. Durch Art. 18 Abs. 3 CRP wird klargestellt, was in Deutschland nach der Rechtsprechung des Bundesverfassungsgerichtes ohnehin gilt. Im Vergleich zu Portugal findet in Deutschland der Vertrauensschutz weit größere Berücksichtigung. Es wird vom Bundesverfassungsgericht nicht unterschieden, ob eine gesetzgeberische Maßnahme eine Grundrechtseinschränkung darstellt oder nicht. In jedem Fall wird der Vertrauensschutzgedanke berücksichtigt.

Damit besteht in beiden Verfassungsordnungen Übereinstimmung nur hinsichtlich des Grundrechtsschutzes vor Eingriffen, während jenseits des Grundrechts*einschränkungs*bereiches in Portugal eine etwaige Rückwirkung regelmäßig für zulässig erachtet wird. Nur ausnahmsweise – im Falle von Willkür – wird jenseits von Grundrechtseinschränkungen eine gesetzgeberische Maßnahme für verfassungswidrig gehalten.

Damit ist der Vertrauensschutz in Portugal gerade im Bereich der inneren grundrechtsimmanenten Schranken – also für den Hauptfall der Praxis die Steuergesetzgebung – deutlich schwächer ausgebildet als in Deutschland.

III

Formelle Voraussetzungen einer Einschränkung

1 Der Gesetzesvorbehalt

1.1 Portugal

Grundgedanke des liberalen Konstitutionalismus[1] ist, daß zugunsten der Freiheit des einzelnen das Gesetz in den Dienst der Freiheit gestellt wird. Dieser Gedanke wird meist durch den Satz verdeutlicht, daß " 'niemand außer durch Gesetz verpflichtet werden kann, irgendetwas zu tun oder zu unterlassen' "[2]. Die Portugiesische Verfassung positiviert diesen Grundsatz nicht ausdrücklich. Generell ist dieses Prinzip jedoch bezüglich der die Freiheit gewährleistenden "Rechte, Freiheiten und Garantien" in Art. 18 Abs. 2 CRP enthalten. Dort wird als erste formelle Voraussetzung einer gesetzlichen Grundrechtseinschränkung bestimmt:

> *"Nur das Gesetz kann die Rechte, Freiheiten und Garantien ... einschränken".*

Im einzelnen wird neben diesem allgemeinen Vorbehalt der Grundsatz des Gesetzesvorbehaltes in zahlreichen Grundrechtsbestimmungen genannt. So enthalten die Art. 20 Abs. 2; 26 Abs. 2 und 3; 27 Abs. 2, 3, 5; 28 Abs. 2, 4; 29 Abs. 1, 3, 4; 32 Abs. 3, 4, 7; 34 Abs. 2, 4; 35 Abs. 2, 4; 36 Abs. 2, 7; 38 Abs. 2, 3, 7; 39 Abs. 5; 40; 41 Abs. 6; 46 Abs. 1, 2; 47 Abs. 1; 49 Abs. 1; 52 Abs. 2, 3; 55 Abs. 6; 56 Abs. 3, 4; 60 Abs. 2, 3; 61 Abs. 1, 4; 62 Abs. 2 CRP spezielle Gesetzesvorbehalte.

Um die Bedeutung des Gesetzesvorbehalts vollständig erfassen zu können, ist es zunächst notwendig, zu klären, was unter "Gesetz" im Sinne des Art. 18 Abs. 2 CRP und den in den einzelnen Grundrechtsbestimmungen genannten "Gesetzes"vorbehalten zu verstehen ist.

---

[1] Vgl. hinsichtlich der Entwicklung in Portugal *Miranda*, Manual, Bd. I, S. 85ff., 262ff.

[2] *Miranda*, Manual, Bd. IV, S. 29f.

Im Anschluß daran wird untersucht, welche Gesetzgebungskompetenzen im Bereich der Grundrechte bestehen. Denn der Vorbehaltsbegriff wird verfassungsrechtlich von der Frage der Kompetenzen erfaßt. Die Frage betrifft die Abgrenzungsproblematik zwischen den Wirkungsbereichen zwischen Parlament und Exekutive. Folge eines jeden Vorbehaltes ist, daß die diesem Vorbehalt unterliegenden Regelungsbereiche und Gegenstände einer selbständigen Regelung der Exekutive entzogen sind.

1.1.1 Der Gesetzesbegriff

Ausgangspunkt für die Frage, welche Bedeutung dem Gesetzesvorbehalt zukommt, ist der Gesetzesbegriff der Portugiesischen Verfassung. "Schlüsselnorm"[3] hierbei ist Art. 115 Abs. 1 CRP. Dieser lautet:

> *"Gesetzgebungsakte sind die Gesetze, die Gesetzesverordnungen und die regionalen gesetzgebenden Verordnungen"*[4].

Diese Aufzählung dreier unterschiedlicher "Gesetzgebungsakte" weist bereits darauf hin, daß grundsätzlich auch drei unterschiedliche Organe zur Gesetzgebung ermächtigt sein können. Dies ist zum einem das Parlament, die sog. "Versammlung der Republik", die ihre Gesetzgebungsakte gemäß Art. 169 Abs. 3 CRP in Gesetzesform erläßt. Daneben besitzt seit 1945[5] auch die Regierung[6] die Kompetenz zum Erlaß sog. "Gesetzesverordnungen". Schließlich besitzen in Gestalt von "regionalen gesetzgebenden Verordnungen" auch die Autonomen Regionen[7] die Befugnis zum Erlaß von Gesetzgebungsakten.

Da der "Gesetzgebungsakt" als solcher in der Verfassung nicht weiter definiert ist, handelt es sich bei diesem Begriff um einen rein formalen Begriff.

"Gesetzgebungsakt ist jeder durch die Versammlung der Republik in Form des Gesetzes, durch die Regierung in Form der Gesetzesverordnung und durch die autonomen Regionen in Form der regionalen gesetzgebenden Verordnung erlassene Akt"[8]. Damit löst sich die Portugiesische Verfassung von dem historischen Begriff des Gesetzes[9], indem es zu den "Gesetzgebungsakten" nicht nur das förmliche Gesetz des Parlamentes zählt, sondern auch die Gesetzesverordnung der Regierung und die regionale gesetzgebende Verordnung der Autonomen Regionen

[3] *Canotilho/Moreira*, Anotada, S. 500.

[4] Wörtl.: "lei", "decreto-lei" bzw. "decreto legislativo regional".

[5] Vgl. *Casalta Nabais* Jurisprudência, S. 86.

[6] Vgl. zum Begriff Art. 185f. CRP; zuständig für den Erlaß ist der Ministerrat, Art. 203 Abs. 1 d) CRP, wobei die Gesetzesverordnungen vom Ministerpräsident und dem zuständigen Ressortminister gegengezeichnet werden, Art. 204 Abs. 3 CRP.

[7] Hierzu zählen die Azoren und Madeira, Art. 6 Abs. 2; 5 Abs. 1 CRP; zuständig ist die Gesetzgebende Regionalversammlung, Art. 234 Abs. 1 i. V. m. 229 CRP.

[8] *Canotilho/Moreira*, Anotada, S. 502.

[9] Vgl. auch ebenda, S. 503.

miteinschließt. In der formellen historischen Bedeutung sind in der Portugiesischen Verfassung alle drei "Gesetzgebungsakte" mit dem Begriff des "Gesetzes" gleichzusetzen[10].

1.1.2 Gesetzesvorbehalt als Parlamentsvorbehalt

Ist geklärt, was unter "Gesetz" grundsätzlich zu verstehen ist, muß nun untersucht werden, welches Organ für Grundrechtseinschränkungen zuständig ist.

(1) Grundsatz der Gesetzgebungskonkurrenz Art. 164 Abschnitt d) CRP bestimmt, daß die Versammlung der Republik in sämtlichen Bereichen – mit Ausnahme des durch die Verfassung der Regierung vorbehaltenen Bereich der eigenen Organisation und Tätigkeit, Art. 201 Abs. 2 CRP – die Gesetzgebungskompetenz besitzt[11].

Daneben besitzen in Portugal grundsätzlich die Regierung und die Autonomen Regionen die Befugnis zum Erlaß von Gesetzgebungsakten, Art. 201 Abs. 1 und 229 Abs. 1 Abschnitte a) und b) CRP.

Zwischen dem förmlichen Gesetz des Parlamentes und der Gesetzesverordnung der Regierung besteht grundsätzlich auch Gleichrangigkeit[12]. Dies bedeutet, daß eine Gesetzesverordnung ein Gesetz des Parlaments abändern, widerrufen, aufheben kann und umgekehrt.

Die regionalen gesetzgebenden Verordnungen sind demgegenüber den "allgemeinen" Gesetzen des Parlaments untergeordnet[13].

(2) Parlamentsvorbehalt im Grundrechtsbereich Da jedoch Art. 229 Abs. 1 Abschnitte a) und b) CRP nur in den Fällen den Autonomen Regionen eine Gesetzgebungskompetenz gewährt, die "von spezifischem Interesse für die Regionen und nicht der eigenen Kompetenz der Hoheitsorgane vorbehalten sind", besitzen im Bereich der Grundrechte die gesetzgebenden Regionalversammlungen keine Befugnis zu Einschränkungen[14]. Einschränkungen der Grundrechte fallen in die Kompetenz der Hoheitsorgane Regierung und vor allem Parlament:

---

[10] Nicht zu den Gesetzgebungsakten i. S. d. Art. 115 Abs. 1 CRP und somit nicht zum Gesetzesbegriff zählen die sogenannten "Ausführungsbestimmungen" ("regulamentos"); diese werden von der Exekutive, d. h. von der Regierung, Art. 202 c), von den Autonomen Regionen, Art. 229 Abs. 1 d) und der Örtlichen Gewalt, Art. 242 CRP erlassen; vgl. zum Ganzen, *Canotilho/Moreira*, Anotada, S. 780f.; 856f.; 895f.

[11] Art. 164 Abschnitt d) lautet: "Es obliegt der Versammlung der Republik ...

d) in sämtlichen Bereichen Gesetze zu erlassen, mit Ausnahme der Bereiche, die durch die Verfassung der Regierung vorbehalten sind".

[12] Vgl. Art. 115 Abs. 2 CRP.

[13] Vgl. Art. 115 Abs. 3 und 4 CRP.

[14] Vgl. TC Urteile Nr. 46/87, Bd. 9, S. 489ff./496; st. Rspr. vgl auch Nr. 37/87, Bd. 9, S. 257ff.; 91/88, Bd. 11, S. 415ff.; 97/88, Bd. 11, S. 765ff.

Von der nach Art. 115 Abs. 2 CRP angeordneten grundsätzlichen Gleichrangigkeit zwischen förmlichen Parlamentsgesetz und der Gesetzesverordnung der Regierung macht nämlich Art. 201 CRP eine entscheidende Ausnahme[15].

Aus Art. 201 Abs. 1 a) und b) CRP ergibt sich der Kompetenzumfang der Regierung. Diese Bestimmung lautet:

> *"In Ausübung ihrer Gesetzeskompetenz obliegt es der Regierung:*
> *a) Gesetzesverordnungen, über die nicht der Versammlung der Republik vorbehaltenen Gegenstände zu erlassen;*
> *b) Gesetzesverordnungen auf dem Gebiet des relativen Vorbehalts der Versammlung der Republik aufgrund ihrer Ermächtigung zu erlassen".*

Diese Norm ist somit im Zusammenhang mit den Art. 167 und 168 CRP zu lesen. Art. 167 und 168 CRP zählen bestimmte Bereiche auf, in denen ein sog. "absoluter" (= Art. 201 Abs. 1 a); 167 CRP) bzw. "relativer" (= Art. 201 Abs. 1 b); 168 CRP) Gesetzgebungsvorbehalt für die Versammlung der Republik besteht. Dies bedeutet nach dem Wortlaut der Vorschriften, daß in den in Art. 167 CRP genannten Bereichen *ausschließlich* die Versammlung der Republik Gesetze erlassen kann[16]. Im Bereich des sog. "relativen Vorbehalt der Gesetzgebung"[17] kann unter bestimmten Umständen die Versammlung der Republik die Regierung zur Gesetzgebung ermächtigen[18].

Art. 167 CRP bestimmt dabei für Teilbereiche der Grundrechte, wie den Vereinigungen, politischen Parteien, das Staatsangehörigkeitsrecht und vor allem den Grundrechten der Soldaten[19] die ausschließliche, "absolute" Gesetzgebungskompetenz des Parlaments.

Art. 168 CRP sieht einen sogenannten "relativen Gesetzgebungsvorbehalt" zugunsten der Versammlung der Republik vor, der die Möglichkeit für das Parlament miteinschließt, die Regierung unter bestimmten Voraussetzungen zur Gesetzgebung zu ermächtigen. Der Regelungsbereich dieses " relativen" Parlamentsvorbehalts kann grob in drei Komplexe unterteilt werden, die die Bereiche der

[15] Eine weitere Ausnahme von der Gleichrangigkeit besteht nach Art. 115 Abs. 2 CRP hinsichtlich der den Gesetzesverordnungen vorgehenden sog. "Basisgesetzen", vgl. hierzu *Canotilho/Moreira*, Anotada, S. 505f.

[16] Diese Vorschrift wurde erst in der ersten Revision 1982 in die Verfassung eingeführt und ist den 5 Vorgängern der Verfassung unbekannt. Die Ursprungsversion der Verfassung von 1976 folgte der Verfassung von 1933, die der Regierung vollumfängliche Rechtsetzungsgewalten verlieh, so daß es mit Ausnahme einiger Kompetenzen im politischen Bereich keine Materie gab, die ausschließlich nur der Versammlung der Republik vorbehalten war. Art. 167 CRP a. F. sah nur einen relativ eng bemessenen relativen Gesetzesvorbehalt vor; vgl. zum Ganzen *Miranda*, O Regime dos Direitos, Liberdades e Garantias, in: Estudos sobre a Constituição, Bd. III, S. 41ff./92ff.

[17] So die Überschrift des Art. 168 CRP.

[18] Ein derartiger Vorbehalt tauchte im portugiesischen Verfassungsrecht zuerst in Art. 93, 109 §2 der Verfassung von 1933 auf, vgl. *Canotilho/Moreira*, Anotada, S. 669.

[19] Vgl. Art. 167 Abschnitte a), c), d), f), p) CRP.

Grundrechte[20], der sogenannten "Wirtschaftsverfassung"[21] und der politischen und verwaltungsrechtlichen Staatsorganisation[22] umfaßt.

Aufgrund der Tatsache, daß die Portugiesische Verfassung die Rechte, Freiheiten und Garantien in Art. 168 Abs. 1 b) CRP generell zumindest der relativen Gesetzgebungskompetenz des Parlaments unterstellt, erstarkt folglich der für Einschränkungen in Art. 18 Abs. 2 CRP allgemein und in den in einzelnen Grundrechten speziell angeordnete Gesetzesvorbehalt zum sogenannten Parlamentsvorbehalt [23].

1.1.3 Reichweite des Parlamentsvorbehalts

Abgesehen davon, daß Art. 167 CRP – wie bereits gesehen – für einige Teilbereiche der Grundrechte die ausschließliche Gesetzgebungsbefugnis und Art. 168 Abs. 1 b) CRP für den "Bereich der Rechte, Freiheiten und Garantien" die relative Gesetzgebungsbefugnis des Parlaments anordnet, kann dem Verfassungstext nicht explizit die Antwort auf die Frage entnommen werden, ob sich der entsprechende Vorbehalt nur auf echte *Einschränkungen*[24] oder auf jede gesetzgeberische Maßnahme erstrecken soll. Besteht der zum Parlamentsvorbehalt erstarkte Gesetzesvorbehalt nur hinsichtlich der Grundrechtseinschränkungen oder auch hinsichtlich darüberhinausgehende Maßnahmen, wie Modifizierungen oder Auslegungen ?

(1) Textinterpretation Die Reichweite des jeweiligen Parlamentsvorbehalts ergibt sich zum Teil direkt aus dem Wortlaut der betreffenden Bestimmung. So bestimmt Art. 167 Abschnitt p) CRP den ausschließlichen Gesetzesvorbehalt hinsichtlich der

> *"Einschränkungen der Grundrechtsausübung der Soldaten und der tatsächlich Dienstleistenden der ständigen Stammeinheiten der Streitkräfte".*

Dieser Artikel bietet auch ein Argument dafür, daß der "Bereich der Rechte, Freiheiten und Garantien" in Art. 168 Abs. 1 b) CRP nicht nur Einschränkungen, sondern auch alle anderen gesetzgeberischen Maßnahmen darüberhinaus mitumfaßt[25].

Zu dem gleichen Ergebnis gelangt man, wenn der Umkehrschluß zu der für die einzelnen Regelungsbereiche des Art. 168 Abs. 1 CRP unterschiedlich ausgestalteten Reichweite des Vorbehalts gezogen wird. Im Gegensatz zu dem die

[20] Art. 168 Abs. 1 Abschnitte a) bis h) CRP.

[21] Vgl. zum Begriff *Canotilho/Moreira*, Anotada, S. 670; Art. 168 Abschnitte i) bis p), x), aa) CRP.

[22] Art. 168 Abschnitte q) bis v) CRP.

[23] Vgl. zum Begriff *Soares*, Princípio da Legalidade e Administração Constitutiva, S. 169ff./181.

[24] Zum Begriff vgl. bereits oben **B. II**.

[25] Ebenso *Canotilho/Moreira*, Anotada, S. 672.

Grundrechte beinhaltenden Abschnitt b) der Bestimmung wird in vier anderen Abschnitten[26] bestimmt, daß sich der Vorbehalt nur auf die "allgemeine Ordnung" der jeweiligen Materie bezieht. Dies bedeutet in diesem Zusammenhang, daß für die Bereiche des Disziplinar- und Ordnungswidrigkeitenrechtes in Art. 168 Abs. 1 Buchst. d), des Requirierungs- und Enteignungsrechtes in Art. 168 Abs. 1 Buchst. e) sowie des Miet-und Pachtwesens in Art. 168 Abs.1 Buchst. h) CRP dem Parlament die Regelung der "normalen und allgemeinen"[27] Bestimmungen vorbehalten bleiben. Spezielle und besondere Regelungen können durchaus von der Regierung bzw. von den Regionalversammlungen erlassen werden[28].

Die Reichweite des Vorbehaltes wird schließlich noch weiter zurückgenommen, wenn es heißt, daß das Parlament nur die "Grundlagen" oder "allgemeinen Grundlagen" bestimmen soll. Dies betrifft die Materie der bei den sozialen Grundrechten vorgesehenen Sozialversicherung und den Bereich des Naturschutzes[29].

Es kann als Schlußfolgerung festgehalten werden, daß aus dem Verfassungskontext sich ein über reine Grundrechts*einschränkungen* hinausgehender Parlamentsvorbehalt ergibt. Dies bedeutet, daß vorbehaltlich einer Delegation in den Bereichen des Art. 168 CRP Gesetzgebungsakte anderer Organe, wie der Regierung, ausgeschlossen sind.

(2) Rechtsprechung des Portugiesischen Verfassungsgerichtes

(2.1) Parlamentsvorbehalt als vollständige Sperre Die Textinterpretation ergab, daß sich der Parlamentsvorbehalt im Grundrechtsbereich nicht nur auf Grundrechtseinschränkungen bezieht. Diese Schlußfolgerung ist angesichts der Rechtsprechung des Portugiesischen Verfassunsgerichtes nicht selbstverständlich. Denn bis 1988 war es ständige Rechtsprechung des Portugiesischen Verfassungsgerichtes[30] im Bereich des Parlamentsvorbehaltes Gesetzesverordnungen der Regierung solange zuzulassen und nicht "automatisch" als Verstoß gegen die Verfassung zu werten, als diese sich darauf beschränkten, nicht den wesentlichen Inhalt der entsprechenden Materie zu regeln und nicht in bezug auf ein bereits ergangenes Gesetz des Parlamentes neue Maßgaben zu erlassen. Im Urteil Nr. 423/87 heißt es ausdrücklich:

> *"Denn solange solche Normen nicht eine von der bereits existierenden verschiedene Ordnung erschaffen und sich im wesentlichen darauf beschränken, das wiederaufzunehmen und zu wiederholen, was bereits*

[26] Vgl. Art. 168 Abschnitte d), e), h), p) CRP.

[27] *Canotilho/Moreira*, Anotada, S. 670.

[28] Dieser Umfang wird auch für den Buchst. p) vorgesehen.

[29] Art. 168 Abs. 1 Abschnitt f) und g); des weiteren werden die Abschnitte n), v), x) hiervon betroffen; vgl. zur Bedeutung der Basisgesetze allgemein *Canotilho*, Direito, S. 849ff.

[30] Vgl. nur TC Urteil Nr. 423/87, Bd. 10, S. 77ff./103, m.w.N.

in vorherigen erlassenen Gesetzestexten des zuständigen Hoheitsorgans enthalten war, muß unter solchen Umständen kein Eingriff in den vorbehaltenen Kompetenzbereich vorliegen. Darüberhinaus ist es wichtig, zu betonen, daß im Bereich des Gesetzesvorbehaltes nicht die Themen miteingeschlossen sein müssen, die per Definition nicht den wesentlichen Inhalt *der dort enthaltenen Bereiche betreffen, d. h. diejenigen Aspekte, die wegen ihres beiläufigen und neutralen Charakters in keiner Weise deren Dimension und Regelungsdichte beeinflussen"* [31].

Von dieser Rechtsprechung rückte das Portugiesische Verfassungsgericht im Urteil Nr. 77/88 ab. Das Gericht begrenzte diese Möglichkeit der Normsetzung durch die Regierung dem Wortlaut der Verfassung entsprechend auf die Fälle, in denen der Vorbehalt nur für wenige Einzelaspekte von der Verfassung angeordnet wird. Jenseits dieser Teilbereiche unterfällt die Materie in ihrer Gesamtheit der grundsätzlichen Gesetzgebungskonkurrenz zwischen Parlament und Regierung[32]. Der Parlamentsvorbehalt bezieht sich dann nur auf diese Einzelaspekte. Die Regierung kann jenseits dieser Teilbereiche gesetzgebend tätig werden.

Da jedoch der Bereich der Rechte, Freiheiten und Garantien insgesamt mindestens unter den relativen Parlamentsvorbehalt des Art. 168 Abs. 1 Abschnitt b) CRP fällt und bezüglich der Staatsangehörigkeit, der Vereinigungen und politischen Parteien und der Einschränkung der Grundrechte der Soldaten (Art. 167 Abschnitte f), h), p) CRP) gar ein absoluter Vorbehalt besteht, kann von einem Vorbehalt, der im Sinne der erwähnten alten Rechtsprechung des Portugiesischen Verfassungsgerichtes nur für Teilbereiche besteht, nicht die Rede sein. Vielmehr wird durch diese Bestimmungen stets der gesamte Bereich umfaßt. Somit besteht innerhalb des Parlamentsvorbehaltes eine *vollständige Sperre* für eine Normsetzung durch die Regierung oder anderer Organe[33].

Diese erstreckt sich nicht nur auf den Neuerlaß von Gesetzen, sondern vielmehr auch auf den Widerruf eines früheren Gesetzes[34] sowie auf "jede andere gesetzgeberische Intervention, wie Erlaß, Auslegung, Aufhebung, Modifizierung, Erneuerung oder Kodifizierung"[35]. Der Regierung und anderen Organen verbleibt in diesem Bereich nur eine Befugnis zum Erlaß "einfacher Ausübungseinzelheiten"[36]. Unter derartigen "Ausübungseinzelheiten" sind bloße Konkretisierungen der durch Parlamentsgesetz angeordneten Maßnahmen zu verstehen[37].

---

[31] TC Urteil Nr. 423/87, Bd. 10, S. 77ff./103
[32] Vgl. TC Urteil Nr. 77/88, Bd. 11, S. 361ff.; *Casalta Nabais*, Jurisprudência, S. 87.
[33] Vgl. auch TC Urteil Nr. 37/87, Bd. 9, S. 257ff.; *Casalta Nabais*, Jurisprudência, S. 89.
[34] Vgl. TC Urteil Nr. 30/87, Bd. 9, S. 451ff.
[35] *Canotilho/Moreira*, Anotada, S. 663.
[36] TC Urteil Nr. 74/84, Bd. 4, S. 49ff.; st. Rspr., zuletzt Urteil Nr. 307/88, Bd. 12, S. 499ff.
[37] Ebenda.

(2.2) "Bereich der Rechte, Freiheiten und Garantien" Reichweite und Inhalt des Parlamentsvorbehalts lassen jedoch die Frage unbeantwortet, *wann* diese Sperre eintritt. Abgrenzungsschwierigkeiten bereitet dabei vor allem die weite Formulierung des Art. 168 Abs. 1 Abschnitt b) CRP. Danach unterfällt alles dem Parlamentsvorbehalt, was in den "Bereich" der Rechte, Freiheiten und Garantien gehört.

Das Portugiesische Verfassungsgericht versuchte in dem Urteil Nr. 150/85[38], diesen "Bereich" abstrakt abzugrenzen.

Das Gericht mußte in dieser Entscheidung eine Gesetzesverordnung der Regierung überprüfen, die eine Begründungspflicht für Verwaltungsakte bestimmte. Diese heute in Art. 268 Abs. 3 CRP enthaltene Begründungspflicht war zum damaligen Zeitpunkt in der Verfassung noch nicht enthalten[39]. Es stellte sich die Frage, ob die Regierung zu einer derartigen Regelung befugt war oder ob die Begründungspflicht von Verwaltungsakten in den "Bereich" der Rechte, Freiheiten und Garantien gemäß Art. 168 Abs. 1 Abschnitt b) CRP und damit dem Parlamentsvorbehalt unterfällt. Ausgangspunkt hierbei war die Überlegung, daß der verfassungsrechtlich gewährleistete[40] Klageweg gegen Verwaltungsentscheidungen als Grundrecht von analoger Natur im Sinne von Art. 17 CRP[41] anerkannt ist[42]. Fällt aber das Klagerecht gegen Verwaltungsakte unter Art. 168 Abs. 1 Abschnitt b) CRP, so müsse auch die Begründungspflicht von Verwaltungsakten in den "Bereich" der Rechte, Freiheiten und Garantien fallen. Die Begründung eines Verwaltungsaktes sei nämlich Grundlage der Entscheidung, ob von dem Grundrecht auf Klage gegen ihn Gebrauch gemacht wird. Aufgrund dieser Bedeutung müsse auch die Begründung dem Parlamentsvorbehalt unterfallen.

Das Portugiesische Verfassungsgericht schloß sich in seiner Entscheidung dieser Argumentation der Klagebegründung[43] nicht an. Zwar führte es aus, daß "die Zugehörigkeit einer Norm zu dem Bereich der Rechte, Freiheiten und Garantien ... nicht erfordert, daß diese unmittelbar und förmlich über ein Recht, eine Freiheit oder Garantie verfügt". Vielmehr sei "ausreichend, daß eine sehr enge Verbindung mit den durch einen von diesen (Rechten, Freiheiten oder Garantien, *Anm. des Verf.*) geschützten Interessen besteht und zumindest in signifikanter Weise mit der entsprechenden Ausübung in Zusammenhang steht"[44]. Damit der "Bereich" der Rechte, Freiheiten und Garantien nicht "zu weit" gerate, seien jedoch darin "die Aspekte nicht enthalten, die die 'praktischen' Bedingungen der Grundrechtsausübung betreffen ... und die dann über die 'rechtlichen' Bedin-

---

[38]Bd. 6, S. 339ff.

[39]Die Begründungspflicht wurde mit der zweiten Revision 1989 eingeführt, vgl. die Nachweise bei *Canotilho/Moreira*, Anotada, S. 932f.

[40]Art. 269 Abs. 2 CRP a. F., heute 268 Abs. 4 CRP.

[41]Vgl. zu dieser Vorschrift und ihrer Bedeutung bereits oben **A. I. 2.2.2 (2)**.

[42]Vgl. TC Urteil Nr. 63/84, Bd. 3, S. 341ff./346.

[43]Vgl. TC Urteil Nr. 150/85, Bd. 6, S. 341.

[44]Ebenda, S. 339ff./344.

gungen dieser Ausübung selbst hinausgehen"[45]. Da die Begründung von Verwaltungsakten keine "notwendige Voraussetzung oder unersetzliche Bedingung" für die Ausübung des Klagerechtes sei, unterfalle dies demnach nicht dem Bereich der Rechte, Freiheiten und Garantien[46].

Nach dieser Entscheidung ist alles das, was zur rechtlichen Geltendmachung eines Grundrechtes nötig ist, dem "Bereich" der Grundrechte zugehörig.

In einer etwas späteren Entscheidung[47] stellt das Portugiesische Verfassungsgericht auf einen anderen Gesichtpunkt ab. Die Regierung erließ eine Gesetzesverordnung, durch die zwei Schiffahrtsgesellschaften gegründet werden sollten. Eine Bestimmung dieser Gesetzesverordnung sah nun vor, daß die Belegschaft dieser Gesellschaften nicht automatisch an den bereits für die Schiffahrtsbranche existierenden Tarifverträgen und Arbeitsvorschriften teilnehmen. Die hiergegen gerichtete Klage rügte die Verfassungswidrigkeit dieser Bestimmung, da diese Bestimmung in den Bereich der Grundrechte der Gewerkschafts- und Koalitionsfreiheit[48] fallen würde und damit nicht die Regierung, sondern nur das Parlament zur Gesetzgebung befugt sei.

Das Gericht sah im Erlaß dieser Gesetzesverordnung keinen Verstoß gegen Art. 168 Abs. 1 Abschnitt b) CRP. Die Gesetzesverordnung "beabsichtige nicht, den Inhalt dieser Rechte zu begrenzen, einzuschränken oder die Art und Weise ihrer Ausübung zu bestimmen"[49].

Zusammenfassend läßt sich feststellen, daß das Gericht den "Bereich" der Grundrechte in Art. 168 Abs. 1 Abschnitt b) CRP eher eng auslegt. Nicht alles, was in irgendeiner Form in Berührung mit einem Grundrecht kommt, fällt bereits automatisch in diesen Bereich. Zwar sei eine "unmittelbare und förmliche" Bezugnahme auf ein Grundrecht nicht erforderlich, sondern ausreichend sei eine enge Verbindung mit den durch die Grundrechte geschützten Interessen. Das Portugiesische Verfassungsgericht zeigt keine exakten und griffigen Abgrenzungskriterien auf.

1.1.4 Parlamentsvorbehalt und Delegationsbefugnis

Nach eindeutigem Wortlaut besteht für die Regelungsmaterien, die der "absoluten" Gesetzgebungskompetenz des Parlaments unterfallen, keine Delegationsbefugnis. Dies bedeutet, daß alle Maßnahmen, die im Zusammenhang mit Vereinigungen und politischen Parteien stehen bzw. Einschränkungen der Grundrechte der Soldaten darstellen[50], vom Parlament selbst getroffen werden müssen.

Eine Entlastungsmöglichkeit für das Parlament sieht der Verfassungsgeber

[45] Ebenda, ebenso TC Urteil Nr. 32/86, Bd. 7 Teilband II, S. 525ff./532.

[46] Ebenda.

[47] TC Urteil Nr. 157/88, Bd. 12, S. 107ff.

[48] Vgl. Art. 55, 56 CRP.

[49] TC Urteil Nr. 157/88, Bd. 12, S. 107ff./142.

[50] Vgl. Art. 167 Abschnitt h) bzw. p) CRP.

hinsichtlich des (übrigen) "Bereichs der Rechte, Freiheiten und Garantien" vor, da Art. 168 Abs. 1 CRP dem Parlament eine Delegationsbefugnis einräumt. Hierdurch wird das Parlament in die Lage versetzt, nicht alle Entscheidungen selbst vornehmen zu müssen, was eine deutliche Verminderung der Parlamentsaufgaben zur Folge haben kann. In dieser Entlastungsfunktion der Delegationsbefugnis ist aber gleichzeitig ein Gefahrenmoment enthalten. Wenn das Parlament hinsichtlich des "Ob" und des "Wie" einer Delegation weitgehend freigestellt wird, kann dies den Zweck des Parlamentsvorbehalts unterlaufen.

Deshalb soll im folgenden untersucht werden, unter welchen Voraussetzungen das Parlament von der Delegationsbefugnis Gebrauch machen kann und welche Kontrollmechanismen die Portugiesische Verfassung vorsieht.

(1) Initiativrecht Die Delegation ergeht in Gesetzesform. Dies ergibt sich zum einem aus dem Wortlaut des Art. 168 Abs. 2 CRP selbst, da dieser von "Gesetzen für die gesetzgebende Ermächtigung" spricht. Überdies wird die Gesetzesform durch die Art. 164 Abschnitt e) i. V. m. Art. 169 Abs. 3 CRP ausdrücklich vorgeschrieben.

Umstritten ist im portugiesischen Schrifttum, welches Hoheitsorgan für dieses Ermächtigungsgesetz das Initiativrecht innehat. Während einerseits vertreten wird, daß das Initiativrecht für Ermächtigungsgesetze ausschließlich die Regierung selbst besitzt[51], sind demgegenüber *Canotilho/Moreira* der Ansicht, daß das Gesetzesinitiativrecht der Regierung nur "im Grundsatz" vorbehalten sei und die Verfassung selbst diese Frage offen ließe[52].

Die Bedeutung dieser Streitfrage ist offensichtlich. Wäre die Versammlung der Republik gehindert, durch einen Gesetzesvorschlag selbst die Ursache für eine Delegation zu setzen, sondern vielmehr auf einen entsprechenden Gesetzesvorschlag der Regierung angewiesen, würde dadurch das entlastende Moment, das einer grundsätzlichen Delegationsmöglichkeit innewohnt, erheblich zurückgenommen. Andererseits würde ein fehlendes Initiativrecht für das Parlament in dieser Frage die Möglichkeit verwehren, den durch die Verfassung zugewiesenen Vorbehalt relativ leicht durch eine häufige Ausübung des Delegationsrechtes zu unterlaufen. Dadurch könnte der Schutz gerade für den Bereich der Grundrechte (Art. 168 Abs. 1 Buchst. b) CRP), der von einer parlamentarischen Legitimation ausgeht, eingeschränkt werden.

Die Verfassung selbst spricht nun das Gesetzesinitiativrecht in Art. 170 Abs. 1 CRP an. Danach liegt die Gesetzesinitiative bei den Abgeordneten, bei den Fraktionen und bei der Regierung[53]. Folglich verbietet die Verfassung selbst der Versammlung der Republik bzw. ihren einzelnen Abgeordneten[54] oder den

---

[51] Vgl. *Canotilho*, Direito, S. 862 Fn. 28.

[52] *Canotilho/Moreira*, Anotada, S. 686 und 678.

[53] Für die Regierung übt der Ministerrat dieses als Vorschlagsrecht bezeichnetes Recht aus, vgl. Art. 203 Abs. 1 Abschnitt c) CRP.

[54] Vgl. Art. 159 Abschnitt b) CRP.

Fraktionen[55] nicht, das Initiativrecht hinsichtlich der Ermächtigungsgesetze wahrzunehmen. Der Ausschluß des Initiativrechtes für die Abgeordneten und Fraktionen wird vielmehr nur einfachgesetzlich in der aufgrund des Art. 178 Abschnitt a) CRP Geschäftsordnung der Versammlung der Republik vorgeschrieben[56].

Durch die Geschäftsordnung hat demnach das Parlament auf das durch die Verfassung zumindest nicht verwehrte Recht verzichtet, das "ursprüngliche" Initiativrecht hinsichtlich der Ermächtigungsgesetze auszuüben. Ein vollständiger Verzicht liegt jedoch nicht vor, da es dem Parlament unbenommen bleibt, eine sogenannte "Sekundärinitiative"[57] auszuüben. Dies bedeutet, daß die Initiative nur für Änderungsvorschläge vom Parlament selbst ausgehen kann.

Zusammenfassend ist festzuhalten, daß für eine Delegation ein Gesetz der Versammlung der Republik erforderlich ist, wobei von Verfassungs wegen die Initiative hierfür zumindest auch vom Parlament selbst ausgehen könnte. Nur die Geschäftsordnung der Versammlung der Republik verwehrt dem Parlament, die "Originärinitiative" wahrzunehmen.

(2) Adressatenkreis Indiz einer indirekten Aushöhlung der Funktion des Parlamentsvorbehalts könnte auch ein weiter Adressatenkreis einer Delegation sein. Dies gilt insbesondere für den Fall, wenn ein Delegatar seine Befugnis selbst weiterdelegieren, d. h. eine Subdelegation vornehmen könnte. Hierbei müssen die Fälle einer selbständigen Subdelegation durch den Delegatar von den Fällen einer durch das Parlament gestatteten Subdelegation unterschieden werden.

(2.1) Regierung als Delegatar Es ist jedoch fast einhellige Meinung im portugiesischen Schrifttum und ständige Rechtsprechung des Portugiesischen Verfassungsgerichtes, daß der Adressat der gesetzgebenden Ermächtigungen im Rahmen von Art. 168 CRP ausschließlich die Regierung ist[58]. Dies ergibt sich eindeutig aus dem Wortlaut[59] der Bestimmung und bezieht sich eindeutig auf das

---

[55] Vgl. Art. 183 Abs. 2 Abschnitt f) CRP.

[56] Art. 196 der Geschäftsordnung lautet:

"Folgende Sonderbestimmungen sind bei den gesetzgebenden Ermächtigungen zu beachten:

a) Die originäre Initiative unterfällt ausschließlich der Kompetenz der Regierung;

b) Eine Prüfung in einem Ausschuß findet nicht statt.", zit. bei *Miranda*, Normas Complementares da Constituição, S. 419ff./510.

[57] Vgl. zum Begriff *Canotilho/Moreira*, Anotada, S. 687.

[58] Vgl. *Canotilho*, Direito, S. 618, 863; *Miranda*, Manual, Bd. IV, S. 298; *Canotilho/Moreira*, Anotada, S. 154, 895f.; TC Urteile Nr. 74/84, Bd. 3, S. 49ff./52ff.; 248/86, Bd. 8, S. 159ff./166ff.

[59] Die Auffassung *Andrades*, der Art. 242 CRP als Argument einer Delegation an Selbstverwaltungskörperschaften heranzieht, übersieht die von dieser Vorschrift selbst ausgehende Verfassungsbindung. Art. 242 CRP lautet: "Die örtlichen Selbstverwaltungskörperschaften verfügen über eine eigene Gewalt für Ausführungsbestimmungen in den Grenzen der Verfassung, der Gesetze und der von übergeordneten Selbstverwaltungskörperschaften oder Aufsichtsbehörden erlassenen Vorschriften".

Hoheitsorgan im Sinne des Art. 113 Abs. 1 CRP[60] als solches. Dies wird durch die Art. 168 Abs. 4 und 201 Abs. 1 Abschnitt b) CRP belegt, die sich an die "Regierung" wenden. Deshalb wäre z.B. "jegliche gesetzgebende Ermächtigung zugunsten des Ministerpräsidenten, des Ministerrates sowie zugunsten eines einzelnen Ministers verfassungswidrig"[61].

(2.2) Keine Subdelegation durch Delegatar Fraglich ist, ob der Delegatar, also die Regierung, befugt ist, ihre Ermächtigung zur Gesetzgebung weiterzudelegieren. Obwohl Art. 168 CRP zur Frage der Subdelegationen schweigt, werden diese in der portugiesischen Lehre und vom Portugiesischen Verfassungsgericht als verfassungswidrig abgelehnt[62]. Begründet wird dies einerseits mit Art. 114 Abs. 2 CRP. Dieser lautet:

> *"Kein Hoheitsorgan und kein Organ der Autonomen Regionen und der örtlichen Gemeinschaftsgewalt darf seine Befugnisse auf andere Organe delegieren, außer in den in der Verfassung und im Gesetz ausdrücklich vorgesehenen Fällen und Bestimmungen".*

Da Art. 168 CRP zur Frage der Subdelegation schweigt, sei diese folglich ausgeschlossen. Andererseits ergebe sich die verfassungsmäßige Unzulässigkeit von Subdelegationen bereits aus dem "klassischen Prinzip der Undelegierbarkeit delegierter Gewalten (delegatus non potest delegare)"[63].

(2.3) Keine Subdelegation durch Parlament Es stellt sich jedoch die Frage, ob es dem Parlament möglich wäre, im Ermächtigungsgesetz selbst, die Regierung zu Subdelegationen zu befähigen. Denn Art. 114 Abs. 2 CRP[64] sieht als Ausnahme vom Delegationsverbot nicht nur die in der Verfassung ausdrücklich zugelassenen Fälle vor, sondern auch die "im Gesetz" vorgesehenen. Deshalb könnte die Verfassungswidrigkeit einer Subdelegation abzulehnen sein, wenn das Ermächtigungsgesetz selbst diese Möglichkeit gestattet.

Dies wird jedoch abgelehnt. Art. 114 Abs. 2 CRP sei insofern mißverständlich[65]. "Ansonsten könnte das Gesetz nicht nur das Trennungsprinzip der Hoheitsorgane ... unterlaufen, sondern auch das Prinzip der Verfassungsfestlegung ihrer Kompetenz (Art. 113 Abs. 2). Die im Gesetz vorgesehene Delegation von Gewalten kann demnach nur eine interne Gewaltendelegation sein und zwar nach allgemeiner Maßgabe der Verwaltungsdelegationen"[66].

[60] Art. 113 Abs. 1 CRP lautet: "Hoheitsorgane sind der Präsident der Republik, die Versammlung der Republik, die Regierung und die Gerichte".

[61] *Canotilho*, Direito, S. 863.

[62] Vgl. nur *Canotilho*, Direito, S. 863; TC Urteil Nr. 82/86, Bd. 7, S. 127ff./145

[63] *Canotilho*, Direito, S. 863.

[64] Zum Wortlaut vgl. eben **(2.2)**.

[65] Vgl. *Canotilho/Moreira*, Anotada, S. 498.

[66] Ebenda, S. 499.

Das Portugiesische Verfassungsgericht interpretiert den Art. 114 Abs. 2 CRP[67] in dem gleichen Sinn, wenn es heißt, "das *Gesetz* kann Gewalten nur dann delegieren, wenn diese selbst durch Gesetz verliehen wurden, wie es zum Beispiel bei denen (den Gesetzen, *Anm. des Verf.*) der Fall ist, die die Kompetenz der Organe der Örtlichen Gemeinschaftsgewalt verleihen (s. Art. 239 der Verfassung)"[68]. Die Kompetenz, die Regierung zu ermächtigen, ergibt sich jedoch aus Art. 168 CRP direkt. Folglich sind Subdelegationen durch Ermächtigungsgesetz verfassungswidrig.

(3) Kontrollmechanismen Unter welchen Voraussetzungen das Parlament von seiner Delegationsbefugnis Gebrauch machen kann und ob eine Ausübungskontrolle stattfindet, soll im folgenden untersucht werden.

(3.1) Der Bestimmtheitsgrundsatz Die Portugiesische Verfassung bestimmt in Abs. 2 des Art. 168 CRP als erstes Sicherungsmoment, daß der Delegatar nicht durch die Delegation an die Stelle des Parlaments tritt. Ihm werden vielmehr bereits vom Parlament im Ermächtigungsgesetz umfängliche Vorgaben gemacht. Art. 168 Abs. 2 CRP lautet:

> *"Die Gesetzgebungsermächtigung verleihenden Gesetze müssen den Gegenstand, Zweck, Ausmaß und die Dauer der Ermächtigung, die verlängert werden kann, bestimmen".*

Das durch Art. 168 Abs. 2 CRP errichtete Erfordernis, daß das Ermächtigungsgesetz "Gegenstand, Zweck und Ausmaß" der Ermächtigung definieren muß, beruht auf den historischen Erfahrungen mit einer nahezu unbeschränkten Gesetzgebungskompetenz der Regierung und wird in Portugal als *einheitliche* materielle Grenze verstanden. Den einzelnen Begriffen kommt keine eigenständige Bedeutung zu. Durch diese Begriffe, insbesondere durch die Bestimmung des Ermächtigungsgegenstandes, wird das sogenannte "Spezialitätsprinzip"[69] zum Ausdruck gebracht. Es enthält das Verbot, der Regierung eine Generalermächtigung zugunsten der Regierung zu erteilen, die dann über die gesamte Materie die Regelungskompetenz besäße. Weiter ist jedoch diesem Grundsatz das Gebot zu entnehmen, den genauen Regelungsgegenstand zu definieren, d. h. den Inhalt der Regierungsverordnung in der Ermächtigung konkret zu umreißen. Denn andernfalls würde sich die Bedeutung der Ermächtigungsgesetze auf bloße "Blankoschecks" reduzieren[70]. Das beabsichtigte der Verfassungsgeber aber nicht, da sich dann eine andere Formulierung des Art. 168 Abs. 2 CRP angeboten hätte.

---

[67]Vgl. zum Grundsatz der Gewaltenteilung und -verschränkung *Piçarra*, A Separação Dos Poderes Na Constituição De 76. Alguns Aspectos, in: Nos dez anos da Constituição, S. 143ff.

[68]TC Urteil Nr. 82/86, Bd. 7, S. 127ff./145.

[69]Vgl. *Canotilho/Moreira*, Anotada, S. 678; *Canotilho*, Direito, S. 864.

[70]*Canotilho*, Direito, S. 863.

Des weiteren dürfen Gegenstand der Ermächtigung nur die in Art. 168 Abs. 1 Abschnitte a) bis z) aa) CRP genannten Regelungsmaterien sein und nicht etwa Bereiche, die ausschließlich in die Kompetenz der Versammlung der Republik fallen (vgl. z. B. Art. 23 Abs. 3, 164, 166, 167 CRP) oder vom Parlament nicht in Gesetzesform erlassen werden (z. B. Beschlüsse oder Resolutionen).

(3.2) Dauer der Ermächtigung Weiterer Inhalt der Ermächtigung ist die Bestimmung einer Frist zur Ausübung dieser Ermächtigung, die verlängert werden kann[71]. Die maximale Fristlänge ist in Art. 168 Abs. 2 CRP nicht enthalten, jedoch beträgt sie höchstens die Dauer der Legislaturperiode[72]. Dies ergibt sich aus der Zusammenschau mit Art. 168 Abs. 4 CRP.

Die Bestimmung der Frist bedeutet zweierlei. Zum einen muß die Regierung innerhalb dieser Frist ihre Regierungsverordnung erlassen haben. Anderenfalls verfällt die Ermächtigung. Zum anderen kann, solange die Regierung von ihrer Ermächtigung keinen Gebrauch gemacht hat, das Parlament entweder ausdrücklich die Ermächtigung widerrufen[73] oder durch ein eigenes Gesetz die delegierte Materie regeln[74].

Neben dem bereits eben erwähnten Widerruf verfällt die erteilte Ermächtigung nach Art. 168 Abs. 3 CRP mit dem Gebrauch[75] der Ermächtigung und in den in Art. 168 Abs. 4 CRP genannten Fällen. Art. 168 Abs. 3 und 4 CRP lauten:

> *"3. Die Gesetzgebungsermächtigungen können unbeschadet einer aufgeteilten Ausübung nicht mehr als ein einziges Mal in Anspruch genommen werden.*
>
> *4. Die Ermächtigungen verfallen mit dem Rücktritt der Regierung, der sie erteilt wurden, mit dem Ende der Legislaturperiode oder mit der Auflösung der Versammlung der Republik."*

Dies bedeutet folgendes: Sobald die Regierung von ihrer Ermächtigung Gebrauch gemacht hat, ist die Ermächtigung erloschen und die Regierung bräuchte zur Änderung, zum Widerruf oder zur Ersetzung der Regierungsverordnung eine neue Ermächtigung des Parlamentes. Dies gilt auch, wenn die Frist der Delegation

---

[71] Zur Frage, ob die Regierungsverordnung bereits vor Veröffentlichung des Ermächtigungsgesetzes erlassen werden kann und ob die Regierungsverordnung zum Fristende bereits veröffentlicht sein muß oder ein entsprechender Beschluß des Ministerrates oder die Verkündung durch den Präsidenten ausreicht, vgl. *Canotilho*, Direito, S. 865; *Canotilho/Moreira*, Anotada, S. 679.

[72] Art. 174 Abs. 1, 177 Abs. 1 = 4 Jahre.

[73] In diesem Fall besitzt das Parlament auch Gesetzesinitiativrecht, es sich hierbei nur um die Ausübung einer "Sekundärinitiative" handelt, vgl. hierzu oben **(1)**.

[74] Sogenannter "stillschweigender Widerruf", vgl. *Canotilho/Moreira*, Anotada, S. 680.

[75] Auch der Teilgebrauch läßt die Ermächtigung verfallen, der zweite Teil des Art. 168 Abs. 3 CRP betrifft nur die schrittweise Ausübung und Ausführung der Delegation innerhalb der Frist, vgl. *Canotilho/Moreira*, Anotada, S. 680.

noch nicht abgelaufen ist[76]. Diese ausdrückliche Regelung verhindert Kompetenzstreitigkeiten und bedeutet einen starken Schutz der in Art. 168 CRP genannten Rechte, Freiheiten und Garantien. Selbst der bloße Widerruf z. B. einer die Grundrechte einschränkenden Bestimmung bedarf einer parlamentarischen vorherigen Legitimation.

Die weiteren in Abs. 4 der Bestimmung genannten Verfallsgründe (Regierungsrücktritt, Ende der jeweiligen Legislaturperiode und Auflösung der Versammlung der Republik) unterstreichen den Ausnahmecharkter der Delegationsbefugnis. Nur ein *bestimmtes* Parlament kann einer *bestimmten* Regierung eine Ermächtigung im Sinne des Art. 168 CRP erteilen.

(3.3) Zitiergebot Die Regierungsverordnung muß das zur Gesetzgebung ermächtigende Gesetz des Parlamentes befolgen, es zitieren (Art. 201 Abs. 3 CRP) und darf das Spezialitätsprinzip durch bloße Verweisungen etwa auf Ausführungsbestimmungen nicht unterlaufen. Anderenfalls bedeutet dies die Verfassungswidrigkeit der Regelung[77].

(3.4) Die sogenannte "Nicht – Ratifizierung" Fraglich ist, ob die aufgrund der Delegation ergangene Gesetzesverordnung der Regierung zu ihrer Gültigkeit der Ratifizierung des Parlamentes bedarf. Dies muß jedoch nach der heute gültigen Version des Art. 172 CRP verneint werden[78].

Art. 172 CRP beschäftigt sich heute nurmehr mit dem Problem der Nicht – Ratifizierung und der Abänderung. Eine positive Ratifizierung von Gesetzesverordnungen jeglicher Art, nicht nur derjenigen im Zusammenhang mit Art. 168 CRP findet heute nicht mehr statt. So bestimmt Art. 172 Abs. 1 CRP:

> *"Mit Ausnahme der von der Regierung in Wahrnehmung ihrer ausschließlichen Gesetzgebungskompetenz erlassenen Gesetzesverordnungen, können Gesetzesverordnungen auf einen von 10 Abgeordneten[79] während der ersten 10 auf die Veröffentlichung der*

---

[76] Vgl. zum Ganzen ebenda.

[77] Vgl ebenda, S. 681.

[78] Das Thema der Ratifizierung, insbesondere der sogenannten "stillschweigenden" Ratifizierung war vor allem bis zur ersten Revision der Verfassung 1982 von großer Bedeutung für Portugal. Dies beruht auf der Tatsache, daß es damals möglich war, Gesetzgebungsakte der Regierung, die zum Erlaß unzuständig war, durch eine "Heilung durch Schweigen" vor der Verfassungswidrigkeit wegen Unzuständigkeit zu bewahren, vgl hierzu vor allem *Canotilho*, Direito, S. 888; zur alten Rechtslage s. *Machete*, Ratificação de decretos – leis organicamente inconstitucionais, in Estudos sobre a Constituição, Bd. I, S. 281; *Miranda*, A Ratificação no Direito Constitucional Português, und *Nunes de Almeida*, O Problema da ratificação parlamentar de decretos – leis organicamente inconstitucionais, in: Estudos sobre a Constituição, Bd. III, S. 597ff. bzw. 619ff.

[79] Insgesamt sind in der Versammlung der Republik mindestens 230 und höchstens 235 Abgeordnete vertreten, vgl. Art. 151 CRP.

Gesetzesverordnung folgenden Parlamentssitzungen zu stellenden Antrag der Billigung der Versammlung der Republik unterworfen werden, mit dem Ziel der Abänderung oder der Verweigerung der Ratifizierung".

Speziell im Fall der autorisierten Gesetzesverordnung kann die Geltung der Gesetzesverordnung unter in Art. 172 Abs. 2 CRP genannten Gründen suspendiert werden[80]. Die Suspendierung verfällt jedoch nach Maßgabe des Abs. 3 der Bestimmung nach Ablauf weiterer 10 Parlamentssitzungen. Die Abs. 4 und 5 der Bestimmung enthalten weitere Rechtsfolgen im Falle der Verweigerung der Ratifizierung sowie über das Ende des Ratifizierungsverfahrens innerhalb einer Frist von 15 Parlamentssitzungen.

Art. 172 CRP bestimmt demnach nur das Verfahren der Verweigerung der Ratifizierung oder der Abänderung der Gesetzesverordnungen. Eine grundsätzliche parlamentarische Ratifizierungspflicht aller Gesetzesverordnungen als Gültigkeitsvoraussetzung ist der Verfassung jedoch nicht zu entnehmen. Dies bedeutet in der Rechtsfolge jedoch, daß es auch keine Möglichkeit gibt, ein wegen mangelnder Zuständigkeit verfassungswidriges Handeln der Regierung, vor allem im Bereich der Grundrechte oder anderer der Versammlung der Republik vorbehaltener Materien, nachträglich zu heilen. Denn unterbleibt der in Art. 172 Abs. 1 CRP genannte Antrag der 10 Abgeordneten innerhalb der dort genannten Frist von 10 Parlamentssitzungen, so zieht dies *nicht* eine Heilung des verfassungswidrigen Handeln der Regierung durch das Parlament nach sich. Es verfällt vielmehr nur die Möglichkeit der Verweigerung der Ratifizierung, der Abänderung oder Suspendierung. Die Verfassungswidrigkeit wird durch einen unterbliebenen Antrag demnach nicht geheilt. Die verfassungswidrige Gesetzesverordnung ist folglich nichtig.

1.2 Rechtsvergleich

1.2.1 Der Gesetzesbegriff der Eingriffsvorbehalte

Die grundrechtlichen Einschränkungsvorbehalte sehen in der Regel eine Einschränkung i. S. d. Art. 19 Abs. 1 GG *durch* oder *aufgrund* eines Gesetzes vor. Zwar ist in einigen Grundrechten nur die Formel "aufgrund Gesetzes" enthalten[81], jedoch dürfte Ursache dafür sein, "daß der Verfassungsgeber lediglich die erwähnte Alternative für bedeutsam hielt"[82]. Aufgrunddessen können Grundrecht-

[80] Art. 172 Abs. 2 CRP lautet: "Im Falle der Beantragung der Billigung einer Gesetzesverordnung, die aufgrund einer Gesetzgebungsermächtigung ausgearbeitet wurde, und im Fall von vorgelegten Änderungsvorschlägen kann die Versammlung insgesamt oder teilweise bis zur Veröffentlichung des sie ändernden Gesetzes oder bis zur Zurückweisung aller diesbezüglicher Vorschläge die Gesetzesverordnung suspendieren".

[81] Vgl. Art. 2 Abs. 2 S. 3; 6 Abs. 3; 13 Abs. 3; 16 Abs. 1 S. 2 GG.

[82] *Jarass/Pieroth*, GG, Vorb. vor Art. 1 Rn. 35.

seinschränkungen unmittelbar durch ein förmliches Gesetz des Parlaments oder – soweit es die Grundrechte selbst zulassen[83] – aufgrund eines solchen durch untergesetzliche Normen, wie Rechtsverordnungen und Satzungen, oder Verwaltungsakte erfolgen[84].

Neben den speziellen, in den einzelnen Grundrechtsbestimmungen selbst vorgesehenen Gesetzesvorbehalten besteht nach einhelliger Auffassung daneben[85] ein allgemeiner ungeschriebener Gesetzesvorbehalt , dessen "Kern ... der an der überkommenen 'Freiheit und Eigentum' – Formel orientierte Eingriffsvorbehalt" bildet[86]. Dessen beide "tragenden verfassungsrechtlichen Säulen ... das Rechtsstaatsprinzip und das Demokratiegebot" sind[87]. Inhalt dieses tradierten Eingriffsvorbehaltes ist in formeller Hinsicht, daß Grundrechtseingriffe über die speziellen grundrechtlichen Vorbehalte hinaus stets nur aufgrund Gesetzes zulässig sind[88].

1.2.2 Vom Gesetzesvorbehalt zum Parlamentsvorbehalt

Die speziellen grundrechtlichen Einschränkungsvorbehalte und der allgemeine Eingriffsvorbehalt des Grundgesetzes werden traditionsgemäß "durch die Formel des 'Eingriffs in Freiheit und Eigentum' bestimmt"[89].

Durch "richtungsweisende Impulse der Rechtsprechung des Bundesverfassungsgerichtes" gelangte man jedoch seit Anfang der siebziger Jahre zu einer "Umgestaltung" des traditionellen Eingriffsbegriffes[90]. Dies bedeutet, "daß der Gesetzgeber verpflichtet ist, – losgelöst vom Merkmal des 'Eingriffs' – in grundlegenden normativen Bereichen, zumal im Bereich der Grundrechtsausübung, soweit diese der staatlichen Regelung zugänglich ist, alle wesentlichen Entscheidungen selbst zu treffen"[91] und "diese nicht dem Handeln und der Entscheidungsmacht der Exekutive zu überlassen"[92]. Als Definition des Inhaltes des "allgemeinen Vorbehalts des Gesetzes" gibt das Bundesverfassungsgericht nun an, "daß

---

[83]Dies wird für Art. 2 Abs. 2 S. 3, 6 Abs. 3, 8 Abs. 2, 10 Abs. 2, 11 Abs. 2, 13 Abs. 3, 16 Abs. 1 S. 2 GG vertreten.

[84]Seit der Facharztentscheidung dürfen die für den Grundrechtsbereich wesentlichen Fragen durch Satzung jedoch nicht mehr geregelt werden, vgl. BVerfGE 33, 125ff.; siehe hierzu im einzelnen unten **1.2.2**.

[85]Dies ist dem BVerfGE 49, 89/127 zu entnehmen, wenn es heißt, daß "die besonderen Gesetzesvorbehalte Ausprägungen des allgemeinen Gesetzesvorbehalts" sind.

[86]*Ossenbühl*, Vorrang und Vorbehalt des Gesetzes, in: HdbStR III, S. 332 und *Kloepfer*, Der Vorbehalt des Gesetzes im Wandel, S. 685ff.; vgl. zur tradierten Eingriffsformel *Battis/Gusy*, Einführung in das Staatsrecht, Rn. 248ff.

[87]Hierzu im einzelnen *Ossenbühl*, Vorrang und Vorbehalt des Gesetzes, in: HdbStR III, S. 332ff.

[88]So auch BVerfGE 47, 46ff./79.

[89]*Jarass/Pieroth*, GG, Art. 20 Rn. 30.

[90]*Busch*, Gesetzes- und Parlamentsvorbehalt, S. 20, mit umfangreichen Nachweisen aus der Rspr.

[91]BVerfGE 49, 89ff/126.

[92]BVerfG EuGRZ 1991, S. 33ff./36

die Exekutive für Akte, die den Freiheits- und Gleichheitsbereich des Bürgers wesentlich betreffen, der gesetzlichen Grundlage bedarf"[93].

Damit wird jedoch nicht der allgemeine Eingriffsvorbehalt vollständig abgelöst, sondern diese "Loslösung" vom Eingriffsbegriff ist als " 'Ausdehnung des allgemeinen Gesetzesvorbehalts über die überkommenen Grenzen hinaus' - d. h. aber unter *Einschluß* des traditionellen Eingriffsvorbehalts - zu verstehen"[94]. Er tritt demnach umfassend *neben* den traditionellen Eingriffsvorbehalt[95]. Diese unter dem Schlagwort der "Wesentlichkeitstheorie" bekannte Ausdehnung des traditionellen Eingriffsvorbehaltes kommt auch nicht die Bedeutung zu, das Gewaltenteilungsprinzip des Grundgesetzes durch einen "Gewaltenmonismus" zugunsten des Parlaments zu ersetzen[96].

1.2.3 Reichweite des Parlamentsvorbehalts

Problematisch ist bei der Wesentlichkeitstheorie vor allem, was im Einzelfall "wesentlich" ist. Nach der Rechtsprechung des Bundesverfassungsgerichtes ist die "Intensität" der "Grundrechtsrelevanz" das Kriterium, das die Frage darüber entscheidet, ob eine Maßnahme der Rechtsgrundlage im förmlichen Gesetz bedarf oder nicht. "Die verfassungsrechtlichen Wertungskriterien sind dabei in erster Linie den tragenden Prinzipien des Grundgesetzes, insbesondere den vom Grundgesetz anerkannten Grundrechten zu entnehmen"[97].

Dennoch bleibt es im konkreten Einzelfall schwierig, das Wesentliche zu bestimmen. Denn "der Satz: 'Im grundrechtsrelevanten Bereich bedeutet somit 'wesentlich' in der Regel 'wesentlich' für die Verwirklichung der Grundrechte', den das Bundesverfassungsgericht mehrfach verwendet, soll zwar eine Überwindung des Eingriffsdenkens andeuten, erscheint aber seinem Inhalt nach tautologisch"[98]. Unabhängig von den Schwierigkeiten, was konkret "wesentlich" ist, ist diese als "heuristisch" bezeichnete und nicht als Dogma zu verstehende[99] Wesentlichkeitstheorie des Bundesverfassungsgerichtes Grundlage für die Forderung, "grundrechtsrelevante" Maßnahmen mit einer bestimmten "Intensität" für den Grundrechtsträger, die nicht bereits einen "Eingriff" nach der traditionellen Eingriffsvorbehaltslehre darstellen, der Exekutive durch das Gebot eines förmlichen Geset-

---

[93]Ebenda.

[94]*Busch*, Gesetzes- und Parlamentsvorbehalt, S. 47.

[95]So auch *Ossenbühl*, HdbStR III, S. 338.

[96]BVerfGE 68, S. 1ff./109; damit wurde auch durch das Gericht der sog. Lehre vom Totalvorbehalt eine klare Absage erteilt, vgl. hierzu auch *Jarass/Pieroth*, GG, Art. 20 Rn. 30.

[97]Vgl. BVerfGE 49, S. 89ff./127; zu den Begriffen der Intensität und der Grundrechtsrelevanz vgl. im einzelnen *Busch*, Gesetzes- und Parlamentsvorbehalt, S. 43ff.

[98]*Ossenbühl*, HbdStR III, S. 339, m.w.N; zur Kritik vgl. auch *Ramsauer*, AK-GG-Art. 80 Rn. 27.

[99]Vgl. *Busch*, Gesetzes- und Parlamentsvorbehalt, S. 22, mit Nachw. aus der Rspr. des Bundesverfassungsgerichtes.

zes zu entziehen und diese Maßnahmen somit dem Parlament zu unterstellen[100].

1.2.4 Parlamentsvorbehalt und Delegationsbefugnis

(1) Initiativrecht Für Ermächtigungsgesetze sieht das Grundgesetz keine besondere Regelung hinsichtlich der Gesetzesinitiative vor. Vielmehr bleibt es bei dem allgemein für Gesetze geltenden Art. 76 GG. Gemäß Art. 76 Abs. 1 GG sind demnach voneinander unabhängig zur Gesetzesvorlage neben den Mitgliedern des Bundestages der Bundesrat und die Bundesregierung berechtigt.

(2) Adressatenkreis Neben der Bundesregierung können gemäß Art. 80 Abs. 1 GG Delegatar auch ein einzelner Bundesminister oder die Landesregierungen sein.

Art. 80 Abs. 1 S. 4 GG läßt eine Subdelegation ausdrücklich zu, so daß sich dieser Adressatenkreis noch vergrößert. Dieses Recht der Weiterübertragung ist jedoch nur unter zwei Bedingungen zulässig. Sie muß im Ermächtigungsgesetz selbst zugelassen sein. Die Frage des "Ob" der Subdelegation kann in das Ermessen des Delegatars gestellt werden kann[101]. Ferner bedarf sie der Form der Rechtsverordnung. Hinsichtlich des Adressatenkreises ist der Subdelegent jedoch frei. Er ist nicht verpflichtet, sich auf die drei in Satz 1 des Art. 80 Abs. 1 GG genannten Adressaten – Bundesregierung, Bundesminister, Landesregierung – zu beschränken [102].

(3) Kontrollmechanismen

(3.1) Bestimmtheitsgrundsatz Neben dem Zitiergebot des Art. 80 Abs. 1 S. 3 GG ist nach S. 2 der Bestimmung Voraussetzung einer Delegation, daß "Inhalt, Zweck und Ausmaß der erteilten Ermächtigung im Gesetze bestimmt werden". Diese Klausel dient dazu, die Verordnungsgebung der Exekutive in der Weise zu begrenzen, daß diese nicht als Mittel zur Aushöhlung des Gesetzesvorbehalts eingesetzt werden kann. Hierbei geht die Bedeutung dieses Bestimmtheitsgrundsatzes über das Verbot von Blankovollmachten hinaus. Der Bestimmtheitsgrundsatz verfolgt vor allem den Zweck, die Delegationsbefugnis des Gesetzgebers inhaltlich zu begrenzen und nicht nur als formale Delegationsschranke zu dienen.

(3.2) Delegationsbefugnis versus Parlamentsvorbehalt ? Aus der oben dargestellten Entwicklung der Wesentlichkeitstheorie ergibt sich nun, daß das Verhältnis von parlamentarischer Gesetzgebung und dem Verordnungsrecht

[100] Dies bezeichnet das Gericht als "Parlamentsvorbehalt", vgl. ebenda, S. 23, m.w.N.
[101] Vgl. hierzu *Ramsauer*, AK–GG–Art. 80 Rn. 45ff., m.w.N.
[102] Vgl. *Seifert/Hömig*, Grundgesetz, Artikel 80 Rn. 4.

der Exekutive neu bestimmt werden muß. Nach der Wesentlichkeitsrechtsprechung des Bundesverfassungsgerichtes müssen die wesentlichen Fragen und grundlegenden Entscheidungen im Zusammenhang mit grundrechtsrelevanten Maßnahmen je nach Intensität "vom Parlament selbst"[103] getroffen werden. Unklar bleibt nach der Rechtsprechung des Bundesverfassungsgerichtes die Auswirkung der Wesentlichkeitstheorie auf die Delegationsmöglichkeit, die Art. 80 GG dem Parlament gewährt[104].

Hierbei gehen die Meinungen von der Ansicht, daß der Parlamentsvorbehalt ein vollständiges Delegationsverbot[105] enthalte bis hin zu einem Verständnis, das Art. 80 GG als Ausdruck der Wesentlichkeitstheorie sieht. Folglich bestehe für ein Delegationsverbot kein sinnvoller Raum mehr, wenn der Gesetzgeber den Voraussetzungen des Art. 80 Abs. 1 S. 2 GG entsprechend Inhalt, Zweck und Ausmaß und somit das Wesentliche geregelt hat[106].

Das Bundesverfassungsgericht[107] sieht die Grenzen einer Delegationsbefugnis nicht als deckungsgleich mit dem Bestimmtheitserfordernis des Art. 80 GG. Denn nach dieser Entscheidung ist eine Delegationsbegrenzung i. S. eines Delegationsverbotes unabhängig von der Frage zu sehen, ob ein Parlamentsvorbehalt besteht. Wie *Busch* in einer Analyse des Urteils aufzeigt[108], ist ein Delegationsverbot nur eine mögliche Folge des Parlamentsvorbehaltes. "Wenn (jedoch, *Erg. des Verf.*) auf der Stufe des Parlamentsvorbehalts die Notwendigkeit einer umfassenden gesetzlichen Regelung verneint worden ist"[109], bleibt Raum für eine Delegation nach Art. 80 GG. Danach ist die Frage der Delegationsbefugnis abhängig von der Intensität des Parlamentsvorbehaltes. Je höher der Grad der "Wesentlichkeit" ist, desto weniger besteht die Möglichkeit noch von Art. 80 GG Gebrauch zu machen.

1.3 Zusammenfassung und Stellungnahme

1.3.1 "Katalog" versus "Wesentlichkeit" ?

Beide Verfassungsordnungen sehen aufgrund vergleichbarer historischer Erfahrungen gerade im Bereich der Einschränkung von Grundrechten einen Gesetzesvorbehalt vor. Hierbei erstarkt in unterschiedlich ausgeprägter Form in Portugal

[103] Vgl. nur BVerfGE 33, S. 125ff./159.

[104] Vgl. *Umbach*, Das Wesentliche an der Wesentlichkeitstheorie, S. 111ff./122.

[105] Vgl. *Ossenbühl*, Vorrang und Vorbehalt des Gesetzes, in: HbdStR III, S. 337ff.

[106] Vgl. *Rottmann*, Der Vorbehalt des Gesetzes und die grundrechtlichen Gesetzesvorbehalte, S. 277ff./295f.

[107] Vgl. BVerfGE 58 S. 257ff./274ff./276ff.: "Ob dies (die Regelung, *Erg. des Verf.*) in einem formellen Gesetz geschehen muß oder ob auch eine Rechtsverordnung aufgrund einer den verfassungsrechtlichen Anforderungen entsprechenden gesetzlichen Ermächtigung genügt, hängt von der Reichweite des oben umschriebenen Parlamentsvorbehalts ab".

[108] Vgl. hierzu näher *Busch*, Gesetzes- und Parlamentsvorbehalt, S. 76ff., die Urteilsanalyse s. S. 117ff.

[109] Ebenda, S. 118.

dieser Vorbehalt zu einem Parlamentsvorbehalt bereits kraft einer ausdrücklichen verfassungsrechtlichen Regelung für den gesamten Grundrechtsbereich unabhängig vom traditionellen Eingriffsbegriff.

Demgegenüber erstreckt erst die Wesentlichkeitsrechtsprechung des Bundesverfassungsgerichtes den Gesetzesvorbehalt – losgelöst von der tradierten Eingriffsformel – auf nur "grundrechtsrelevante" Bereiche. Dieser führt abhängig von der Intensität der Beeinträchtigung zu einem Parlamentsvorbehalt. Eindeutige Schwäche dieser Wesentlichkeitstheorie ist im Vergleich zum "Katalog" der Art. 167 und 168 CRP die Schwierigkeit einer Grenzziehung zwischen "wesentlich" und "unwesentlich".

Um den Gesetzesvorbehalt auch auf Maßnahmen jenseits des traditionellen Eingriffsbegriffs erstrecken zu können, bedarf es diesen Weg über die Wesentlichkeitstheorie nach der verfassungsrechtlichen Lage in Portugal nicht. Hier werden die grundrechtsrelevanten Maßnahmen von Verfassungs wegen durch die Regelungen der Art. 167 und 168 CRP zumindest einem "relativen" Parlamentsvorbehalt unterstellt. Dadurch entstehen keine Abgrenzungsschwierigkeiten hinsichtlich der Frage der Wesentlichkeit. Der portugiesische Verfassungsgeber hat das Wesentlichkeitsproblem durch den in den Art. 167 und 168 CRP erstellten "Katalog" bereits entschieden.

Problematisch ist hier jedoch die Abgrenzung, welche Maßnahmen im Einzelfall in den "Bereich der Rechte, Freiheiten und Garantien" i. S. d. Art. 168 Abs. 1 Abschnitt b) CRP fallen. Denn auch hier muß bestimmt werden, ob ein konkretes Vorhaben bereits die Grundrechte berührt. Eine gewisse Relevanz für die Grundrechte erscheint stets begründbar und damit könnte das Parlament sehr einfach in die Verantwortung gezogen werden. Dies würde der Funktionstüchtigkeit dieses Hoheitsorgans entgegenstehen.

Griffige und damit über den Einzelfall hinaus anwendbare Abgrenzungskriterien stellt das Portugiesische Verfassungsgericht nicht auf. Jedoch ist trotz dieser Abgrenzungsschwierigkeiten, die man mit den Problemen im Zusammenhang mit der Wesentlichkeitstheorie vergleichen könnte, festzuhalten, daß durch die Tatsache, daß zunächst per se eine Zuständigkeit für das Parlament durch Art. 168 CRP begründet wird, ein im Vergleich zum Grundgesetz stärkerer Grundrechtsschutz besteht. Dem demokratisch legitimierten Gesetzgeber wird durch die Regelungen in der Portugiesischen Verfassung die Gesetzgebungskompetenz für den Bereich der Rechte, Freiheiten und Garantien grundsätzlich und nicht nur für Einschränkungen überantwortet, so daß die Exekutive die Argumentations- und Darlegungslast dafür trägt, daß eine bestimmte Maßnahme nicht (schon) in diesen "Bereich der Rechte, Freiheiten und Garantien" fällt.

1.3.2 "Wesentlichkeit" versus Delegation?

Die Art. 80 GG und Art. 167, 168 CRP sind Ausdruck des Bemühens beider Verfassungsgeber, rechtsstaatliche Sicherungsvorkehrungen gegen eine Entmachtung des Parlaments und eine Funktionsabgrenzung zwischen der Legislative und der Exekutive zu errichten. Demnach kommt diesen Bestimmungen zunächst eine Schutzfunktion vor einer Entmachtung des Parlamentes, aber auch vor einer Selbstentmachtung zugunsten der Exekutive zu. Es soll dadurch verhindert werden, daß sich das Parlament durch Delegationen seinen ihm durch die Verfassung zugewiesenen Aufgaben entzieht. Diese Schutzfunktion wird in Portugal durch ein (einfachgesetzliches) Initiativrechtsmonopol für Gesetzesverordnungen verstärkt.

Zum anderen ist in der Gewährung einer Delegationsbefugnis auch eine gewisse Entlastungsfunktion zu erkennen, um angesichts der erhöhten Anforderungen an einen modernen Staat den Aufgaben gerecht werden zu können. Somit kommt diesen Bestimmungen im Bereich der Grundrechte gleichermaßen eine freiheitssichernde Funktion zu, soweit diese eine Einschränkung auch durch Rechts- bzw. durch Gesetzesverordnung zulassen.

Die Portugiesische Verfassung hat in diesem Zusammenhang den Vorteil der Klarheit und Eindeutigkeit durch die unterschiedliche Ausgestaltung der Parlamentsvorbehalte. Auf diesem Wege bietet die Portugiesische Verfassung selbst eine Vorentscheidung über die Frage, welchen durch die Verfassung zugewiesenen Aufgaben sich das Parlament auf keinen Fall – auch nicht mittels Delegation – entziehen darf und andererseits, in welchen Fällen sich das Parlament durch Delegation (nur) an die Regierung entlasten darf. Hierbei stellt die Portugiesische Verfassung ein engeres und strengeres Ermächtigungsinstrumentarium zur Verfügung als das Grundgesetz. Dies ergibt sich bereits aus einem Vergleich des möglichen Adressatenkreises einer Delegation sowie der eingefügten Kontrollmechanismen, wie z. B. der sogenannten "Nicht – Ratifikation".

Unklar bleibt demgegenüber, welche Auswirkungen die "Wesentlichkeitstheorie" des Bundesverfassungsgerichtes auf die Delegationsbefugnis nach Art. 80 GG hat.

Der im Rahmen des "Wesentlichen" zum Parlamentsvorbehalt erstarkende Gesetzesvorbehalt schießt dabei dann über sein Ziel des Freiheitschutzes hinaus, wenn er in diesen Fällen gleichzeitig stets als unbedingtes Delegationsverbot interpretiert wird. Denn dadurch würde für "intensive grundrechtsrelevante" Maßnahmen eine Hürde errichtet, die selbst bei Grundrechtseinschränkungen durch die klassische Eingriffsformel nach den speziellen grundrechtlichen Gesetzesvorbehalten, die auch eine Einschränkung *aufgrund* eines Gesetzes zulassen, nicht im Grundgesetz vorgesehen ist. Ein solches Verständnis eines auf ein generelles Delegationsverbot verdichteten parlamentarischen Freiheitsschutzes im Rahmen von im Vergleich zu Eingriffen nur grundrechtsrelevanter Maßnahmen – wenn auch von bestimmter Intensität – ist somit in Anbetracht des Bestimmtheitserfordernisses im Rahmen des Art. 80 Abs. 1 S. 2 GG nicht erforderlich und hinsichtlich der Funktion der Entlastung des Parlaments auch hinderlich[110]. Dies ist auch das

[110] Vgl. auch die Einwände gegen ein eng verstandenes Delegationsverbot bei *Busch*, Gesetzes- und Parlamentsvorbehalt, S. 119ff.; ebenso auch *Ramsauer*, AK-GG-Art. 80 Rn. 29.

Verständnis, das augenscheinlich dem portugiesischen Verfassungsgeber zugrunde lag. Denn dadurch, daß er die Delegationsbefugnis im Unterschied zum Grundgesetz direkt in unmittelbaren Zusammenhang mit den Gesetzgebungskompetenzen geregelt hat, kommt klar zum Ausdruck, daß neben dem aus der "Inhalt, Zweck und Ausmaß"- Klausel für den Delegenten erforderlichen Bestimmtheitserfordernis kein Raum mehr für ein aus Gründen der "Wesentlichkeit" bestehendes Delegationsverbot bleibt. Der Vorteil der Rechtsklarheit gerade für den sensiblen Freiheitsschutz zugunsten der Portugiesischen Verfassung liegt danach auf der Hand.

2 Das abstrakte und generelle Gesetz

2.1 Portugal

2.1.1 Geltung für Einschränkungsgesetze

Neben dem Erfordernis eines förmlichen Gesetzes für eine Einschränkung der Rechte, Freiheiten und Garantien bestimmt Art. 18 Abs. 3 CRP in seinem ersten Teil als zweite formelle Voraussetzung, daß

> *"die einschränkenden Gesetze ... generellen und abstrakten Charakter bekleiden (müssen)".*

Die Frage, für welche Gesetze im Rahmen der Grundrechte diese Voraussetzung Geltung beansprucht, ergibt sich klar aus dem Wortlaut und aus der verfassungssystematischen Stellung der Vorschrift. Art. 18 Abs. 3 CRP bestimmt ausdrücklich das Erfordernis eines generellen und abstrakten Charakters für die Rechte, Freiheiten und Garantien *einschränkende*[111] Gesetze . Damit ist klargestellt, daß dieses zweite formelle Erfordernis der Abstraktheit und Generellität keine Geltung bezüglich anderer gesetzlicher Regelungen im Grundrechtsbereich, wie für bloße Ausgestaltungen, besitzt.

Dieser Geltungsrahmen findet auch durch die systematische Stellung der Vorschrift innerhalb des Art. 18 CRP, der allgemein die Voraussetzungen für die Rechte, Freiheiten und Garantien einschränkende Gesetze bestimmt. So ist diese Frage weder im portugiesischen Schrifttum noch in der Rechtsprechung des Portugiesischen Verfassungsgerichtes umstritten[112].

2.1.2 Reichweite des Art. 18 Abs. 3 1. Teil CRP

(1) Zweck als Ausgangspunkt Die Reichweite des Art. 18 Abs. 3 1. Teil CRP läßt sich aus dem Zweck der Vorschrift ableiten.

Im portugiesischen Schrifttum sind es vor allem *Canotilho* und *Andrade*, die hinsichtlich der Bedeutung des Art. 18 Abs. 3 1. Teil CRP auf den Zweck der Bestimmung hinweisen. Beide Autoren betonen gleichermaßen, daß durch die Vorschrift ein Verbot "willkürlicher und ungerechtfertigter Privilegierungen und Diskriminierungen"[113] erreicht wird. Damit stellt Art. 18 Abs. 3 CRP eine Ausprägung des in Art. 13 CRP geregelten Gleichheitsgrundsatzes dar[114]. *Canotilho* weist weiter darauf hin, daß in dem Erfordernis der Generellität und Abstraktheit einschränkender Gesetze der Gewaltenteilungsgrundsatz zum Ausruck kommt, da Einzelakte für konkrete Einzelfälle der Exekutive vorbehalten sind[115].

---

[111] Zum Begriff des einschränkenden Gesetzes vgl. oben **B. II**.

[112] Vgl. nur *Andrade*, Direitos Fundamentais, S. 241; TC Urteil Nr. 201/86, Bd. 7, S. 933ff./943, st. Rspr.

[113] *Andrade*, Direitos Fundamentais, S. 241.

[114] Vgl. hierzu auch *Canotilho*, Direito, S. 626.

[115] Vgl. ebenda.

(2) Das "generelle" und "abstrakte" Gesetz

(2.1) Literatur Aus dem eben dargestellten Zweck der Verfassungsbestimmung sowie aus dem Wortlaut "genereller und abstrakter Charakter" ergibt sich nun, daß unter einem generellen Gesetz ein Gesetz zu verstehen ist, daß sich an die Allgemeinheit und nicht an einen bestimmten oder bestimmbaren Personenkreis wendet. Das abstrakte Gesetz muß eine unbestimmte Anzahl von Fällen und nicht einen konkreten Einzelfall betreffen[116]. Die Autoren betonen hierbei, daß die Form des Gesetzes für die Beurteilung nicht ausschlaggebend ist, sondern daß die "materielle Wirkung"[117] des konkreten Gesetzes entscheidend für die Frage ist, ob das betreffende Gesetz den Anforderungen des Art. 18 Abs. 3 1. Teil CRP genügt. Deshalb sind auch "*verdeckte* individuelle und/oder konkrete Gesetze in allgemeiner und abstrakter Form unzulässig"[118].

(2.2) Rechtsprechung Das Portugiesische Verfassungsgericht selbst hat bislang nicht ausdrücklich zu dem Erfordernis eines generellen und abstrakten Gesetzes Stellung genommen. In einigen Urteilen betont es zwar diese formelle Voraussetzung eines einschränkenden Gesetzes, eine ausführliche Überprüfung der Bestimmung war bislang nicht erforderlich[119].

Nur in einem einzigen Urteil stellt das Portugiesische Verfassungsgericht schlicht fest, daß eine Vorschrift einer Gesetzesverordnung der Regierung[120], die das passive Wahlrecht für Finanzbeamte in leitender Funktion einschränkt, mit "kristalliner Evidenz" von abstrakter und genereller Natur ist[121]. Eine Begründung ist dem Urteil nicht zu entnehmen.

(3) Das Maßnahmegesetz Ob entgegen des eindeutigen Wortlauts jedoch auch generell/konkrete Maßnahmen zulässig sind, ist in Portugal umstritten und soll im folgenden näher untersucht werden.

(3.1) Literaturmeinungen Im Schrifttum werden unterschiedliche Ansichten zu dem Problem vertreten, ob im Grundrechtsbereich sogenannte "Maßnahmegesetze"[122] noch diesem Erfordernis eines generellen und abstrakten Gesetzes entsprechen. Unter einem derartigen Maßnahmegesetz werden in Portugal "aufgrund der Ausdehnung der Staatsfunktionen" solche Maßnahmen des

---

[116] Vgl. *Canotilho/Moreira*, Anotada, S. 152.
[117] Ebenda.
[118] Ebenda; so auch *Canotilho*, Direito, S. 626.
[119] Vgl. TC Urteile Nr. 8/84, Bd. 2, S. 263ff.; 12/84, Bd. 2, S. 303ff.; 74/84, Bd. 2, S. 49ff.; 201/86, Bd. 7, S. 933ff.
[120] Hierbei handelt es sich um Art. 4 Abs. 1 Buchst. a) der DL 701 – B/76 vom 26.9.
[121] TC Urteil Nr. 8/84, Bd. 2, S. 263ff./266.
[122] Wörtl.: "leis – medida".

Gesetzgebers verstanden, die "in konkreten Situationen zur Erreichung bestimmter Zwecke" eingesetzt werden[123]. Das Gesetz wird demnach in die Nähe eines Verwaltungsaktes der Exekutive gestellt oder – wie es *Miranda* scharf formuliert – "die *actio* verdrängt die *ratio*" des Gesetzes[124].

Die Behandlung derartiger konkret/genereller Gesetze im Bereich grundrechtseinschränkender Gesetze müßte nach dem Wortlaut des Art. 18 Abs. 3 CRP eindeutig ausfallen, da ein Maßnahmegesetz gerade nicht generell und abstrakt ist. Diese Ansicht vertreten so auch *Canotilho/Moreira* sowie *Miranda*, die solche Maßnahmegesetze ausdrücklich als von Art. 18 Abs. 3 CRP nicht gedeckt ansehen[125].

Andererseits ist *Canotilho* an anderer Stelle der Meinung, daß Maßnahmegesetze nicht von Art. 18 Abs. 3 CRP betroffen sind[126], jedoch läßt der Autor eine nähere Begründung vermissen.

(3.2) Rechtsprechung Die portugiesische Rechtsprechung war mit dieser Frage nur einziges Mal befaßt, wobei es nicht das Portugiesische Verfassungsgericht war, das zu diesem Problem Stellung genommen hatte. Nur der Vorläufer des Verfassungsgerichtes, die sogenannte Verfassungskommission, hat sich mit dieser Frage in einem Fall befaßt[127]. In diesem Fall ging es um zwei Gesetzesverordnungen, die u. a. die 20jährige Suspendierung der politischen Grundrechte für die "Verursacher der kontrarevolutionären Putsche" vom 11.3. bzw. vom 25.11.75 vorsahen[128].

Das Ergebnis des Gutachtens war eindeutig und dem Wortlaut des Art. 18 Abs. 3 CRP entsprechend. Diese beiden Gesetzesverordnungen wurden wegen Verstoßes gegen Art. 18 Abs. 3 CRP von der Verfassungskommission als verfassungswidrig eingestuft. Begründet wurde dies damit, daß diese Gesetzesverordnungen weder abstrakt sind, da sie konkret diese beiden Putsche betreffen. Sie verstoßen aber auch gegen das Erfordernis der Generellität, da sie sich gegen die Verursacher der Putsche und somit gegen einen zumindest bestimmbaren Personenkreis wenden[129]. Damit würden diese Gesetzesverordnungen von der Art her "Maßnahmegesetze" sein und vom Inhalt her "Verwaltungsakte" und somit "Einzelpersonengesetze im engen und strikten Sinne" darstellen[130].

---

[123] *Miranda*, Sentido e Conteúdo da Lei Como Acto da Função Legislativa, in: Nos dez anos da Constituição, S. 143ff./179.

[124] Ebenda.

[125] Vgl. jedoch jeweils ohne nähere Begründung *Miranda*, Manual, Bd. IV, S. 307; *Canotilho/Moreira*, Anotada, S. 152.

[126] Vgl. Direito, S. 627.

[127] CC Gutachten Nr. 3/78, Bd. 4, S. 221ff.

[128] Vgl. zu den Vorgängen *Allemann*, Portugiesische Peripetien Teil I und Teil II, in: Europäische Rundschau, 1976, Heft 2 S. 73ff./87f.; Heft 3 S. 59ff.

[129] Vgl. CC Gutachten Nr. 3/78, Bd. 4, S. 221ff./228.

[130] Ebenda, S. 229.

Hierbei war sich die Verfassungskommission auch ausdrücklich dessen bewußt, daß sich der Gesetzeszweck "angesichts der wachsenden Intervention des Staates in das wirtschaftliche und soziale Leben"[131] verändert hat und sich nicht mehr ausschließlich aus Gründen der Gewaltenteilung auf die Gerechtigkeitsidee beschränkt. Zur Lösung dieser modernen Staatsaufgaben dürfe sich der Staat jedoch im Grundrechtsbereich nicht der Maßnahmegesetze bedienen, die "offensichtlich das Gleichheitsprinzip der Bürger vor dem Gesetz verletzen oder in den verfassungsmäßig einer anderen Staatsgewalt vorbehaltenen Bereich eindringen oder andere Verfassungsprinzipien verletzen"[132].

Gemäß dieser Entscheidung verstoßen Maßnahmegesetze im Bereich grundrechtseinschränkender Gesetze gegen Art. 18 Abs. 3 1. Teil CRP. Da diese Lösung auch dem eindeutigen Wortlaut der Verfassung entspricht, ist nicht anzunehmen, daß das Portugiesische Verfassungsgericht in einem entsprechenden Fall zu einem anderen Ergebnis gelangt.

2.1.3 Zusammenfassung

Das formelle Erfordernis eines generellen und abstrakten Gesetzes als Voraussetzung für ein einschränkendes Gesetz in Art. 18 Abs. 3 CRP wird in Portugal als Schranke für den Gesetzgeber verstanden. Im Bereich der Grundrechtseinschränkungen muß der Gewaltenteilungsgrundsatz gewahrt werden. Es darf nicht durch Einzelfallregelungen zu willkürlichen oder ungerechtfertigten Privilegierungen oder Diskriminierungen kommen. Keine Einigkeit besteht in der Behandlung von Maßnahmegesetzen. Die Verfassungskommission hält sie jedoch entsprechend dem Wortlaut der Bestimmung zu Recht für verfassungswidrig.

Die Bedeutung dieser zweiten formellen Voraussetzung ist in Portugal gering. Dies zeigt sich dadurch, daß das Portugiesische Verfassungsgericht – im Gegensatz zum oben dargestellten Gutachten der Verfassungskommission – bislang kein einziges Gesetz an diesem Erfordernis scheitern ließ.

2.2 Rechtsvergleich

Das Gebot der Abstraktheit und Generellität ist ausdrücklich im Grundgesetz nicht enthalten. Jedoch wählt das Grundgesetz eine im Vergleich zu Art. 18 Abs. 3 CRP ähnliche Formulierung in seinem Art. 19 Abs. 1 S. 1 GG. Dort heißt es, daß im Fall einer Grundrechtseinschränkung das Gesetz "allgemein und nicht nur für den Einzelfall gelten" kann. Welche Gemeinsamkeiten und Unterschiede sich aus der unterschiedlichen Formulierung ergeben, soll Gegenstand folgender Untersuchung sein.

---

[131] Ebenda, S. 233.
[132] Ebenda, S. 234.

2.2.1 Geltung für Einschränkungsgesetze

Entgegen der in Deutschland herrschenden Meinung im Schrifttum und Rechtsprechung des Bundesverfassungsgerichtes[133] wird vereinzelt die Ansicht vertreten, daß Art. 19 Abs. 1 S. 1 GG nicht nur für die Schrankenvorbehalte enthaltenden Art. 2 Abs. 2 S. 3, 5 Abs. 2, 6 Abs. 3, 8 Abs. 2, 10 Abs. 2, 11 Abs. 2, 13 Abs. 3, 16 Abs. 1 und 104 Abs.1 GG gilt. Über den klaren Wortlaut hinaus soll Art. 19 Abs. 1 S. 1 GG auch für nur "grundrechtsrelevante Regelungen"[134] Anwendung finden.

Ansatzpunkt der Kritik *Denningers* und *Herzogs* ist Sinn und Zweck der Regelung, die als "Ausdruck des Mißtrauens gegenüber dem Gesetzgeber" verstanden werden kann[135]. Deshalb sei nicht einzusehen, warum der Gesetzgeber nur bei sich auf die speziellen Schrankenvorbehalte stützenden grundrechtseinschränkenden Gesetzen den in Art. 19 Abs. 1 S. 1 GG zum Ausdruck kommenden Gleichheitsgrundsatz und das Beachtungsgebot des Gewaltenteilungsprinzips wahren soll. "Die ratio des Art. 19 Abs. 1 Satz 1 verlange" vielmehr "eine lückenlose Erfassung aller grundrechtsrelevanten Eingriffe"[136].

So sehr vom Inhalt her diese Kritik Berechtigung haben mag, kommt man jedoch diesbezüglich schwer am Wortlaut des Grundgesetzes vorbei. Der – im übrigen stets schnell erhobene – Vorwurf der positivistischen Verfassungsauslegung erhält auch keine Stütze, wenn man sich *Denningers* Analyse der Bedeutung dieser Streitfrage für die Praxis vergegenwärtigt[137]. Dieser betont zu Recht die "im wesentlichen 'akademische(r)' Natur" dieser Frage im Hinblick auf die grundrechtsrelevanten Bereiche eher selten vorkommenden Einzelpersonengesetze und im Hinblick auf das Willkürverbot des Art. 3 Abs. 1 GG[138].

2.2.2 Reichweite des Art. 19 Abs. 1 S. 1 GG

(1) Abstrakt und generell Ausgangspunkt der Überlegung, was sich genau hinter den Worten "allgemein und nicht nur für den Einzelfall" verbirgt, muß der Zweck des Art. 19 Abs. 1 S. 1GG sein. Aufgrund der vergleichbaren historischen Erfahrungen in beiden Ländern stimmen auch hier der mit den Bestimmungen beabsichtigte Regelungszweck überein. Art. 19 Abs. 1 GG sowie Art. 18 Abs. 3 CRP wollen die rechtsstaatliche Gleichbehandlung sichern und den Gewaltenteilungsgrundsatz verstärken[139]. Aus diesem Grund liegt es nahe, daß die Regelung

[133] Vgl. die zahlreichen Nachw. bei *Herzog* in: M/D/H/S, Kommentar zum Grundgesetz, Art. 19 Abs. 1 Rn. 19 Fn. 1.

[134] *Denninger*, AK-GG-Art. 19 Rn 8; vgl. auch *Herzog* in: M/D/H/S, Kommentar zum Grundgesetz, Art. 19 Abs. 1 Rn. 19.

[135] *Denninger*, AK-GG-Art. 19 Rn. 5.

[136] Ebenda, Rn. 8, m.w.N.

[137] Ebenda, Rn. 9.

[138] Vgl. ebenda.

[139] Vgl. statt aller *Pieroth/Schlink*, Grundrechte – Staatsrecht II, Rn. 351, m.w.N.

der Allgemeinheit und des Einzelfallcharakters des Gesetzes des Art. 19 Abs. 1 GG mit der Forderung nach Generellität und Abstraktheit des Gesetzes des Art. 18 Abs. 3 CRP gleichzusetzen.

Diese Deutung der Bestimmung in Art. 19 GG wird jedoch ausdrücklich nur vereinzelt in der deutschen Lehre vorgenommen[140]. Die wohl herrschende Ansicht jedoch rückt die Bedeutung der Klausel als Verbot des Einzel*personen*gesetz in den Vordergrund [141]. Eine Gleichstellung mit dem Erfordernis eines abstrakten und generellen Gesetz wird demnach in der deutschen Lehre nicht vorgenommen.

Diese Ansicht vertritt auch das Bundesverfassungsgericht in ständiger Rechtsprechung[142].

(2) Das Maßnahmegesetz Folge dieses eben dargestellten Verständnisses des Art. 19 Abs. 1 S. 1 GG ist, daß es allgemeine Ansicht in der deutschen Literatur und Rechtsprechung des Bundesverfassungsgerichtes ist, daß die sogenannten Maßnahmegesetze nicht der Eingriffsschranke des Art. 19 Abs. 1 GG unterfallen.

So hat das Bundesverfassungsgericht ausdrücklich entschieden, daß "der Begriff des Maßnahmegesetzes ... also verfassungsrechtlich irrelevant" ist[143]. Es ist allgemein anerkannt, "daß neben das klassische Normgesetz ... ein ... grundsätzlich anders gearteter Gesetzestyp getreten" ist[144], nämlich das Maßnahmegesetz. Dieses stellt nicht ein abstraktes, der Gerechtigkeitsidee nachstrebendes Gesetz dar, sondern sucht konkrete Probleme zu lösen[145]. Solange derartige Maßnahmegesetze nicht gleichzeitig auch Einzelpersonengesetze darstellen, stellt ihnen Art. 19 Abs. 1 S. 1 GG keine Hindernisse in den Weg, da diese Bestimmung generell/konkrete grundrechtseinschränkende Gesetze nicht verbietet.

2.3 Zusammenfassung und Stellungnahme

Im Ergebnis bleibt also als Unterschied zwischen den beiden Verfassungsordnungen festzuhalten, daß mit dem in Art. 18 Abs. 3 CRP genannten formellen Erfordernis eines generellen und abstrakten Gesetzes die Grundrechte eine formal größere Sicherung erfahren, als dies in Deutschland der Fall ist.

Nach dem Grundgesetz werden bei grundrechtseinschränkenden Gesetzen nur die konkret/individuellen Gesetze als verfassungswidrig betrachtet. In Portugal

---

[140] Vgl. *Volkmar*, Allgemeiner Rechtssatz und Einzelakt, S. 218ff.

[141] Vgl. *Herzog*, in: M/D/H/S, Kommentar zum Grundgesetz, Art. 19 Abs. 1 Rn. 25; *Denninger*, AK-GG-Art. 19 Abs. 1 Rn. 11.

[142] Vgl BVerfGE 25, 371ff./396; *Seifert/Hömig*, Grundgesetz, Art. 19, m.w.N.; hingewiesen soll hierbei darauf werden, daß in Ausnahmefällen das Gericht auf das Kriterium der möglichen Anzahl der von der gesetzlichen Maßnahme betroffenen Personen verzichtet, "wenn es nur einen 'Fall dieser Art gibt und die Regelung dieses singulären Sachverhaltes von sachlichen Gründen getragen wird' ", *Denninger*, AK-GG-Art. 19 Abs. 1 Rn. 14, m.w.N.

[143] BVerfGE 25, 371ff./396; st. Rspr.

[144] *Herzog*, in: M/D/H/S, Kommentar zum Grundgesetz, Art. 19 Abs. 1 Rn. 5.

[145] Vgl. zum Funktionswandel des Gesetzes ebenda.

hingegen sind durch Art. 18 Abs. 3 CRP das abstrakt/individuelle, das konkret/individuelle als auch das konkret/generelle Gesetz ausgeschlossen.

Die Schlußfolgerung der Gleichsetzung mit dem portugiesischen "abstrakt und generell" könnte zwar aus dem Wortlaut des Art. 19 Abs. 1 S. 1 GG selbst erschlossen werden. Wenn man nämlich entgegen der allgemeinen Ansicht im Schrifttum die Worte "allgemein und nicht nur für den Einzelfall" nicht als zusammengehörig, sondern als Begriffspaar versteht[146]. "Allgemein" stünde dann für das Verbot von Einzelpersonengesetzen und dem Wort "Einzelfall" käme die ihm eigene Bedeutung eines Einzelfallgesetzverbotes zu.

Mit dem Wortlaut der Vorschrift kann die Betonung der Bedeutung als Verbot des Einzelpersonengesetzes demnach nicht begründet werden[147]. Es wird vielmehr aufgrund der systematischen Stellung der Bestimmung im Grundrechtsteil damit argumentiert, daß von den Schutzfunktionen des Art. 19 Abs. 1 S. 1 GG die Vorbeugung vor Verletzungen des Gleichheitssatzes im Vordergrund stehe. Folge ist, daß "das Einzelpersonengesetz ... also – entgegen dem ersten Anschein, den der Verfassungstext nahelegt – der zentrale Angriffspunkt des Art. 19 I Satz 1" ist[148].

Festzuhalten bleibt, daß im Unterschied zur portugiesischen Regelung, die strikt ein generelles *und* abstraktes Gesetz fordert, die deutsche Lehre in Art. 19 Abs. 1 GG nur ein Verbot eines Einzelpersonengesetzes sieht. Folglich werden auch konkret/generelle Gesetze – und damit auch Maßnahmegesetze – im Bereich der Grundrechtseinschränkungen zugelassen. Der Wortlaut des Art. 18 Abs. 3 CRP hingegen läßt im Bereich der grundrechtseinschränkenden Gesetze keine derartigen Maßnahmegesetze zu. Diese Rechtsfolge sprach auch ausdrücklich die Portugiesische Verfassungskommission in der erwähnten Entscheidung CC 3/78 aus[149].

Die ausdrücklich Erstreckung auf abstrakt und generelle Gesetze in der Portugiesischen Verfassung bedeutet demnach formell einen im Vergleich zur deutschen Verfassungsrechtslage höheren Grad an Grundrechtssicherung. In der Rechtspraxis kommt diesem aber keine große Bedeutung zu, da – wie gesehen – in Portugal nur ein einziges Gesetz aufgrund eines Verstoßes gegen Art. 18 Abs. 3 CRP aufgehoben wurde. Eine derartige Entscheidung des Bundesverfassungsgerichtes fehlt in Deutschland ganz.

---

[146] Vgl. Ebenda.

[147] Dies räumt *Denninger* ausdrücklich ein, vgl. *Denninger*, AK-GG-Art. 19 Abs. 1 Rn. 11.

[148] *Herzog*, in: M/D/H/S, Kommentar zum Grundgesetz, Art. 19 Abs. 1 Rn. 35; so auch *Denninger*, AK-GG-Art. 19 Abs. 1 Rn. 11.

[149] Der geschilderte Fall wäre natürlich auch nach der deutschen Rechtslage wegen Verstoßes gegen Art. 19 Abs. 1 GG verfassungswidrig, da es sich nicht nur um Einzel*fall*-, sondern auch um Einzel*personen*gesetze handelt.

3 Das Zitiergebot

3.1 Portugal

3.1.1 Verfassungstext

Die Portugiesische Verfassung sieht ein Zitiergebot an zwei Stellen vor.

Zum einem schreibt Art. 115 Abs. 7 CRP vor, daß

> *"Ausführungsbestimmungen ausdrücklich die Gesetze anzuzeigen haben, die sie ausführen wollen und die die sachliche und formelle Befugnis zu ihrem Erlaß bestimmen".*

Art. 201 Abs. 3 CRP bezieht sich auf die Gesetzesverordnungen, zu denen die Regierung im Rahmen des Art. 168 CRP, des sog. relativen Vorbehalts der Gesetzgebungsbefugnis, vom Parlament ermächtigt werden kann. Dort heißt es, daß "*die in Buchst. b) ... des Abs. 1 vorgesehenen Gesetzesverordnungen ausdrücklich das Gesetz der legislativen Ermächtigung ... anzugeben haben*". Die Nichtbeachtung dieser Vorschriften zieht als Folge die Verfassungswidrigkeit der entsprechenden Vorschrift nach sich, was auch das Portugiesische Verfassungsgericht wiederholt feststellte[150].

Neben diesen beiden Bestimmungen ist ein Zitiergebot noch in Art. 19 Abs. 5 CRP enthalten. Diese Vorschrift findet aber nur im Zusammenhang mit der Suspendierung von Grundrechten Anwendung[151].

3.1.2 Zitiergebot und Grundrechtseinschränkung

Insbesondere Art. 18 CRP enthält demnach kein Zitiergebot. Folglich müssen grundrechtseinschränkende Gesetze das betreffende Grundrecht nicht zitieren. Weder die Rechtsprechung des Portugiesischen Verfassungsgerichtes noch die Literatur fordern ein Zitiergebot für grundrechtseinschränkende Gesetze. Einzige Ausnahme ist *Miranda*, der dies ohne weitere Begründung als "Folge" des Art. 18 Abs. 2 1. Teil CRP ansieht[152].

Welche Auswirkung ein fehlendes Zitiergebot auf den Grundrechtsschutz hat, soll im folgenden untersucht werden.

(1) Sinn und Zweck eines Zitiergebotes Ausgangspunkt muß hierbei der Sinn und Zweck eines solchen Zitiergebotes sein. Durch ein derartiges Gebot würde der Gesetzgeber vor der Einschränkung eines Grundrechtes gewarnt werden. Es könnte den Gesetzgeber dazu veranlassen, die beabsichtigte Einschränkung im Hinblick auf die Bedeutung eines Grundrechtes mit größerer

---

[150] *Canotilho/Moreira*, Anotada, S. 516, m. Nachw. aus der Rspr.

[151] Vgl. hierzu unten **E. IV**.

[152] Vgl. *Miranda*, Manual, Bd. IV, S 308f.

Sorgfalt zu überdenken. Auf diese Weise käme einem Zitiergebot die Bedeutung einer Vorbeugemaßnahme gegen unbewußte oder doch leichtfertige Einschränkungen zu. Kurz: dadurch würde folglich im sensiblen Bereich der Grundrechtseinschränkungen der Vorrang der Verfassung vor dem Gesetz klar- und sichergestellt. Als weiteres kommt für die Gesetzesauslegung und -anwendung durch die Exekutive[153] dem Zitiergebot die Bedeutung hinzu, daß dem Anwender ausdrücklich vor Augen geführt wird, in welche Grundrechte das Gesetz allein einzugreifen ermächtigt.

Daß auch die Portugiesische Verfassung die Bedeutung solcher Zitiergebote kennt, kommt in den oben bereits erwähnten Vorschriften der Art. 115 Abs. 7 und 201 Abs. 3 und vor allem des 19 Abs. 5 CRP zum Ausdruck. Das Prinzip war dem Verfassungsgeber also durchaus bekannt, zumal ja auch eine Quelle für den Grundrechtsteil der Verfassung, nämlich das deutsche Grundgesetz in Art. 19 GG[154], ein Zitiergebot vorsieht. Das wirft die Frage auf, inwiefern denn etwa nach der Portugiesischen Verfassung ein Zitiergebot entbehrlich ist.

(2) Entbehrlichkeit eines Zitiergebots ? Zur Beantwortung dieser Frage können zwei Gesichtspunkte herangezogen werden.

Ausgangspunkt sei hierbei die Überlegung, inwiefern die Verfassung selbst schon das oben dargestellte, dem Zitiergebot zugrundeliegende Prinzip vorweggenommen hat. Art. 18 Abs. 2 CRP bestimmt in seinem ersten Teil, daß nur in den "ausdrücklich in der Verfassung vorgesehenen Fällen" eine Grundrechtsbeschränkung zulässig ist[155]. Ein überdies angeordnetes Zitiergebot wäre demnach insoweit überflüssig, als bereits diese Klausel den denkbar besten Schutz vor einer Grundrechtsaushöhlung durch einen leichtfertig handelnden Gesetzgeber bietet. Die Verfassung nimmt insoweit dem Gesetzgeber bereits die Entscheidung über das "Ob" einer Grundrechtsbeschränkung ab. Auch in den Fällen, in denen der Gesetzgeber unbewußt eine Grundrechtsbeschränkung i. S. d. Art. 18 CRP vornimmt, besteht somit ein ausreichender Schutz bereits durch Art. 18 Abs. 2 1. Teil CRP. Dann hängt die Zulässigkeit dieser Maßnahme bereits davon ab, ob sie "ausdrücklich"[156] durch die Verfassung gestattet war.

Eine zusätzliche Schutzfunktion könnte dem Zitiergebot nur insofern beigemessen werden, als man auf die Klarstellungsfunktion für den Gesetzesanwender abstellt. Würde bereits in dem ermächtigenden Gesetz das einzuschränkende Gesetz ausdrücklich bezeichnet, wäre damit bereits formal der Anwender auf die Beschränkung des formal benannten Grundrechtes begrenzt. Aber auch insofern käme dem Zitiergebot nur eine Bedeutung zu, die bereits die Portugiesische Verfassung auf folgendem Wege sichergestellt hat.

[153] Zur Frage der Kompetenz der Exekutive im Grundrechtsbereich vgl. **D. III. 1.1.**

[154] Vgl. hierzu gleich unten **3.2.**

[155] Vgl. oben **D. II. 1.**

[156] Vgl. zum Begriff **D. II. 1.1.**

Dies führt zu dem zweiten Gesichtspunkt. Wie oben dargestellt[157] erlaubt die Verfassung nur eine Einschränkung der Grundrechte durch Gesetz. Abgesehen von den Fällen, in denen bestimmte Grundrechte ausschließlich durch den Gesetzgeber selbst eingeschränkt werden können[158], kann der Gesetzgeber nur die Regierung zur Einschränkung von Grundrechten ermächtigen[159]. Hierbei gewährleistet jedoch bereits Art. 168 Abs. 2 CRP, daß die Regierung nicht weitere von der Ermächtigung nicht umfaßte Grundrechte einschränkt. Danach müssen Gegenstand, Inhalt und Ausmaß bereits durch das ermächtigende Gesetz festgelegt werden. Ein weiter Spielraum existiert demnach für die Regierung nicht. Vielmehr wird die Regierung durch die Ermächtigung – macht sie dann auch von dieser Gebrauch – nur zum verlängerten Arm des Parlaments. Die daraufhin ergehende Gesetzesverordnung muß nun zu ihrer Wirksamkeit gemäß Art. 201 Abs. 3 CRP das ermächtigende Gesetz zitieren. Auf diese Weise wird gewährleistet, daß die Regierung nun die durch Ermächtigungsgesetz auferlegten Beschränkungen auch beachtet.

Abschließend läßt sich demnach festhalten, daß diese beiden Gesichtspunkte zusammengenommen – die Begrenzung von Grundrechtseinschränkungen auf das von Verfassungs wegen ausdrücklich Vorgesehene in Verbindung mit dem Parlamentsvorbehalt – das in der Portugiesischen Verfassung für Grundrechtseinschränkungen fehlende Zitiergebot entbehrlich erscheinen lassen.

3.2 Rechtsvergleich

Im Gegensatz zur Portugiesischen Verfassung enthält Art. 19 Abs. 1 S. 2 GG ein Zitiergebot für grundrechtseinschränkende Gesetze. Dieser auch als "psychologisch" bezeichneten Schranken-Schranke[160] soll für den Gesetzgeber eine – eben beschriebene – Warnfunktion, für den Gesetzesanwender eine Klarstellungsfunktion besitzen[161]. Ob durch diese Vorschrift ein höherer Grundrechtsschutz als nach der Portugiesischen Verfassung bewirkt wird, soll im folgenden untersucht werden. Zunächst soll ein Blick auf die Rechtspraxis des Bundesverfassungsgerichtes geworfen werden soll.

3.2.1 Rechtsprechung des Bundesverfassungsgerichtes

Die Rechtsprechung vertritt eine restriktive Auslegung des Anwendungsbereiches des Art. 19 Abs. 1 S. 2 GG. Aufgrund des Bestrebens, den Gesetzgeber durch eine weite Auslegung nicht zu behindern oder "zumindest aber mit einem Wust

[157] Vgl. **D. III. 1.1.**
[158] Vgl. Art. 167 CRP.
[159] Vgl. Art. 168 Abs. 1 b) CRP.
[160] *Herzog*, in: M/D/H/S, Kommentar zum Grundgesetz, Art. 19 Abs. 1 Rn 11.
[161] Vgl. *Denninger*, AK-GG-Art. 19 Abs. 1 Rn. 16; *Pieroth/Schlink*, Grundrechte – Staatsrecht II, Rn. 354.

von Grundrechtszitaten"[162] nicht zu überziehen, ist es ständige Rechtsprechung, daß Art. 19 Abs. 1 S. 2 GG "enger Auslegung bedarf, damit sie nicht zu einer leeren Förmlichkeit und den die verfassungsmäßige Ordnung konkretisierenden Gesetzgeber in seiner Arbeit unnötig behindert (BVerfGE 28, 36, 46)"[163].

Diese inzwischen vereinzelt kritisierte[164] Rechtsprechung führt zu einem nicht unbeträchtlichen Schrumpfen des potentiellen Anwendungsbereiches[165]. Folge dieser engen Auslegung ist, daß "es nicht eingreift bei ... nachkonstitutionellen Gesetzen, die lediglich bereits geltende Grundrechtsbeschränkungen unverändert oder nur mit geringen Abweichungen wiederholen oder auf sie verweisen"[166]. Eine Anwendung der Bestimmung wird weiter verneint, wenn es "wegen der Offenkundigkeit des Eingriffs seiner nicht bedürfe"[167]. Wenn eine Vorschrift nur beabsichtigt, "die im Wesen des Grundrechts selbst angelegten Grenzen"[168] einzuschränken, so soll dies sogar bedeuten, daß Inhaltsbestimmung, Ausgestaltung und Konkretisierung unmittelbarer Verfassungsschranken ebenfalls von der Bestimmung nicht erfaßt sind. Gesetze müssen nach Maßgabe der Art. 2 Abs. 1, 5 Abs. 2, 12 Abs. 1 S. 2 und 14 Abs. 1 S. 2 GG das Zitiergebot nicht beachten. Schließlich wird es auf Enteignungen im Rahmen des Art. 14 Abs. 3 S. 2 GG wegen der Junktimklausel verdrängt[169], die den "Schutzzweck des Art. 19 I Satz 2 ... tatsächlich mehr als sichergestellt" hat[170].

3.2.2 Zitiergebot und Grundrechtsschutz

Im Ergebnis bedeutet diese restriktive Auslegung der Vorschrift gerade in den in der Praxis häufigen Fällen der Art. 2 Abs. 1, 5, 12 und 14 GG, daß die Bedeutung des Art. 19 Abs. 1 S. 2 GG erheblich vermindert ist. Der durch diese Vorschrift bezweckte Grundrechtsschutz wird insbesondere durch die Nichtanwendung der Vorschrift auf "Definition und Konkretisierung von Grundrechtsschranken"[171] erheblich reduziert. Hier vor allem setzt auch zu Recht die Kritik *Herzogs* an, der darauf hinweist, daß die von der Rechtsprechung und der herrschenden Lehre vorgenommene Reduzierung vom Wortlaut nicht gedeckt sei und "jenseits aller rechtsstaatlichen Notwendigkeiten" stünde[172]. Weiter ist zu berücksichtigen, daß die von einem Zitiergebot verfolgten Zwecke nicht annähernd – wie in Portu-

[162] *Herzog*, in: M/D/H/S, Kommentar zum Grundgesetz, Art. 19 Abs. 1 Rn. 49.
[163] BVerfGE 35, 185ff./188; s. a. E 64, 72ff./80.
[164] Vgl. vor allem *Herzog*, in: M/D/H/S, Kommentar zum Grundgesetz, Art. 19 Abs. 1 Rn. 57f.
[165] Vgl. *Denninger*, AK-GG-Art. 19 Abs. 1 Rn. 18.
[166] *Seifert/Hömig*, Grundgesetz, Art. 19 Rn. 4, mit zahlreichen Nachw. aus der Rspr.
[167] *Denninger*, AK-GG-Art. 19 Abs. 1 Rn. 18; im Original hervorgehoben, *Anm. des Verf.*.
[168] BVerfGE 7, 377ff./404; 28, 36ff./46.
[169] Vgl. BVerfGE 21, 92ff./93; 24, 367.
[170] *Herzog*, in: M/D/H/S, Kommentar zum Grundgesetz, Art. 19 Abs. 1 Rn. 57.
[171] Ebenda, Rn. 58.
[172] Ebenda.

gal – durch andere Vorkehrungen im Grundgesetz mitübernommen werden. Das alleinige Abstellen auf die Befürchtung, den Gesetzgeber durch ein Zitiergebot zu sehr einzuengen, erscheint angesichts der "Fortschritte in der Sensibilität für Grundrechtsverletzungen"[173] übertrieben und dürfte vor allem nur für die Anfangszeit des Grundgesetzes Richtigkeit beanspruchen.

3.3 Zusammenfassung und Stellungnahme

Zusammenfassend läßt sich folgendes Ergebnis festhalten: *Herzogs* Auffassung, das in Art. 19 Abs. 1 S. 2 GG enthaltene Zitiergebot habe angesichts der sehr engen Auslegung der Bestimmung durch die herrschende Lehre und Rechtsprechung des Bundesverfassungsgerichtes "sein Ziel nicht erreicht"[174], ist zuzustimmen. Dadurch besteht jedoch die Gefahr der "schleichenden Grundrechtsaushöhlung durch unbewußte oder leichtfertige Grundrechtsbeschränkungen"[175], da die dem Zitiergebot zukommenden Bedeutung als Warn- und Klarstellungsfunktion nicht durch andere Vorkehrungen ersetzt wird. Dies gilt insbesondere für die beschriebenen offenkundigen Eingriffe und die Konkretisierungen der Grundrechtsschranken, für die das Zitiergebot nicht gelten soll. Die Offensichtlichkeit nimmt den zu leichtfertig und unüberlegt vorgenommenen Grundrechtseinschränkungen ebensowenig den Charakter einer "schleichenden Grundrechtsaushöhlung", wie derartige Konkretisierungen von "im Wesen selbst angelegten Grenzen". Zweck des Zitiergebotes soll ja nicht sein, Rechtfertigungsgründe für einen Eingriff überhaupt zu schaffen. Art. 19 Abs. 1 S. 2 GG soll vielmehr den Gesetzgeber daran erinnern, daß er ein gewährleistetes Grundrecht in seiner Schutzwirkung zurücknimmt. Ein Zitierzwang könnte dies durchaus dem Gesetzgeber stets vor Augen halten und zur Zurückhaltung – im Sinne eines "soweit wie möglich" – anhalten.

Die Portugiesische Verfassung verzichtet hingegen gänzlich auf ein Zitieren des durch Gesetz eingeschränkten Grundrechtes. Berücksichtigt man, daß die Verfassung Zitiergebote und deren Bedeutung kennt, beruht dies wohl vor allem auf dem Gedanken, daß die Verfassung selbst durch das Ausdrücklichkeitsgebot des Art. 18 Abs. 2 1. Teil CRP[176] den Gesetzgeber stets an den Ausnahmecharakter einer Grundrechtseinschränkung erinnert.

[173] *Denninger*, AK-GG-Art. 19 Abs. 1 Rn. 18, m.w.N.

[174] M/D/H/S, Kommentar zum Grundgesetz, Art. 19 Abs. 1 Rn. 12.

[175] *Denninger*, AK-GG-Art. 19 Abs. 1 Rn. 16.

[176] Vgl. hierzu oben **I. 1.**

E

Einschränkungen in Sonderfällen

I

Grundrechtskollisionen

Bereits oben wurde aufgezeigt, daß es bei der Ausübung von Grundrechten in beiden Ländern gleichermaßen anerkannt zu Kollisionen mit anderen Grundrechten oder Verfassungswerten kommen kann[1].

Die Frage der Grundrechtskollision betrifft den "Aufeinanderprall" der Grundrechte verschiedener Grundrechtsträger in demselben Sachverhalt[2]. Grundrechtskollisionen sind dabei von Grundrechtskonkurrenzen abzugrenzen. Die Frage der Grundrechtskonkurrenz betrifft "das Problem, *welches von mehreren*, auf den ersten Anschein einschlägigen Grundrechten jeweils *maßgeblich* ist (Hervorhebungen im Original, *Anm. des Verf.*)"[3].

An dieser Stelle wird nun die Frage näher untersucht, wie derartige Grundrechtskollisionen gelöst werden können. Dabei wird insbesondere der Frage nachgegangen, ob die mit Grundrechten kollidierenden Grundrechte Dritter oder anderen Verfassungsgüter als Schranke oder als Schutzbereichsgrenze zu verstehen sind.

1 Portugal

Einheitlicher Ansatz zur Lösung dieses Zusammenpralls von Grundrechten verschiedener Grundrechtsträger ist gemäß der portugiesischen Verfassungslehre und Rechtsprechung des Portugiesischen Verfassungsgerichtes die Güterabwägung im Einzelfall.

[1] Vgl. hierzu oben **C III**.

[2] Bleckmann, Staatsrecht II, S. 391.

[3] Vgl. hierzu *Pieroth/Schlink*, Grundrechte – Staatsrecht II, Rn. 384ff., m.w.N.; für Portugal *Canotilho*, Direito, S. 654ff.

1.1 Auffassungen der Lehre

Bei der Abwägung der verschiedenen Grundrechtspositionen lehnt sich das Schrifttum an den in der deutschen Lehre entwickelten Grundsatz von der praktischen Konkordanz ausdrücklich und wortgleich an[4]. Grundgedanke ist, daß im Einzelfall versucht werden soll, wegen der "Einheit der Verfassung in bestmöglicher Weise die kollidierenden Bestimmungen in Einklang zu bringen[5]. Betont wird dabei, daß dieser Harmonisierungsversuch auf der Überlegung einer fehlenden Werterangordnung bzw. einer fehlenden Hierarchieordnung[6] zwischen den einzelnen Grundrechten und Verfassungswerten beruht. Folglich können Grundrechtskollisionen nur im Einzelfall und nicht abstrakt gelöst werden[7]. So kann die "optimale Verwirklichung eines jeden betroffenen Rechtes sich nicht in *mathematischen* Grenzen" vollziehen, sondern praktische Konkordanz bedeute nur "eine Methode und einen Legitimationsprozeß für Lösungen, die die Abwägung ... erfordert"[8].

Um feststellen zu können, welches Grundrecht in der konkret zu entscheidenden Frage das höhere Gewicht hat, muß demnach eine Güterabwägung vorgenommen werden. Dies muß in der Weise stattfinden, daß das schwächere Grundrecht nur soweit zurücktritt, wie es zur Bewahrung des anderen "*notwendig* und *erforderlich* ist"[9]. Daraus wird deutlich, daß es sich bei der Abwägung nicht um eine Alles-oder-Nichts-Frage, sondern um eine Optimierungsaufgabe der kollidierenden Grundrechte handelt.

Grenze dieses Abwägungsvorgangs müsse dabei der Wesensgehalt des konkurrierenden Grundrechtes sein[10].

1.2 Analyse der Rechtsprechung

Dieser Lösungsansatz ist auch ständige Rechtsprechung des Portugiesischen Verfassungsgerichtes. Bereits in dem Schwangerschaftsurteil[11] schließt sich das Gericht ausdrücklich unter Berufung auf *Andrade* dem Lösungsweg der Güterabwägung unter Berücksichtigung des Grundsatzes der praktischen Konkordanz an[12]. Das Modell einer Wertehierarchie, das die Grundrechte in einer abgestuften Rangordnung verflochten versteht, wird ausdrücklich abgelehnt.

[4] Vgl. wörtl.: "concordância prática", s. *Andrade*, Direitos Fundamentais, S. 222, m.w.N.
[5] *Andrade*, Direitos Fundamentais, S. 222.
[6] Vgl. hierzu *Canotilho*, Direito Constitucional de Conflitos e Protecção de Direitos Fundamentais, S. 294.
[7] Ebenda, S. 221f; *Canotilho*, Direito, S. 661.
[8] *Andrade*, Direito Fundamentais, S. 222; (Hervorhebungen im Original, *Anm. des Verf.*)
[9] Ebenda, S. 223; (Hervorhebung im Original, *Anm. des Verf.*)
[10] Vgl. hierzu näher oben **D. II. 4.**
[11] Nr. 25/84, Bd. 2, S. 7ff.
[12] Ebenda, S. 40f.

In dieser Entscheidung ging es um die Frage, ob der Gesetzgeber den Schwangerschaftsabbruch straflos stellen kann, um für die Schwangere eine Gefahr für das Leben oder die Gefahr schwerer Beeinträchtigungen des körperlich-seelischen Gesundheitszustandes abwenden zu können[13]. Zunächst wird in diesem Urteil festgestellt, daß es zu einem Zusammenprall zweier Grundrechte verschiedener Grundrechtsträger kommt. Denn auch das "intra-uterinäre menschliche Leben" sei im Schutzbereich der Art. 24 und 25 CRP enthalten[14]. Zur Lösung dieses Konfliktes wird unter ausdrücklicher Berufung auf das portugiesische Schrifttum und die deutsche Verfassungslehre, "die die Portugiesische Verfassung stark inspirierte"[15], eine Abwägung zwischen dem Recht auf Leben des nasciturus und dem der schwangeren Mutter vorgenommen. Ausgangspunkt bei der Abwägung ist der Gedanke, daß trotz des grundsätzlich "gleichen Wesensgehaltes" beider Grundrechtspositionen in den Fällen zu erwartender schwerer körperlicher Mißbildungen für das zukünftige Kind oder im Fall der durch ein Gewaltverbrechen hervorgerufenen Schwangerschaft das Grundrecht auf Leben der Mutter dem des nasciturus überwiege. Zwar sei bereits das Leben des nasciturus im Schutzbereich der Art. 24 und 25 CRP enthalten. Jedoch sei zu berücksichtigen, daß "der Konflikt der beiden Güter oder Werte eine von dem Abwägungsergebnis verschiedene Lösung haben kann, wenn dieser Konflikt erst nach der Geburt auftreten würde". Als Beleg hierfür wird darauf hingewiesen, daß es rechtlicher Tradition entspreche, den Schwangerschaftsabbruch nicht mit Mord oder Totschlag gleichzustellen[16]. Deshalb überwiege in den genannten Fällen das Recht der Mutter.

1.3 Kollision als Schranke

Einheitlich wird in der portugiesischen Verfassungslehre und der Rechtsprechung des Portugiesischen Verfassungsgerichtes mit Grundrechten kollidierende Grundrechte Dritter oder andere Verfassungsschutzgüter nicht als schutzbereichsbegrenzende "immanente Grenze", sondern als Schranke des jeweiligen Grundrechtes verstanden.

Canotilho/Moreira betonen dabei, daß die einschränkende Wirkung dieser von der Verfassung geschützten Werte und Güter nicht von Anfang an den Grundrechten innewohnen. Sie seien keine "originär oder ursprünglich mit den entsprechenden Grundrechten verbundenen Grenzen, die es nur aufzudecken" gelte[17].

Jedoch wird der Frage nicht weiter nachgegangen, in welchem Verhältnis derartig als Schranke verstandene kollidierende Verfassungswerte zu dem Gebot des

---

[13]Ebenda.

[14]Der zweite Leitsatz der Entscheidung lautet: "Der aus den Artikeln 24 und 25 der Verfassung ... abgeleitete Schutz des menschlichen Lebens umfaßt das menschliche intra-uterinäre Leben"; vgl. ebenda, S. 7.

[15]Ebenda, S. 42.

[16]Vgl. ebenda.

[17]*Canotilho/Moreira*, Anotada, S. 150.

Art. 18 Abs. 2 CRP stehen, das "ausdrücklich" von der Verfassung vorgesehene Fälle für eine Einschränkung der Grundrechte fordert[18]. Der Portugiesischen Verfassung ist nämlich ausdrücklich nicht zu entnehmen, daß Verfassungswerte in bestimmten Fällen die Grundrechte einzuschränken vermögen.

2 Rechtsvergleich

2.1 Güterabwägung im Einzelfall

Auch in der deutschen Verfassungslehre und Rechtsprechung werden Lösungen im Rahmen von Grundrechtskollisionen im Wege von Güterabwägungen im Einzelfall unter Berücksichtigung der praktischen Konkordanz angestrebt[19].

Seit dem "Lüth-Urteil" ist es ständige Rechtsprechung des Bundesverfassungsgerichtes, bei Grundrechtskollisionen eine Güterabwägung im Einzelfall vorzunehmen[20]. Hierbei ist zu ermitteln, "welche Verfassungsbestimmung für die konkret zu entscheidende Frage das höhere Gewicht hat ... Die schwächere Norm darf nur so weit zurückgedrängt werden, wie das logisch und systematisch zwingend erscheint; ihr sachlicher Grundwertgehalt muß in jedem Fall respektiert werden"[21].

Bei dieser Abwägung ist somit ein schonender Ausgleich vorzunehmen, daß jedes von den kollidierenden Rechten zu möglichst optimaler Wirksamkeit gelangen kann[22]. Obwohl in einer frühen Entscheidung des Bundesverfassungsgerichts[23] noch von einer "Wertrangordnung" die Rede ist, geht das Bundesverfassungsgericht bei der Abwägung nicht von einer hierarchischen Wertordnung aus. Eine Grundrechtsabstufung im Sinne einer Hierarchie ließe sich allenfalls mit der unterschiedlichen Ausformung der Grundrechtsschranken begründen, so daß die vorbehaltlosen Grundrechte die ranghöchsten Grundrechte wären. Wie *Hillgruber* jedoch zutreffend nachweist, bestimmt das Bundesverfassungsgericht "die Wertigkeit der Grundrechte und ihrer Ausübung ohne Rücksicht auf die Schranken"[24].

Die kollidierenden Grundrechte oder Verfassungsgüter müssen "im Konfliktfall nach Möglichkeit zum Ausgleich gebracht werden; läßt sich dies nicht erreichen, so ist unter Berücksichtigung der falltypischen Gestaltung und der besonderen Umstände des Einzelfalls zu entscheiden, welches Interesse zurückzutreten

---

[18] Vgl. dazu oben **D. II. 1**.

[19] Vgl. hierzu *Bleckmann*, Staatsrecht II, S. 391 und *Pieroth/Schlink*, Grundrechte – Staatsrecht II, Rn. 359ff., m.w.N.

[20] Vgl. BVerfGE 7, 198ff./215; 30, 173ff./195.

[21] BVerfGE 28, 243ff./261.

[22] Vgl. *Seifert/Hömig*, Grundgesetz, vor Art. 1 Rn. 14, mit zahlreichen Nachw. aus der Rspr.

[23] Vgl. BVerfGE 7, 198ff./215.

[24] *Hillgruber*, Der Schutz des Menschen vor sich selbst, S. 127 Fn. 91, mit zahlreichen Nachw. aus der Rspr.

hat"[25].

2.2 Kollision als Schranke ?

Unklar ist in der deutschen Verfassungslehre und der Rechtsprechung des Bundesverfassungsgerichtes, ob das kollidierende Verfassungsrecht als Schutzbereichsgrenze oder als Schranke des betreffenden Grundrechtes zu verstehen ist[26]. *Pieroth/Schlink* zeigen die Schwächen des Verständnisses des kollidierenden Verfassungsrechts im Sinne einer Schutzbereichsbegrenzung auf. Einerseits würden "die *Gesetzesvorbehalte* der Grundrechte ... tendenziell ihrer *Funktion* beraubt"[27]. Fällt eine Grundrechtsausübung, die mit sonstigem Verfassungsrecht kollidiert, gar nicht erst in den Schutzbereich, so erübrige sich die Frage, inwiefern ein Gesetzesvorbehalt, der Ausdruck dessen sei, daß der Verfassungsgeber Kollisionen vorhergesehen hat, nicht derartige Kollisionen auch regelt. Andererseits wird von den Autoren darauf hingewiesen, daß die Bestimmung der Reichweite des Schutzbereiches fallabhängig und nur noch "ad hoc und punktuell" bestimmbar würde[28].

"Vorzug" der Sichtweise, die kollidierendes Verfassungsrecht demgegenüber als Eingriffsrechtfertigung begreift, sei die darausfolgende Gewährleistung der "Bestimmtheit der Reichweite des Schutzbereichs". Aber auch diese Ansicht ließe die Funktion der Gesetzesvorbehalte verschwimmen. Denn es bliebe undeutlich, ob kollidierendes Verfassungsrecht verstanden als Grundrechtsschranke "nur bei den vorbehaltlosen oder auch bei den übrigen Grundrechten vorausgesetzt ... werden können"[29].

3 Zusammenfassung und Stellungnahme

Zusammenfassend läßt sich festhalten, daß der Vorbildcharakter, den das Grundgesetz für die Portugiesische Verfassung besitzt, auch bei dem Problem der Lösung von Grundrechtskollisionen deutlich wird.

Bei Vorliegen einer Kollision eines Grundrechtes mit anderen Grundrechten oder Verfassungsgütern kommt es nach einheitlicher Auffassung beider Länder nicht zu einem "Entweder-Oder" im Sinne einer Rangordnung oder Werteskala. Es muß vielmehr im Wege einer Güterabwägung im konkreten Einzelfall untersucht werden, auf welche Weise beide Grundrechte optimal verwirklicht werden können. Dieses sogenannte Prinzip der praktischen Konkordanz wurde in Portugal als Begriffsbezeichnung durch das Schrifttum und das Portugiesische Verfassungsgericht wortgleich übernommen.

[25] BVerfGE 35, 202ff./225; 59, 231ff./261ff.

[26] Vgl. mit zahlreichen Nachw. *Pieroth/Schlink*, Grundrechte – Staatsrecht II, Rn. 366ff.

[27] Ebenda, Rn. 368.

[28] Ebenda, Rn. 369ff.

[29] Ebenda.

Abzulehnen sind auch für beide Verfassungsordnungen gleichermaßen die Ansichten, die das kollidierende Verfassungsrecht nicht als Schranke, sondern als Schutzbereichsbegrenzung verstehen. Dies ist aufgrund des dogmatisch beiden Verfassungen zugrundeliegenden Eingriffsmodells von Schutzbereich, Eingriff und dessen Rechtfertigung geboten. Die diesem Modell anhaftende formale grundrechtsschützende Wirkung wäre gefährdet, würde die Bestimmtheit des an der ersten Stelle des Modells stehenden Schutzbereiches fallabhängig. Zwar sind Fälle denkbar, in denen ein bestimmtes mit anderen Verfassungswerten kollidierendes Verhalten bereits nicht in den Schutzbereich eines Grundrechtes fällt. Dies aber generell anzunehmen, würde den den Grundrechten zugemessenen Freiheitsschutz von vornherein entscheidend reduzieren.

Dieses Verständnis als Schranke muß entgegen der Auffassung von *Pieroth/Schlink* unabhängig von der Frage gelten, ob die Grundrechte vorbehaltlos von der Verfassung gewährleistet werden oder nicht. Den Autoren ist zuzugeben, daß Gesetzesvorbehalte bereits Ausdruck dessen sind, daß der Verfassungsgeber die Möglichkeit von Kollisionen vorhergesehen hat. So sind diese auch – bevor Grundrechtskollisionen angenommen werden – dahingehend zu untersuchen, ob sie den betreffenden Fall erfassen. Vorhergesehen werden konnten jedoch nicht alle denkbar möglichen Kollisionsfälle. Aufgrund der rechtsstaatlich gebotenen Einzelfallgerechtigkeit müssen selbst in den Fällen, in denen der entsprechende Gesetzesvorbehalt die konkrete Kollisionslage nicht erfaßt, Einschränkungen möglich bleiben.

Diesem Ergebnis steht vom Wortlaut aus gesehen in der Portugiesischen Verfassung der Art. 18 Abs. 2 CRP entgegen. Dieser verlangt, daß Einschränkungen nur in den ausdrücklich von der Verfassung vorhergesehenen Fällen statthaft sind. Diese Forderung muß im Fall der Grundrechtkollisonen jedoch als Ausdruck dessen verstanden werden, daß derartige Kollisonen als Eingriffsrechtfertigung nur ausnahmsweise angenommen werden dürfen. Grundrechte Dritter oder andere Verfassungsgüter als Schutzbereichsbegrenzung zu behandeln, würde das unterschiedlich ausgestaltete Schrankensystem und den vor allem vorbehaltlos ausgestalteten Grundrechten zukommenden Schutz unterlaufen und aushöhlen.

II

Besonderes Gewaltverhältnis

Während die überwiegende Bevölkerung in einem allgemeinen Verhältnis Staat – Individuum stehen, sind viele Bürger in einem sogenannten "Besonderen Gewaltverhältnis"[1] Pflichten unterworfen, die den Staatsbürger im allgemeinen nicht betreffen. Hierbei handelt es sich vor allem um das Beamten–, Soldaten–, Strafgefangenen– und Schulverhältnis. Diese Sonderverhältnisse sind in beiden Verfassungsordnungen[2] "institutionalisiert"[3].

Ob und inwieweit derartige "Besondere Gewaltverhältnisse" den Grundrechtsschutz beeinflussen und dadurch die Grundrechte Einschränkungen erfahren, soll im folgenden untersucht werden.

1 Portugal

1.1 Grundrechtsgeltung

Es ist in der portugiesischen Verfassungslehre und der Rechtsprechung des Portugiesischen Verfassungsgerichtes unbestritten, daß in den oben genannten rechtlichen Sonderverhältnissen die Grundrechte gelten[4].

Dies kommt zum einem bereits durch die in Art. 18 Abs. 1 CRP ausdrücklich angeordnete generelle Bindung der öffentlichen Gewalt an die Rechte, Freiheiten und Garantien zum Ausdruck. Zum anderen geht die Verfassung in zwei ihrer Bestimmungen selbst von der grundsätzlichen Geltung der Grundrechte in diesen Sonderverhältnissen aus.

So bestimmt Art. 270 CRP:

---

[1]Der Begriff geht auf *Mayer* zurück, vgl die Nachw. bei *Klein*, Grundrechte und Wesensgehaltgarantie im besonderen Gewaltverhältnis, S. 1102.

[2]Vgl. Art. 7, 33, 87a, 104 GG und Art. 74, 269, 275, 30 CRP.

[3]In identischem Sinn von *Andrade*, Direitos Fundamentais, S. 243, und *Stern*, Staatsrecht, Bd. III/1, S. 1376, verwendet.

[4]Vgl. hierzu statt aller *Andrade* unter ausführlichen Hinweisen auf die deutsche Lehre, Direitos Fundamentais, S. 242ff.

> *"Das Gesetz kann die Ausübung der Rechte der Meinungs-, Versammlungs-, Demonstrations- und Vereinigungsfreiheit sowie das kollektive Petitionsrecht und das passive Wahlrecht der Soldaten und des in den Stammeinheiten tatsächlich dienstleistenden militärischen Personals im strengen Maß der Erfordernisse ihrer eigenen Tätigkeiten einschränken".*

Art. 270 CRP sieht folglich Ausnahmen grundsätzlicher Grundrechtsgeltung vor.

Diese grundsätzliche Geltung wird auch durch den mit der zweiten Verfassungsrevision eingefügten[5] Art. 30 Abs. 5 CRP für die zu Freiheitsentzug oder Sicherungsmaßnahme Verurteilten klargestellt, wenn es heißt:

> *"Die zu freiheitsentziehender Strafe oder Sicherungsmaßnahme Verurteilten bleiben Träger der Grundrechte, mit Ausnahme der mit dem Sinn der Verurteilung und den ihr eigenen Erfordernissen entsprechender Vollstreckung verbundenen Beschränkungen"*[6].

Diesen Bestimmungen läßt sich demnach direkt die Geltung der Grundrechte im sogenannten "Besonderen Gewaltverhältnis" entnehmen[7].

Entscheidende Problematik ist demnach nicht, das "Ob", sondern das "Wie" der Grundrechtsgeltung.

1.2 Besonderes Gewaltverhältnis als Eingriffsrechtfertigung ?

Das Problem des "Wie" der Grundrechtsgeltung bedeutet zunächst die Frage nach dem allgemeinen Grundrechtsschutz, der in Art. 18 CRP mit seinen dargestellten Voraussetzungen seine erste unmittelbare Antwort findet. Fraglich ist dabei weiter, ob darüber hinaus für die Grundrechte, die einen Gesetzesvorbehalt nicht vorsehen, allein die Tatsache des Bestehens eines "besonderen Gewaltverhältnisses" Rechtfertigung genug für einen Eingriff darstellt.

Ausgangspunkt bei der Frage, wie bzw. wie weit im Besonderen Gewaltverhältnis die Grundrechte gelten, muß demnach Art. 18 Abs. 2 CRP sein, der Einschränkungen von Grundrechten nur "in den durch die Verfassung ausdrücklich vorgesehenen Fällen" zuläßt[8]. Dies bedeutet jedoch, daß auch im Besonderen Gewaltverhältnis zunächst die allgemeinen oder qualifizierten Gesetzesvorbehalte

---

[5] Vgl. hierzu *Magalhães*, Dicionário, S. 84.

[6] Eine dieser Formulierung ähnliche Bestimmung findet sich in Art. 71 Abs. 1 CRP, dessen Adressat die Behinderten sind, die oftmals in staatlichen Anstalten leben: "Körperlich oder geistig behinderte Bürger besitzen vollständig die in der Verfassung bezeichneten Rechte und Pflichten mit Ausnahme derer, zu deren Ausübung oder Erfüllung sie nicht imstande sind".

[7] Vgl. auch *Canotilho*, Direito, S. 635f.

[8] Hierzu **D. II. 1**.

die Grundlage für Grundrechtseinschränkungen durch den Gesetzgeber darstellen. Es bleibt dem Gesetzgeber also überlassen, diese Vorbehalte auch für das Besondere Gewaltverhältnis auszufüllen.

Es stellt sich doch dann zweitens die Frage, ob Grundrechte ohne Gesetzesvorbehalt noch einschränkbar sind.

1.2.1 Art. 270 CRP und das Soldatenverhältnis

Einen Ansatzpunkt hierbei bietet für das Soldatenverhältnis und das Verhältnis des ihm gleichgestellten militärischen Personals[9] Art. 270 CRP. In diesem Artikel werden gerade ohne Gesetzesvorbehalt versehene Grundrechte aufgezählt, die nun aufgrund Art. 270 CRP einschränkbar werden. Es handelt sich hierbei um die Rechte der Meinungs-, Versammlungs-, Demonstrations- und Vereinigungsfreiheit und das Recht der kollektiven Petition[10]. Eine Ausnahme hiervon stellt das ebenfalls angesprochene, in Art. 50 CRP garantierte passive Wahlrecht dar, das bereits selbst in Art. 50 Abs. 3 CRP einen Gesetzesvorbehalt enthält[11].

Da es sich bei dieser Vorschrift um eine Ausnahmevorschrift handelt, ist ein Analogieschluß für andere rechtliche Sonderverhältnisse oder für andere Grundrechte ausgeschlossen. Deshalb kann aus Art. 270 CRP nicht ein allgemeingültiger Grundsatz der Einschränkbarkeit auch vorbehaltloser Grundrechte im Besonderen Gewaltverhältnis entnommen werden.

1.2.2 Art. 30 Abs. 5 CRP und das Strafgefangenenverhältnis

Art. 30 Abs. 5 CRP bestimmt nun einerseits klarstellend, daß die Grundrechte im Strafgefangenenverhältnis und dem ihm gleichgestellten Verhältnis der zu Sicherungsmaßnahmen Verurteilten Geltung beanspruchen. Weiter ist dieser Bestimmung jedoch zu entnehmen, daß dies nicht absolut gelten soll, sondern daß der Sinn der Verurteilung und die ihr eigenen Erfordernisse entprechender Vollstreckung die Grundrechte beschränken können. Das "Wie" einer solchen Beschränkung bleibt offen. Literatur und Rechtsprechung ist explizit hierzu kein Anhaltspunkt zu entnehmen.

Der Wortlaut der Bestimmung selbst gibt aber einen ersten Anhaltspunkt. Auffallenderweise ist ausdrücklich von *Be*schränkungen[12] und nicht von den in Art. 18 CRP genannten *Ein*schränkungen[13] die Rede. Des weiteren hätte der Verfassungsgeber dem Art. 270 CRP vergleichbar formulieren können, wenn er einen

[9]Zum Begriff vgl. *Canotilho/Moreira*, Anotada, S. 949f; *Canotilho*, Direito, S. 637, mit Nachw. aus der Rspr. des TC.

[10]Vgl. Art. 37, 45 Abs. 1, 45 Abs. 2, 51 und 52 CRP.

[11]Insoweit handelt es sich bei Art. 270 CRP nur um eine Klarstellung, da Art. 50 Abs. 3 CRP erst im Zuge der zweiten Revision 1989 eingefügt wurde, vgl. auch *Canotilho/Moreira*, Anotada, S. 950.

[12]Wörtlich: "limitações".

[13]Wörtlich: "restrições".

zusätzlichen Gesetzesvorbehalt für das Strafgefangenenverhältnis hätte schaffen wollen[14].

Der Wortlaut des Art. 30 Abs. 5 CRP läßt also die Frage zumindest offen, ob mit der Vorschrift ein Rechtfertigungsgrund für einschränkende Gesetze geschaffen werden sollte. Vielmehr scheint auch viel für die Lösung zu sprechen, daß soweit der Sinn und die Vollstreckung einer Verurteilung in Widerspruch mit Grundrechten treten könnten, diese nicht von den Verurteilten in Anspruch genommen werden können. Diese sind insoweit eben nicht "Träger der Grundrechte". Dies würde aber bedeuten, daß im Hinblick auf Grundrechte ohne Gesetzesvorbehalt Sinn und Vollstreckung der Verurteilung – kurz das Besondere Gewaltverhältnis selbst – Grundlage der Grundrechtsbeschränkung sind bzw. ist. Der Zweck des Gefangenenverhältnisses würde mithin eine implizite und schutzbereichsbegrenzende Beschränkung der Grundrechte darstellen.

1.2.3 Die "immanenten Grenzen" der Rechtsprechung

Die Rechtsprechung des Portugiesischen Verfassungsgerichtes mußte bislang zu dieser Frage im Strafgefangenenverhältnis noch nicht ausdrücklich Stellung nehmen. Einen Anhaltspunkt dafür, daß es ebenfalls das Besondere Gewaltverhältnis selbst generell für alle Sonderverhältnisse als Legitimationsgrundlage einer schutzbereichsbegrenzenden Beschränkung sieht, bietet folgende Entscheidung.

Im Urteil Nr. 103/87[15] ging es neben dem Problem der Reichweite des Begriffes "dienstleistendes militärisches Personal" u. a. um die Frage, ob das nicht in Art. 270 CRP aufgeführte vorbehaltlose Grundrecht auf Anrufung des Ombudsmannes für das Rechtswesen nach Art. 23 CRP in der Weise beschränkt werden kann, daß die Anrufung von einer vorherigen Erschöpfung des Dienstweges abhängig gemacht werden kann.

Bei diesem Problem müßte folgende Überlegung Ausgangspunkt sein: Der Ausnahmecharakter des Art. 270 CRP müßte – wie gesehen – als Konsequenz das Verbot weiterer Einschränkungen von Grundrechten ohne Gesetzesvorbehalt enthalten, so daß das Durchlaufen des Dienstweges vor Anrufung des Ombudsmannes für das Rechtswesen demnach eine verfassungswidrige Einschränkung darstellt.

Einen hiervon verschiedenen Weg hat hingegen das Portugiesische Verfassungsgericht in diesem Urteil eingeschlagen. Zwar betont das Gericht, daß eine Einschränkung gemäß Art. 18 Abs. 2 CRP nur in den durch die Verfassung ausdrücklich vorgesehenen Fällen zulässig sei. Die Anordnung des vorherigen erschöpften Dienstweges sei auch nicht von Art. 270 CRP gedeckt. Jedoch handele es sich dabei nicht um eine Einschränkung im Sinne des Art. 18 CRP, sondern vielmehr nur um eine "Ausgestaltung", d. h. einer "immanenten Grenze des Art.

[14] Zur Erinnerung: Art. 30 Abs. 5 CRP wurde erst 1989 in die Verfassung aufgenommen.
[15] Bd. 9, S. 83ff.

23 Abs. 2 der Verfassung"[16].

Dieses in Portugal sehr umstrittene Ergebnis[17] beruht sicherlich zum einem auf dem Gedanken, Art. 18 Abs. 2 CRP, der eine ausdrückliche Verfassungsvorschrift für eine Einschränkung fordert, umgehen zu können[18]. Betrachtet man aber das hinter dieser immanenten Grenze stehende Motiv, so kommt man zu dem Ergebnis, daß als Ursache für den Lösungsweg des Portugiesischen Verfassungsgerichtes die Gleichstellung der betroffenen Organisation mit dem Soldatenverhältnis ist. Denn das Erfordernis der vorherigen Erschöpfung des Dienstweges sei Folge des "militärischen Charakters dieser Polizeiorganisation und der Notwendigkeit auch hier vollständig den speziellen Hierarchiegrundsatz (das Prinzip des 'Kommandos') zu bewahren"[19]. Insofern wird folglich materiell auf Zweck und Funktion einer miltärischen Organisation abgestellt. Eine unmittelbare und direkte Anrufung des Ombudsmannes für das Rechtswesen wird somit als Gefährdung des "speziellen Hierarchiegrundsatzes" angesehen. Grund für die Annahme einer immanenten Grenze ist aber damit das Besondere Gewaltverhältnis selbst, daß über den formellen Umweg der immanenten Grenze das Grundrecht auf Anrufen des Ombudsmannes für das Rechtswesen einschränkt.

1.2.4 Auffassungen der Literatur

Die herrschende portugiesische Verfassungsliteratur erkennt ebenfalls an, daß trotz einer grundsätzlichen Grundrechtsgeltung das Besondere Gewaltverhältnis "Motivgeber" für Grundrechtseinschränkungen sein kann[20]. Als Einschränkung müssen jedoch die Voraussetzungen des Art. 18 CRP eingehalten werden. Bei Fehlen eines Gesetzesvorbehaltes scheinen *Canotilho* und *Andrade* dazu zu neigen, diese Fälle als Grundrechtskollisionen zu betrachten[21]. Dies bedeutet, daß hier verschiedene Verfassungswerte nach den Grundsätzen der praktischen Konkordanz und der Einheit der Verfassung zum Ausgleich gebracht werden sollen. Unklar bleibt bei *Andrades* Position hingegen, ob er die Erfordernisse des Sonderverhältnisses als Einschränkung oder als Schutzbereichsbegrenzung versteht. Der Satz, daß "der Grundsatz der immanenten Grenzen und die Regeln der praktischen Konkordanz für die Konfliktlösung zwischen Rechten und Gemeinschaftswerten beachtet werden" müssen, scheint mit dem Hinweis auf die "immanenten Grenzen" auf letzteres hinzudeuten[22].

---

[16] Ebenda, S. 83ff./131f.

[17] Es sind diesem Urteil allein 7 Sondervoten von insgesamt 11 beteiligten Richtern beigefügt; vgl. auch die Kritik von *Canotilho*, Direito, S. 639, m.w.N.

[18] In diesem Sinn auch *Moreira*, Sondervotum zum Urteil 103/87, S. 171ff./175.

[19] Ebenda, S. 132.

[20] *Andrade*, Direitos Fundamentais, S. 245.

[21] So ausdrücklich *Andrade*, Direitos Fundamentais, S. 247; vgl. auch *Canotilho*, Direito, S. 637.

[22] *Andrade*, Direitos Fundamentais, S. 247.

1.3 Zusammenfassung

Die Grundrechtsgeltung im rechtlichen Sonderverhältnis z. B. eines Soldaten oder eines Strafgefangenen ist in Portugal anerkannt. Unklar ist nur, in welchem Umfang diese Grundrechte wirken. Bei Grundrechten, die mit einem Gesetzesvorbehalt ausgestattet sind, ist diese Frage unproblematisch.

Bei Grundrechten ohne Gesetzesvorbehalt bietet Art. 270 CRP für das Soldatenverhältnis eine Rechtfertigungsgrundlage. Unklar ist die Rechtfertigungsgrundlage jedoch bereits im Gefangenenverhältnis. Zwar bestimmt Art. 30 Abs. 5 CRP, daß die Grundrechte grundsätzlich auch in diesem Besonderen Gewaltverhältnis gelten. Beschränkungen aus dem Sinn und der Vollstreckung der Verurteilung heraus sollen diese jedoch eingrenzen können. Ob diese Bestimmung angesichts des streng verstandenen Art. 18 Abs. 2 CRP einen ausreichenden "ausdrücklich vorgesehenen Fall einer Einschränkung" darstellt oder ob durch Art. 30 Abs. 5 CRP angedeutet werden soll, daß der Charakter eines Besonderen Gewaltverhältnisses die Grundrechte von innen als Grenze des Schutzbereiches beschränkt, bleibt offen. Das Portugiesische Verfassungsgericht scheint letzterer Möglichkeit anzuhängen. Dabei scheint es dem Gesetz nicht die Aufgabe zuzuweisen, eine grundrechtlich geschützte vollumfängliche Freiheit einzuschränken. Vielmehr besitzt nach dem Modell des Portugiesischen Verfassungsgerichtes das Gesetz in den Sonderverhältnissen die Funktion, ein von vornherein durch die institutionalisierten Sonderverhältnisse vorgeprägtes Grundrecht auszugestalten.

2 Rechtsvergleich

2.1 Grundrechtsgeltung

Eine ausdrückliche Aussage trifft das Grundgesetz über die in Art. 1 Abs. 3 GG angeordnete Grundrechtsbindung hinaus nicht zu der Frage, ob auch in rechtlichen Sonderverhältnissen die Grundrechte gelten. Nur dem Art. 17 a Abs. 1 GG läßt sich der Grundgedanke entnehmen, daß das Grundgesetz von einer grundsätzlichen Geltung der Grundrechte im Soldatenverhältnis ausgeht. Dieser Artikel besitzt sehr große Ähnlichkeit mit dem Art. 270 CRP, so daß Art. 17 a Abs. 1 GG wohl Vorbild der portugiesischen Bestimmung war[23].

Nachdem nach 1949 die klassische Lehre, nach der Grundrechte im "Besonderen Gewaltverhältnis" keine Wirksamkeit besaßen[24], in Frage gestellt wurde, fand das "Besondere Gewaltverhältnis" als Rechtsverhältnis Anerkennung, "in denen

[23]Ein Unterschied besteht nur im Hinblick auf die personale Reichweite, da die portugiesische Regelung den Grundwehr- und Ersatzdienst nicht erfaßt, hingegen miltärisches Dienstpersonal miteinschließt.

[24]Vgl. zur Entwicklung die Nachweise bei *Bleckmann*, Staatsrecht II, S. 361.

Grundrechte gelten konnten"[25] [26]. Dies kann jedoch nicht unbeschränkt gelten, d. h. man kann nicht in einem Sonderverhältnis von den gleichen Grundrechtswirkungen wie in den allgemeinen Beziehungen des Bürgers zum Staat ausgehen. Vielmehr muß die Antwort "differenzierend ausfallen, weil jene Beziehungen von der Verfassung als Sonderverhältnisse ausgestaltet sein können und der grundrechtliche Status der in sie inkorporierten Personen dementsprechend 'alteriert', zu einem Sonderstatus modifiziert sein kann"[27].

Deshalb bleibt festzuhalten, daß innerhalb eines Sonderverhältnisses der Grundrechtsschutz im Grundsatz unangetastet bleibt, aber die Funktionsfähigkeit der Besonderen Gewaltverhältnisse nicht durch die Grundrechtsnormen außer Kraft gesetzt werden dürfen. Dies kommt auch durch Art. 17 a Abs. 1 GG zum Ausdruck, der "soweit auf die Angehörigen der Streitkräfte bezogen, ... damit zugleich dem Ziel' dient, "die Funktionsfähigkeit und Wirksamkeit der Bundeswehr zu gewährleisten"[28]. Daß im Besonderen Gewaltverhältnis der Grundsatz vom Vorbehalt des Gesetzes Geltung besitzt und der Zweck allein keine eigene, von einem Gesetz unabhängige Grundrechtsschranke mehr darstellt, wurde vom Bundesverfassungsgericht 1972 klargestellt[29].

2.2 Einschränkbarkeit der Grundrechte

2.2.1 Grundrechte mit Gesetzesvorbehalt

Während Art. 17 a Abs. 1 GG verdeutlicht, welche Grundrechte im Soldatenverhältnis einer Einschränkung bedürfen, kann mangels ausdrücklicher Regelung in der Verfassung für das Gefangenenverhältnis nur auf das Wesen des Freiheitsentzuges und der deshalb mit ihm kollidierenden Grundrechte, wie z. B. Freizügigkeit und Berufsfreiheit, verwiesen werden. "Diese Grundrechte sind verdrängt, soweit sie mit der Funktionsfähigkeit kollidieren"[30]. Legitimationsgrundlage für eine derartige Verdrängung muß jedoch ein Gesetz sein. Allein das Berufen auf das Sonderverhältnis ist nicht ausreichend.

So hat das Bundesverfassungsgericht in ständiger Rechtsprechung entschieden, daß "auch die Grundrechte von Strafgefangenen ... nur durch Gesetz oder aufgrund eines Gesetzes eingeschränkt werden"[31] können. "Es ist daher ausgeschlossen, ... Einschränkungen aus einem besonderen Gewaltverhältnis zu be-

[25]Ebenda, S. 362.

[26]Bis zum Beginn der siebziger Jahre blieb jedoch herrschende Ansicht, daß im Besonderen Gewaltverhältnis der Grundsatz vom Vorbehalt des Gesetzes nicht gelte und ausreichende verfassungsrechtliche Legitimation einer Grundrechtsbeschränkung das institutionalisierte Sonderverhältnis selbst ist; vgl. *Klein*, S. 1103.

[27]*Stern*, Staatsrecht, Bd. III/1, S. 1376, m.w.N.

[28]*Seifert/Hömig*, Grundgesetz, S. 163, mit zahlreichen Nachw. aus der Rspr.

[29]BVerfGE 33, 1ff./10f.

[30]*Stern*, Staatsrecht, Bd. III/1, S. 1392.

[31]BVerfGE 33, 1 [10f.]; st. Rspr.

gründen"[32].

Als allgemeiner Grundsatz läßt sich damit mit *Stern* festhalten, daß es dem Gesetzgeber bei Grundrechten mit Gesetzesvorbehalt "obliegt ... diesen Vorbehalt auch für das besondere Gewaltverhältnis auszufüllen"[33].

Einen von der Auffassung des Bundesverfassungsgerichtes und der Auffassung *Sterns* verschiedenen Ansatz verfolgt *Loschelder*, der dem Gesetz nicht die Funktion einer Grundrechtseinschränkung zuweist, sondern nur den einer Ausgestaltung dessen, was durch die von der Verfassung vorgegebene Struktur und Institutionalisierung von Sonderverhältnissen ohnehin gilt[34].

2.2.2 Eingriffsrechtfertigung bei fehlendem Gesetzesvorbehalt ?

Bei den Grundrechten ohne Gesetzesvorbehalt kehrt nach einer Analyse *Sterns* das Bundesverfassungsgericht "'zum klassischen Argumentationsschema zurück(kehrt), wonach ein von der Verfassung anerkanntes besonderes Gewaltverhältnis zusätzliche *Grundrechtsbeschränkungen* ermöglicht, soweit *Zweck und Funktion dieses Verhältnisses* es zwingend erfordern' "[35]. Dabei müssen sich diese Beschränkungen jedoch an den Grundsätzen der Einheit der Verfassung und der praktischen Konkordanz zur Harmonisierung des Grundrechtsgehaltes mit Zweck und Funktion des rechtlichen Sonderverhältnisses orientieren. Unklar bleibt jedoch auch hier, ob derartige Kollisionen als Schutzbereichsbegrenzung oder Schranke verstanden werden.

3 Zusammenfassung und Stellungnahme

In beiden Verfassungsordnungen werden Besondere Gewaltverhältnisse institutionalisiert, was den Grundsatz der Grundrechtsgeltung innerhalb dieser Sonderrechtsverhältnisse unberührt läßt. Es besteht auch insofern Übereinstimmung, als der Grundrechtsschutz aufgrund des Zwecks und der Funktion des Sonderverhältnisses zurücktreten muß. Hierbei müssen die Grundsätze der Einheit der Verfassung und der praktischen Konkordanz im Sinne einer Harmonisierung zwischen Grundrecht und institutionalisierten Sonderrechtsverhältnis berücksichtigt werden. In der Portugiesischen Verfassung kommt dies insbesondere durch den 1989 eingeführten Art. 30 Abs. 5 CRP zum Ausdruck, der sich auf das Gefangenenverhältnis bezieht.

Dies bedeutet für den Grundrechtsschutz, daß bei den Grundrechten mit Gesetzesvorbehalt dieser als Legitimation für eine Grundrechtseinschränkung aus-

[32] BVerfGE 58, 367.

[33] Staatsrecht, Bd. III/1, S. 1393.

[34] Vgl. *Loschelder*, Vom besonderen Gewaltverhältnis zur öffentlich-rechtlichen Sonderbindung, S. 346ff./408.

[35] Hervorhebungen bereits im Original; ebenda, mit zahlreichen Nachweisen aus der Rspr.

reicht. Unterschiede bestehen nach der Rechtsprechung der beiden Verfassungsgerichte hinsichtlich der Grundrechte, die keinen Gesetzesvorbehalt vorsehen. Das Bundesverfassungsgericht bezieht sich in diesen Fällen direkt auf Zweck und Funktion des Sonderverhältnisses als Eingriffsrechtfertigung. Die Funktionsfähigkeit und der Zweck der Bundeswehr, die Wirksamkeit des Strafvollzugs dürfen durch die Grundrechtsnormen nicht außer Kraft gesetzt werden. Dies bedeutet demnach, daß ein Grundrecht mit einem anderen Verfassungswert, nämlich dem institutionalisierten Sonderverhältnis kollidiert. Hierbei löst das Bundesverfassungsgericht diese Kollisionen nach den bereits oben genannten Grundsätzen der Einheit der Verfassung und der praktischen Konkordanz[36].

Einen hiervon etwas verschiedenen Weg schlägt das Portugiesische Verfassungsgericht ein, wenn es das Besondere Gewaltverhältnis bei vorbehaltlosen Grundrechten nicht als Eingriffsrechtfertigung, sondern als "Konkretisierung einer immanenten Grenze" betrachtet. Denn damit handelt es sich dogmatisch nicht mehr um eine *Einschränkung* des Grundrechtes, sondern vielmehr nur um eine immanente Grenzen ausgestaltende gesetzgeberische Maßnahme, die auch nicht an dem Schutzsystem des Art. 18 CRP teilnehmen muß. Dieses Verständnis ähnelt sehr der Auffassung *Loschelders* eines von vornherein durch die Verfassungsstruktur geprägten Grundrechtes.

Dadurch besteht jedoch die große Gefahr, daß der durch Art. 18 CRP bestehende qualifizierte Schutz – insbesondere vorbehaltloser – Grundrechte allzu leicht verwässert werden könnte. Es besteht auch kein Bedürfnis, durch ein derart durch die Sonderverhältnisse vorgeprägtes Grundrechtsverständnis das klare dreistufige Eingriffsmodell aufzugeben. Stellt eine gesetzgeberische Maßnahme eine Einschränkung eines Grundrechtes und somit einen Eingriff dar, so werden im Rahmen der Verhältnismäßigkeitsprüfung die Besonderheiten des Besonderen Gewaltverhältnisses zu einer Rechtfertigung des Eingriffs führen können.

Aus diesem Grund ist ein doppeltes Verständnis von freiheitlichem Grundrechtsschutz – einmal umfassende Freiheit im allgemeinen Gewaltverhältnis, zum anderen durch das Besondere Gewaltverhältnis vorgeprägte Freiheit – überflüssig.

[36] Vgl. **E. I**.

III

Grundrechtsverwirkung

Im folgenden wird untersucht, ob und wenn ja, unter welchen Umständen, ein bestimmtes Verhalten zu einer Verwirkung oder Aberkennung von Grundrechten führen kann.

Unter einer Verwirkung bzw. einer Aberkennung von Grundrechten sei an dieser Stelle der z. B. als Folge einer zur Verfolgung verfassungsfeindlicher Ziele eintretende Verlust der verfassungsrechtlichen Gewährleistung der Grundrechte verstanden. Diese Verwirkung könnte somit nicht zum generellen Verlust der Grundrechte führen, sondern der Grundrechtsträger wäre daran gehindert, sich auf diese zu berufen.

1 Portugal

Eine derartige Grundrechtsverwirkung oder eine Aberkennung von Grundrechten ist in der Portugiesischen Verfassung nicht vorgesehen. Dies gilt insbesondere auch unter dem Gesichtspunkt des Grundrechtsmißbrauchs zum Kampf gegen die Verfassungsordnung. Dies bedeutet jedoch nicht, daß die Portugiesische Verfassung durch keinerlei Vorschriften den Willen zur Selbstverteidigung der demokratischen Verfassungsordnung zum Ausdruck gebracht hat. Ein derartiger Selbstverteidigungswille ist vor allem dem Art. 46 Abs. 4 CRP zu entnehmen, der weder die Bildung "bewaffneter Vereinigungen, Vereinigungen militärischer, miltitarisierter oder paramilitärischer Art, noch solcher Organisationen gestattet, die die faschistische Ideologie vertreten"[1]. Die individuelle verfassungsfeindliche Tätigkeit wird jedoch weder von Art. 46 Abs. 4 CRP noch von einer anderen

[1]Das Verbot umfaßt auch die Auflösung bereits gebildeter Organisationen. Die Auflösung kann gemäß Art. 10 des Gesetzes Nr. 28/82 nur durch das Portugiesische Verfassungsgericht ausgesprochen werden. Bemerkenswert ist auch, daß die Portugiesische Verfassung bereits die Teilnahme an faschistischen Organisationen für strafbar zu erklären scheint, vgl. Art. 163 Abs. 1 d CRP; vgl. zur Vereinigungsfreiheit und ihren Ausnahmen *Miranda*, Manual, Bd. IV, S. 386ff.; *Canotilho/Moreira*, Anotada, S. 256ff./259.

Bestimmung erfaßt[2].

2 Rechtsvergleich

Im Gegensatz zur portugiesischen Verfassungsordnung sieht das Grundgesetz in Art. 18 GG für individuelles[3] verfassungsfeindliches Handeln die Sanktion der Grundrechtsverwirkung von enumerativ aufgezählten Grundrechten[4] vor[5] [6]. Die fortgeführte staatsfeindliche politische Betätigung durch Gebrauch der in Art. 18 GG abschließend aufgeführten Grundrechte kann eine Verwirkung dieser Grundrechte zur Folge haben[7]. Hierbei entscheidend ist vor allem die Beurteilung der zukünftigen Gefährlichkeit des Grundrechtsträgers. Die Vorschrift besitzt also eher präventiven als repressiven Charakter[8].

Dabei sei nach *Pieroth/Schlink* Art. 18 GG nicht als Gesetzesvorbehalt zu werten, aber er habe "wie ein Gesetzesvorbehalt eine Eingriffsrechtfertigung zum Gegenstand", die gegenüber den Gesetzesvorbehalten "speziell" sei[9].

3 Zusammenfassung und Stellungnahme

Zusammenfassend bleibt festzuhalten, daß Art. 18 GG unter der Voraussetzung eines aggressiven staatsfeindlich gerichteten Verhaltens gegen die freiheitlich demokratische Grundordnung[10] die Sanktion der Grundrechtsverwirkung vorsieht, während eine entsprechende Vorschrift in der Portugiesischen Verfassung fehlt.

Ihre grundlegende Bedeutung findet diese Vorschrift nicht so sehr in der Verwirkungsandrohung[11] als in dem in Art. 18 S. 2 GG angeordneten Entscheidungsmonopol des Bundesverfassungsgerichtes[12]. Denn wegen des Verfassungsrangs dieses Monopols ist der Gesetzgeber gehindert, gesetzliche Bestimmungen über den gleichen Tatbestand mit grundrechtsverwirkenden Rechtsfolgen zu erlassen. Art. 18 S. 2 GG darf demnach nicht dadurch umgangen werden, daß

[2]Zu Art. 19 CRP, der allgemein Anordnungen für den Notstand enthält, vgl. **E. IV**.

[3]Vgl. BVerfGE 25, 95ff./100.

[4]Vgl. BVerfGE 25, 88ff./97.

[5]Vgl. hierzu allgemein die ausführlichen Nachweise bei *Bleckmann*, Staatsrecht II, S. 409 Fn. 1; zur Entstehungsgeschichte, *Ridder*, AK-GG-Art. 18 Rn. 1ff.

[6]Den Gefahren, die durch verbandsmäßiges Auftreten gegen die Verfassungsordnung drohen, soll durch die Art. 9 Abs. 2 und 21 Abs. 2 GG begegnet werden; vgl dazu die weiterführenden Nachweise bei *Battis/Gusy*, Einführung in das Staatsrecht, S. 99.

[7]Vgl. *Seifert/Hömig*, Grundgesetz, S. 165f.

[8]Vgl. BVerfGE 11, 282f./283; 38, 23ff./24.

[9]*Pieroth/Schlink*, Grundrechte - Staatsrecht II. Rn. 303.

[10]Zum Begriff vgl. BVerfGE 2, 1ff./12f.

[11]Eine Grundrechtsverwirkung wurde bislang trotz zweifacher Beantragung noch nicht ausgesprochen, vgl. BVerfGE 11, 282f.; 38, 23ff.

[12]Vgl. auch §§36ff. BVerfGG.

andere Organe der Legislative oder Judikative an ein staatsfeindlich gerichtetes Handeln[13] Rechtsfolgen knüpfen, die einer Verwirkung von Grundrechten gleichkommen[14].

Insofern stellt Art. 18 GG eine Verfassungsschutzbestimmung[15] und keine gesetzgeberische Eingriffsrechtfertigung dar.

Ein darüber hinausgehender Freiheitsschutz ist der Bestimmung jedoch nicht zu entnehmen. Denn würde z. B. der Gesetzgeber ein mit Art. 18 GG tatbestandsidentisches Handeln derart mit einer Strafsanktion oder -maßnahme (z. B. Berufsverbot für Journalisten) versehen, daß dies einer Grundrechtsverwirkung gleichkäme, würde er damit unzulässig die für die Grundrechte bestehenden Verfassungsgarantien und damit gleichzeitig die Verfassung ändern. Deshalb beschränkt sich die Funktion des Art. 18 GG darauf, neben der Verfassungsänderung die Aufhebung von Verfassungsgarantien in bestimmten und eingegrenzten Umfang zu ermöglichen[16].

Art. 18 GG stellt durch das Entscheidungsmonopol des Bundesverfassungsgerichtes somit keine zusätzliche Schranke dar, sondern ist als reine Verfassungsschutzbestimmung zu deuten. Der gesetzgeberische Entzug von Grundrechtsgewährleistungen stellt in beiden Verfassungsordnungen ein Verstoß gegen die Verfassungsgarantien und damit eine unzulässige Verfassungsänderung dar[17].

---

[13]Die Tatbestandsidentität ist aber auch nach der herrschenden Lehre Voraussetzung, vgl. dazu *Bleckmann*, Staatsrecht II, S. 414; ausdrücklich offen gelassen in BVerfGE 25, 88ff./96.

[14]Vgl. *Simon* in Sondervotum zu BVerfGE 63, 266ff./307.

[15]Zu den Ansichten, die in Art. 18 GG ein Grundrecht sehen, vgl. *Bleckmann*, Staatsrecht II, S. 409, m.w.N.

[16]So zutreffend auch *Bleckmann*, Staatsrecht II, S. 415.

[17]Bemerkenswert ist, daß nach den Art. 284ff CRP eine Verfassungsrevision grundsätzlich erst jeweils nach Ablauf von 5 Jahren statthaft ist. Eine Verfassungsänderung ist dabei an die portugiesische "Ewigkeitsklausel" des Art. 288 CRP gebunden, der in den Abschnitten d) und e) die Rechte, Freiheiten und Garantien enthält.

IV

Grundrechtseinschränkungen im Notstand

An dieser Stelle soll Gegenstand der Untersuchung sein, in welchem Umfang die beiden Verfassungsordnungen im Notstandsfall Grundrechtseinschränkungen zulassen.

1 Portugal

Als rechtliches Instrument zur Bewältigung der Notstandslagen[1] sieht die Portugiesische Verfassung in Art. 19 Abs. 1 CRP die zeitweilige kollektive Außerkraftsetzung der Rechte, Freiheiten und Garantien vor. Art. 19 Abs. 1 CRP lautet:

> *"Die Hoheitsorgane können nicht insgesamt oder im einzelnen die Ausübung der Rechte, Freiheiten und Garantien suspendieren, es sei denn, daß der Belagerungszustand oder der Ausnahmezustand in der verfassungsmäßig vorgeschriebenen Form ausgerufen worden ist".*

Der Notstandsfall führt demnach nicht zu einer Suspension der Verfassung und somit nicht zu einer Verminderung des gerichtlichen Grundrechtsschutzes.

[1] Die Portugiesische Verfassung nennt ausdrücklich zwei Notstandsfälle: den "Belagerungszustand" (Wörtlich: "estado de sítio") und den "Ausnahmezustand" (Wörtlich: "estado de emergência"). Diese beiden Begriffe tauchen an zahlreichen Stellen in der Verfassung (vgl. Art. 19, 137 Abschnitt d), 141 Abs. 1, 164 Abschnitt m), 165 Abschnitt b), 167 Abschnitt e), 175 Abs. 1, 182 Abschnitt f), 200 Abs. 1 Abschnitt f), 275 Abs. 6 und 289 CRP) auf, ein klare Abgrenzung zwischen beiden Begriffen bietet die Verfassung jedoch nicht. Ihr ist direkt aus Art. 19 Abs. 2 CRP nur zu entnehmen, daß beide Notstandsfälle "in den Fällen eines tatsächlichen oder nahe bevorstehenden Angriffs ausländischer Streitkräfte, schwerer Bedrohung oder Störung der demokratischen Verfassungsordnung oder öffentlicher Katastrophen" ausgerufen werden können. Der Abs. 3 der gleichen Vorschrift enthält als einzigen Anhaltspunkt einer Unterscheidung zwischen dem Belagerungs- und dem Ausnahmezustand, daß letzterer bei "geringerer Schwere" der eben genannten Fälle zu erklären ist.

Dies wird eindeutig auch von Art. 19 Abs. 7 CRP bestätigt[2] [3].

Unter welchen Voraussetzungen und in welchem Umfang die Grundrechte suspendiert werden können, ob alle Grundrechte unter die Suspensionsbefugnis fallen, ergibt sich aus dem etwas verschränkt formulierten Kontext des Art. 19 CRP.

1.1 Voraussetzungen einer Suspension

Art. 19 Abs. 4 und 5 CRP benennen neben dem bereits erwähnten Abs. 2 CRP, der die dargestellten Fälle des Notstandes aufzählt, die Voraussetzungen einer Grundrechtssuspension. Diese lauten:

> *"4. Die Entscheidung für den Belagerungs- oder Ausnahmezustand sowie die entsprechende Ausrufung und Durchführung müssen den Grundsatz der Verhältnismäßigkeit wahren und müssen sich, insbesondere bezüglich des Umfangs und der Dauer und der eingesetzten Mittel auf das unbedingt Notwendige zur baldigen Wiederherstellung der verfassungsmäßigen Normalität begrenzen.*
>
> *5. Die Ausrufung des Belagerungs- oder des Ausnahmezustands ist angemessen zu begründen und enthält im einzelnen diejenigen Rechte, Freiheiten und Garantien, deren Ausübung suspendiert wird, und darf keinen längeren Zeitraum als höchstens 14 Tage oder solange dauern, wie das als Folge einer Kriegserklärung beschlossene Gesetz festlegt, unbeschadet eventueller Erneuerungen unter Beachtung derselben Grenzen".*

Diese Voraussetzungen müssen unabhängig von der Frage, ob es sich um einen Belagerungs- oder um einen Ausnahmezustand handelt, erfüllt sein. Als Verstärkung der Rechtsgarantien im Notstand wurde anläßlich der zweiten Revision 1989 in die Verfassung eingeführt, daß Entscheidung, Ausrufung, Durchführung des Belagerungs- oder Ausnahmezustands dem Verhältnismäßigkeitsgrundsatz entsprechen müssen[4]. Als weitere Sicherung wird ausdrücklich auf das Übermaßverbot und die Zweckbindung hingewiesen, wenn es heißt, daß "insbesondere Umfang und Dauer sowie die eingesetzten Mittel sich auf das unbedingt Notwendige zur baldigen Wiederherstellung der verfassungsmäßigen Normalität[5] begrenzen" müssen.

---

[2]Art. 19 Abs. 7 CRP lautet: "Die Erklärung des Belagerungs- oder des Ausnahmezustands kann die Verfassungsnormalität nur in den durch die Verfassung oder die Gesetze vorgesehenen Bestimmungen ändern, wobei insbesondere die Anwendung der Verfassungsvorschriften hinsichtlich der Kompetenz und der Funktion der Hoheitsorgane und der Selbstregierung der Autonomen Regionen oder die Rechte und die Immunität der entsprechenden Amtsträger nicht berührt werden können".

[3]Der gerichtliche Grundrechtsschutz im Notstand wird auch in Art. 6 des Gesetzes Nr. 44/86 gewährleistet, vgl. *Miranda*, Normas Complementares da Constituição, S. 152.

[4]Vgl. hierzu *Canotilho/Moreira*, Anotada, S. 156ff.; *Magalhães*, Dicionário, S. 53 und S. 78.

[5]Zum Begriff vgl. ebenda.

Interessanterweise enthält der Abs. 5 des Art. 19 CRP neben der Begründungspflicht der Ausrufung des Belagerungs- oder Ausnahmezustands ein Zitiergebot der Grundrechte, die suspendiert werden.

Gemäß Art. 167 Abschnitt e) CRP fallen die während des Belagerungs- und des Ausnahmezustands geltenden Regelungen in die ausschließliche Gesetzgebungskompetenz des Parlaments[6].

1.2 Umfang der Suspension

1.2.1 Suspensionsfeste Rechte

Hinsichtlich des Umfanges der Grundrechtssuspension ist zunächst Art. 19 Abs. 6 CRP zu beachten, der bestimmte Grundrechte von vornherein als suspensionsfest von einer möglichen Aufhebung ausnimmt. Es handelt sich dabei um die Rechte auf Leben (Art. 24 CRP), auf persönliche Unversehrtheit (Art. 25 CRP), auf persönliche Identität, bürgerliche Geschäftsfähigkeit und Staatsbürgerschaft (Art. 26 Abs. 1 CRP) sowie um das Verbot rückwirkender Strafgesetze (Art. 29 CRP), das Verteidigungsrecht der Angeklagten (Art. 32 CRP) und schließlich um die Gewissens- und Religionsfreiheit (Art. 41 CRP). Diese Rechte werden auch in dem Gesetz über die "Ordnung des Belagerungs- und Ausnahmezustands" aufgeführt[7].

1.2.2 Suspension oder auch Einschränkung ?

Suspension bedeutet – wenn auch zeitlich begrenzt – Aufhebung.

Fraglich jedoch ist, ob ein Notstandsfall stets zur Aufhebung der Grundrechte führen muß oder ob der Notstand auch Rechtfertigung für eine bloße Grundrechtseinschränkung darstellt. Aufgrund des in Art. 19 Abs. 4 CRP konstituierten Verhältnismäßigkeitsgrundsatzes und des Übermaßverbotes sind Grundrechtseinschränkungen in beiden Notstandsfällen im Begriff der Suspension als ein "weniger" mitenthalten. Wenn die Verfassung mit Ausnahme der suspensionsfesten Grundrechte die Aufhebung der Grundrechte gestattet, dann sind Grundrechtseinschränkungen nicht nur "erst – recht" im Sinne eines argumentum a maiore ad minus mitumfaßt, sondern vielmehr im Hinblick auf das Übermaßverbot geboten. Dieser Gedanke wird auch durch Art. 3 Abs. 1, 8 und 14 Abs. 1 des zitierten Gesetzes über die "Ordnung des Belagerungs- und Ausnahmezustands" bestätigt, die ausdrücklich die Einschränkungsmöglichkeit neben der Suspension benennen.

[6]Hiervon das Parlament durch das Gesetz Nr. 44/86 über die "Ordnung des Belagerungs- und Ausnahmezustands" Gebrauch gemacht, vgl. in *Miranda*, Normas Complementares da Constituição, S. 149ff.

[7]Vgl. Art. 2 Abs. 1 des Gesetzes Nr. 44/86.

1.2.3 Anzahl der suspendierten Grundrechte

Der einzige Punkt, in dem sich der Belagerungs- vom Ausnahmezustand in der Rechtsfolge unterscheidet, ist ein rein quantitativer Gesichtspunkt. Während des Belagerungszustandes ist abgesehen von den suspensionsfesten Grundrechten die Suspension aller übrigen Rechte, Freiheiten oder Garantien möglich, soweit dies das Übermaßverbot zuläßt. Demgegenüber beschränkt die Verfassung im Ausnahmezustand die Suspensionsmöglichkeit in Art. 19 Abs. 3 CRP auf nur "einige aufhebbare Rechte, Freiheiten und Garantien". Die Verfassung bestimmt dabei nicht, welche Grundrechte im Ausnahmezustand über den Katalog des Art. 19 Abs. 6 CRP hinaus nicht aufhebbar sind. Deshalb stellt diese Umfangbegrenzung der Suspension nur einen Ausdruck des Verhältnismäßigkeitsprinzips mit anderen Worten dar. Da der Ausnahmezustand nur in "weniger schweren" Notstandsfällen ausgerufen werden kann, wird auch die Aufhebung aller Grundrechte nicht verhältnismäßig und übermäßig sein. Art. 19 Abs. 3 CRP ist demnach insoweit nur Ausdruck dessen, was wegen des Übermaßverbotes ohnehin gilt[8].

1.3 Fazit

Die Portugiesische Verfassung hat in Art. 19 CRP die Möglichkeit von Notstandsfällen vorgesehen und als deren Bewältigungsmaßnahme abstrakt die kollektive Suspensionsmöglichkeit von Grundrechten angeordnet[9]. Hierbei werden bestimmte Grundrechte als suspensionsfest deklariert. Die beiden Notstandsfälle, die die Verfassung benennt, unterscheiden sich allein darin, daß im Belagerungszustand außer den suspensionsfesten Grundrechten alle Grundrechte suspendiert werden können, während in dem als "weniger schwer" definierten Ausnahmezustand nur "einige Rechte, Freiheiten und Garantien" suspendierbar sind. Im übrigen können die Grundrechte durch die Ausrufung des Belagerungs- oder Ausnahmezustands auch nur eingeschränkt werden, was als Folge des ausdrücklich angeordneten Übermaßverbotes geboten sein kann und als "minus" in der Suspensionsgestattung enthalten ist.

2 Rechtsvergleich

Im Gegensatz zu seinen Vorgängern und auch im Gegensatz zur Portugiesischen Verfassung ist das Grundgesetz nicht den Weg der Suspension gegangen, um rechtlich den Notstandsfall footnoteDer Notstandsbegriff wird im Grundgesetz weder ausdrücklich definiert noch abschließend erfaßt. Eine ausdrückliche Defi-

[8]Auch das Gesetz Nr. 44/86 enthält in Art. 9 keine nähere Spezifizierung und wiederholt nur den Verfassungstext.

[9]Eine individuelle Suspension von Grundrechten gestattet die Verfassung nicht, vgl. hierzu oben **E. III**.

nition durch das Grundgesetz erfährt in Art. 115 a Abs. 1 GG nur der Verteidigungsfall. zu bewältigen[10].

2.1 Notstand als Einschränkung ?

Ob Notstandsfälle zu besonderen Grundrechtseinschränkungen ermächtigen, geht aus dem Text des Grundgesetzes ebensowenig ausdrücklich hervor wie der Notstandsbegriff selbst.

2.1.1 Keine kollektive Suspension

Einzig Art. 115 c Abs. 2 GG gewährt dem Gesetzgeber ausdrücklich für den Verteidigungsfall die Möglichkeit, abweichend von den Verfahrensregelungen in Art. 14 und 104 GG durch Bundesgesetz bei Enteignungen die Entschädigung vorläufig zu regeln bzw. Freiheitsentziehungen ohne Richterbeschluß auf maximal 4 Tage auszudehnen. Weitere auf den Notstandsfall zugeschnittene kollektive Maßnahmen gewährt das Grundgesetz dem Gesetzgeber nicht, sondern verbietet im Gegenteil ausdrücklich in Art. 115 e Abs. 2 GG, "daß das besondere Notstandsorgan Gemeinsamer Ausschuß das Grundgesetz und damit auch die Grundrechte ändert, 'ganz oder teilweise außer Kraft oder außer Anwendung' setzt"[11].

2.1.2 Voraussetzungen einer Grundrechtseinschränkung

Dieser "hohe Grad an Zurückhaltung" und der Verzicht auf eine Aufzählung der im Notstandsfall einschränkbaren Grundrechte in einem Artikel bedeutet nun nicht, daß "im Notstand jedwede Grundrechtseinschränkung zulässig"[12] ist.

(1) Bedeutung des Verhältnismäßigkeitsprinzips Zunächst muß darauf hingewiesen werden, daß im Notstandsfall der Verhältnismäßigkeitsgrundsatz weitergehende Grundrechtseingriffe gestattet als die verfassungsrechtliche Normallage[13]. Das öffentliche Interesse erfährt durch die Bedrohung des Gemeinwesens, das die Grundrechte garantieren soll, durch die Notlage eine stärkere Betonung, als dies im reinen "Zweipersonenverhältnis" Staat – Bürger der Fall sein kann. Im Notstand muß berücksichtigt werden, daß z. B. im Verteidigungsfall Staats- und Bürgerinteresse den Charakter der Eingriffsabwehr der Grundrechte abschwächen. Das öffentliche Interesse am Bestand des die Grundrechte im Normalfall respektierenden Staates wird im Notstand die auf die Normallage zugeschnittene Eingriffsabwehrrichtung der Grundrechte überwiegen und Eingriffsmaßnahmen werden deshalb erforderlich und angemessen sein.

---

[10] Vgl. zur entstehungsgeschichtlichen Entwicklung *Stern*, Staatsrecht, Bd. II, S. 1344ff.

[11] *Stern*, Staatsrecht, Bd. II, S. 1347.

[12] Ebenda, S. 1346.

[13] So zu Recht auch *Bleckmann*, Staatsrecht II, S. 424f.

Die Verpflichtung zur Beachtung des Übermaßverbotes wird auch die Tatsache einer Notstandslage nicht aufheben.

(2) Einzelne Grundrechtseinschränkungen Zum zweiten sieht das Grundgesetz an zwei Stellen durch das Recht des Notstands bedingte zusätzliche Grundrechtseinschränkungen vor. Hierbei handelt es sich um Art. 11 Abs. 2 und um Art. 12 a Abs. 3 bis 6 GG. Art. 11 Abs. 2 GG läßt in für den inneren Notstand typischen Fällen Einschränkungen der Freizügigkeit zu[14]. Ausschließlich[15] für den äußeren Notstandsfall sind in Art. 12 a Abs. 3 bis 6 GG Einschränkungen der Berufs- und Arbeitsplatzwahlfreiheit vorgesehen[16].

2.2 Fazit

Zusammenfassend kann festgehalten werden, daß das Grundgesetz den Notstandsfall nur teilweise in seinen Bestimmungen berücksichtigt und in Abweichung von seinen Vorgängern keine kollektive Suspension von Grundrechten im Notstandsfall kennt. Es beschränkt sich vielmehr auf einige wenige durch den Notstandsfall bedingte verfassungsmittelbare Grundrechtseinschränkungen. Hervorzuheben ist die im Notstand häufig vor dem Grundrechtsschutz des einzelnen überwiegende Bedeutung des Staatsinteresses als Abwägungskriterium im Zusammenhang mit der Verhältnismäßigkeitsprüfung.

3 Zusammenfassung und Stellungnahme

Die Portugiesische Verfassung und das Grundgesetz haben bei der Problematik des Grundrechtsschutzes im Notstand unterschiedliche Wege eingeschlagen. Dies beginnt bereits bei dem verfassungsrechtlichen Begriff des Notstands. Während die Portugiesische Verfassung versucht, die denkbaren Notstandsfälle abstrakt zu erfassen, läßt das Grundgesetz nur eine Regelung in Teilbereichen erkennen. Auf gleiche Weise unterscheiden sich die Verfassungsordnungen hinsichtlich der Frage der Grundrechtseinschränkungen im Notstand. Die Portugiesische Verfassung erkennt das Maximum an Einschränkung, die traditionelle zeitlich beschränkte kollektive Aufhebung von Grundrechten an, wobei sie einige Grundrechte als suspensionsfest beschreibt. Das Grundgesetz hingegen verzichtet auf diese Tradition der Aufhebbarkeit der Grundrechte und zeigt größte Zurückhaltung. Nur zwei Grundrechte, Art. 14 und 104 GG, können mit kollektiver Geltung im Notstandsfall bezüglich verfahrensrechtlicher Gesichtspunkte gesetzlich eine Einschränkung

[14] Eine auf Art. 11 Abs. 2 GG beruhende Gesetzesregelung ist bislang noch nicht ergangen.

[15] In allen Notstandsentwürfen waren zunächst auch Einschränkungen für den inneren Notstand vorgesehen, vgl. *Stern*, Staatsrecht, Bd. II, S. 1353.

[16] Vgl. hierzu im einzelnen ebenda, S. 1354ff., m.w.N.

erfahren. Zwei weitere Grundrechte, Art. 11 und 12 a GG, sehen den Notstand als zusätzliche Eingriffsrechtfertigung vor.

In beiden Verfassungsordnungen ändert der Notstand nichts an der Geltung des Verhältnismäßigkeitsprinzips und des Übermaßverbots. Dies ist auch der Grund dafür, daß der Grundrechtsschutz nach dem Grundgesetz trotz des Fehlens der Verankerung suspensionsfester Grundrechte nicht schwächer ausfällt als in Portugal. Die Wiederherstellung der Normallage ist Zweck und gleichzeitig Ausgangspunkt einer verhältnismäßigen Grundrechtseinschränkung im Notstandsfall. Die Einhaltung des Übermaßverbotes unterliegt der vollen verfassungsgerichtlichen Kontrolle und unterstreicht den rechtsstaatlichen Anspruch beider Verfassungsordnungen.

Als entscheidender Vorteil ist festzuhalten, daß eine Grundrechtseinschränkung durch den Staat, der sich auf einen Notstand beruft, nach der Portugiesischen Verfassung auch eines formell erklärten Notstandes bedarf. Dies bezieht sich vor allem auf den inneren Notstand. In Portugal kann dies nur unter Beteiligung der drei Hoheitsorgane Regierung, Parlament und Präsident geschehen, während das Grundgesetz für den inneren Notstand keinen formellen Akt der Feststellung vorsieht. Dieses formelle Erfordernis, das durch einen Begründungszwang und ein Zitiergebot unterstrichen wird, verstärkt den Grundrechtsschutz, da durch diese Vorkehrungen der freiheitsbeschränkende Staat an die besondere Bedeutung der Freiheitsrechte und den strikten Ausnahmecharakter des Art. 19 CRP erinnert wird. Deutlicher Nachteil dieses formellen Erfordernis ist jedoch zugleich die fehlende Flexibilität der Bindung an drei Entscheidungsträger. Die Möglichkeit eines der Notstandslage entsprechenden, angemessen raschen Handelns scheint durch die strengen Formvorschriften erschwert.

Nachteilhaft ist weiter das Beharren auf der Möglichkeit kollektiver Grundrechtsaufhebungen nach der Portugiesischen Verfassung angesichts des verankerten Verhältnismäßigkeitsprinzips. Diese Tradition verkennt, daß eine Suspension wegen des Übermaßverbotes nur schwer vorstellbar ist, da eine vollständige, wenn auch nur temporäre Aufhebung der Grundrechte selten erforderlich sein dürfte.

Insgesamt betrachtet bedeutet weder der eine noch der andere Weg ein "plus" an Grundrechtsschutz. Beide Verfassungsordnungen erfüllen die rechtsstaatlichen Anforderungen eines Freiheitschutzes, der den Notlagen des diesen Schutz gewährenden Staates entsprechen und aus diesem Grund größeren Einschränkungen unterliegen muß als im Normalfall.

Zusammenfassung in Thesen

1. Die Portugiesische Verfassung von 1976 enthält eine differenzierte Schrankensystematik . Grundrechten werden einerseits durch die Verfassung selbst unmittelbare Schranken gesetzt. Der von den Grundrechten gewährleistete Schutz wird zum anderen durch mittelbare Verfassungsschranken zurückgenommen, die den Gesetzgeber zur Vornahme von Grundrechtseinschränkungen ermächtigen. Dieser Systematik entsprechend sind in der Portugiesischen Verfassung zahlreiche Grundrechte vorbehaltlos ausgestaltet. Zu Einschränkungen ist der Gesetzgeber in diesen Fällen nicht befugt.

2. Die Portugiesische Verfassung betont den Grundrechtsschutz durch die strikte Unterscheidung von Schutzbereich, Einschränkung und Rechtfertigung. Dies beinhaltet zugleich die Unterscheidung zwischen gerechtfertigter Grundrechtseinschränkung und ungerechtfertigter Grundrechtsverletzung. Damit die Trennung des grundrechtlichen Schutzbereichs von dem Bereich, der einer Einschränkung nicht mehr zugänglich ist. Dieses dreistufige Modell wird durch die Positivierung eines allgemeinen Einschränkungsvorbehaltes betont. Nur bei gleichzeitigem Vorliegen der materiellen und formellen Anforderungen an eine gesetzliche Grundrechtseinschränkung ist diese gerechtfertigt.

3. Allein dem parlamentarischen Gesetzgeber wird durch unterschiedlich ausgeprägte Zuständigkeitskataloge der Portugiesischen Verfassung die Kompetenz verliehen, im Bereich der Grundrechte Gesetze zu erlassen. Dabei unterscheidet die Verfassung nicht zwischen einschränkenden und sonstigen Maßnahmen. Vielmehr wird sämtliches gesetzgeberisches Handeln im Grundrechtsbereich dem Parlament vorbehalten. Trotz einer im Grundsatz bestehenden Gesetzgebungskonkurrenz zwischen Parlament und Regierung wird auf diese Weise Transparenz im Grundrechtsbereich gewährleistet. Dem einzelnen Staatsbürger wird über das Parlament bei der Ausübung von (einschränkender) Staatsgewalt im Grundrechtsbereich die demokratische Mitgestaltung garantiert.

4. Als besonderes Element des Grundrechtsschutzes wird in der Portugiesischen Verfassung bestimmt, daß die Verfassung selbst die jeweilige Grundrechts-

einschränkung ausdrücklich vorsehen muß. Vor allem diese materielle Anforderung an eine gesetzliche Grundrechtseinschränkung ist verantwortlich dafür, daß die Staatsgewalt stets an den Ausnahmecharkter von Einschränkungen und die überragende Bedeutung des durch die Grundrechte gewährleisteten Freiheitsschutzes erinnert wird.

Die Analyse der Rechtspraxis zeigt jedoch die Bedrohung auf, die durch die Annahme sog. immanenter Schranken für den Grundrechtsschutz besteht. Die leichtfertige Annahme immanenter Schranken als Schutzbereichsgrenzen lassen einerseits die Reichweite des Schutzbereiches verschwimmen. Andererseit höhlen derartige immanente schutzbereichsbegrenzende Schranken den von der Verfassung beabsichtigten besonderen Grundrechtsschutz aus.

5. Es bestehen hinsichtlich der Schrankensystematik und der daraus hervorgehenden Sicherung des Grundrechtsschutzes zwischen den Verfassungsordnungen Portugals und Deutschlands große Parallelen.

Im Unterschied zur Portugiesischen Verfassung enthält das Grundgesetz jedoch keinen ausdrücklichen allgemeinen Eingriffsvorbehalt.

Des weiteren fehlt im Grundgesetz gegenüber der Portugiesischen Verfassung ein normierter Parlamentsvorbehalt für den Grundrechtsbereich. Die Wesentlichkeitsrechtsprechung des Bundesverfassungsgerichtes verfolgt die Zielsetzung, am Merkmal der Wesentlichkeit im Grundrechtsbereich den sich am Eingriffsbegriff orientierenden, überkommenen Vorbehaltsbereich über die bisher gezogenen Grenzen auszudehnen. Die Definitionsschwierigkeiten hinsichtlich des Begriffes der Wesentlichkeit werden durch den klaren Kompetenzenkatalog in der Portugiesischen Verfassung vermieden. Vielmehr hat der portugiesische Verfassungsgeber die Frage der Wesentlichkeit durch die Normierung bereits vorentschieden.

Literaturverzeichnis

Alexy, Robert
- Grundrechte als subjektive Rechte und als objektive Normen, Der Staat, 1990, S. 49ff.

Alexy, Robert
- Theorie der Grundrechte, Frankfurt am Main, 1986

Allemann, Fritz René
- Portugal unter Salazar, Der Monat, Heft 241, 1968, S. 43ff.

Allemann, Fritz René
- Portugiesische Peripetien - Rückblick auf eine Revolution, Europäische Rundschau, 1976, Heft 2, S. 73ff.

Allemann, Fritz René
- Portugiesische Peripetien II Rückblick auf eine Revolution, Europäische Rundschau, 1976, Heft 3, S. 59ff.

Almeida Santos, António de
- Os limites materiais de revisão constitucional à luz da doutrina e do bom senso, in: Portugal: o sistema político e constitucional 1974 - 1987, hrsg. von Mário Baptista Coelho, Lisboa, 1989

Alternativkommentar: Kommentar zum Grundgesetz der Bundesrepublik Deutschland
- Hrsg. von Rudolf Wassermann, Band 2 , Darmstadt , 1989, 2. Auflage

Andrade, José Carlos Vieira de
- Os **Direitos Fundamentais** Na Constituição Portuguesa de 1976, Coimbra, 1987

Andrade, José Carlos Vieira de
- Direitos e garantias fundamentais, in: Portugal: O sistema político e constitucional 1974 - 1987, hrsg. von Mário Baptista Coelho, Lisboa, 1989

Andrade, José Carlos Vieira de
- Autonomia Regulamentar e Reserva de Lei, Alguns Reflexões acerca de Admissbilidade de Regulamentos das Autarquias Locais em Matéria de Direitos, Liberdades e Garantias, Coimbra, 1987

Arnold, Rainer
- Verfassungstreue und Grundgesetz, BayVBl., 1978, S. 520ff.

Badura, Peter
- Grundpflichten als verfassungsrechtliche Dimension, DVBl., 1982, S. 861ff.

Battis, Ulrich/Gusy, Christoph
- Einführung in das **Staatsrecht**, Heidelberg, 1991, 3. Auflage

Beleza, Maria Leonor/Teixeira de Sousa, Miguel
- Direito de Associação e Associações, in: Estudos sobre a Constituição, hrsg. von Jorge Miranda, Band III, Lisboa, 1979

Berner, Georg/Köhler, Gerd Michael
- Polizeiaufgabengesetz, München, 1991, 12. Auflage

Bethge, Herbert
- Aktuelle Probleme der Grundrechtsdogmatik, Der Staat, 1985, S. 351ff.

Bethge, Herbert
- Die verfassungsrechtliche Problematik der Grundpflichten, JA, 1985, S. 249ff.

Bettermann, Karl
- Grenzen der Grundrechte, Berlin, New York, 1976, 2. Auflage

Bleckmann, Albert
- Staatsrecht II - Die Grundrechte, Köln, Berlin, Bonn, München, 1989, 3. Auflage

Böckenförde, Ernst–Wolfgang
- Grundrechte als Grundsatznormen, Der Staat, 1990, S. 1ff.

Böckenförde, Ernst–Wolfgang
- Staat, Verfassung, Demokratie: Studie zur Verfassungstheorie und zum Verfassungsrecht, Frankfurt am Main, 1991

Busch, Bernhard
- Das Verhältnis des Art. 80 Abs. 1 S. 2 GG zum Gesetzes- und Parlamentsvorbehalt, Berlin, 1992

Caetano, Marcello
- Constituições portugueses, Lisboa, 1981, 5. Auflage

Canotilho, Gomes
- **Direito** Constitucional, Coimbra, 1992, 5. Auflage

Canotilho, Gomes/Moreira, Vital
- Constituição Da República Portuguesa - Lei Do Tribunal Constitucional, Coimbra, 1992, 2. Auflage

Canotilho, Gomes/Moreira, Vital
- Constituição da República Portuguesa **Anotada**, Coimbra, 1993, 3. Auflage

Canotilho, Gomes/Moreira, Vital
- Fundamentos da Constituição, Coimbra, 1991

Capelo de Sousa, Rabindranath
- A Constituição E Os Direitos De Personalidade, in: Estudos sobre a Constituição, hrsg. von Jorge Miranda, Bd. II, Lisboa, 1978

Cardoso da Costa, José Manuel
- A Jurisdição Constitucional Em Portugal, Coimbra, 1992, 2. Auflage

Cardoso da Costa, José Manuel
- A Lei Fundamental De Bonn E O Direito Constitucional Portugûes, BFDC, 1989, S. 1ff.

Cardoso da Costa, José Manuel
- O Tribunal Constitucional portugûes: a sua origem histórica, in: Portugal: o sistema político e constitucional 1974 – 1987, hrsg. von Mário Baptista Coelho, Lisboa, 1989

Casalta Nabais, José
- Os Direitos Fundamentais na Jurisprudência do Tribunal Constitucional, BFDC, 1989, S. 61ff.

Caupers, João
- Os Direitos Fundamentais Dos Trabalhadores E A Constituição, Coimbra, 1985

Chancerelle de Machete, Rui
- Ratificação de decretos-leis organicamente inconstitucionais, in: Estudos sobre a Constituição, hrsg. von Jorge Miranda, Band I, Liboa, 1977

Dürig, Günter
- Grundrechte und Zivilrechtsprechung, in: Vom Bonner Grundgesetz zur gesamtdeutschen Verfassung, Festschrift für Hans Nawiasky, hrsg. von Theodor Maunz, München, 1956

Demasceno Correia, António
- Estado de Sítio e de Emergência em Democracia, Lisboa, 1989

Fehn, Bernd
- Grundrechtskollisionen in der Praxis, JA, 1987, S. 12ff.

Frenz, Walter
- Wahlrecht - Wahlpflicht ?, ZRP, 1994, S. 91ff.

Geddert – Steinacher, Tatjana
- Menschenwürde als Verfassungsbegriff, Berlin, 1990

Gonçalves Pereira, André
- Sistema eleitoral e sistema de governo, in: Portugal: o sistema político e constitucional 1974 - 1987, hrsg. von Mário Baptista Coelho, Lisboa, 1989

Grabitz, Eberhard
- Der Grundsatz der Verhältnismäßigkeit in der Rechtsprechung des Bundesverfassungsgerichts, AöR, Band 98, 1973, S. 568ff.

Gusy, Christoph
- Arbeitszwang-Zwangsarbeit-Strafvollzug-BVerfGE 74, 102, JuS, 1989, S. 710ff.

Gusy, Christoph
- Das Bundesverfassungsgericht als politischer Faktor, EuGRZ, 1982, S. 93ff.

Gusy, Christoph
- Grundpflichten und Grundgesetz, JZ, 1982, S. 657ff.

Hörster, Heinrich Ewald
- A Parte Geral Do Código Civil Portugués , Coimbra, 1992

Herbert, Georg
- Der Wesensgehalt der Grundrechte, EuGRZ, 1985, S. 321ff.

Hillgruber, Christian
- Der Schutz des Menschen vor sich selbst, München, 1992

Jarass, Hans/Pieroth, Bodo
- Grundgesetz für die Bundesrepublik Deutschland, München, 1992, 2. Auflage

Kimminich, Otto
- Die Rückwirkung von Gesetzen, JZ, 1962, S. 518ff.

Kimminich, Otto
- Zur Theorie der immanenten Schranken des Asylrechts, JZ, 1965, S. 739ff.

Klein, Norbert
- Grundrechte und Wesensgehaltsgarantie im besonderen Gewaltverhältnis, DVBl., 1987, S. 1102ff.

Kriele, Martin
- Vorbehaltlose Grundrechte und die Rechte anderer, JA, 1984, S. 629ff.

Lübbe-Wolff, Gertrude
- Die Grundrechte als Eingriffsabwehrrechte, Baden-Baden, 1988

Lima, Pires de/Varela, Antunes
- Código Civil Anotada, Bd. I, Coimbra, 1987, 4. Auflage

Luchterhandt, Otto
- Grundpflichten als Verfassungsproblem in Deutschland, Berlin, 1988

Magalhães, José
- Dicionário Da Revisão Constitucional, Mem Martins, 1989

Maunz, Theodor/Dürig, Günter/Herzog, Roman/Scholz, Rupert
- Kommentar zum Grundgesetz, München, 1989, Stand Dezember 1989

Maurer, Hartmut
- Kontinuitätsgewähr und Vertrauensschutz, in: Handbuch des Staatsrechts, hrsg. von Josef Isensee und Paul Kirchhof, Band III, Heidelberg, 1988

Menezes Cordeiro, António
- A Constituição Patrimonial Privada, in: Estudos sobre a Constituição, hrsg. von Jorge Miranda, Band III, Lisboa, 1979

Miranda, Jorge
- A Constituição de 1976, Lisboa, 1978

Miranda, Jorge
- A Constituição de 1976 no âmbito do constitucionalismo portugûes, in: Portugal: o sistema político e constitucional 1974 - 1987, hrsg. von Mário Baptista Coelho, Lisboa, 1989

Miranda, Jorge
- A Ratificação no Direito Constitucional Português, in: Estudos sobre a Constituição, hrsg. von Jorge Miranda, Band III, Lisboa, 1979

Miranda, Jorge
- As Costituições Portugueses, Lisboa, 1976

Miranda, Jorge
- Fontes e Trabalhos preparatórios da Constituição, Band I, Lisboa, 1978

Miranda, Jorge
- Fontes e Trabalhos preparatórios da Constituição, Band II, Lisboa, 1978

Miranda, Jorge
- Normas Complementares da Constituição, Lisboa, 1992, 2. Auflage

Miranda, Jorge
- O Direito Eleitoral Na Constituição, in: Estudos sobre a Constituição, hrsg. von Jorge Miranda, Band II, Lisboa, 1978

Miranda, Jorge
- O Regime Dos **Direitos**, Liberdades e Garantias, in: Estudos sobre a Constituição, hrsg. von Jorge Miranda, Band III, Lisboa, 1979

Miranda, Jorge
- Sentido e Conteúdo da Lei como acto da Função Legislativa, in: Nos dez anos da Constituição, hrsg. von Jorge Miranda, Lisboa, 1986

Miranda, Jorge
- **Manual** De Direito Constitucional, Band I Preliminares O Estado E Os Sistemas Constitucionais, Coimbra, 1990, 4. Auflage

Miranda, Jorge
- **Manual** De Direito Constitucional, Band II Constituição E Inconstitucionalidade, Coimbra, 1991, 3. Auflage

Miranda, Jorge
- **Manual** De Direito Constitucional, Band III Estrutura Constitucional Do Estado, Coimbra, 1988, 2. Auflage

Miranda, Jorge
- **Manual** De Direito Constitucional, Band IV Direitos Fundamentais, Coimbra, 1988

Morais Cunha, Maria Manuela/Rosário Rego, Viterbo do
- Constituição da República Portuguesa, Lisboa, 1983

Morais, Isaltino/Ferreira de Almeida, José Mário/Leite Pinto, Ricardo
- Constituição República Portuguesa anotada e comentada, Lisboa, 1983

Mota Pinto, Carlos Alberto da
- Teoria Geral do Direito Civil, Coimbra, 1988, 3. Auflage

Nadaís, António/Vitorino, António/Canas, Vitalino
- Constituição da República Portuguesa Texto e Comentário á Lei Constitucional 1/82, Lisboa, 1983

Nieuwland, Herwig van
- Darstellung und Kritik der Theorien der immanenten Schranken, Göttingen, 1981

Nunes Abrantes, José João
- A Vinculação Das Entidades Privadas Aos Direitos Fundamentais, Lisboa, 1990

Nunes Abrantes, José João
- O Direito Do Trabalho E A Constituição, Lisboa, 1990

Nunes de Almeida, Luís
- O Problema Da Ratificação Parlamentar De Decretos-Leis Organicamente Inconstitucionais, in: Estudos sobre a Constituição, hrsg. von Jorge Miranda, Band III, Lisboa, 1979

Nunes de Almeida, Luís
- O Problema da ratificação parlamentar de decretos-leis organicamente inconstitucionais, in: Estudos sobre a Constituição, hrsg. von Jorge Miranda, Band III, Lisboa, 1979, 1. Auflage

Ossenbühl, Fritz
- Probleme und Wege der Verfassungsauslegung, DÖV, 1965, S. 649ff.

Ossenbühl, Fritz
- Vorrang und Vorbehalt des Gesetzes, in: Handbuch des Staatsrechts, hrsg. von Josef Isensee und Paul Kirchhof, Band III, Heidelberg, 1988

Otero, Paulo
- Declaração Universal Dos Direitos Do Homem e Constituição , O Direito, 1990, S. 603ff.

Pereira Lopes, Domingos
- As Garantias Dos Contribuintes, Lisboa, 1991

Piçarra, Nuno
- A Separação Dos Poderes Na Constituição De 76. Alguns Aspectos, in: Nos dez anos da Constituição, hrsg. von Jorge Miranda, Lisboa, 1986

Pieroth, Bodo
- Der Wert der Auffangfunktion des Art. 2 Abs. 1 GG, AöR, 1990, S. 33ff.

Pieroth, Bodo
- Die neuere Rechtsprechung des Bundesverfassungsgerichts zum Grundsatz des Vertrauensschutzes, JZ, 1984, S. 971ff.

Pieroth, Bodo/Schlink, Bernhard
- Grundrechte - Staatsrecht II, Heidelberg, 1992, 8. Auflage

Pietzcker, Jost
- Drittwirkung - Schutzpflicht - Eingriff, in: Das akzeptierte Grundgesetz, Festschrift für Günter Dürig, hrsg. von Hartmut Maurer, München, 1990

Pires, Manuel
- A Constituição de 1976 e a fiscalidade, in: Estudos sobre a Constituição, hrsg. von Jorge Miranda, Band II, Lisboa, 1. Auflage,

Pollern, Hans-Ingo v.
- Immanente Schranken - eine Bestandsaufnahme, JuS, 1977, S. 644ff.

Prata, Ana
- A Tutela Constitucional Da Autonomia Privada, Coimbra, 1982

Rebelo de Sousa, Marcelo
- A Constituição e os partidos políticos, in: Portugal: o sistema político e constitucional 1974 - 1987, hrsg. von Mário Baptista Coelho, Lisboa, 1989

Rebelo de Sousa, Marcelo
- Os Partidos Políticos Na Constituição, in: Estudos sobre a Constituição, hrsg. von Jorge Miranda, Band II, Lisboa, 1978

Ribeiro Mendes, Armindo
- O Conselho da Revolução e a Comissão Constitucional na fiscalização da constitucionalidade das leis (1976 - 1983), in: Portugal: o sistema político e constitucional 1974 - 1987, hrsg. von Mário Baptista Coelho, Lisboa, 1989

Rottmann, Frank
- Der Vorbehalt des Gesetzes und die grundrechtlichen Gesetzesvorbehalte, EuGRZ, 1985, S. 277ff.

Schmid, Gerhard
- Die portugiesische Verfassung von 1976, AöR, 1978, S. 204ff.

Schnapp, Friedrich
- Die Verhältnismäßigkeit des Grundrechtseingriffs, JuS, 1983, S. 850ff.

Schnapp, Friedrich
- Grenzen der Grundrechte, JuS , 1978, S. 729ff.

Schwerdtfeger, Gunther
- Öffentliches Recht in der Fallbearbeitung, München, 1986, 8. Auflage

Seabra, José Augusto
- Os Direitos e os Deveres Culturais, in: Estudos sobre a Constituição, hrsg. von Jorge Miranda, Band III, Lisboa, 1979

Seifert, Karl-Heinz/Hömig, Dieter
- Grundgesetz für die Bundesrepublik Deutschland, Baden-Baden, 1991, 4. Auflage

Selk, Michael
- Einschränkung von Grundrechten durch Kompetenzregelungen?, JuS, 1990, S. 895ff.

Silva Lopes, Victor
- Constituição da República Portuguesa 1976 (anotada), Lisboa, 1976, 3. Auflage

Silveira, Luís Lignau da
- O Provedor de Justiça, in: Portugal: o sistema político e constitucional 1974 - 1987, hrsg. von Mário Baptista Coelho, Lisboa, 1989

Soares, R. Erhardt
- Princípio Da Legalidade E Administração Constitutiva, BFDC, 1981, S. 169ff.

Sousa, Franco António de
- Sistema financeiro e a constituição financeira no texto constitucional de 1976, in: Estudos sobre a Constituição, hrsg. von Jorge Miranda, Band III, Lisboa, 1979

Stelzer, Manfred
- Das Wesensgehaltsargument und der Grundsatz der Verhältnismäßigkeit, Wien, New York, 1991

Stern, Klaus
- Das Staatsrecht der Bundesrepublik Deutschland, Band III/1, München, 1988

Stober, Rolf
- Grundpflichten und Grundgesetz, Berlin, 1979

Thomashausen, André
- Der Freiheitsbegriff, die Grundrechte, und der Grundrechtsschutz in der neuen Portugiesischen Verfassung vom 2. April 1976, EuGRZ, 1981, S. 1ff.

Thomashausen, André
- Die revidierte Verfassung der Republik Portugal von 1976, JöR, 1983, S. 443ff.

Thomashausen, André
- Portugal, in: Grundrechte in Europa und USA, hrsg. von Eberhard Grabitz, Kehl , 1986

Thomashausen, André
- Stichwort "Portugal", in: Lexikon zur Geschichte der Parteien in Europa, hrsg. von Frank Wende, Stuttgart, 1981

Thomashausen, André
- Verfassung und Verfassungswirklichkeit im neuen Portugal, Berlin, 1981

Umbach, Dieter
- Das Wesentliche an der Wesentlichkeitstheorie, in: Festschrift für Hans Joachim Faller, hrsg. von Wolfgang Zeidler, München, 1984

Volkmar, Dieter
- Allgemeiner Rechtssatz und Einzelakt, Berlin, 1962

Wipfelder, Hans–Jürgen
- Ungeschriebene und immanente Schranken der Grundrechte, BayVBl. , 1981, S. 417ff./457ff.

Wittig, Peter
- Zum Standort des Verhältnismäßigkeitsgrundsatzes im System des Grundgesetzes, DÖV, 1968, S. 817ff.

Auszug aus der Portugiesischen Verfassung von 1976

Präambel

(...)

Teil I – Grundrechte und Grundpflichten

Kapitel I – Allgemeine Grundsätze

Artikel 12 : (Universalitätsgrundsatz)
1. Alle Bürger genießen die Rechte und unterliegen den in der Verfassung verankerten Pflichten.
2. Juristische Personen haben die mit ihrer Rechtsnatur zu vereinbarenden Rechte und Pflichten.

Artikel 13 : (Gleichheitsgrundsatz)
1. Alle Bürger haben die gleiche gesellschaftliche Würde und sind vor dem Gesetz gleich.
2. Niemand darf wegen seiner Abstammung, seines Geschlechts, seiner Rasse, seiner Sprache, seiner Heimat und Herkunft, seines Glaubens, seiner politischen oder ideologischen Überzeugungen, seiner Bildung, seiner wirtschaftlichen Lage oder seiner gesellschaftlichen Stellung bevorzugt, benachteiligt, eines Rechts beraubt oder von einer Pflicht befreit werden.

Artikel 14 : (Portugiesen im Ausland)
Die portugiesischen Staatsbürger, die sich im Ausland aufhalten oder dort wohnhaft sind, genießen den Schutz des Staates bei der Ausübung ihrer Rechte und sind den Pflichten unterworfen, die mit ihrer Abwesenheit aus dem Land nicht unvereinbar sind.

Artikel 15 : (Ausländer, Staatenlose, europäische Bürger)
1. Ausländer und Staatenlose, die in Portugal wohnhaft sind oder sich im Land aufhalten, haben die Rechte und Pflichten eines portugiesischen Staatsbürgers.

2. Von der Bestimmung des vorstehenden Absatzes ausgenommen sind die politischen Rechte, die Ausübung öffentlicher Ämter mit nicht überwiegend technischem Charakter, sowie jene Rechte und Pflichten, die durch Verfassung und Gesetz ausschließlich portugiesischen Staatsbürgern vorbehalten sind.

3. Staatsbürgern aus portugiesischsprachigen Ländern können durch internationale Vereinbarung und auf der Grundlage der Gegenseitigkeit Rechte

zugestanden werden, die anderen Ausländern nicht gewährt werden; davon ausgenommen sind der Zugang zu Ämtern der Hoheitsorgane und der Autonomen Regionen, der Dienst in den Streitkräften und die diplomatische Laufbahn.

4. Das Gesetz kann den im Staatsgebiet wohnenden Ausländern auf der Grundlage der Gegenseitigkeit die aktive und passive Wahlfähigkeit für die Wahl der Amtsträger der örtlichen Selbstverwaltungskörperschaften erteilen.

5. Das Gesetz kann weiter auf der Grundlage der Gegenseitigkeit den Bürgern der Mitgliedstaaten der Europäischen Gemeinschaft, die in Portugal ihren Wohnsitz haben, das Recht erteilen, Abgeordnete für das Europäische Parlament zu wählen oder dazu gewählt zu werden.

Artikel 16 : (Umfang und Sinngehalt der Grundrechte)
1. Die in der Verfassung verankerten Rechte schließen in Gesetzen und in anwendbaren Vorschriften des Internationalen Rechts enthaltene Grundrechte nicht aus.

2. Die die Grundrechte betreffenden verfassungsrechtlichen und gesetzlichen Bestimmungen müssen im Einklang mit der Allgemeinen Menschenrechtserklärung ausgelegt und ergänzt werden.

Artikel 17 : (System der Rechte, Freiheiten und Garantien)
Das System der Rechte, Freiheiten und Garantien wendet sich an die in Kapitel II genannten und die ihrer Natur nach analogen Grundrechte.

Artikel 18 : (Rechtskraft)
1. Die Verfassungsbestimmungen bezüglich der Rechte, Freiheiten und Garantien sind unmittelbar anwendbar und binden die öffentlichen und privaten Einrichtungen.

2. Das Gesetz nur kann die Rechte, Freiheiten und Garantien in den in der Verfassung ausdrücklich vorgesehenen Fällen einschränken, wobei die Einschränkungen sich auf das zur Wahrung anderer verfassungsrechtlich geschützter Rechte oder Interessen Notwendige beschränken müssen.

3. Die die Rechte, Freiheiten und Garantien einschränkenden Gesetze müssen generellen und abstrakten Charakter bekleiden und dürfen weder zurückwirken, noch den Umfang und Anwendungsbereich des Wesensgehaltes der Verfassungsbestimmungen vermindern.

Artikel 19 : (Suspendierung der Grundrechtsausübung)
1. Die Hoheitsorgane können nicht insgesamt oder im einzelnen die Ausübung der Rechte, Freiheiten und Garantien suspendieren, es sei denn, daß der Belagerungszustand oder der Ausnahmezustand in der verfassungsmäßig vorgeschriebenen Form ausgerufen worden ist.

2. Der Belagerungs- oder Ausnahmezustand kann für das gesamte Hoheitsgebiet oder für Teile desselben nur in den Fällen einer tatsächlich erfolgten oder unmittelbar bevorstehenden Aggression ausländischer Streitkräfte, in den Fällen einer schwerwiegenden Bedrohung oder Störung der demokratischen Verfassungsordnung oder in den Fällen eines öffentlichen Notstands ausgerufen werden.

3. Der Ausnahmezustand wird ausgerufen, wenn die in vorstehendem Absatz genannten Voraussetzungen bei Nachprüfung in geringerer Stärke auftreten, und kann nur die Suspendierung einiger suspendierbarer Rechte, Freiheiten und Garantien bestimmen.

4. Die Entscheidung für den Belagerungs- oder Ausnahmezustand sowie die entsprechende Ausrufung und Durchführung müssen den Grundsatz der Verhältnismäßigkeit wahren und müssen sich, insbesondere bezüglich des Umfangs und der Dauer und der eingesetzten Mittel auf das unbedingt Notwendige zur baldigen Wiederherstellung der verfassungsmäßigen Normalität begrenzen.

5. Die Ausrufung des Belagerungs- oder des Ausnahmezustands ist angemessen zu begründen und enthält im einzelnen diejenigen Rechte, Freiheiten und Garantien, deren Ausübung suspendiert wird, und darf keinen längeren Zeitraum als höchstens 14 Tage oder solange dauern, wie das als Folge einer Kriegserklärung beschlossene Gesetz festlegt, unbeschadet eventueller Erneuerungen unter Beachtung derselben Grenzen.

6. Die Erklärung des Belagerungs- oder des Ausnahmezustands darf in keinem Fall die Rechte auf Leben, auf persönliche Unversehrtheit, auf persönliche Identität, auf bürgerliche Geschäftsfähigkeit und auf Staatsangehörigkeit sowie das Rückwirkungsverbot für Strafgesetze, das Verteidigungsrecht der Angeklagten und die Gewissens- und Religionsfreiheit beeinträchigen.

7. Die Erklärung des Belagerungs- oder des Ausnahmezustands kann die Verfassungsnormalität nur in den durch die Verfassung oder die Gesetze vorgesehenen Bestimmungen ändern, wobei insbesondere die Anwendung der Verfassungsvorschriften hinsichtlich der Kompetenz und der Funktion der Hoheitsorgane und der Selbstregierung der Autonomen Regionen oder die Rechte und die Immunität der entsprechenden Amtsträger nicht berührt werden können.

8. Die Erklärung des Belagerungs- oder des Ausnahmezustands verleiht den Behörden die Kompetenz, die zur baldigen Wiederherstellung des verfassungsgemäßen Normalzustands notwendigen und angemessenen Vorkehrungen zu ergreifen.

Artikel 20 : (Rechtsweg und Zugang zu den Gerichten)

1. Allen ist zur Verteidigung ihrer legitimen Rechte und Interessen der

Rechtsweg und der Zugang zu den Gerichten gewährleistet, wobei die Justizgewährung wegen unzureichender wirtschaftlicher Mittel nicht verweigert werden darf.

2. Alle haben nach Maßgabe des Gesetzes das Recht auf Information und Rechtsbeistand und auf rechtlichen Schutz.

Artikel 21 : (Widerstandsrecht)
Alle haben das Recht, gegen jeglichen Befehl, der ihre Rechte, Freiheiten und Garantien verletzt, Widerstand zu leisten und jeglichen Angriff mit Gewalt abzuwehren, sofern es nicht möglich ist, sich an die Behörden zu wenden.

Artikel 22 : (Haftung der öffentlichen Einrichtungen)
Der Staat und die übrigen öffentlichen Einrichtungen haften zivilrechtlich gesamtschuldnerisch mit ihren Organwaltern, Beamten oder Amtsträgern für deren in Ausübung ihres Amtes oder zur Erfüllung ihrer Aufgaben begangenen Handlungen oder Unterlassungen, durch die eine Verletzung der Rechte, Freiheiten und Garantien eingetreten oder jemanden ein Schaden entstanden ist.

Artikel 23 : (Ombudsmann für das Rechtswesen)
1. Die Bürger können Beschwerden gegen Handlungen oder Unterlassungen der Staatsgewalt dem Ombudsmann für das Rechtswesen vorbringen, der sich diesen ohne Entscheidungsgewalt annehmen wird und an die zuständigen Organe die zur Vorbeugung und Wiedergutmachung von Ungerechtigkeiten notwendigen Empfehlungen richtet.

2. Die Tätigkeit des Ombudsmanns für das Rechtswesen ist von den in der Verfassung und in den Gesetzen vorgesehenen streitigen und unstreitigen Rechtsmitteln unabhängig.

3. Der Ombudsmann für das Rechtswesen ist ein unabhängiges Organ, dessen Amtsträger von der Versammlung der Republik ernannt wird.

4. Die Organe und Vertreter der öffentlichen Verwaltung arbeiten mit dem Ombudsmann für das Rechtswesen bei der Verwirklichung seiner Aufgabe zusammen.

Kapitel II – Rechte, Freiheiten und Garantien

Abschnitt I – Persönliche Rechte, Freiheiten und Garantien

Artikel 24 : (Recht auf Leben)
1. Das menschliche Leben ist unverletzlich.

2. Keinesfalls wird es die Todesstrafe geben.

Artikel 25 : (Recht auf persönliche Unversehrtheit)
1. Die geistige und körperliche Unversehrtheit der Menschen ist unverletzlich.

2. Niemand darf der Folter unterworfen noch einer grausamen erniedrigenden oder unmenschlichen Behandlung oder Strafen ausgesetzt werden.

Artikel 26 : (Weitere persönliche Rechte)
1. Allen werden die Rechte auf persönliche Identität, bürgerliche Geschäftsfähigkeit, Staatsangehörigkeit, den guten Namen und Ruf, am Bild, am Wort und auf die Wahrung der Intimität des privaten und familiären Lebensbereiches anerkannt.

2. Das Gesetz schafft wirksame Garantien gegen die mißbräuchliche oder gegen die menschliche Würde gerichtete Verwendung von Informationen über Personen und Familien.

3. Eine Aberkennung der Staatsbürgerschaft und Einschränkungen der bürgerlichen Geschäftsfähigkeit können nur in den im Gesetz vorgesehenen Fällen und Grenzen erfolgen und dürfen nicht auf politische Beweggründe gestützt werden.

Artikel 27 : (Recht auf Freiheit und Sicherheit)
1. Alle haben das Recht auf Freiheit und Sicherheit.

2. Niemandem darf völlig oder teilweise die Freiheit entzogen weden, es sei denn, als Folge einer gerichtlichen Verurteilung wegen einer Tat, für die das Gesetz Freiheitsstrafe oder gerichtlich zu verhängende Sicherungsmaßnahme androht.

3. Von diesem Grundsatz ist der Freiheitsentzug in den folgenden Fällen für die Dauer und unter den Voraussetzungen, die das Gesetz bestimmt, ausgenommen:

a) Untersuchungshaft, wenn der Täter auf frischer Tat angetroffen wurde oder wenn starke Anzeichen für ein vorsätzliches Verbrechen vorliegen, das mit Gefängnisstrafe, deren Höchstgrenze mehr als drei Jahre beträgt, geahndet wird,

b) Verhaftung oder Festnahme von Personen, die illegal in das portugiesische Hoheitsgebiet eingedrungen sind oder sich dort illegal aufhalten oder gegen die ein Auslieferungs- oder Ausweisungsverfahren läuft;

c) den Soldaten auferlegte Disziplinarhaft, mit der Garantie des Rechtsmittels zum zuständigen Gericht;

d) Unterbringung eines Minderjährigen zum Zwecke des Schutzes, der Hilfestellung oder Erziehung, in einer geeigneten Einrichtung durch Anordnung des zuständigen ordentlichen Gerichts;

e) Festnahme aufgrund richterlicher Entscheidung wegen der Nichtbefolgung einer gerichtlichen Entscheidung oder zur Gewährleistung der Vorführung vor die zuständige richterliche Gewalt.

4. Jeder, dem die Freiheit entzogen wurde, muß über die Gründe seiner Verhaftung oder Festnahme und über seine Rechte informiert werden.

5. Die gegen die Vorschriften der Verfassung und des Gesetzes verstoßende Freiheitsentziehung begründet nach Maßgabe des Gesetzes die Entschädigungspflicht des Verletzten für den Staat.

Artikel 28 : (Untersuchungshaft)

1. Eine Verhaftung vor Anklageerhebung ist innerhalb einer Frist von längstens 48 Stunden der richterlichen Entscheidung über ihre Fortdauer oder Rechtmäßigkeit zu unterbreiten; hierbei muß der Richter Kenntnis von den Haftgründen haben, die er dem Festgenommenen mitzuteilen hat. Der Festgenommene ist vom Richter zu vernehmen, wobei ihm Gelegenheit zur Verteidigung zu geben ist.

2. Die Untersuchungshaft wird immer dann nicht aufrechterhalten, wenn an ihre Stelle eine Sicherheitsleistung oder eine gesetzlich vorgesehene günstigere Maßnahme treten kann.

3. Eine den Freiheitsentzug androhende oder aufrechterhaltende, richterliche Entscheidung ist sogleich einem von dem Festgenommenen zu benennenden Angehörigen oder einer Vertrauensperson mitzuteilen.

4. Die Untersuchungshaft unterliegt vor und nach der Anklageerhebung den im Gesetz vorgeschriebenen Fristen.

Artikel 29 : (Anwendung des Strafgesetzes)

1. Niemand kann außer aufgrund eines zuvor ergangenen Gesetzes, das die Handlung oder Unterlassung für strafbar erklärt, strafrechtlich verurteilt werden, noch Sicherungsmaßnahmen unterworfen werden, deren Voraussetzungen nicht in einem zuvor ergangenen Gesetz festgelegt waren.

2. Die Bestimmung des vorstehenden Absatzes schließt eine Bestrafung in den Grenzen des innerstaatlichen Rechts für Handlungen und Unterlassun-

gen, die nach den allgemein anerkannten generellen Grundsätzen des Internationalen Rechts im Zeitpunkt ihrer Begehung als strafbar angesehen werden, nicht aus.

3. Strafen oder Sicherungsmaßnahmen, die nicht ausdrücklich in einem zuvor ergangenen Gesetz angedroht wurden, dürfen nicht verhängt werden.

4. Niemand darf einer schwereren freiheitsentziehenden Strafe oder Sicherungsmaßnahme unterzogen werden als gesetzlich zum Zeitpunkt der Erfüllung der jeweiligen Tatbestandsmerkmale vorgesehen, wobei für den Angeklagten vorteilhaftere Strafbestimmungen rückwirkend angewendet werden.

5. Niemand darf wegen derselben Tat mehrmals bestraft werden.

6. Zu Unrecht verurteilte Bürger haben nach Maßgabe der gesetzlichen Vorschriften das Recht auf Wiederaufnahme des Verfahrens sowie auf Entschädigung für erlittene Nachteile.

Artikel 30 : (Grenzen der Strafen und Sicherungsmaßnahmen)
1. Es gibt keine lebenslänglichen, zeitlich unbegrenzten oder unbestimmten freiheitsentziehenden oder -einschränkenden Strafen oder Sicherungsmaßnahmen.

2. Allein durch gerichtliche Entscheidung kann bei einer auf einer schweren Geistesstörung und der Unmöglichkeit einer Therapie in offenem Vollzug bestehenden Gefährlichkeit die Dauer von freiheitsentziehenden oder -einschränkenden Sicherungsmaßnahmen wiederholt verlängert werden, solange dieser Zustand andauert.

3. Strafen sind unvertretbar.

4. Keine Strafe hat als notwendige Folge den Verlust von irgendwelchen bürgerlichen, beruflichen oder politischen Rechten.

5. Die Verurteilten, auf die freiheitsentziehende Strafe oder Sicherheitsmaßnahme Anwendung finden, bleiben Träger von Grundrechten, mit Ausnahme der mit dem Sinn der Verurteilung und den eigenen Erfordernissen der entsprechenden Durchführung verbundenen Beschränkungen.

Artikel 31 : (Habeas Corpus)
1. Bei ungesetzlichen Festnahmen oder Inhaftierungen kann bei einem ordentlichen Gericht oder einem Miltärgericht ein *Habeas Corpus* wegen Machtmißbrauchs beantragt werden.

2. Die Ausstellung des *Habeas Corpus* kann von dem Betroffenen selbst oder von jedem anderen Bürger beantragt werden, der im Besitz seiner politischen Rechte ist.

3. Der Richter entscheidet innerhalb von 8 Tagen in einer gerichtlichen Verhandlung nach kontradiktorischen Verfahrensgrundsätzen über den *Habeas Corpus* – Antrag.

Artikel 32 : (Strafprozessuale Garantien)
1. Der Strafprozeß gewährleistet alle Garntien der Verteidigung.

2. Jeder Angeklagte gilt bis zur Rechtskraft der ihn verurteilenden Entscheidung als unschuldig und das ihn betreffende Verfahren ist innerhalb der kürzesten mit der Gewährleistung seiner Verteidigungsrechte zu vereinbarenden Frist abzuschließen.

3. Der Angeklagte hat das Recht, seinen Verteidiger zu wählen und dessen Beistand in allen Abschnitten des Verfahrens zu beanspruchen; das Gesetz regelt die Fälle und Abschnitte, in denen dieser Beistand zwingend ist.

4. Das gesamte Ermittlungsverfahren untersteht der Kompetenz eines Richters, der nach Maßgabe des Gesetzes die Ausübung von nicht die Grundrechte direkt berührenden Ermittlungshandlungen auf andere Behörden übertragen kann.

5. Der Strafprozeß besitzt akusatorische Struktur und die Gerichtsverhandlung sowie die vom Gesetz bestimmten Ermittlungshandlungen unterliegen den Grundsätzen des kontradiktorischen Verfahrens.

6. Alle durch Folter, Zwang, Angriff auf die körperliche oder geistige Unversehrtheit der Person sowie durch mißbräuchliches Eindringen in das Privatleben, in die Wohnung und in das Brief- und Fernmeldegeheimnis erbrachten Beweise sind nichtig.

7. Keine Rechtssache darf dem Gericht entzogen werden, dessen Zuständigkeit durch ein früheres Gesetz begründet wurde.

8. Bei Prozessen wegen Verstoßes gegen eine Verordnung sind dem Angeklagten rechtliches Gehör und das Recht auf Verteidigung gewährleistet.

Artikel 33 : (Auslieferung, Ausweisung und Asylrecht)
1. Die Auslieferung und Ausweisung portugiesischer Bürger aus dem Hoheitsgebiet sind unzulässig.

2. Die Auslieferung aus politischen Gründen ist unzulässig.

3. Es gibt keine Auslieferung wegen eines nach der Rechtslage des beantragenden Staates mit der Todesstrafe bedrohten Verbrechens.

4. Die Auslieferung kann nur durch die richterliche Gewalt angeordnet werden.

5. Die Ausweisung desjenigen, der auf reguläre Weise in das Hoheitsgebiet eingereist ist oder sich dort aufhält, der eine Aufenthaltserlaubnis erhalten hat oder der einen nicht abgewiesenen Asylantrag vorgewiesen hat, kann

nur durch die richterliche Gewalt bestimmt werden, wobei das Gesetz die raschen Entscheidungsformen gewährleistet.

6. Ausländern und Staatenlosen, die infolge ihres Eintretens für die Demokratie, soziale und nationale Befreiung, Frieden zwischen den Völkern, Freiheit und die Menschenrechte in schwerwiegender Weise bedroht oder verfolgt werden, ist das Asylrecht gewährleistet.

7. Das Gesetz regelt den Status des politischen Flüchtlings.

Artikel 34 : (Unverletzlichkeit der Wohnung und des Briefgeheimnisses)

1. Die Wohnung und das Briefgeheimnis sowie das Geheimnis anderer Mittel privater Kommunikation sind unverletzlich.

2. Der Zutritt zur Wohnung der Bürger darf gegen deren Willen nur durch das zuständige Gericht und nur in den gesetzlich vorgesehenen Fällen und unter Einhaltung der im Gesetz vorgeschriebenen Formen angeordnet werden.

3. Niemand darf zur Nachtzeit irgendjemandes Wohnung ohne dessen Zustimmung betreten.

4. Jeder Eingriff der Behörden in das Brief- und Fernmeldegeheimnis ist unzulässig, ausgenommen sind die im Strafprozeßrecht vorgesehenen Fälle.

Artikel 35 : (Verwendung von Informatik)

1. Alle Bürger haben unbeschadet der gesetzlichen Vorschrift über das Staats- und Justizgeheimnis das Recht, sich über die sie betreffenden Eintragungen in maschinell erstellten Registern sowie über den Verwendungszweck der Daten zu informieren und die Berichtigung und Aktualisierung dieser Daten zu verlangen.

2. Der Zugang Dritter zu personenbezogenen Registern und dementsprechende Zwischenverbindungen sind unbeschadet der im Gesetz vorgesehenen Ausnahmefälle verboten.

3. Die Informatik darf nicht zur Verarbeitung von Daten über weltanschauliche oder politische Überzeugungen, Zugehörigkeit zu Parteien oder Gewerkschaften, religiöse Bekenntnisse oder das Privatleben verwendet werden, es sei denn, es handelt sich um die Verarbeitung individuell nicht identifizierbarer statistischer Daten.

4. Das Gesetz bestimmt den Begriff der persönlichen Daten zum Zweck der elektronischen Regisitrierung sowie die Datengrundlagen und -banken und die entsprechenden Bedingungen bezüglich des Zugangs, des Anlegens und der Verwendung für öffentliche und private Einrichtungen.

5. Die Zuweisung einer national einheitlichen Personenkennziffer für die Bürger ist verboten.

6. Das Gesetz regelt das auf grenzüberschreitenden Datenverkehr anwendbare System und erstellt angemessene Schutzformen für persönliche und andere Daten, deren Bewahrung aus Gründen des nationalen Interesses gerechtfertigt ist.

Artikel 36 : (Familie, Ehe und Abstammung)
1. Alle haben das Recht, eine Familie zu gründen und eine Ehe auf der Grundlage völliger Gleichberechtigung einzugehen.

2. Das Gesetz regelt die Voraussetzungen und Wirkungen der Ehe und ihrer Auflösung durch Tod oder Scheidung unabhängig von der Form ihrer Eingehung.

3. Die Eheleute haben die gleichen Rechte und Pflichten bezüglich der bürgerlichen Geschäftsfähigkeit und Politik sowie des Unterhalts und der Erziehung der Kinder.

4. Unehelich geborene Kinder dürfen wegen dieses Umstandes in keiner Weise diskriminiert werden; die Gesetz und die öffentlichen Ämter dürfen keine diskriminierenden Bezeichnungen hinsichtlich der Abstammung anwenden.

5. Die Eltern haben das Recht und die Pflicht, die Kinder zu erziehen und zu unterhalten.

6. Kinder können nicht von ihren Eltern getrennt werden, es sei denn, diese erfüllen ihre den Kindern gegenüber bestehenden Grundpflichten nicht; dabei bedarf es stets einer richterlichen Entscheidung.

7. Die Adoption wird nach Maßgabe des Gesetzes geregelt und geschützt.

Artikel 37 : (Meinungs- und Informationsfreiheit)
1. Alle haben das Recht ungehindert und frei von Diskriminierungen, ihre Meinung in Wort, Bild oder irgendeiner anderen Form frei zu äußern und zu verbreiten sowie das Recht, zu informieren, sich zu informieren und informieren zu lassen.

2. Die Ausübung dieser Rechte darf durch keinerlei Art oder Form von Zensur verhindert oder begrenzt werden.

3. Die in Ausübung dieser Rechte begangenen Verstöße bleiben den allgemeinen Grundsätzen des Strafrechtes unterworfen, wobei deren Würdigung den Gerichten obliegt.

4. Allen natürlichen und juristischen Personen ist auf der Grundlage der Gleichberechtigung und der effektiven Durchsetzbarkeit das Recht auf Gegendarstellung und Berichtigung sowie das Recht auf Entschädigung für erlittene Nachteile gewährleistet.

Artikel 38 : (Pressefreiheit und Massenmedien)
1. Die Pressefreiheit ist gewährleistet.

2. Die Pressefreiheit umfaßt:

a) Die Ausdrucks- und Schaffensfreiheit der Journalisten und literarischen Mitarbeiter sowie die Einflußnahme ersterer in die ideologische Ausrichtung der entsprechenden Massenmedien, es sei denn, sie befinden sich im Staatsbesitz oder haben doktrinäre oder konfessionelle Natur;

b) Nach Maßgabe des Gesetzes das Recht der Journalisten auf Zugang zu den Informationsquellen und auf den Schutz der Unabhängigkeit und des Berufsgeheimnisses, sowie das Recht, Redaktionsausschüsse zu wählen;

c) Das Recht auf Gründung von Zeitungen und anderer Publikationen unabhängig von vorheriger behördlicher Genehmigung, Sicherheitsleistung oder Befähigungsnachweis.

3. Das Gesetz gewährleistet auf allgemeine Weise die Veröffentlichung der Inhaberschaft und der Finanzierungsmittel der Massenmedien.

4. Der Staat gewährleistet die Freiheit und Unabhängigkeit der Massenmedien vor der politischen und wirtschaftlichen Macht, wobei er das Spezialitätsprinzip der führenden Unternehmen der Allgemeininformationsmedien auferlegt und die Konzentration, insbesondere in der Gestalt von mehrfachen oder sich überkreuzenden Beteiligungen zu verhindern hat und verpflichtet ist, nicht diskriminierende Maßnahmen zur Förderung und Unterstützung der Presse zu ergreifen.

5. Der Staat gewährleistet das Bestehen und den Betrieb des öffentlichen Rundfunk- und Fernsehdienstes.

6. Die Struktur und der Betrieb der Massenmedien des öffentlichen Bereichs müssen ihre Unabhängigkeit vor der Regierung, der Verwaltung und den übrigen öffentlichen Gewalten bewahren sowie die Möglichkeit des Ausdrucks und den Vergleich der verschiedenen Meinungsströmungen gewährleisten.

7. Die sendenden Stationen der Rundfunk- und Fernsehsender können nur aufgrund einer nach Maßgabe des Gesetzes erfolgenden öffentlichen Ausschreibung zu erteilenden Genehmigung betrieben werden.

Artikel 39 : (Hoher Rat für Massenmedien)

1. Das Recht auf Information, die Pressefreiheit und die Unabhängigkeit der Massenmedien gegenüber der politischen Gewalt und wirtschaftlichen Macht, sowie die Möglichkeit des Ausdrucks und der Gegenüberstellung der verschiedenen Meinungsströmungen und die Ausübung der Rechte auf Sendezeit, Gegendarstellung und politische Erwiderung werden durch einen Hohen Rat für Massenmedien sichergestellt.

2. Der Hohe Rat für Massenmedien ist ein unabhängiges Organ, der sich nach Maßgabe des Gesetzes aus 13 Mitgliedern zusammensetzt, mit bindender Teilnahme:

a) von einem vom Höchsten Rat des Richterstandes ernannten Richter, der den Vorsitz innehat;

b) von 5 Mitgliedern, die nach der Verhältniswahl und dem d'Hondtschen Höchstzahlverfahren von der Versammlung der Republik gewählt werden;

c) von 3 von der Regierung ernannten Mitgliedern;

d) von 4 repräsentativen Personen, insbesondere aus den Bereichen öffentliche Meinung, Massenmedium und Kultur.

3. Der Hohe Rat für Massenmedien erstellt vor der Entscheidung über die Genehmigung von privaten Fernsehkanälen durch die Regierung ein Gutachten, wobei die Entscheidung bei Befürwortung der Genehmigungserteilung nur auf die Bewerbung zurückgreifen kann, die Gegenstand eines günstigen Gutachtens gewesen ist.

4. Der Hohe Rat für Massenmedien erstellt außerdem innerhalb der gesetzlich bestimmten Frist ein vorheriges, öffentliches und begründetes Gutachten über die Ernennung und Entlassung der Direktoren der Massenmedien, die dem Staat, anderen öffentlichen Körperschaften oder Einrichtungen gehören, die direkt oder indirekt seiner wirtschaftlichen Kontrolle unterworfen sind.

5. Das Gesetz regelt die Arbeitsweise des Hohen Rates für Massenmedien.

Artikel 40 : (Recht auf Sendezeit, Gegendarstellung und politische Entgegnung)

1. Politische Parteien und Gewerkschaften, berufsständische Organisationen und repräsentative Wirtschaftsverbände haben im Einklang mit ihrer repräsentativen Stärke und gemäß den durch Gesetz festzulegenden objektiven Kriterien Recht auf Sendezeiten im öffentlichen Rundfunk und Fernsehen.

2. Die in der Versammlung der Republik vertretenen Parteien, die nicht an der Regierung teilnehmen, haben auch Maßgabe des Gesetzes im Verhältnis zu ihrer repräsentativen Stärke Recht auf Sendezeiten im öffentlichen Rundfunk und Fernsehen, sowie das Recht auf Gegendarstellung und das Entgegnungsrecht auf politische Erklärungen der Regierung im gleichen Umfang und von gleicher Dauer wie die Sendezeiten und die Erklärungen der Regierung.

3. In den Wahlzeiten haben die Bewerber nach Maßgabe des Gesetzes ein Recht auf regelmäßige und angemessene Sendezeiten in den Rundfunk- und Fernsehsendern mit nationaler und regionaler Reichweite.

Artikel 41 : (Gewissens–, Religions– und Religionsausübungsfreiheit)

1. Die Gewissens–, Religions– und Religionsausübungsfreiheit sind unverletzlich.

2. Niemand darf wegen seines religiösen Bekenntnisses oder seiner Religionsausübung verfolgt, seiner Rechte beraubt oder von seinen Verpflichtungen oder Bürgerpflichten befreit werden.

3. Niemand darf von irgendeiner Behörde über seine religiösen Überzeugungen oder seine Religionsausübung mit Ausnahme der der Erfassung nicht individuell bestimmbarer statistischer Daten befragt werden oder einen Nachteil wegen der Verweigerung solcher Angaben erleiden.

4. Die Kirchen und andere Religionsgemeinschaften sind vom Staat getrennt und in ihrer Organisation sowie in der Wahrnehmung ihrer Aufgaben und in der Ausübung ihrer Religion frei.

5. Die Freiheit, eine praktizierte Religion in der jeweiligen konfessionellen Ausgestaltung zu lehren sowie eigene Massenmedien mit der Verfolgung konfessioneller Tätigkeiten einzusetzen, ist gewährleistet.

6. Das Recht auf Verweigerung aus Gewissensgründen ist nach Maßgabe des Gesetzes gewährleistet.

Artikel 42 : (Kulturelle Schaffensfreiheit)

1. Die geistige, künstlerische und wissenschaftliche Schöpfung sind frei.

2. Diese Freiheit umfaßt das Recht der Erfindung, Herstellung und Veröffentlichung des wissenschaftlichen, literarischen und künstlerischen Werkes und schließt den gesetzlichen Schutz des Urheberrechts mit ein.

Artikel 43 : (Lern– und Lehrfreiheit)

1. Die Lern– und Lehrfreiheit ist gewährleistet.

2. Der Staat darf sich nicht das Recht zusprechen, Bildung und Kultur gemäß irgendwelcher weltanschaulicher, ästhetischer, politischer, ideologischer oder religiöser Richtlinien programmatischer festzulegen.

3. Das öffentliche Schulwesen ist konfessionsfrei.

4. Das Recht auf Errichtung von Privatschulen und genossenschaftlichen Schulen wird gewährleistet.

Artikel 44 : (Freizügigkeits– und Emigrationsrecht)

1. Allen Bürgern ist das Recht gewährleistet, sich in jedem Teil des Staatsgebietes frei zu bewegen und niederzulassen.

2. Allen ist das Recht gewährleistet, auszuwandern oder das Staatsgebiet zu verlassen und wiedereinzureisen.

Artikel 45 : (Versammlungs- und Demonstrationsrecht)
1. Die Bürger haben das Recht, sich ohne jegliche Erlaubnis friedlich und ohne Waffen auch an der Öffentlichkeit zugänglichen Orten zu versammeln.

2. Das Demonstrationsrecht ist für alle Bürger anerkannt.

Artikel 46 : (Vereinigungsfreiheit)
1. Die Bürger haben das Recht, frei und unabhängig von irgendeiner Erlaubnis Vereinigungen zu bilden, soweit diese nicht der Förderung der Gewalt dienen und die jeweiligen Zielsetzungen nicht dem Strafgesetz zuwiderlaufen.

2. Die Vereinigungen verfolgen ihre Zielsetzungen frei und ohne Eingriffe der Behörden und können nur in den gesetzlich vorgesehenen Fällen und aufgrund gerichtlicher Entscheidung vom Staat aufgelöst werden oder ihre Aktivitäten ausgesetzt werden.

3. Niemand darf verpflichtet werden, einer Vereinigung beizutreten, noch in irgendeiner Weise zur Fortsetzung der Mitgliedschaft in ihr gezwungen werden.

4. Es werden weder bewaffnete, militärische, militarisierte oder paramilitärische Vereinigungen, noch solche Organisationen geduldet, die die Ideologie des Faschismus vertreten.

Artikel 47 : (Freiheit der Berufswahl und Zugang zum öffentlichen Dienst)
1. Alle haben das Recht, den Beruf oder die Art der Arbeit frei zu wählen, vorbehaltlich der gesetzlichen Einschränkungen, die im Interesse des Allgemeinwohls auferlegt werden oder mit der persönlichen Eignung verbunden sind.

2. Alle Bürger haben auf der Grundlage der Gleichheit und Freiheit und im Regelfall auf dem Wege der Ausschreibung das Recht auf Zugang zum öffentlichen Dienst.

Abschnitt II – Rechte, Freiheiten und Garantien der politischen Beteiligung

Artikel 48 : (Teilnahme am öffentlichen Leben)
1. Alle Bürger haben das Recht, direkt oder über frei gewählte Vertreter am politischen Leben und an der Lenkung der öffentlichen Angelegenheiten des Landes teilzunehmen.

2. Alle Bürger haben das Recht, objektiv über Handlungen des Staates und der übrigen öffentlichen Einrichtungen aufgeklärt zu werden sowie von der Regierung und anderen Staatsgewalten über die Leitung öffentlicher Angelegenheiten unterrichtet zu werden.

Artikel 49 : (Wahlrecht)
1. Das Wahlrecht haben alle Bürger, die älter als 18 Jahre sind, vorbehaltlich der im allgemeinen Gesetz vorgesehenen Geschäftsunfähigkeit.

2. Die Ausübung des Wahlrechtes ist persönlich und bildet eine Bürgerpflicht.

Artikel 50 : (Recht auf Zugang zu öffentlichen Ämtern)
1. Alle Bürger haben auf der Grundlage von Gleichheit und Freiheit das Recht auf Zugang zu öffentlichen Ämtern.

2. Niemand darf in seiner beruflichen Stellung, an seinem Arbeitsplatz, in seiner Laufbahn oder hinsichtlich seiner sozialen Vergünstigungen, auf die er Anspruch hat, wegen der Wahrnehmung seiner politischen Rechte oder der Erfüllung politischer Ämter benachteiligt werden.

3. Für den Zugang zu Wahlämtern kann nur das Gesetz die Nichtwählbarkeitsgründe bestimmen, die notwendig sind, um die Wahlfreiheit der Wähler und die Freiheit und Unabhängigkeit der Ausübung der entsprechenden Ämter zu garantieren.

Artikel 51 : (Politische Vereinigungen und Parteien)
1. Die Vereinigungsfreiheit umfaßt das Recht, politische Vereinigungen und Parteien zu gründen oder an ihnen teilzunehmen und anhand dieser demokratisch an der Bildung des Volkswillens und der Gestaltung der politischen Macht mitzuwirken.

2. Niemand darf gleichzeitig in mehr als einer politischen Partei eingeschrieben sein, noch aufgrund der Zugehörigkeit oder Nichtzugehörigkeit zu irgendeiner legal gegründeten Partei an der Ausübung irgendeines Rechts gehindert werden.

3. Die politischen Parteien dürfen, unbeschadet der die Grundlage ihres Programms bildenden Philosophie oder Ideologie, weder eine Bezeichnung führen, die irgendwelche mit einer Religion oder Kirche in direktem Zusammenhang bestehende Begriffe enthält, noch Abzeichen verwenden, die mit nationalen oder religiösen Symbolen verwechselt werden können.

4. Es können keine Parteien gegründet werden, die nach ihrer Bezeichnung oder ihren programmatischen Zielen einen regionalen Charakter oder Wirkungsbereich besitzen.

Artikel 52 : (Petitionsrecht und Recht auf Popularklage)
1. Alle Bürger haben das Recht, einzeln oder gemeinsam an die Hoheitsorgane oder an irgendeine Staatsgewalt Petitionen, Erklärungen, Beschwerden oder Klagen zur Verteidigung ihrer Rechte, der Verfassung, der Gesetze oder des Allgemeininteresses zu richten.

2. Das Gesetz legt die Bedingungen fest, unter denen die gemeinschaftlich an die Versammlung der Republik gerichteten Petitionen vom Plenum beraten werden.

3. Jedermann wird persönlich oder in Vereinigungen zum Schutz der betroffenen Interessen, das Recht auf Popularklage in den vom Gesetz vorgesehenen Fällen und nach den gesetzlichen Bestimmungen verliehen, insbesondere das Recht, die Vorbeugung, Beendigung oder gerichtliche Verfolgung der widerrechtlichen Verstöße gegen die öffentliche Gesundheit, der Verschlechterung der Umwelt und der Lebensqualität oder der Beeinträchtigung des Kulturguts zu fördern, sowie das Recht, die entsprechende Entschädigung für den oder die Verletzten zu verlangen.

Abschnitt III – Rechte, Freiheiten und Garantien der Arbeiter

Artikel 53 : (Sicherheit des Arbeitsplatzes)
Den Arbeitern wird die Sicherheit des Arbeitsplatzes gewährleistet, wobei Entlassungen ohne rechtfertigenden Grund oder aus politischen oder ideologischen Gründen verboten sind.

Artikel 54 : (Arbeiterausschüsse)
1. Es ist das Recht der Arbeiter, Arbeiterausschüsse zur Verteidigung ihrer Interessen und zur demokratischen Einflußnahme auf das Arbeitsleben zu bilden.

2. Die Arbeitervollversammlungen beraten über die Gründung, beschließen die Statuten und wählen durch unmittelbare und geheime Wahl die Mitglieder der Arbeiterausschüsse.

3. Es können Koordinierungsausschüsse für eine verbesserte Einflußnahme auf die wirtschaftliche Neustrukturierung und Gewährleistung der Arbeiterinteressen gebildet werden.

4. Die Mitglieder der Ausschüsse genießen den den Gewerkschaftsvertretern gewährten gesetzlichen Schutz.

5. Rechte der Arbeiterausschüsse sind:

a) Alle zur Ausübung ihrer Tätigkeit notwendigen Informationen zu erhalten;

b) In den Unternehmen die Kontrolle über die Betriebsleitung auszuüben;

c) Auf Reorganisationen der Produktionseinheiten Einfluß zu nehmen;

d) An der Ausarbeitung der Arbeitsgesetzgebung und der Wirtschafts- und Sozielpläne des jeweiligen Wirtschaftsbereichs teilzunehmen;

e) Die Sozialeinrichtungen des Betriebs zu leiten oder an ihrer Leitung teilzunehmen;

f) Die Wahl der Arbeitervertreter für die Gesellschaftorgane der im Eigentum des Staates oder anderer öffentlicher Einrichtungen stehenden Unternehmen nach Maßgabe des Gesetzes zu fördern.

Artikel 55 : (Gewerkschaftsfreiheit)

1. Den Arbeitern wird die Gewerkschaftsfreiheit als Voraussetzung und Garantie für die Errichtung ihrer Einheit zur Verteidigung ihrer Rechte und Interessen zuerkannt.

2. In der Ausübung der Gewerkschaftsfreiheit wird den Arbeitern ohne jegliche Diskriminierung insbesondere gewährleistet:

a) Die Gründungsfreiheit gewerkschaftlicher Vereinigungen auf allen Ebenen;

b) Die Beitrittsfreiheit, wobei kein Arbeiter verpflichtet werden kann, Beiträge einer Gewerkschaft zu bezahlen, der er nicht beigetreten ist;

c) Die Organisations- und innere Regelungsfreiheit gewerkschaftlicher Vereinigungen;

d) Das Recht der Ausübung der Gewerkschaftstätigkeit im Betrieb;

e) Das Tendenzrecht, in den Formen, die die entsprechenden Statuten bestimmen.

3. Die gewerkschaftlichen Vereinigungen müssen sich nach den Grundsätzen der demokratischen Organisation und Leitung richten, auf der Grundlage regelmäßiger Wahlen und geheimen Wahlverfahren der Führungsorgane, ohne irgendwelche Genehmigung oder Amtsbestätigung, und beruhend auf der aktiven Teilnahme der Arbeiter in allen Bereichen gewerkschaftlicher Tätigkeit.

4. Die gewerkschaftlichen Vereinigungen sind vom Arbeitgeber, vom Staat, von religiösen Konfessionen, von Parteien und anderen politischen Vereinigungen unabhängig, wobei das Gesetz die geeigneten Garantien dieser Unabhängigkeit als Fundament der Einheit der Arbeiterklassen einrichtet.

5. Die gewerkschaftlichen Vereinigungen haben das Recht, Beziehungen zu internationalen Gewerkschaftsorganisationen aufzunehmen, oder sich an diese anzuschließen.

6. Das Gesetz stellt den angemessenen Schutz der gewählten Arbeitervertreter gegen jegliche Form von Beschränkung, Zwang oder Begrenzung der rechtmäßigen Ausübung ihrer Aufgaben sicher.

Artikel 56 : (Rechte der gewerkschaftlichen Vereinigungen und Tarifvertrag)

1. Es obliegt den gewerkschaftlichen Vereinigungen, den Schutz der Rechte und Interessen der Arbeiter, die sie repräsentieren, zu verteidigen.

2. Rechte der gewerkschaftlichen Vereinigungen sind:

a) An der Arbeitsgesetzgebung teilzunehmen;

b) An der Leitung der Einrichtungen der sozialen Sicherheit und anderer Organisationen teilzunehmen, die die Befriedigung der Arbeiterinteressen anstreben;

c) An der Ausführungskontrolle der wirtschaftlich–sozialen Pläne teilzunehmen;

d) Nach Maßgabe des Gesetzes in den Stellen des sozialen Zusammenwirkens vertreten zu sein.

3. Es obliegt den gewerkschaftlichen Vereinigungen, das Recht auf Tarifverträge auszuüben, das nach Maßgabe des Gesetzes gewährleistet ist.

4. Das Gesetz regelt die Vorschriften bezüglich der Rechtmäßigkeit des Abschlusses von kollektiven Arbeitsverträgen sowie der Wirksamkeit entsprechender Normen.

Artikel 57 : (Streikrecht und Verbot der Aussperrung)

1. Das Streikrecht ist gewährleistet.

2. Es obliegt den Arbeitern, den durch den Streik zu verteidigenden Interessenbereich zu bestimmen, wobei das Gesetz diesen Bereich nicht begrenzen darf.

3. Die Aussperrung ist verboten.

Kapitel III – Wirtschaftliche, soziale und kulturelle Rechte und Pflichten

Abschnitt I – Wirtschaftliche Rechte und Pflichten

Artikel 58 : (Recht auf Arbeit)

1. Alle haben das Recht auf Arbeit.

2. Die Pflicht zu arbeiten, ist untrennbar mit dem Recht auf Arbeit verbunden, außer für jene, deren Arbeitsfähigkeit durch Alter, Krankheit oder Invalidität gemindert ist.

3. Der Staat ist verpflichtet, durch die Anwendung wirtschafts– und sozialpolitischer Pläne das Recht auf Arbeit zu garantieren, indem er gewährleistet:

a) Die Durchführung der Vollbeschäftigungspolitik;

b) Die Chancengleichheit bei der Berufs– oder Arbeitswahl und die Voraussetzungen dafür, daß der Zugang zu irgendwelchen Ämtern, zu jeder Arbeit und zu jedem Beruf nicht aufgrund der Geschlechtszugeörigkeit verhindert oder beschränkt wird;

c) Die kulturelle, technische und berufliche Ausbildung der Arbeiter.

Artikel 59 : (Rechte der Arbeiter)

1. Alle Arbeiter haben ungeachtet des Alters, des Geschlechts, der Rasse, der Staatsangehörigkeit, des Herkunftslandes, der Religion, der politischen und ideologischen Überzeugungen das Recht:

a) Auf Vergütung der Arbeit nach Quantität, Art und Qualität, wobei der Grundsatz gilt, daß für gleiche Arbeit der gleiche Lohn zu zahlen ist, so daß eine würdige Existenz gewährleistet ist;

b) Auf Organisation der Arbeit unter sozial würdigen Bedingungen, so daß eine Selbstverwirklichung ermöglicht wird;

c) Auf Arbeitsleistung unter hygienischen und sicheren Bedingungen;

d) Auf Erhohlung und Freizeit, auf eine Höchstgrenze der täglichen Arbeitszeit, eine wöchentliche Erhohlungspause und regelmäßigen bezahlten Urlaub;

e) Auf materielle Unterstützung im Falle unfreiwilliger Arbeitslosigkeit.

2. Der Staat ist verpflichtet, die Arbeitsbedingungen, Vergütung und Erhohlung, auf die die Arbeiter ein Recht haben, sicherzustellen, insbesondere:

a) Die Festsetzung und jeweilige Anpassung des landsweiten Mindestlohnes, wobei unter anderem die Bedürfnisse der Arbeiter, die Erhöhung der Lebenshaltungskosten, das Entwicklungsniveau der Produktivkräfte, die Erfordernisse wirtschaftlicher und finanzieller Stabilität sowie die Bildung von Rücklagen zur Entwicklung zu berücksichtigen sind;

b) Die Festlegung einer landesweiten Begrenzung der Arbeitszeit;

c) Der besondere Schutz der Frauenarbeit während der Schwangerschaft und nach der Entbindung, der Arbeit von Minderjährigen und Körperbehinderten, sowie derjenigen, die besonders schwere Arbeit leisten oder unter unter ungesunden, giftigen oder gefährlichen Bedingungen arbeiten;

d) Der systematische Ausbau eines Netzes von Erhohlungs– und Freizeitzentren in Zusammenarbeit mit sozialen Organisationen;

e) Der Schutz der Arbeitsbedingungen und die Garantie der sozialen Vergünstigungen der emigrierten Arbeiter.

Artikel 60 : (Rechte der Verbraucher)

1. Die Verbraucher haben das Recht auf Qualität der Konsumgüter und –dienste, auf Ausbildung und Information, auf Schutz der Gesundheit, der Sicherheit und ihrer wirtschaftlichen Interessen, sowie auf Schadensersatz.

2. Die Werbung wird durch Gesetz geregelt und alle Formen der versteckten, indirekten oder schädigenden Werbung sind verboten.

3. Die Verbrauchervereinigungen und Konsumgenossenschaften haben nach Maßgabe des Gesetzes das Recht, auf Unterstützung des Staates und in Fragen des Verbraucherschutzes angehört zu werden.

Artikel 61 : (Wirtschaftsinitiative von Privaten, Genossenschaften und der Selbstverwaltung)

1. Die private Wirtschaftsinitiative entfaltet sich innerhalb des durch die Verfassung und das Gesetz festgelegten Rahmens frei und berücksichtigt das Allgemeininteresse.

2. Allen ist das Recht auf freie Bildung von Genossenschaften zuerkannt, sofern die Grundsätze des Genossenschaftswesens beachtet werden.

3. Die Genossenschaften entfalten ihre Tätigkeiten frei und können sich zu Unionen, Föderationen und Konföderationen zusammenschließen.

4. Das Recht der Selbstverwaltung wird nach Maßgabe des Gesetzes anerkannt.

Artikel 62 : (Recht auf Privateigentum)

1. Allen ist im Rahmen der Verfassung das Recht auf Privateigentum und auf dessen Übertragung zu Lebzeiten oder von Todes wegen gewährleistet.

2. Die Requirierung und Enteignung zum Wohle der Allgemeinheit können nur auf gesetzlicher Grundlage und gegen Zahlung einer gerechten Entschädigung erfolgen.

Abschnitt II – Soziale Rechte und Pflichten

Artikel 63 : (Soziale Sicherheit)

1. Alle haben das Recht auf soziale Sicherheit.

2. Der Staat ist verpflichtet, unter Mitwirkung der gewerkschaftlichen Vereinigungen, der übrigen die Arbeiter vertretenden Organisationen und der übrigen die Begünstigten vertretenden Vereinigungen ein einheitliches und dezentralisiertes Sozialversicherungssystem zu organisieren, zu koordinieren und zu unterstützen.

3. Das Recht auf Gründung von privaten und nicht auf Gewinn ausgerichteten Sozialversicherungseinrichtungen, die die Ziele der Sozialversicherung, wie sie in diesem Artikel, in Artikel 67 Abs. 2 Abschnitt b), in Artikel 69, in Artikel 70 Abs. 1 Abschnitt d) und in den Artikeln 71 und 72 bezeichnet sind, wird anerkannt, wobei deren Tätigkeit durch Gesetz geregelt und der staatlichen Kontrolle unterworfen wird.

4. Das Sozialversicherungssystem schützt die Bürger im Falle von Krankheit, Alter, Invalidität, Verwitwung und Verwaisung sowie bei Arbeitslosigkeit und in allen anderen Fällen des Fehlens oder der Verminderung der Mittel zur Bestreitung des Unterhalts oder der Verminderung der Arbeitsfähigkeit.

5. Die gesamte Arbeitszeit trägt nach Maßgabe des Gesetzes zur Berechnung der Alters- und Invaliditätsrenten bei, unabhängig von dem Tätigkeitsbereich, in dem sie geleistet wurde.

Artikel 64 : (Gesundheit)

1. Alle haben das Recht auf den Schutz der Gesundheit und die Pflicht, diese zu schützen und zu fördern.

2. Das Recht auf Schutz der Gesundheit wird verwirklicht:

a) Durch ein nationales, umfassendes und allgemeines Gesundheitswesen, das unter Berücksichtigung der wirtschaftlichen und sozialen Umstände der Bürger tendenziell kostenlos ist;

b) Durch die Schaffung wirtschaftlicher, sozialer und kultureller Bedingungen, die den Schutz von Kindern, Jugendlichen und Alten gewährleisten und durch die systematische Verbesserung der Lebens- und Arbeitsbedingungen sowie durch die Förderung der körperlichen und sportlichen Betätigung in den Schulen und des Volkssports und durch die Entwicklung der Gesundheitserziehung des Volkes.

3. Zur Sicherung des Rechts auf den Schutz der Gesundheit obliegt es dem Staat vorrangig:

a) Allen Bürgern unabhängig von ihrer wirtschaftlichen Lage, den Zugang zu vorbeugenden, heilenden und rehabilitierenden medizinischen Versorgung zu gewährleisten;

b) Eine zweckmäßige und wirksame ambulante und stationäre ärztliche Versorgung im ganzen Land zu gewährleisten;

c) Seine Aktivität auf eine Verstaatlichung der Kosten für ärztliche und medikamentöse Versorgung auszurichten;

d) Die unternehmerischen und privaten Formen der Heilkunde zu regeln und zu kontrollieren und sie in den nationalen Gesundheitsdienst einzugliedern;

e) Herstellung, Vertrieb und Anwendung der chemischen, biologischen und pharmazeutischen und anderen der Behandlung und Diagnose dienenden Mittel zu regeln und zu kontrollieren.

4. Das nationale Gesundheitswesen steht unter dezentralisierter und partizipativer Leitung.

Artikel 65 : (Wohnung)
1. Alle haben für sich und ihre Familie das Recht auf eine angemessen große Wohnung hygienischer und komfortabler Beschaffenheit, die die persönliche Intimsphäre und das private Familienleben zu erhalten imstande ist.

2. Um das Recht auf Wohnung sicherzustellen, obliegt es dem Staat:

a) Eine Wohnungspolitik zu planen und durchzuführen, die in Raumneuordnungsplänen einbegriffen ist und sich auf Bebauungspläne stützt und die das Vorhandensein eines angemessenen Netzes von Verkehrsmitteln und sozialen Einrichtungen gewährleistet;

b) Die Initiativen der Gemeinden und ihrer Einwohner zu fördern und zu unterstützen, die eine Lösung der jeweiligen Wohnungsprobleme und die Förderung des Eigenbaus sowie die Bildung von Wohnungsbaugenossenschaften anstreben;

c) Privaten Bauvorhaben bei Unterordnung unter die Allegemeinwohlinteressen und der Schaffung von Wohnungseigentum einen Anreiz zu geben.

3. Der Staat wird eine Politik verfolgen, die auf die Einführung eines Mietsystems abzielt, das mit dem Familieneinkommen vereinbar ist und die Schaffung von Wohnungseigentum ermöglicht.

4. Der Staat und die öffentlichen Selbstverwaltungskörperschaften werden eine wirksame Kontrolle über den Immobilienbestand ausüben, die notwendigen Enteignungen von städtischem Grund und Boden vornehmen und das jeweilige Nutzungsrecht festlegen.

Artikel 66 : (Umwelt und Lebensqualität)
1. Alle haben das Recht auf eine menschenwürdige, gesunde und ökologisch ausgewogene Umwelt und sind verpflichtet, sie zu verteidigen.

2. Es obliegt dem Staat, durch geeignete Organe und durch das Appellieren an und die Unterstützung von Initiativen der Bevölkerung:

a) Der Umweltverschmutzung und ihren Auswirkungen sowie den schädlichen Erosionsformen vorzubeugen und sie zu kontrollieren;

b) Die Raumordnung des Staatsgebietes anzuordnen und zu fördern, wobei eine korrekte Lokalisierung der Tätigkeiten, eine ausgewogene sozio–ökonomische Entwicklung und biologisch ausgeglichene Landschaften zu berücksichtigen sind;

c) Reservate, Natur– und Erholungsparks zu schaffen und zu entwickeln sowie Landschaften und Orte in der Weise zu klassifizieren und zu schützen, daß die Erhaltung der Natur und die Wahrung kultureller Werte von historischen oder künstlerischen Interesse gewährleistet wird;

d) Die vernünftige Verwertung der natürlichen Ressourcen zu fördern und deren Regenerationsfähigkeit und das ökologische Gleichgewicht sicherzustellen.

Artikel 67 : (Familie)
1. Die Familie hat als grundlegendes Element der Gesellschaft das Recht auf Schutz durch die Gesellschaft und durch den Staat und auf die Verwirklichung aller Bedingungen für die Persönlichkeitsentfaltung aller ihrer Mitglieder.

2. Zum Schutz der Familie obliegt es dem Staat insbesondere:

a) Die soziale und wirtschaftliche Unabhängigkeit der Familienangehörigen zu fördern;

b) Die Bildung eines nationalen Mütter- und Kinderfürsorgenetzes, eines nationalen Netzes von Kinderheimen und von Infrastrukturen zur Familienhilfe sowie eine Altenpolitik zu fördern;

c) Mit den Eltern bei der Erziehung der Kinder zusammenzuarbeiten;

d) Mit den erforderlichen Mitteln die Verbreitung der Methoden der Familienplanung zu fördern und die rechtlichen und fachlichen Strukturen zu schaffen, die eine verantwortungsbewußte Elternschaft ermöglichen;

e) Die sozialen Steuern und Vergünstigungen im Einklang mit den familiären Lasten festzulegen;

f) Eine globale und integrierte Familienpolitik nach Anhörung der die Familien repräsentierenden Organisationen festzulegen und durchzuführen.

Artikel 68 : (Vater- und Mutterschaft)
1. Väter und Mütter haben das Recht auf den Schutz durch die Gesellschaft und durch den Staat bei der Verwirklichung ihres unersetzlichen Einsatzes für die Kinder, insbesondere bezüglich ihrer Erziehung, wobei ihre berufliche Entfaltung und ihre Beteiligung am öffentlichen Leben des Landes zu gewährleisten ist.

2. Die Mutter- und die Vaterschaft bilden überragende soziale Werte.

3. Berufstätige Frauen haben das Recht auf besonderen Schutz während der Schwangerschaft und nach der Geburt, einschließlich des Rechts auf Freistellung von der Arbeit für einen angemessenen Zeitraum, ohne Verlust des Lohnes oder irgendwelcher Vorrechte.

Artikel 69 : (Kinder)
1. Kinder haben im Hinblick auf ihre vollständige Entwicklung das Recht auf den Schutz durch die Gesellschaft und den Staat.

2. Kinder, insbesondere Waisen und ausgesetzte Kinder, haben das Recht auf den besonderen Schutz durch die Gesellschaft und den Staat gegen jede Art der Diskriminierung und Unterdrückung sowie gegen den mißbräuchlichen Autoritätsgebrauch in der Familie und in sonstigen Einrichtungen.

Artikel 70 : (Jugendliche)

1. Jugendliche, vor allem berufstätige Jugendliche, genießen besonderen Schutz bei der Verwirklichung ihrer wirtschaftlichen, sozialen und kulturellen Rechte, insbesondere:

a) In der Bildung, bei der beruflichen Ausbildung und in der Kultur;

b) Beim Bemühen um eine erste Anstellung, bei der Arbeit und der sozialen Sicherheit;

c) Bei der körperlichen Erziehung und beim Sport;

d) Bei der Nutzung der Freizeit.

2. Die Jugendpolitik muß als vorrangige Ziele die Entfaltung der Persönlichkeit der Jugendlichen, die Schaffung der Bedingungen für ihre effektive Integration in das aktive Leben, die Freude am freien Schaffen und das Gefühl für den Dienst an der Gesellschaft haben.

3. Der Staat fördert und unterstützt in Zusammenarbeit mit den Familien, den Schulen, den Unternehmen, den Einwohnerorganisationen, den Vereinigungen und Stiftungen mit kulturellen Zielen und den Gesellschaften auf dem Kultur- und Erhohlungssektor die Jugendorganisationen bei der Verwirklichung dieser Ziele sowie den internationalen Jugendaustausch.

Artikel 71 : (Behinderte)

1. Körperlich und geistig Behinderte genießen alle Rechte und sind den in der Verfassung bezeichneten Pflichten unterworfen, mit Ausnahme derer, zu deren Wahrnehmung oder Erfüllung sie nicht imstande sind.

2. Der Staat verpflichtet sich, eine nationale Politik der Vorsorge und Behandlung, der Rehabilitation und Integrierung von Behinderten zu verwirklichen sowie eine Pädagogik zu entwickeln, die die Gesellschaft hinsichtlich ihrer Pflichten der Achtung und Solidarität mit den Behinderten sensibilisiert und unbeschadet der Rechte und Pflichten der Eltern und Vormünder die Aufgabe der effektiven Verwirklichung ihrer Rechte zu übernehmen.

3. Der Staat unterstützt die Behindertenvereinigungen.

Artikel 72 : (Alte Menschen)

1. Alte Menschen haben das Recht auf wirtschaftliche Sicherheit und auf Wohnungsbedingungen und familiäres und gemeinschaftliches Zusammenleben, durch die ihre Isolierung oder soziale Abdrängung vermieden und überwunden werden.

2. Die Altenpolitik umfaßt wirtschaftliche, soziale und kulturelle Maßnahmen, die darauf abzielen, den alten Menschen Möglichkeiten der Selbstverwirklichung durch aktive Teilnahme am Gemeinschaftsleben zu verschaffen.

Abschnitt III – Kulturelle Rechte und Pflichten

Artikel 73 : (Erziehung, Kultur und Wissenschaft)

1. Alle haben das Recht auf Erziehung und Kultur.

2. Der Staat fördert die Demokratisierung der Erziehung sowie die weiteren Voraussetzungen dafür, daß die den Schulen und den übrigen Bildungseinrichtungen obliegende Erziehung zur Persönlichkeitsentfaltung, zum sozialen Fortschritt und zur demokratischen Teilnahme am Gemeinschaftsleben beiträgt.

3. Der Staat fördert die Demokratisierung der Kultur, regt den Zugang aller Bürger zum kulturellen Genuß und zur kulturellen Entfaltung an und gewährleistet diesen in Zusammenarbeit den Massenmedien, den Vereinigungen und Stiftungen mit kulturellen Zielen, den Vereinigungen auf dem Kultur- und Erhohlungssektor, den Vereinigungen zum Schutz des Kulturgutes, den Einwohnerorganisationen und den weiteren Kulturvertretern.

4. Wissenschaft und Forschung sowie technische Innovation werden durch den Staat angeregt und unterstützt.

Artikel 74 : (Unterricht)

1. Alle haben mit der Gewährleistung des Rechts auf Chancengleichheit bei Zugang und Schulabschluß das Recht auf Schulbildung.

2. Die Schulbildung soll zur Überwindung der wirtschaftlichen, sozialen und kulturellen Ungleichheiten beitragen, die Bürger zur demokratischen an einer freien Gesellschaft befähigen und das gegenseitige Verständnis, die Toleranz und den Gedanken der Solidarität fördern.

3. Bei der Verwirklichung der Unterrichtspolitik obliegt es dem Staat:

a) Eine allgemeine, obligatorische und kostenlose Grundschulausbildung zu gewährleisten;

b) Ein staatliches System der Vorschulbildung zu errichten;

c) Die Weiterbildung zu gewährleisten und das Analphabetentum zu beseitigen;

d) Allen Bürgern gemäß ihren Fähigkeiten den Zugang zu den höchsten Bildungsstufen, den höchsten Graden der wissenschaftlichen Forschung und künstlerischen Schöpfung zu gewährleisten;

e) Fortschreitend die Unentgeltlichkeit aller Bildungsstufen einzuführen;

f) Die Schulen in die Gemeinschaften einzugliedern, denen sie dienen und die Verbindung des Schulinterrichts mit der wirtschaftlichen, sozialen und kulturellen Tätigkeit herzustellen;

g) Den besonderen Unterricht für Behinderte zu fördern und zu unterstützen;

h) Den Kindern von Emigranten die Unterrichtung in der portugiesischen Sprache und den Zugang zur portugiesischen Kultur sicherzustellen.

4. Nach Maßgabe des Gesetzes ist die Arbeit von Minderjährigen im schulpflichtigen Alter verboten.

Artikel 75 : (Öffentlicher, privater und Genossenschaftsunterricht)

1. Der Staat wird ein Netz von staatlichen Bildungseinrichtungen errichten, das den Bedarf der gesamten Bevölkerung deckt.

2. Der Staat anerkennt und kontrolliert das private und genossenschaftliche Bildungswesen nach Maßgabe des Gesetzes.

Artikel 76 : (Universität und Zugang zur höheren Bildung)

1. Die Ordnung des Zugangs zur Universität und zu den übrigen höheren Bildungseinrichtungen gewährleistet Chancengleichheit und die Demokratisierung des Bildungswesens unter Berücksichtigung des Bedarfs an qualifizierter Ausbildung sowie der Anhebung des Bildungsniveaus und des Niveaus von Kultur und Forschung im Lande.

2. Die Universitäten genießen nach Maßgabe des Gesetzes satzungsmäßige, wissenschaftliche, pädagogische, verwaltungsmäßige und finanzielle Autonomie.

Artikel 77 : (Demokratische Teilnahme am Unterricht)

1. Die Lehrer und Schüler haben nach Maßgabe des Gesetzes das Recht auf Teilnahme an der demokratischen Leitung der Schulen.

2. Das Gesetz regelt die Teilnahmeformen der Lehrervereinigungen, der Schüler, der Eltern, der Gemeinschaften und der Forschungseinrichtungen bei der Festlegung der Bildungspolitik.

Artikel 78 : (Kulturelle Nutzung und Schöpfung)

1. Alle haben das Recht auf kulturelle Nutzung und Schöpfung sowie die Pflicht das Kulturgut zu bewahren, zu schützen und anzureichern.

2. Es obliegt dem Staat in Zusammenarbeit mit allen Kulturvertretern:

a) Den Zugang aller Bürger, insbesondere der Arbeiter, zu den Möglichkeiten und Mitteln kultureller Betätigung zu gewährleisten und Anreize dafür bereitzustellen, wie auch die auf diesem Gebiet bestehenden Ungleichheiten des Landes zu korrigieren;

b) Initiativen zu unterstützen, die Anreize für die individuelle und gemeinschaftliche kulturelle Schöpfung in ihren vielfältigen Formen und Ausdrucksweisen und für eine größere Verbreitung qualitativer Kulturwerke und Kulturgüter zu schaffen;

c) Das Kulturgut zu fördern und zu schützen, damit es zu einem erneuernden Element der gemeinschaftlichen kulturellen Identität werde;

d) Die kulturellen Beziehungen zu allen Völkern, insbesondere zu den portugiesischsprachigen, auszuweiten und den Schutz und Fortentwicklung der portugiesischen Kultur im Ausland sicherzustellen;

e) Eine Kulturpolitik sowie eine Politik für die übrigen Teilbereiche zu formulieren.

Artikel 79 : (Körperkultur und Sport)

1. Alle haben das Recht auf Körperkultur und Sport.

2. Es obliegt dem Staat, in Zusammenarbeit mit den Schulen und den Sportvereinigungen und -gemeinschaften die Ausübung und Verbreitung der Körperkultur und des Sports zu förden, anzuregen, auszurichten und zu unterstützen, sowie die Gewalt im Sport zu verhindern.

Index

Regina Hock
Verfassungsrechtliche Aspekte des Empfanges ausländischer Satellitenprogramme
1994, Bd. 446, 142 S., Mdr., DM 35,80, ISBN 3-89481-093-9

Thomas Fox
Das Wiener Kaufrechtsübereinkommen
Ein Vergleich zum italienischen und deutschen Recht
1994, Bd. 447, 348 S., Mdr., DM 69,80, ISBN 3-89481-089-8

Michael Henninger
Die Frage der Beweislast im Rahmen des UN – Kaufrechts
zugleich eine rechtsvergleichende Grundlagenstudie zur Beweislast
1995, Bd. 448, 283 S., Mdr., DM 59,80, ISBN 3-89481-100-5

Klaus-Dieter Rose
Grundlagen und Grenzen der steuerlichen Berücksichtigung von Mehraufwendungen wegen einer doppelten Haushaltsführung nach § 9 Abs. 1 Satz 3 Nr. 5 EStG
1994, Bd. 449, 180 S., Mdr., DM 39,80, ISBN 3-89481-101-3

Michael Niebler
Die gesetzliche Regelung des Selbsteintrittsrechts in Artikel 3 a des Bayerischen Verwaltungsverfahrensgesetzes
Entstehungsgeschichte, Rechtsvergleichung, kritische Würdigung und gesetzgeberische Alternativen
1995, Bd. 450, 340 S., Mdr., DM 69,80, ISBN 3-89481-102-1

Sabine Roeckl-Schmidt
"Marriage Breakdown"
- Die Familienrechtsreform 1989 in der Republik Irland
1994, Bd. 451, 264 S., Mdr., DM 56,80, ISBN 3-89481-104-8

Klemens Probst
Regionale Selbstverwaltung
Die bayerischen Bezirke als Modell für ein bürgernahes Europa
1994, Bd. 452, 250 S., Mdr., DM 54,80, ISBN 3-89481-107-2

Heinz Bohlen
Haftungsausschluß durch bewußte Selbstgefährdung
1995, Bd. 454, 234 S., Mdr., DM 49,80, ISBN 3-89481-110-2

Christian Oliver Dressel
Die gemeinschaftsrechtliche Harmonisierung des europäischen Datenschutzrechts
1995, Bd. 455, 337 S., Mdr., DM 58,80, ISBN 3-89481-111-0

Johann Pitz
Das Verhältnis von Einspruchs- und Nichtigkeitsverfahren nach deutschem und europäischem Patentrecht
1994, Bd. 456, 260 S., Mdr., DM 54,80, ISBN 3-89481-114-5

Peter Schubert
Die Abschreibungsberechtigung im Einkommensteuerrecht
1995, Bd. 457, 270 S., Mdr., DM 58,80, ISBN 3-89481-116-1

Béatrice du Mênil
Die Resozialisierungsidee im Strafvollzug
Bestandsaufnahme und Reformanregungen hinsichtlich der Ausgestaltung der Vollzugsgrundsätze des § 3 StVollzG
1995, Bd. 458, 284 S., Mdr., DM 52,80, ISBN 3-89481-118-8

Kerstin Schumacher
Haftung für Mikroorganismen in Deutschland und den Vereinigten Staaten von Amerika
1994, Bd. 459, 304 S., Mdr., DM 54,80, ISBN 3-89481-121-8

Martin Riedel
Das Vorhaben der kodifikatorischen Vereinheitlichung des Umweltrechts
1995, Bd. 460, 178 S., Mdr., DM 48,80, ISBN 3-89481-123-4

Thorsten S. Richter
Rückforderung staatlicher Beihilfen nach §§ 48, 49 VwVfG bei Verstoß gegen Art. 92ff. EGV
1995, Bd. 461, 238 S., Mdr., DM 54,80, ISBN 3-89481-124-2

Zhi Wei
Der Urheberrechtsschutz in China
mit Hinweisen auf das deutsche Recht
1995, Bd. 462, 220 S., Mdr., DM 46,80, ISBN 3-89481-127-7

Angelika Markwardt
Vergleichende Untersuchung der Rechtsprechung des BGH und der Berufsgerichte zur Strafbarkeit und Ahndung des ärzlichen Behandlungsfehlers
1995, Bd. 463, 238 S., Mdr., DM 48,80, ISBN 3-89481-128-5

Christian Sistermann
Die Anwenung des AGB-Gesetzes bei Geltung des Kaufrechtsübereinkommens der Vereinten Nationen vom 11. April 1980 am Beispiel formularmäßiger Schadensersatzfreizeichnungen
1995, Bd. 464, 204 S., Mdr., DM 44,80, ISBN 3-89481-129-3

Judith Taic
Die "Super Royalty" und das U.S.-Richtlinienpaket von 1993
1995, Bd. 465, 347 S., Mdr., DM 76,80, ISBN 3-89481-132-3

Bernd Allekotte
Konzentrationskontrolle im spanischen und EG-Recht
1995, Bd. 466, 182 S., Mdr., DM 39,80, ISBN 3-89481-133-1

Georg Haibach
Gemeinschaftsrecht und vorläufiger Rechtsschutz durch mitgliedstaatliche Gerichte
Die Pflicht der Mitgliedstaaten, die Verfolgung von im Gemeinschaftsrecht begründeten Rechten und die Sicherung von im Gemeinschaftsrecht begründeten Pflichten durch ihre Gerichte zu gewährleisten, dargestellt an Problemen des vorläufigen Rechtsschutzes
1995, Bd. 467, 237 S., Mdr., DM 47,80, ISBN 3-89481-137-4

Steffen Jaeniche
Die Dritteinflußnahme bei Personengesellschaften
1995, Bd. 468, 272 S., Mdr., DM 57,80, ISBN 3-89481-138-2

Andreas Ocker
Das unerlaubte Betreiben von genehmigungsbedürftigen Anlagen oder sonstigen Anlagen im Sinne des Bundes-Immissionsschutzgesetzes, deren Betrieb zum Schutz vor Gefahren untersagt worden ist (§ 327 Abs. 2 Nr. 1 StGB)
1995, Bd. 469, 271 S., Mdr., DM 59,80, ISBN 3-89481-139-0

Andreas Neumann
Deliktische Produkthaftung und Kennzeichen des Handels
1995, Bd. 470, 314 S., Mdr., DM 67,80, ISBN 3-89481-141-2

Thomas Peter Schmid
Urheberrechtliche Probleme moderner Kunst und Computerkunst in rechtsvergleichender Darstellung
1995, Bd. 471, 170 S., Mdr., DM 38,80, ISBN 3-89481-142-0

Carolin Bauer
Das Teamprinzip in der öffentlichen Verwaltung
Analytische Darstellung und empirische Untersuchung
1995, Bd. 473, 285 S., Mdr., DM 59,80, ISBN 3-89481-144-7

Heinrich Glaßer
Der Gesamtschuldnerausgleich zwischen deliktisch haftenden Schuldnern
Eine Untersuchung nach U.S.-amerikanischem und deutschem Recht
1995, Bd. 474, 286 S., Mdr., DM 59,80, ISBN 3-89481-145-5

Ming-Huei Chen
Zum Schutz der Repräsentanten der Arbeitnehmer im Recht der Betriebsverfassung und der Unternehmensmitbestimmung
1995, Bd. 475, 148 S., Mdr., DM 35,80, ISBN 3-89481-146-3

Dorothee Brümmer
Modellfragen der neuen Rundfunkrechtsentwicklung:
Eine Darstellung und verfassungsrechtliche Würdigung des Bayerischen Mediengesetzes
1995, Bd. 476, 194 S., Mdr., DM 47,80, ISBN 3-89481-149-8

Ute Sibylle Bartholomä
Regelungsumfang und Geltungswirkung tarifergänzender Betriebsvereinbarungen
1995, Bd. 477, 166 S., Mdr., DM 39,80, ISBN 3-89481-150-1

Axel Funk
Die Qualitätsfunktion der Marke im Recht der USA und nach dem neuen deutschen Markengesetz
1995, Bd. 478, 320 S., Mdr., DM 55,80, ISBN 3-89481-152-8

VVF

Stefan Görk
Deutsche Einheit und Wegfall der Geschäftsgrundlage:
Vertragsstörungen aufgrund des Zusammenbruches der sozialistischen Planwirtschaft in der DDR und der deutsch-deutschen Vereinigung
1995, Bd. 479, 356 S., Mdr., DM 63,80, ISBN 3-89481-153-6

Ludwig Wagner
Belastende Drittwirkungen im Recht der Sicherungsgrundschuld
1995, Bd. 480, 185 S., Mdr., DM 42,80, ISBN 3-89481-154-4

Andrea Elisabeth Geiger
Der Wandel im Berufsrecht des Deutschen Rechtsanwalts unter dem Einfluß des Europäischen Integrationsprozesses
1995, Bd. 481, 204 S., Mdr., DM 49,80, ISBN 3-89481-155-2

Patrick Johannes Missling
Der Persönlichkeitsschutz in Italien
Eine vergleichende Analyse aus der Sicht des deutschen Rechts
Bd. 482, 110 S., Mdr., DM 32,80, ISBN 3-89481-157-9

Cekovic-Vuletic, Simonida
Schutz des Bürgen
Untersuchung des Vertragsschlusses und der Folgen des Vertrags im geltenden Recht
1995, Bd. 483, 98 S., Mdr., DM 23,80, ISBN 3-89481-158-7

Martin Weber
Die Kompetenzverteilung im Europäischen System der Zentralbanken bei der Festlegung und Durchführung der Geldpolitik
1995, Bd. 484, 263 S., Mdr., DM 57,80, ISBN 3-89481-159-5

Imme Roxin
Die Rechtsfolgen schwerwiegender Rechtsstaatsverstösse in der Strafrechtspflege
1995, Bd. 151, 2. neubearbeitete Auflage, 235 S., Mdr., DM 63,80, ISBN 3-89481-063-7

Günter Prechtel
Das Verhältnis der Staatsanwaltschaft zum Ermittlungsrichter
Eine kritische Betrachtung der Mitwirkung des Richters im Ermittlungsverfahren, insbesondere zur Bedeutung des §162 StPO
1995, Bd. 488, 347 S., Mdr., DM 74,80, ISBN 3-89481-167-6

Gerhard Friedel
Übersicherung und Teilfreigabe von Sicherheiten
1995, Bd. 493, 252 S., Mdr., DM 49,80, ISBN 3-89481-172-2

Matthias Ottmann
Der städtebauliche Vertrag
Einsatzmöglichkeiten zur Steuerung der Siedlungsentwicklung am Beispiel der Region München
1995, Bd. 496, 220 S., Mdr., DM 47,80, ISBN 3-89481-175-7

VVF